U0568775

阿马蒂亚·森文丛

AMARTYA SEN

The Argumentative Indian
Writings on Indian History, Culture and Identity

爱争鸣的印度人
印度人的历史、文化与身份

阿马蒂亚·森 —— 著
刘建 —— 译

中国人民大学出版社
·北京·

献给我的妹妹苏普尔娜·达塔

中译本序

阿马蒂亚·森，印度人，在西方和印度久负盛名，但是中国人——首先是学术界——熟悉他，是在他荣获1998年诺贝尔经济学奖之后。进入21世纪后，他的著作被陆续介绍到中国来，看来有一些"热"。"热"是好事，好在他似乎比别的经济学家更能给我们带来有益的启发。不过，已经迻译的作品多与经济学专业有关，且往往横跨多个领域，如经济、政治、数学、哲学、伦理、社会学等，像我这样的外行，总不免望而生畏，因为不具备相应的专业知识，到底难窥门径。现在好了，我们有了一本不那么专业的著作翻译出来，凡是对文化感兴趣的人，都可以拿来读。它就是眼前这本《爱争鸣的印度人》。书是讲文化的没错，但不是讲述，而是讨论，讨论的目的在于申述作者自己的见解，一些很少能在别处读到的见解。森既熟悉印度，又了解东西方，作为视野开阔、目光深邃的思想家，论事常能察人所难察之隅，发人所未发之覆。这部书的价值就在这里——它促使人思考。这样说来，阅读此书，还需正襟危坐，循着作者缜密的思路，慎加踏寻。相信读者这样做了，必能收获颇丰。

译者刘建先生[①]是我多年的老友，无论人品学问，都是我一向敬服的，故常乐于追随其后。阿马蒂亚·森是一位富有道德精神的经济学家，主张经济学应与伦理学相结合，以服务于人类正义。刘建先生将此书翻译出来，想必是对于阿

---

① 刘建先生系中国社会科学院研究员。他的主要著作有《印度文明》（合著）、《论〈吉檀迦利〉——印度文学文化论集》等，主要译著有《孟加拉掠影》《人的宗教》《穆娜与马丹》等。他曾任《不列颠百科全书》国际中文版主要翻译人员和责任修订人、《中印文化交流百科全书》副主编。

马蒂亚·森高尚的济世情怀由衷感佩，认为有必要把他的思想介绍给中国人。他嘱我为他的译作作序一篇。我受命惶恐，但也暗自欢喜，因为久想附骥攀鸿，终于有了机会。

一、阿马蒂亚·森生平简介

1933年3月，阿马蒂亚·森出生在印度孟加拉的圣蒂尼克坦，地点在罗宾德罗纳特·泰戈尔创立的国际大学校园内。他的外祖父是研究中世纪印度文学的著名学者，也是一位印度教哲学权威，与泰戈尔过从甚密。阿马蒂亚这个名字就是诗翁泰戈尔为他取的，意为"永生"。他的父亲在达卡大学（位于今孟加拉国）教授化学。浸染在周围浓厚的学术氛围当中，阿马蒂亚·森未来的人生道路似乎除了矢志向学，教书为文，辗转于世界各地的大小校园之间以外，不会是别的什么样子。

森幼承家学，发蒙很早，而后来的初等和中等教育，则主要是在泰戈尔建立的学校完成的。这里课程设置丰富，充分反映了泰戈尔在文化上兼收并蓄的思想。学校的教育理念也很先进，那就是着重启发和培养学生的好奇心和求知欲，而对于在考试成绩上争强好胜，希望因此而出人头地的做法，则从不鼓励。这种教育理念对他影响至深，使他毕生受用。他在青少年时期爱好广泛，17岁以前志趣几变，曾游移在梵语、数学、物理等不同专业之间，最后终于被经济学所吸引，不再旁骛。不过，毕生从事教学和研究的意愿则从未变过。离开圣蒂尼克坦后，1951年，他进入加尔各答管区学院，专修经济；1953年离印赴英，进入剑桥大学三一学院继续深造，并于1959年获得博士学位。此后，他相继在印度德里大学经济学院、伦敦经济学院、牛津大学万灵学院、哈佛大学等高等学府任教，教授经济学和哲学等。1998年，他被三一学院选为院长，复回剑桥，主持学政。2003年以后，他又返回哈佛工作。他担任过一些重要的学术组织，如美国经济学会和国际经济学会的主席，也曾在国际事务中起过重要作用，如担任联合国前秘书长安南的经济顾问，以及帮助联合国开发计划署设计和制定人类发展报告等。

1952年，在森18岁的时候，他曾罹患口腔癌，在加尔各答进行了大剂量的放射治疗。当时距广岛和长崎的原子弹爆炸不过7年，对于这一疗法的长期效果依然认识不足。大剂量的放射治疗虽然消灭了他口腔内的癌细胞，但也破坏了他的硬腭骨骼。在后来的近20年内，他一直面临着癌症复发和骨骼坏死的潜在威胁。1971年他赴伦敦经济学院工作。在伦敦他做的第一件事，便是住进医院，进行彻底诊治。医生为他做了近7个小时的整形手术，当他从麻醉状态中醒来时，已是凌晨4点。他急于知道自己的癌症是不是复发了。但是值班护士告诉他，结果得等到9点大夫查房时才能宣布。他变得紧张起来。护士感到了他的惶惑不安，似乎想说些什么，但欲言又止。最后还是同情心起了作用，她对他说："他们夸你好呢。"他知道这样的话意味着什么，于是如释重负，安然睡去。此后，每当他在研究工作中打算通过人民的健康水平来判断一个社会的优劣时，他总会想起那位善良的护士,把她对待病者的仁爱态度视为基准。

阿马蒂亚·森有过三次婚姻经历。他的第一任妻子纳巴尼塔·黛乌是一位诗人、小说家和文学评论家,是当代最受欢迎的孟加拉语作家之一,常有诗人带着自己的作品当面给她朗读,征求她的意见。早年她还同森一起研究过《罗摩衍那》等梵语史诗的风格和创作特点等问题。他们的婚姻在1971年森去伦敦后结束。1973年森同爱娃·科洛尔尼结婚。科洛尔尼的双亲都是犹太人,她学习法律、哲学和经济学,为人深具道义精神,善于理性思考。她在1985年因胃癌溘然去世。他的第三任妻子埃玛·乔治娜·罗思柴尔德是一位经济史专家,做过剑桥大学国王学院历史和经济学中心主任。

森研究经济学的重要动机之一是帮助他的祖国印度摆脱经济贫困,走向繁荣。为此,他曾经选择经济发展问题作为他的主攻方向之一。他在1971年离开印度,辗转于欧美各著名学府,但始终和国内的大学保持着紧密的联系,尤其是他曾经工作过的德里大学。他一直是该大学的荣誉教授。为了学术活动,也出于自己的爱好,他始终过着带有游历性质的生活。从剑桥大学毕业以后,他便常回印度,从来没有半年不归的情况。他也一直保持着印度国籍。这样的好处之一是保证了他对于国内公众事务的发言权。

阿马蒂亚·森的研究范围广泛,除经济发展外,在福利经济学、社会选择理论等方面亦多有著述,且成就斐然。他已经出版了十几部专著,如《贫困与饥荒:论权利与剥夺》《理性与自由》《以自由看待发展》《身份与暴力:命运的幻象》《经济发展与自由》《论经济不平等》《再论不平等》《印度：经济发展与社会机会》《饥饿与公共行为》《伦理学与经济学》《集体选择和社会福利》《自由、合理性与社会抉择》等，其中前十部已经或即将出版中译本。

为了表彰他在福利经济学和社会选择理论研究方面的突出贡献，以及他对于社会最贫穷的成员所面临的问题的关心，瑞典皇家科学院将1998年的诺贝尔经济学奖授予他。福利经济学试图解决的问题是如何根据社会公众的生活状况来评估政府的经济政策是否得当。森在该项研究上倾注了巨大精力，并因此而被称为"经济学界的良心"。他在1970年出版的专著《集体选择和社会福利》影响深远。该书着重论述了个人权利、多数裁定原则、有关个体状况的资料的有效性等，意在促使研究者将注意力集中在社会基本福利问题上。他设计了若干种方法来测算贫穷的程度，算后所得的数据可以为改善穷人的经济状况提供有效的帮助。他关于饥荒原因的著作尤负盛名。他的研究成果具有很大的现实意义，为有效地防止或减轻食物短缺带来的后果提供了实际的解决方法。

二、 两大研究课题：饥荒和民主

森对于饥荒问题所做的研究的成果集中体现在他于1981年出版的《贫困与饥荒：论权利与剥夺》一书中。在这本书里，他向从未遭到质疑的传统观点提出了挑战，这种传统观点认为造成饥荒的最重要原因无非是食物短缺，故饥荒往往发生在旱灾或洪涝灾害之后。通过对1940年以来发生在印度、孟加拉和非洲撒哈拉等贫穷国家和地区数起灾荒的实证研究，他发现事实并非如此简单。例如1974年孟加拉国饥荒，就是当年该国发生水灾引起食物价格飞涨，农业工人的就业机会急剧减少，收入大幅降低，使得他们无力购买粮食，从而陷入饥饿境地造成的。他认为，要想彻底弄清饥荒的形成机制，必须仔细分析不同的社会经济因素如何影响不同的社会经济群体，进而导致了灾难性的后果，致使某些群体连果腹这样应得的基本社会福利都无法获得。

森对于饥荒问题的兴趣源于他的个人经历。他在九岁时亲身经历了1943年孟加拉大饥荒，这次饥荒造成了约300万人死亡。经他后来研究，如此巨大的人口损失是完全可以避免的。他指出，当时的印度有着充足的粮食供应，只是由于大量的农业工人失去工作，变得一贫如洗，从而失去了购买能力，粮食的分配途径遂因此被阻断。通过审慎考察近年发生的重大饥荒的环境条件和形成机制，阿马蒂亚·森指出，在许多饥荒的实例中，食物的供应能力实际上并未显著降低。相反，是另外的社会和经济因素，如工资降低、失业、食物价格腾贵、食物分配系统崩溃等，导致了社会中某些群体陷入饥饿。换句话说，饥荒的形成并不是因为没有粮食，而是因为饥饿的人有需求而无消费——这些人消费粮食的权利被剥夺了！这些饥饿群体总是无钱无权的底层民众。森用他少时的经验告诉人们，灾荒年代受苦最深，乃至大量死亡的，永远是在社会阶梯上处于低端的人，特别是那些根本无阶梯可上的农业劳动者。他们处于完全无法采取行动的状态——既无从获得食物，也无力逃避灾祸。一个国家的阶级特征在灾荒年代就是表现得这样突出！森的结论是：饥荒不仅源于食物的缺乏，而且源于食物分配机制的不平等。

既然饥荒多属人祸，那么它就不是不可通过尽人事以求避免的。出现饥荒的时候，也正是需要政府积极发挥职能的时候。由于饥荒的主要受害者是穷人，所以政府可通过设计适当的就业方案，如建设某些公共工程等，提高穷人的收入，使他们有能力购买食物，同时严格平抑物价，使之保持稳定，从而防止饥民产生甚至死亡。即使是最贫穷的国家，只要政府采取了得当的干预措施，也能顺利度过严重的水旱灾荒，1973年的印度、20世纪80年代初期的津巴布韦和博茨瓦纳都是例子。政府对人民遭受灾难的反应取决于它受到的压力。投票选举、批评、抗议等行使政治权力的方法都是施加压力的手段。只要政府认真努力，饥荒实际上就不难预防。面对选举、反对党和独立报纸，一个民主政府除了竭尽全力采取合理的救灾手段以外，别无选择。相反，非民主国家易于发生灾难，致使哀鸿遍野，原因就在于受难者没有机会发出他们的声音。印度的最后一次饥荒发生在1943年，而自1947年独立，有了多党制和新闻自由之后，印度便和其他民主国家一样，再也没有出现过某些专制社会、殖民地、一党制或军事独裁国家一再出现的大饥荒了。森是政治自由的坚定捍卫者。他相信在运转正常的民主制度下，饥荒是不会发生的，因为那里的国家领导者必会更为负责地听取公民的诉求。总之，森的结论是明确的。他绝不相信灾荒和饥馑是不可化解的天谴。如下这一在经济学界广为人知的名言，就是他的观点的总结："事实是显著的：在骇人听闻的世界饥荒史上，从来没有一个独立、民主而又保障新闻自由的国家发生过真正的饥荒。无论找到哪里，我们都找不到这一规律的例外。"

阿马蒂亚·森深切关注的另一个问题是民主。

"民主究竟是什么？"他在他的长文《作为普世价值的民主》中自己设问，并力图做出尽可能圆满的回答。民主作为一种制度，自然是和社会政治生活密切相关的。但是，他指出，"我们不可把民主等同于多数人统治"，当然更不能把民主等同于少数人包打天下，多数人集体失声的伪"多数人统治"。在他看来，"民主有着必须满足的复杂要求，其中当然包括投票选举和尊重选举结果，但同时也应该保障独立自主和个人自由，尊重法律赋予的权利，容许自由讨论，撤销针对新闻传播和公正评论的政府检查。如果不同的政治派别不能获得充分的机会以表达各自的立场，或者选民不能享有获得消息以及考虑竞选领袖观点的自由，那么选举即使举行了，也不免存在重大缺陷。民主是一种需要满足多种要求的制度，而不仅仅是在隔绝状态下运作的机械性规定（如多数人统治）"。森认为民主政治的优越性至少表现在三个方面：第一，人民获得了行使公民权和参政权的保障，它们是作为社会存在的所有个体追求良好生活所必需的固有权利。第二，在效用上，它能够促使政府倾听人民的声音，关注他们的政治诉求。第三，民主的实施使公民获得了彼此沟通和互相理解的机会，从而有助于社会形成其价值观念，确定其不同时期所应优先处理的不同问题。这三个方面分别体现了民主内在性的、工具性的和建设性的价值。森的观点很容易使我们想起释迦牟尼。释迦牟尼以及印度最受尊崇的主神之一湿婆在他们的形象中都曾摆出两种著名的手势，按照传统的佛教称谓，一为"与愿式"，一为"施无畏式"。"与愿"意味着给予人凭意愿自由选择的权利，"施无畏"意味着给予人摆脱恐惧、享受安定生活的权利。毫无疑问，在印度人眼中，这应享的一切都是天赋的。显然，在森这位印度人看来，现代民主制度的设计正好能为这样的人类天赋权利的实现提供保障。

种种原因使得森坚定地认为，民主具有普世价值，应为人类社会的任何成员所天生享有。1997年夏天，一家日本大报问他：在20世纪发生的重大事件中，哪一桩最重要？他后来写道："过去的一百年间的确不乏重大事件。但是比较之下，在20世纪出现的种种重大事件中，我还是毫无困难地选择了最了不起的一桩：民主的兴起。这并不意味着我想否认其他事件的重要性。不过，我坚持认为，在遥远的未来，当人们反观这一世纪都发生了什么事件的时候，他们定会发现，不把头把交椅交给民主制度兴起并成为最受欢迎的统治方式这件事，是不可能的。"任何人，只要他对20世纪的大势稍有认识，就都会承认森的选择是正确的。在这一百年内，尽管经历了两次世界大战和不亚于战争的其他灾难，人类之中还是有相当大一部分，在艰难而又曲折的跋涉后，走上了人人有口讲话，不劳权势包揽的民主发展道路。这在欧洲、亚洲、非洲、美洲都有成功的例子。不得不说，这是人类在解放自身方面所取得的伟大成就，而其他任何科学技术的发展与巨大财富的积累，都无法与之相提并论。

"发端于欧洲和美国的民主拥有的信奉者越来越多，而不是越来越少。它不断传播，作为制度，已经扩散到世上各个遥远的角落，而那里的人们，也无不衷心接受，自愿参与"，森说。然而，揆之20世纪的经验，尽管民主已在兴起发展，并为绝大多数人所认同，却不意味着它能够畅行无阻，不受抵制。森显然十分清醒地看到了这一点。他看出，那些反对民主、否认它的普世价值的人经常拿来当作借口的，倒不是国民缺乏诉求——因为这不符合事实。他们百般推诿，借以搪塞的最后理由，几乎总是国情不同，不可强求。所谓国情不同，又常托词民穷，说穷人向来只关心面包，不关心民主。森对于这种已成老生常谈的借口给予了有力的驳斥，指出它至少在两点上分明荒谬不经。第一，民主的保护作用恰恰对于穷人特别重要。这在前面有关饥荒的例子中已能看到。没有民主制度，他们之中有很多人就会死亡。在金融危机时期，从经济阶梯上跌落下来的，也总是赤贫阶层。任何巨大灾难的发生，其后果绝不是由社会全体成员平均分担的。通过转嫁，它们几乎总是全部落到了最贫穷、最无助的那一个群体身上。正是这些有着经济需求的人，最需要，也最渴望在政治上发出声音，以摆脱动辄辗转沟壑的命运。第二，没有任何证据表明，在可以选择的情况下，穷人会拒绝民主。实际上，穷人不关心民主的话，完全是从统治者及其依附者口中说出的，他们早已捂住了穷人的嘴巴。他们意图用生存之权充抵民主之权。而事实是，抱持此论不肯放松的统治者，很少有谁真心实意地为其底层民众提供过最起码的合乎人道的生存权。森熟悉印度的历史经验。他指出，这一经验完全否定了穷人不关心民主的说法："印度的选民可算是世界上最穷的穷人之一，但是，如果一边是基本的自由和权利被否定，一边是经济利益受损失，两相权衡，他们一定会选择抗议前者，而放弃抱怨后者。"针对国情论者的观点，森的态度坚定而明确："民主绝不是奢侈品，非得等到普遍富裕了才需要它！"到了现代，到了今天，地不分东西南北，人无谓男女老幼，民主已是生民生而必备之物，它已如空气和水一样，为任何个人所不可缺，为任何权势所不可夺。

三、 印度人的争鸣传统——几个先例

《爱争鸣的印度人》是阿马蒂亚·森的一部论文集，讨论的问题广泛涉及印度的社会、文化、历史、哲学、宗教、政治、教育、文学等很多方面。这部书的专业性虽然不那么强，但仍旧不乏作者撰写学术著作所一贯具有的文雅之风和雄辩之气。全书分为四编，每编各有四篇文章，书名所用的便是第一编第一篇的篇名。如此冠题书名，显然表明森对于印度人的争鸣传统的重视非同一般。而这种重视当然自有缘由：在他看来，争鸣的存在，固为民主政治的特征之一；若问源流，则争鸣也是民主政治的滥觞。他依照印度人的经验，为我们展示出这样的社会发展逻辑：争鸣——宽容——民主政治。

如前所述，阿马蒂亚·森深切关注民主问题。《爱争鸣

的印度人》这篇文章，可以看作长文《作为普世价值的民主》中有关印度部分的延展，内容自然也大为丰富。他在文中提到的史实，以及他所提出的观点，都值得我们认真思索。森将印度人喜好并且长于争鸣的传统追溯到公元前 8 世纪开始的奥义书时代，乃至更早的吠陀时代。诸奥义书可称为婆罗门教的哲学性论著。它们讨论祭祀仪式、物质、灵魂和人生奥秘等问题，意在寻求终极真理以及可以使人获得解脱的知识，实际上是对于当时婆罗门祭司擅权腐化，祭仪繁缛现状的反对。此后思考之风转盛，沙门思潮兴起。沙门是当时出现的自由思想家的统称，他们的观点多与占统治地位的婆罗门思想相对立。公元前 7—前 4 世纪的印度，是一个列国纷争，攻伐不休的时代，思想上和宗教上也是异说蜂出，宗派林立，争鸣激烈。丧失人心的正统婆罗门教陷于危机，佛教和耆那教等顺应时代的需要，以各种革新面貌登上历史舞台。森有一个观点，即"对于宗教正统观念的挑战往往来自社会弱势群体的代言人"。举例来说，佛教就是这样的"代言人"。它由于摒弃种姓制度而代表了众多较低等种姓的利益，从而吸引了他们，壮大了自己。释迦牟尼的说教带来了佛教的成功和思想的解放。

然而，森的理论要点尚不在论辩的成功，而在体现于论辩之中的宽容，乃至不同观点之间的理解、体谅和尊重。他举出印度历史上四个赫赫有名的伟大人物——阿育王、阿克巴、泰戈尔和甘地，以他们为例，指出在这个国家中，自由表达与充分宽容的精神源远流长而又深入人心，并对近现代印度的政治产生了正面的影响。

阿育王（公元前272—前242年在位）是孔雀王朝的第三位国君，曾经建立起古代印度最大的帝国（版图几近南亚次大陆的全部）。《阿育王经》等数部汉译佛典中载有大量关于他的生动故事。他是通过激烈的争权之战弑兄而获得王位的，后又于公元前260（262?）年发动了残酷的征服羯陵伽国的战争，造成了数十万人伤亡。巨大的灾难带给他沉重的精神负担，终于使他幡然悔悟，决定改行和平国策，宣扬"正法"。"正法"以少行不义，多做善事，慈悲、慷慨、真诚、纯洁为要旨，集中体现了当时优良的宗教道德。执政中期，他皈依了佛教。不过，他并未固守一己的信仰之私，而是以国事为重，倾全力消弭当时已经发展得十分严重的教派冲突，并以诏书的形式提出要求：（1）宣传构成一切宗教本质的共同东西，作为大家的对话语言与调和基础。（2）通过克制对别派宗教的批评并进而学会互相尊重，培养各教派之间的团结意识。（3）召开宗教会议，使不同宗派的代表人物经常会面，通过教义上的争论和切磋，缩小他们的距离，消除彼此的对立。（4）提倡学习异己派别的经典，使自己成为多知多闻的人，以利于摆脱狭隘的宗派观念。阿育王自己亦身体力行，广泛会见不同派别的宗教领袖，并向他们布施。他甚至为被佛教斥作"邪命外道"的正命派开凿洞窟，供其使用。他的正法政策为经历了数百年动荡的印度社会带来了30年和平，阶级矛盾和宗教矛盾明显减少，百姓得以休养生息，生活在稳定中有所提高。阿育王具有明确的宗教信仰，但是他却以世俗君主自期。森所赞赏的，正是他这一点。他特别提出阿育王鼓励不同宗派的人公开表达自己观点的做法，认为这种宽容的开明政策正是印度政治家民主意识的表现。历史事实证明，正法政策的实施的确给阿育王时代的人民带来了安定和幸福。

阿克巴（1556—1605年在位）是莫卧儿王朝的第三代君主。该王朝在他的统治下趋于鼎盛。若论文治武功，自13世纪初德里苏丹国建立，至19世纪中叶莫卧儿王朝彻底覆亡，600余年，穆斯林统治者中能出其右的，没有一人。他的成功在很大程度上是他实行开明政策的结果。他主动放弃了个人信仰的偏见，诚恳邀请各派宗教学者到他的宫廷上来，倾听他们的说教。他还常将不同教派的领袖人物召集在一起，辩论和研究各种宗教及社会问题，以辨明同异，消除误解，进而摆脱宗教矛盾，求得社会生活的和谐。无论对于伊斯兰教、印度教，还是佛教、耆那教、袄教或基督教，乃至无神论者，他都一视同仁。作为具体措施，他废除了非穆斯林的人头税和香客税，允许各宗教建立寺院，自由传教，对于被迫改宗伊斯兰教的人亦听任其恢复原来信仰，不加干涉。政府的职位向一切人开放，不问所宗。每遇重大的非伊斯兰教节日，皇宫也和民间一样，举行隆重的庆典。1579年6月22日，阿克巴宣布自己拥有对伊斯兰教所有问题的最高裁决权，进一步集帝王与教宗于一身。1582年，他创立了一个新的组织，名为"圣教"。"圣教"是一种具有泛神色彩的一神教，力图熔印度当时的所有信仰于一炉。他的这一尝试终因信众寥寥而失败，但是他内容广泛的宗教宽容政策还是取得了巨大的成功，从而给印度社会带来了普遍的和谐与繁荣。

在阿育王和阿克巴的时代，显然，宗教宽容在很大程度上就意味着政治宽容。事实上，在印度历代统治者中，允许不同宗教发出声音，对于它们的宗教活动采取宽和态度的并不少见。笈多王朝的三摩答剌·笈多、7世纪北印度的戒日王、14—15世纪的毗阁耶那伽罗王朝诸王等，都曾以善待异教信徒而著称。重要的是，他们的态度是名副其实的宽容，从不以效忠本朝本教为异教存在的前提，把它们变成自己的附庸。

泰戈尔和圣雄甘地同为举世景仰的近代印度杰出人物。他们一为文学巨匠，一为政治伟人，又都是见解独到的思想家。不过，森在这里，在他的《泰戈尔与他的印度》一文中提出讨论的，不是他们的共性，而是他们的差异。出身、教育，以及所献身事业的不同，使他们在思想理念上存在深刻的分歧。比如，对于甘地在民族解放运动中提倡的手纺手织，泰戈尔不仅不赞一词，而且苛评有加。甘地相信它意味着印度的自我实现，也有助于推倒贫富之间的藩篱，达到民族团结的目的。泰戈尔则认为纺车在经济上没有意义，在促使人们思考上，也无帮助。甘地后来喜欢独身生活，泰戈尔则相对率性。甘地相信偶像在启发民智上有其效用，泰戈尔则认为人民任何时候都不应被当作孺子来对待。在认识论上，泰戈尔相信事物真伪的裁定，必以观察结果为根据，因而偏重理性，而甘地则有时会倾向于某种宗教性的臆断，似乎并不排除天人感应的存在。对于民族主义、殖民主义、爱国主义、经济与社会发展等问题，他们也各有看法，且直率发表。然而，泰戈尔虽然对甘地的观点多有批评，无所忌讳，但是对于他的品格却极为钦佩。他从未从个人角度批评过甘地，相反，对于他为祖国所做的一切，一向不吝赞辞。他们之间难免会有误解。对此他们未必不知，但这却绝不妨碍他们彼此直言，亦不担心直言会带来伤害，从而危及他们的友谊。分歧和对立，无伤于敬慕和尊崇。我们从他们的友谊中看到了什么是伟大情怀。这样的情怀，在森看来，正好反映了印度源远流长的发言、论辩、存异、宽容这些传统的优点。

印度人喜好争鸣，意味着存在论辩环境。这种环境的特点，就是宽容和忍让，或者更准确地说，是强势宗教对于异己教派的宽容和忍让。以强凌弱，非不能也，不为也。如此形成的，必是多元社会。多元社会存在的长远意义，即保证了通向近现代世俗主义政体的道路畅通。如前所述，对于强势正统观念的挑战，往往来自弱势无权的群体。允许他们表达诉求，乃民主政治得以建立的基础。印度今天奉行的世俗主义的现代民主体制，就是这样建立起来的。这是森的逻辑。这也是印度社会发展实际走过的道路。对于印度当前存在的弊端，森在批评时毫不容情，但是谈到自己祖国的民主制度时，他却颇为自豪："政党在赢得选举之后执政，在输掉选举之后走人。媒体一直大体自由，新闻界一直持续报道、审视并抗议。公民权利一直得到认真对待，法院在追究违法行为方面一直相当积极。军队一直安稳地驻扎在军营里。"[①] 这里他所说的，正是民主制度的要件。凡是宣称已

---

① 本书第九篇"与命运之神的幽会"。

经实现民主的，都须一一检点。缺一不办，即是欺诳。

"民主制度是与公众议事和互动说理密切相关的。"①"沉默是社会公正的大敌。"②"政治——与教会相对——意义上的世俗主义，要求国家与任何特定宗教团体分离。"③这些就是森通过他的文章传达给我们的思考结果。结果简单，但不乏启示，只要我们认真想想，就能学到不少道理。

四、"穷人的经济学家"

阿马蒂亚·森之所以受到人们的由衷敬仰，还因为他享有另一个传遍世界的称呼——"穷人的经济学家"。有了这个称呼，倒好像经济学家站起队来，有了穷富归属。果有其事吗？试看经济学界部分占据要津的名家在做些什么：有主张福利制度和最低工资规定纯属多余的；有主张血汗工厂能提供就业机会，有利于社会稳定的；有主张黑窑存在是社会主义初级阶段的必然现象，社会发展必得有人付出代价，故有促进社会发展之功的。这些人，倘予归类，恐怕的确非"富人的经济学家"莫属。所有他们的说法，无一不以无情的经济有其自身规律为立论基础，要求将客观分析与情感表达划分开来。这个说法，我们一直相信。但是，自有阿马蒂亚·森出来说话，我们才知道，事情原非如此。他所研究的福利经济学致力于把道德评价标准应用于经济制度，主张经济学

---

① 本书第一篇"爱争鸣的印度人"。
② 本书第二篇"不平等、不稳定与不平之鸣"。
③ 本书第十四篇"世俗主义与不满因素"。

与伦理学相结合，发挥经世济民的作用。在他那里，经济学并不是冷冰冰的"铁则"，而是可以有人文关怀的。他认为，恰恰是现代经济学狭隘地理解了亚当·斯密关于人类行为由"一只看不见的手"主宰的话，致使伦理学的重要性被大大淡化，进而导致了自身理论上的缺陷。因此，"经济学的贫困化主要是经济学与伦理学互相脱离造成的"。他呼吁"关注真实的人"。作为最基本的社会评价标准，"森将自由摆在了极端重要的位置上"（《理性与自由》中译本前言）。从福利的角度出发，对于一个合理制度提出的起码要求是：个人选择的最大自由、公平的收入分配，以及每个人都能达到最适宜的生活水平。他相信，只要注重了人，"甚至极其贫穷的国家也能够提高其最贫苦人民的福利"。实际上，将发展视为目的并无意义；"经济发展就其本质而论，在于自由的增进"（1972年诺贝尔经济学奖获得者肯尼思·阿罗有关森的理论介绍）。

　　作为普通人、门外汉，经济学的深奥理论我们无法弄懂。不过，有个事实我们清楚：我们不研究经济学，但经济学研究我们。于是，我们便很想明白掌握了这门理论的经济学家是怎样看待我们的，进而把我们的权益置于何处。自从知道了阿马蒂亚·森和他所代表的有良知的经济学家，便更想回过头来，仔细看看世界上其他地方的情形。结果如前所述，而约略看清的也只有两点。其一，经济学倾向不同，往往南辕北辙：有向善的经济学，也有附势的经济学；有独立的经济学，也有定做的经济学；有俯恤民瘼的经济学，也有仰承鼻息的经济学。正邪美丑，毕现于其公开言论之中。其二，部分长袖善舞以入主流，故能立于不败之地的经济学家，颇有人于媚权圈钱之余，力主视平民如土芥，否则为富不仁者游狎无度，朱门客散后，无人埋单。

情形如此，我们再把目光投向阿马蒂亚·森，这才更深地体会到，为什么有学者称他为"最亲切的经济学家"。我们也想起了瑞典皇家科学院1998年诺贝尔经济学奖公告中的言词："阿马蒂亚·森就福利经济学中若干基本问题做出了一系列关键性的贡献。通过对于经济学和哲学手段的综合运用，他把伦理因素重新纳入了至关重要的经济学问题讨论之中。"于是我们知道了我们在哪里滞后，如果仅属滞后，而非其他的话：在某些"主流"那里，只有不加掩饰的权力金钱，而没有合乎人性的伦理道德。

森的经济学是切于实用的，世界上很多政府和国际组织都在处理粮食危机等问题上接受了他的理论。他的理论可以使一个社会中"最大多数人的福利得到最大限度的提高"，因此对于中国来说，它的借鉴意义同样值得重视。

联合国前秘书长科菲·安南在谈到森的《以自由看待发展》一书时，曾经对他做过如下评价："世界上的穷人和被剥夺者，在经济学家之中不可能找到比阿马蒂亚·森更旗帜鲜明也更有见地的斗士。通过表明我们的生活质量不应以我们的财富而应以我们的自由为标准来衡量，他的著述已使发展理论及实践发生了革命性剧变。"这个评价无疑十分中肯。他的著作和学术思想被源源不断地介绍到中国来，说明他的价值已经被中国的有识之士认识到。

《爱争鸣的印度人》是一本为基本了解印度，而又希望深入认识它的读者准备的书。由于作者融贯印欧，积学深厚，而写作风格又异常严谨，遣言务求精当，立论必使有征，所以它也是一部内容丰富的学术著作。译者刘建先生于印度历史、文化、社会、文学等研究领域浸淫经年，著述颇丰且卓有识见。此外，他精通英语，长于译事，曾有多种哲学、经济、文学等方面的译作问世，著笔每求雅驯，从不以朴示人。此书沿袭了他的一贯译风，译文考究，不辱原作。

阿马蒂亚·森是一个充满情趣的人。问及他怎样消闲，他说："多览群书，乐与人辩。"那么，就让我们听听这位爱争鸣的印度人是如何议论他那爱争鸣的印度同胞的。

葛维钧

序

收入本书的这些关于印度的文章，是在过去十年间撰写的，而其中约半数是在过去数年间完成的。组成本文集第一编的前四篇文章引出并说明了本书所探讨的若干最重要的主题，它们均与印度悠久的争鸣传统有关。

印度是一个极端多样化的国家，有众多截然不同的追求、大相径庭的信仰、判然有异的风俗和异彩纷呈的观点。只要试图谈论这个国家的文化，或其过去的历史，或当代政治，就势必需要慎重取舍，择其荦荦大者。因此，将争鸣传统作为这部著作的重点，也是一种选择的结果，对于这一点我无须多言。这样做并不表明笔者认为这是思考印度历史、文化或政治的唯一合理方法。我非常清楚，还有其他多种思想方法。

本书的重点选择主要是出于下面三个不同的原因：印度争鸣传统的悠久历史，这一传统在当代的意义，以及在持续进行的文化讨论中对这一传统的相对忽视。此外，还可以说，许多不同的信仰与观点同时盛行于印度，实质上得益于对异端和对话的明确的或含糊的接受。印度异端观念的波及范围极其广泛，无所不在。

所谓"古印度"对人们理解今日印度有什么作用？请考虑一下这个极具政治敏感性的问题。在当代政治中，对古印度的热情往往来自印度教特性运动，也就是那些对印度文明抱有狭隘的印度教观点的印度教特性倡导者。他们试图将穆斯林征服印度之前的时期（从公元前三千纪至公元二千纪之初）分离出来。相形之下，对当代印度持宗教融合态度的人们往往对这种缅想古印度的幽情怀着极大的疑虑。例如，印度教特性运动激进主义分子喜欢援引于公元前二千纪创作的神圣的吠陀经典,据以界定印度的"真正传统"。他们也热衷于诉诸伟大的史诗《罗摩衍那》,以服务于许多不同目的,从解释印度教信仰和信念,到为强行拆毁巴布里清真寺寻找所谓理由,声称该清真寺就坐落在"神圣"的罗摩降生之地。相形之下,宗教融合论者往往认为,吠陀经典和《罗摩衍那》中包含的一些特定的印度教信仰是对当代世俗印度生活的令人反感的侵扰。

印度历史悠久并具有多样性,优先选择"印度教经典",将它们置于别的作品之上,便透出一种宗派性,因此宗族融合论者对此表示质疑并没有错。他们指出,在今日印度世俗的、多宗教的生活中,这样的教派性选择会产生反作用,此种看法也是正确的。尽管80%以上的印度人可能是印度教教徒,但这个国家还是有数量非常庞大的穆斯林(在世界上所有国家中位居第三,比英法两国合在一起的总人口还多),以及大量其他宗教的信徒,如基督教教徒、锡克教教徒、耆那教教徒、琐罗亚斯德教教徒等。

然而,在注意到种族融合与多元文化视角很有必要之后,人们还得承认,这些古老的典籍和叙事作品对印度文学和思想业已产生巨大影响。它们一方面深刻影响了文学和哲学著作,另一方面也深刻影响了民间的讲故事传统及批判性辩证说理的传统。难题不在于吠陀经典和《罗摩衍那》多么重要,而在于理解它们在印度文化中的作用。在14世纪,孟加拉那些信奉伊斯兰教的帕坦人统治者命人将梵文本《摩诃婆罗多》与《罗摩衍那》迻译成优美的孟加拉文本(详见本书第三篇文章）。他们对印度古代史诗的热情反映出他们酷爱文化，而并不表明他们有皈依印度教之意。① 很难无视梵文史诗等在印度文化中普遍的重要性（出于某种所谓的"世俗"理由），也不宜坚持用印度教狂热这一狭隘而又极为粗陋的棱镜观照它们。

吠陀经典虽然充满颂歌和宗教咒语，但也讲述故事，对世界进行思辨，并与其中已现端倪的争鸣倾向一致，提出一些艰深的问题。一个基本的疑惑即与创世问题有关：是某个人物创造了世界？抑或它是自然出现的？有一位知道实际发生了什么的神吗？本书第一篇文章论及了一些议题，《梨俱吠陀》进而就上述这些基本议题发出了一些带有根本性的疑问："谁真的知道？谁愿意在这里宣告？它②缘何而生？这造化所为何来？……或许它是自我形成的，或许它不是自我形成的——唯有从至高之天俯视它的太一知道，或许连他也不知道。"从公元前二千纪起，这些疑问连同其他大量与认识论及伦理学有关的问题，在印度悠久的争鸣史上一再出现（本书第一篇文章论述了这一点）。这些疑问随同强烈的宗教信仰和深沉的膜拜及虔诚一道存留下来。

同样，尽管印度教政治的拥护者，特别是耽于肆意毁坏

---

① 本书第三篇文章述及，引起欧洲学人注意的奥义书——吠陀时代印度教文献中最富哲学意蕴的部分——的最初译本，是由莫卧儿王朝皇帝沙·贾汉与蒙塔兹·马哈尔（泰姬陵就是为这位美丽的皇后修建的陵墓）的长子兼合法继承人达拉·希库王子在17世纪推出的波斯文译本。达拉有一个具有教派偏执思想的弟弟奥朗则布，奥朗则布为篡夺莫卧儿王朝皇权而杀害了他。

② 指世界。——译者注

其他宗教礼拜场所的人们，可以认为罗摩是神圣的，但在《罗摩衍那》的诸多篇章中，罗摩主要被当作一位英雄——一位伟大的"史诗英雄"——既有许多优秀品质，也有一些弱点，如他对自己的妻子悉多的忠贞总是心怀疑虑。一位名叫阇婆离的学者，在《罗摩衍那》中有相当重要的地位，不仅未将罗摩当作神，而且认为他的行为"愚蠢"（如阇婆离说，"尤其是对一位聪颖智慧的人而言"）。在《罗摩衍那》中，阇婆离在被人劝说收回其指控之前，有足够的时间详细解释，"根本就没有来世，也没有任何宗教行为能让人如愿"，"聪明人写了许多经典，训谕人们祭祀神祇。祭祀吧！施舍吧！上贡吧！修苦行吧！这一切不过是为了统治［别的］人们"①。乞灵于《罗摩衍那》，借以宣扬印度教的狂热思想，这种简化论的说法所存在的问题在于为此目的而利用该史诗的方式：它被当作一部具有不可思议的正确性的文献，而不是"一部神奇的道德寓言"（罗宾德罗纳特·泰戈尔如是说）和印度文化遗产中一个受到广泛青睐的部分。

印度怀疑论的根源可以追溯至很久以前，而倘若排斥怀疑论，就难以理解印度文化史。实际上，在整个印度历史上，尽管冲突与战争导致了许多暴力，但可以感觉到辩证法传统展现出活力的范围。鉴于印度过去同时存在唇枪舌剑的对话和血腥的战斗，因此仅仅专注于后者就会让人错失一项真正重要的东西。

---

① 参见本书第一篇和第三篇两篇文章中对这些内容以及其他有关古代怀疑论和论战的例证的更为详尽的论述。

了解印度包容异端的悠久传统确实非常重要。印度教特性运动激进主义分子将古印度据为自己的家园（并视之为印度文明独一无二的摇篮），在抵制他们的图谋之时，只是指出印度还有许多其他文化源头是不够的。还有必要弄清楚，自远古时代以来，在印度的思想与信仰中，曾有多少异端。在公元前一千纪时的印度，佛教教徒、耆那教教徒、不可知论者和无神论者相互竞争，并且与我们现在所谓的印度教（一个很晚才出现的名称）教徒竞争。此外，佛教在近一千年的时期内曾是印度的主要宗教。中国人在公元一千纪时非常标准地将印度称为"佛国"（本书第八篇文章论述了这两个世界上最大的国家之间在佛教方面的联系的深远影响）。印度教特性运动激进主义分子想要将古印度禁闭在一个狭小的箱笼之中，这是不可能做到的。

实际上，印度的一位佛教皇帝阿育王在公元前三世纪不仅提纲挈领地论述了宽容的必要性和异端思想的丰富性，而且制定了也许是人类最为古老的指导辩论和争议的规则，要求当事人"在所有场合，在每一方面，均充分尊重"对手。该政治原则在印度后来的诸多讨论会中赫赫有名，但对宽容和国家必须同不同宗教保持等距离两项原则的最强有力的捍卫却来自印度的穆斯林皇帝阿克巴。这当然是相当晚近的事情，但那些在 16 世纪 90 年代阐明的宗教宽容原则，问世于异端裁判所[①]肆虐欧洲之际，在时间上依然算是够早的。

对话传统和对异端见解的包容在当代的重要意义，无论

---

① the Inquisition，一译宗教法庭。——译者注

如何强调都不为过。讨论和争鸣对于民主与公众议事是至关重要的。对于实行世俗主义,平等对待不同宗教的信徒(包括没有宗教信仰的人)而言,讨论和争鸣是十分关键的。在这些基本的结构性首要事务之外,如能审慎而又坚定地运用,争鸣传统也会在抵制社会不平等现象和消除贫困及剥夺方面变得极端重要。发表意见是追求社会公正的一个关键因素。

间或有人声称,辩证法的运用主要限于较为富裕和较有文化素养的人,因而对普通人毫无价值。这种信念中蕴含着的狂热的精英主义不仅令人惊异,而且往往会助长政治上的愤世嫉俗与冷漠无情,因而令人义愤填膺。批评性声音是受侵害者的传统盟友,参与争鸣则是一种普遍的机遇,而不是一种特别专门化的技能(如创作十四行诗或表演高空秋千动作)。

就在2004年春季印度大选前,当我造访一个离自己家不远的孟加拉村庄之时,一位几乎目不识丁而且无疑十分贫穷的村民告诉我:"想让我们沉默不难,但这不是因为我们不会说话。"实际上,争论的记录与保存,尽管在表述上往往偏向有权势者和受过良好学校教育之人,但在由过去传下来的许多至为有趣的争论记述之中,就有对弱势群体成员参与其事的记载(本书第一篇和第二篇文章对此有所论述)。

印度对话传统的实质和力量之所以有时受到忽视,是因为一种受到大力捍卫的看法,即印度是宗教之乡,有着不容批评的信仰与毋庸置疑的修行之国。据说一些文化理论家"极富同情心",尤其热衷于展示印度与东方的基于信仰而且缺乏理性的文化的实力，以与西方"浅薄的理性主义"和科学优先形成对照。这种论辩路数，完全可能是由同情心激发的，但终究可能压抑印度大量的知识遗产。可以说，在这种预选的"东方与西方"的对比之中，是以亚里士多德和欧几里得为一方，而以智慧并满足的印度农民为另一方，组织了一些会议。这当然不是索然无味的演练，但也显然不是理解"东方与西方"文化对比的好方式，与以阿利耶毗陀（数学家）和憍底利耶（政治经济学家）为一方，以坚忍不拔的西哥特人为另一方，在他们之间安排会议毫无二致。虽然撰写本书的直接动机是对印度社会与政治的理解，但我认为，由于世界对文化的分类方法业已固化为一种模式，对我们过去和现在的许多东西很少在意或视而不见，本书对于有关分类方法也有些参考意义。[①]

本书第一编的四篇文章概述了印度争鸣传统的性质、范围和重要意义。这包括多元主义和对话传统在支持民主、世俗主义、数学与科学事业方面所起的作用，以及辩证法在追求社会公正与对抗阶级、种姓、教派和性别的壁垒中的运用。第一篇和第二篇文章重点论述了这些问题。第三篇文章论述了以豁达胸襟理解一个巨大并存在异端的印度的重要意义，将这种态度与业已急剧狭隘化的国家观做了对比。某些

[①] 20世纪80年代后期，我在到达哈佛大学后发现，著名的"哈佛合作社"书店中所有关于印度的书籍均被归在"宗教"类中，因而对此留下了深刻印象。

宗教激进主义分子醉心于这种国家观,并将它与对印度教①的严重矮化的理解结合起来。这些讨论与理解印度人身份的方法有关,而这些判断性问题不但与印度本土的印度人有关,而且与全世界数量庞大(至少在2 000万以上)的印度移民有关。第四篇文章论述了这一问题。

第二编中的文章论述了交流在文化的发展与理解中的作用。第五篇与第六篇文章中的论述试图追踪并展开具有远见的诗人和作家泰戈尔与伟大的电影导演萨蒂亚吉特·拉伊的作品中出现的对这一主题的真知灼见。第七篇文章考察了西方观念中"想象出来的印度"不同版本的出现情况,以及这些错误观念反过来对殖民地或后殖民地时期印度人通常看待自身的方法所产生的影响。第八篇文章考察了中国与印度所拥有的始于一千纪早期的长达1 000年的密切而广泛的知识关系(涉及科学、数学、工程学、文学、音乐和公共医疗卫生及管理)、宗教关系和贸易关系,也探讨了从这一切中得出的对当代中国和印度的教训。

第三编涉及剥夺或匮乏的政治问题(贫困、阶级和种姓分裂、性别不平等),也涉及印度和巴基斯坦发展核武器导致的次大陆人类安全风险。第九至十二篇文章考察了过去已经发生的和当前正在发生的诸多事件,进而指出了可以恰当地选取什么问题予以批判性考察。

---

① 在我为外祖父K.M.森(中文名字沈谟汉——译者注)撰写的一本关于印度教的书(伦敦:企鹅书局,2005)的重新发行而写的前言中,我论述了理解这一包罗万象的宗教的不同方法。

本书最后一编的主题是推理在印度人认同中的作用，以一篇关于推理的范畴的文章为始，批驳了常有人发出的关于分析性推理和批评实质上是"西方的"或"欧洲的"这一传统说法，同时对理性评估能为我们所生活的这个扰攘不安的世界做出的贡献进行了考察。第十四篇文章就人们对世俗主义的辩论进行了批评性审视，与身处多元宗教与多元文化中的印度人看待自身的方法有关。印度多元文化的历史绝妙地反映在现存的设计巧妙并得以充分发展的丰富历法之中，其中每一种均有悠久的历史。第十五篇文章即以此为主题。该文还论述了这些不同的历法如何从公元5世纪起即一致将印度的"主子午线"定在乌贾因。这条子午线至今依然是"印度标准时"的基准，奇特地先于格林尼治平时五个半小时（尽管它在格林尼治平时问世之前相当早即已固定下来）。最后一篇文章是以我在2001年发表的"多拉布·塔塔纪念讲座"演说为基础撰写的，论述了印度认同，同时简要回应了本书开头提及的那些非常普遍的问题。

我受益于许多友人和同事的评论与建议，在本书的一些文章中对他们的贡献已分别致谢。苏加塔·鲍斯、安塔拉·德夫·森、让·德勒泽、艾莎·贾拉勒、马萨·努斯鲍姆、V. K. 拉马钱德兰、库马尔·拉纳与埃玛·罗思柴尔德对全书提出了许多有益的建议，我也从中受益良多。此外，蒙泰克·辛格·阿鲁瓦利亚、苏蒂尔·阿南德、普拉纳布·巴尔丹、考希克·巴苏、霍米·巴巴、阿基尔·比尔格拉米、加亚特里·查克拉瓦蒂·斯皮瓦克、尼迈·查特吉、迪彭德拉纳特·达塔、苏普尔娜·达塔、梅格纳德·德赛、纳巴尼塔·德夫·森、克里希纳·杜塔、纳坦·格拉泽、苏洛查纳·格拉泽、克雷格·贾米森、阿尔曼多·马萨伦提、帕特里夏·米尔利斯、普拉纳蒂·穆克帕德亚伊、西迪克·奥斯马尼、莫扎法尔·基齐勒巴什、阿尼苏尔·拉赫曼、安德鲁·罗宾逊、英德拉尼·森、阿尔琼·森古普塔、贾格迪什·夏尔马、罗伯特·西尔弗斯、拉赫曼·索班、利昂·威斯尔蒂尔和努尔·亚尔曼向我提出了诸多意见和评论，我对他们表示感谢。我还对苏库马里·巴塔查尔吉与已故的比马尔·马提拉尔在部分梵语文献资料的分析方面所给予我的灵感铭记在心，并表示我的感激之情。

我还想对我在企鹅书局的编辑斯图尔特·普罗菲特表示感谢，在我们讨论本书结构和内容之时，我听取了他的总体性指导意见。他还对一些单篇文章提出了不少重要建议。我还要对伊丽莎白·斯特拉特福做的极有助益的文字编辑工作表示谢忱。我对剑桥大学历史和经济学中心的罗西·沃恩对我在研究方面提供的出色帮助不胜感激。最后，我对福特基金会、洛克菲勒基金会与梅隆基金会对我在这一课题及相关课题研究中发生的一些实质性费用所提供的联合资助表示感谢。

我最后以三段话结束本文。第一，由于本书是一部论文集（八篇新文章和八篇此前刊发过的文章），文章之间存在一些重复，尤其是在涉及出自实际经验的例证（不过，它们往往被用于说明不同论点）部分。我已删除了一些重复的文字，但还有一些重复之处未能割爱，以免一些单篇文章失于连贯或费解。我已尝试在可行之处提供交叉参照线索。我以脚注形式提供与文章直接相关的参考资料；其他引文出处则列于本书尾注之中。

第二，尽管我一直得给梵文语词的英文拼写形式添加变音符号，但我对它们的使用还是极有节制的（参见本书的说明）。对于一些现已通用于英文中的梵文语词和名称，如 Raja（罗阇，国王）、Rani（拉尼，女王）、Rama（罗摩）、Krishna（克里希纳，黑天）、Ashoka（阿育王）、Brahmin（婆罗门）、Vedas（吠陀）、Vedantic（吠檀多的）、Tantric（密教的，密宗的），我没有使用任何变音符号，遑论 Sanskrit（梵文）一词自身。

最后一段话与写作风格有关。一方面，我力求做一个超然的观察家，将本书写成一部学术著作；另一方面，我却陷入自己的主题范畴之内。作为一名眷恋乡土的印度公民，我非常关注印度文化、历史和政治，同时也十分关注印度全面的生活状况，因此我在提及印度人时，很难不用"我们"一词，而用"他们"一词。所以，本书中用的是"我们"一词，而不是显得生分的"他们"一词。此外，鉴于我的印度次大陆认同感，尤其是我对孟加拉国（我的家族的发源地）的认同感，我个人魂牵梦绕的范围，本书的讨论有时就不独限于印度。我无须为此感到歉疚，但读者却有权要求我对自己偏离学术客观性做出解释。

阿马蒂亚·森

2004 年 8 月 15 日

梵文语词变音标志方法

长元音以在上方加一短线表示：ā 的发音如在 father 中，ī 的发音如在 police 中，而 ū 的发音则如在 rule 中。关于咝音，s 表示不送气，发音如在 sun 中；相应的送气音则标示为 ṣ，如在 shun 中；而强腭音标示为 ś，如在 shanti 中（通过将舌部贴近上腭发出此音）。

在所谓"t 组"中的卷舌辅音须在下方加一个点，如 ṭ、ṭh、ḍ、ḍh 和 ṇ，从而与发音器官无须形成阻塞的齿音 t、th、d、dh 和 n 形成对比。在英文中没有很好地体现但在梵文中却十分关键的区别，可通过 tiny 中的卷舌音 ṭ 与 pasta 中意大利语式吸气齿音 t 之间的区别予以说明。依照标准的变音标志惯例，如在英文中的 China 一词中不送气音 ch 被标示为素朴的 c，发音则如意大利语中一个 e 或一个 c 前的 c（例如 cento），而其送气变音则被标示为 ch。

我回避了其他一些区别，例如将梵文中的半元音 rhi 简单地标示为 ri，如在 Rigveda 中（而没有采用更为严格的写法 Ṛgveda）。本书采用的鼻音化符号是：喉音 ṅ（如在 aṅga 中），腭音 ñ（如在 jñana 中），卷舌音 ṇ（如在 varṇa 中），齿音 n（如在 nava 中），以及唇音 m（如在 mantra 中）。鼻音化随韵（anusvāra）略有变异的用法以 ṃ 表示（如在 ahiṃsa 中）。

我在序中业已说明，对于那些在英文中已成为常用词语的梵文语词或名称，如 Raja、Rani、Rama、Krishna、Ashoka、Aryan、Brahmin、Vedas、Vedantic 或

Sanskrit，我则全然没有使用变音符号。

  这一切均关乎捷径，可对于一部旨在对公众议事有所贡献的书而言，长路会显得过于费时。此外，变音符号仅用于梵文语词，对于来自诸如印地文或孟加拉文一类印度现代语言中的语词，我则完全没有使用这些符号。

目 录

第一编　直言与异议　1

　　一　爱争鸣的印度人　3
　　二　不平等、不稳定与不平之鸣　41
　　三　印度：大与小　54
　　四　移民社群与世界　90

第二编　文化与交流　109

　　五　泰戈尔与他的印度　111
　　六　我们的文化，他们的文化　152
　　七　印度的传统与西方的想象　175
　　八　中国与印度　203

第三编　政治与抗争　235

　　九　与命运之神的幽会　237
　　十　印度的阶级　249
　　十一　女人与男人　269
　　十二　印度与原子弹　306

第四编　理性与认同　327

十三　理性的范畴　329
十四　世俗主义与不满因素　355
十五　透过历法看印度　385
十六　印度认同　406

注　释　435
再版后记　487

第一编 直言与异议

一

爱争鸣的印度人

对我们印度人而言，长篇大论并不陌生。我们能够滔滔不绝地讲很长时间。半个世纪以前，克里希纳·梅农在联合国（当时他是印度代表团团长）创下发表最长演说的纪录（9小时不停顿），迄今尚无任何地方的任何人可以望其项背。另外的数座高谈阔论的高峰，是由其他印度人攀登上去的。我们确实喜欢说话。

这并不是一个新的习惯。古代梵语史诗《罗摩衍那》和《摩诃婆罗多》常被用来与《伊利亚特》和《奥德赛》媲美。它们比朴实无华的荷马所能驾驭的那些作品要长得多。实际上，仅《摩诃婆罗多》即约为《伊利亚特》与《奥德赛》合在一起的长度的7倍。《罗摩衍那》和《摩诃婆罗多》当然是宏大的史诗：我非常欣慰地想起，在我还是一个躁动不安的少年之时，在我为了寻求纯粹的消遣和智慧的刺激与它们不期而遇之时，我自己的生活变得极为充实。然而，它们围绕着自己的主干故事推进，铺陈出连绵不断的故事，并充满了引人入胜的对话、二难推理以及另类观点。我们会在持续不断的辩论和争执之中，意外地碰到大量分布于其间的论证与反论证。

对话与意义

这些论证也往往是可以完全独立存在的。例如，著名的《薄伽梵歌》是《摩诃婆罗多》的一小部分,展现了两种相反的道德立场——黑天强调履行职责为一方,而阿周那主张规避恶果(同时生成善果)为另一方——之间的一场论战。这次辩论发生在堪称《摩诃婆罗多》中心事件的那场大战前夕。阿周那是位盖世无双且战无不胜的武士,属于正义而荣耀的王室(般度族)军队。在王室军队即将与非正义的篡位者(俱卢族)战斗之际,他望着两军对垒,不禁对他们就要做的事情是否正当萌生了深重的疑虑。阿周那质疑,仅仅在意自己促进正义事业的职责,对于战争本身无疑会导致的苦难和屠杀漠然以对,甚至将自己的亲族视若无物,究竟是否正确。化身为凡人的黑天(事实上,他还是阿周那的战车驭手)发表宏论,以批驳阿周那。他的回应以阐明行动原则——以优先履行职责为本的行动原则——为形式,而在印度哲学中,这些原则已被人们一再提及。黑天坚持认为,阿周那应当履行战斗职责,不必顾及后果。这是一项正义的事业,作为一名武士和己方倚重的将领,无论后果怎样,阿周那都不能对履行自己的责任踌躇不前。

黑天将天职的召唤奉为神圣,从而赢得了这场争论,至少从宗教的视角可作如是观。[1] 实际上,黑天与阿周那的对话录《薄伽梵歌》特别着重于"廓清"阿周那的疑虑,从而成为印度教哲学中一部具有巨大的神学意义的论著。黑天的道德主张也获得了全世界许多哲学和文学评论家的赞同,其中就有克里斯托弗·衣修午德和 T.S. 艾略特。衣修午德事实上曾将《薄伽梵歌》迻译成英文。² 这种对《薄伽梵歌》尤其是对黑天论点的称赏，在欧洲若干地区的文化中是一种长盛不衰的现象。在19世纪初，威廉·冯·洪堡即引人注目地将它赞誉为"存在于所有已知语言中最优美的或许是唯一的真正的哲理之歌"³。艾略特在《四个四重奏》中的一首诗中，将黑天的见解以劝谕的形式归纳出来："不要考虑行动的后果。/前进吧。"艾略特解释道："不是要过得好，/而是要向前进，水手们。"⁴

然而，作为一场存在两个说理方的辩论，史诗《摩诃婆罗多》本身也小心翼翼并满怀同情地循序分别展示了这两种对立的论点。⁵实际上，在《摩诃婆罗多》行将终结之时，经历了战争和屠杀的大地——大体即印度河—恒河平原——所依稀呈现的悲剧性的凄凉景象，甚至可被视为证明阿周那的深重疑虑并无不当的物象。无论《薄伽梵歌》所要传达的"启示"是什么，阿周那的相反论点都并未真正被击败。还存在一些强有力的实证主张"要过得好"，而不仅是"向前进"①。

1945年7月16日，在第二次世界大战期间研制出终极性"大规模杀伤性武器"的美国科学家团队的领袖J. 罗伯特·奥本海默在观察到由人类设计的第一次核爆炸令人悚惧的威力之时，激动

---

① 我还是一名中学生时，曾问我的梵文教师，是否可以说黑天是带着并不完善也不能令人信服的论点离去的，他答道："也许你可以这样说，但你必须满怀敬意。"我已在别的地方发表过一篇评论文章《后果评估与实践理由》——但愿我是满怀敬意的——是有关黑天的职责论的，顺便也为阿周那的后果观一辩。此文载于《哲学期刊》(*Journal of Philosophy*, vol. 97, Sept. 2000)。

得援引黑天的话("我已成为死神,三界的毁灭者"⁶)。如同为正义事业而战的武士阿周那接受了关于履行自己天职的劝谏那样,物理学家奥本海默对自己承担为显然正确的一方研制原子弹的义务也能找到充分理由。奥本海默后来在审视——实际是批评——自己的所作所为时说道:"当你看到某种在技术上诱人的东西时,你会一往无前并使之成为现实,而只有在你已取得技术成功之后,你才会嘀咕对这一技术该怎么办。"⁷ 除了"向前进"的强制动力之外,还是有反思阿周那的忧虑的道理:杀戮那么多人怎么还会结出善果?我何以当为己方寻求胜利、王权或快乐?

这些论点在当代世界依然至关重要。赞成人们履行自己责任的理由谅必是充分的,但对可能伴随我们履行自认合乎正义的职责而产生的后果,我们怎么能漠不关心呢?在我们反思全世界诸多显而易见的问题(从恐怖主义、战争和暴力到流行病、缺乏安全和令人触目惊心的贫困),或反思印度特别关注的大事(诸如经济发展、核对抗或地区和平)之时,除了考虑黑天所主张的履行个人职责的论点之外,重要的是不要遗忘阿周那的相应分析。《薄伽梵歌》的毫无歧义的"启示",需要《摩诃婆罗多》的更为气势恢宏的论辩智慧予以增益。《薄伽梵歌》不过是《摩诃婆罗多》的一小部分而已。

在本文及后面其他文章中,还有机会考察多场在印度人的论辩传统中十分突出的辩论与争执的范畴及意义。我们不仅应当注意在辩论中获胜——或据称获胜——的那些意见,而且应当留神其他得以表述并被记录下来或为人所铭记的观点。一个被击败但又不曾湮没的论点,能够一直保持巨大的活力。

性别、种姓与直言

然而,有一个严肃的问题需要提出,即辩论和争执的传统是否仅限于印度的一部分人口——或许仅限于其男性精英阶层成员。当然,很难设想,辩论的参与者会平均分布于各个阶层,因为印度一直存在由性别、阶级、种姓与教派造成的严重不平等现象(我随后还会谈及这一问题)。倘若弱势阶层事实上被禁止参与,争鸣传统在社会上的重要作用就会受到严重限制。然而,这里所讲的情况要远为复杂,一篇简单的概论无从涵盖。

我先从性别谈起。总的说来,男人在印度的论辩活动中往往处于主宰地位,这几乎毋庸置疑。尽管如此,但妇女参与政治领导和追求知识的情况也并非一直全然微不足道。今天,尤其是在政治领域,这一点是显而易见的。实际上,印度的许多主要政党——包括地方性政党和全国性政党——目前是由妇女领导的,而且在过去也曾由妇女领导。然而,即使在由国民大会党领导的争取印度独立的全国性运动中,也曾有许许多多妇女处于重要岗位,其数量比在苏联和中国的革命运动中处于同样岗位的妇女的总数还多。还有一点或许值得注意,即印度国民大会党第一个女主席萨罗吉尼·奈都是在1925年当选的,比英国的一个主要政党的第一个女领袖(玛格丽特·撒切尔,1975年)当选早了50年。① 印度国民大会党第二个女魁首内利·森古普塔是在1933年当选的。

无论迟还是早，这些发展都是相对晚近时代的产物。然而，遥远的过去时代的情况又当如何呢？在印度，妇女在辩论和商谈中的传统作用当然远不如男人那么显赫（世界上大多数国家的情况也同样如此）。但是，如果认为妇女在畅所欲言方面的主导作用与印度历史上所发生的任何事情都全然无关，那也是错误的。实际上，即便我们一路追溯到印度古代，连一些最为驰名的对话也还是有妇女参与的，而且一些最为尖锐的提问常常发自女性对话者。这一现象甚至可以追溯到奥义书——这些约于公元前8世纪开始编撰的辩证论著往往被视为印度教哲学的基础。

例如，在《广林奥义书》中，我们了解到一场著名的论战。在这场论战中，杰出的学者和教师祭言不得不面对一群聚在一起的饱学之士提出的问题，而一位女学者伽尔吉则对这些知识方面的盘诘提出了最尖锐的挑战。她毫不羞怯地加入这场辩论："诸位尊敬的婆罗门，倘若你们允准，我将仅对他提两个问题。倘若他

---

① 国民大会党主席绝不是一个徒有虚名的职位。实际上，苏巴斯·钱德拉·鲍斯（不断发展并日益壮大的抵抗英国统治运动中充满激情的发言人）于1938年和1939年两度当选国民大会党主席，导致党内一场大争论，而莫汉达斯·甘地一直不懈努力，以图废黜他。在鲍斯发表主席讲话，提议英国人按照严格的"时限"撤离印度，否则他们将会面临不那么非暴力的反对之后不久，甘地的诉求成为现实——当然并非全然妥当或得体。国民大会党主席在指导党这一方面的作用一直是举足轻重的。在2004年的大选中，当索尼娅·甘地作为国民大会党主席胜出时，她宁愿保留主席职务，而不愿就任总理。

能回答我的问题，那么在阐明神的本质方面，你们就谁也休想击败他。"[8]

尽管伽尔吉只是一名知识分子和学究，而不是军事领袖（例如，像另一位巾帼英雄章西女王那样。她在19世纪中叶与反抗英国统治的"哗变者"一道英勇作战。安东尼娅·弗雷泽将她描写成世界上伟大的"武士女王"之一[9]），但她对比喻的运用却具有明显的战斗性："祭言，我有两个问题向你请益。就像毗提诃或迦尸（贝拿勒斯）出身于英雄世系的君主，拉紧松弛的弓弦，手持两支无坚不摧的利箭逼近敌人，我带着两个问题走近你，你必须予以回答。"然而，祭言真的设法以自己的回答使伽尔吉感到满意（我无以审视这次交流在神学方面的是非曲直，所以对他们的讨论的实质性内容不予置评）。伽尔吉磊落大方地承认了这一点，但又不卑不亢地说道："诸位尊敬的婆罗门，如若你们能够向他鞠躬然后离去，你们应当将此视为一项成就。当然，在阐明神的本质方面，你们谁也休想击败他。"

饶有趣味的是，在两人探讨人生出现问题和处于困境的情况下财富的作用，尤其是财富能为人们带来什么或无以带来什么之时，祭言的妻子梅特莱伊提出了一个极其重要的发人深省的问题。梅特莱伊想知道，倘若"充满财富的整个地球"只属于她一人所有，她是否就真的能够借助财富而实现永生。"不会的，"祭言答道，"你的生活将会像富人的生活那样。然而，想通过财富获得永生是毫无希望的。"梅特莱伊说道："倘若我不能借助财富永生，那么我应当用它们做什么呢？"[10]

在印度的宗教哲学中，梅特莱伊的设问一直被反复引用，以说明人生困境的本质和物质世界的局限。然而，他们的交谈在一定程度上有更大的现实意义。这同收入与成就之间的关系、我们能够购买的商品与我们能够享用的实际能力之间的关系、我们的经济财富与我们按照自己的意愿生活的能力之间的关系——以及距离——有关。① 虽然财富与我们获得自己珍爱之物的能力之间存在一定关联，但这种联系可以是十分密切的，也可能并不十分密切。梅特莱伊的忧虑很可能有一定的超验意义（印度的宗教评论家们已经就这一点讨论了许多个世纪），但这些忧虑肯定也有世俗意义。如果我们在意生活得长久和生活得美好的自由，那么我们关注的焦点就应当直接落在生与死这一问题上，而不是仅仅着眼于财富积累和经济繁荣。

在史诗和古典故事中，或在有文字记载的历史中，女性发言者提出的论点并不总是与常被加到妇女头上的温柔与平和的形象相符。在《摩诃婆罗多》的史诗故事中，善良的国王坚战不愿参与一场血腥的战役，却被激励以"适度的愤怒"与觊觎其宝座的篡位者进行战斗，而最为雄辩的煽风点火者竟是其妻黑公主。[11]

在婆罗维于6世纪撰写的《野人和阿周那》提供的关于这一场对话的版本中，黑公主这样说道：

---

① 不能单纯依据国民生产总值或国内生产总值的增长来判断发展。这是对发展的一种理解。梅特莱伊的中心问题（"倘若我不能借助财富永生，那么我应当用它们做什么呢？"）对于我提出和解释这一观点是有所助益的。参见拙著《以自由看待发展》(Development as Freedom, New York: Knopf, and Oxford: Oxford University Press, 1999, p.1)。

让一个女人来规劝你这样的男人
几乎就是一种侮辱。
可是,深重的烦恼却迫使我
逾越女性行为的界限,
让我将满腹的话语说出。

你们宗族的列王,像因陀罗一样勇敢,
长期主宰天下,从来不曾中断。
但是现在,你却用自己的手
断送了自己的江山,
就像一头春情发动的大象
用长鼻扯掉自己的花冠。
…… ……
如果你自愿弃绝英勇的战斗
将容忍视为通往未来幸福的道路,
那就抛弃你作为王权象征的弓箭,
将你的头发盘结起来,
待在这里并为圣火做出祭献![12]

不难看出,在阿周那与黑天的辩论中,黑公主站在哪一边。那场辩论涉及同一系列事件较为靠后的阶段。当时,坚战已做出进行战斗的抉择(而不是像他的妻子带着毫不隐晦的揶揄口气不无贬损地强加于他的那样,欣然接受就地做个隐士的生活)。

如果说不将印度人的争鸣传统视为男性的禁脔是重要的,那么了解论战频繁逾越阶级与种姓樊篱也是必要的。实际上，对于宗教正统观念的挑战往往来自社会弱势群体的代言人。当然，弱势是一个相对概念。当婆罗门正统观念在古印度受到其他群体成员（包括商人和工匠）的质疑时，那些持异议者通常十分富裕这一事实不应当分散人们对以下事实的注意力，即在婆罗门主宰一切的正统观念这一背景之下，他们确实明显处于弱势地位。这一点对于理解佛教迅速传播，尤其是佛教在印度迅速传播的阶级基础，可能特别有意义。那些最初带有叛逆性质的包括佛教及耆那教在内的宗教运动对破除祭司种姓至高无上的地位起到了十分重大的作用。这种破除具有一种"消除差别"的特征，该特征不但体现在这些运动所主张的人类平等的要旨之中，而且体现在那些用以破除占据高位者至高无上的地位的论点之中。大量早期佛教和耆那教文献包含着表述异议与反抗的不平之鸣。

在印度历史上反复兴起并曾取得不同程度成功的反种姓划分运动，就充分利用了引人注目的争论来质疑正统信仰。其中许多驳难被记载于史诗之中，表明对等级制度的反对即便在种姓制度建立初期亦不阙如。我们不知道，那些被认为提出怀疑主义论点的人是否就是那些业已得到表述的疑问的真正发出者，抑或他们仅仅是阐述业已形成的质疑的媒介，但这些反不平等论点在其他古典文献和史诗中明显存在，这使我们得以更充分地洞察到争鸣传统的波及范围，而这是某种对所谓"印度教观点"的整体性阐述所无法提供的。

例如，在《摩诃婆罗多》中，当芯力瞿告诉婆罗杜伐迦，种姓划分与不同的人反映在肤色上的肉体特征差异有关时，婆罗杜伐迦予以回应,不仅指出在每一种姓内部都存在肤色的巨大差异("倘若不同的肤色能表示不同的种姓,那么所有的种姓就都是混合种姓"),而且提出了一个更为深刻的问题:"我们似乎都受欲望、愤怒、恐惧、悲伤、忧虑、饥饿和劳苦的影响,那么我们怎么会有种姓方面的差异呢?"[13]另外一部古代文献《未来往世书》中也表达了对血统的怀疑主义:"既然所有四大种姓的成员都是神的子女,那他们就都属于同一个种姓。所有的人都有同一个父亲,同一个父亲的子女不能有不同的种姓。"这些质疑都没有赢得胜利,但古典作品在对不同观点之间的辩论进行记述时却没有遗忘对它们的表达。

如果再看一个非常靠后的时期,那么到15世纪时业已完全确立的"中世纪神秘主义诗人"的传统,就包括受到印度教虔信派平等主义和伊斯兰教苏非派平等主义双重影响的代表人物,他们对社会樊篱的摈弃具有深远影响,鲜明地揭示了就种姓和阶级划分而进行的争论所波及的范围。其中许多诗人的经济和社会背景卑微,他们对信仰各异的不同宗教之间的壁垒和社会分隔的质疑,反映了一种试图否认这些人为限制之适用性的深刻期望。不同凡响的是,许多持有这些异端观点的代表人物来自劳工阶层:伽比尔或许堪称所有这些人中最伟大的诗人,是个织工,达都是个棉花梳理工,拉维达斯是个鞋匠,塞纳是个理发师,如此等等。① 此

---

① 关于这一点,参见克希提·莫汉·森所著的《中世纪印度神秘主义》(*Medieval Mysticism of India*),罗宾德罗纳特·泰戈尔为之撰写了"前言",马诺莫汉·高士将此书从孟加拉文译成了英文(London:Luzac,1930)。

外，这些运动中的许多主要人物是妇女，其中当然包括著名的米拉·巴伊（她的歌在400年之后的今天依然十分流行），也包括安达尔、达雅巴伊、萨哈佐巴伊和茜玛等人。

诸多不平等现象依然是当代印度社会的一个鲜明特征。下一篇文章将会论述这些问题。在探讨当代种种不平等问题之时，争鸣传统的重要意义和涉及范围，应当从该传统今天在抵御和破除这些不平等现象方面所能做出的贡献这一角度予以考察。在这一方面，倘若因为训练有素的人们的论点可能效果卓著，而认为争鸣传统通常必定有益于特权阶层和受过良好教育的阶层，而不是有益于被剥夺者和贫困阶层，那将是一个巨大的错误。在印度知识史上，一些最强有力的论点，事实上是关乎那些毫无特权的群体的生活的；这些弱势群体借助那些诉求的重大力量，而并不仰仗训练有素的辩证逻辑。

民主即公众议事

丰富的争鸣传统对次大陆当今的生活还有重大影响吗？我认为还有，而且在以众多不同方式表现出来。它主导着我们的社会环境和我们的文化的性质。它已经促使异端之见成为印度的自然事态（随后对此多有论述）：持续不断的争鸣是我们公共生活的一个重要组成部分。它深刻影响印度政治，而且我认为，它与印度的民主发展及世俗要务的凸显关系尤为重大。

由于人们乐于将印度奉行民主制度简单地归因于受英国人的

影响（而不顾下述事实，即对于其他百余个从同一日不落帝国独立出来的国家，这样的影响本应发挥同样的效用），民主制度与公众争鸣的联系往往遭到忽视，而即便仅仅出于这一原因，印度民主制度的历史根源也非常值得考虑。然而，这一争论点并非印度所独有：一般来说，公众讲理的传统是与全世界民主制度的根源密切联系在一起的。然而，由于印度特别有幸拥有公众争鸣的悠久传统，对知识方面的异端学说的宽容，所以这一普遍的联系在印度尤为有效。半个多世纪之前，当独立的印度成为非西方世界第一个断然选择民主政体的国家时，它不仅采用了从欧美（尤其是大不列颠）学来的制度性经验，而且利用了自身的公众讲理和听任异端争鸣的传统。

在从英国统治下获得独立之后，印度作为一个坚定的非西方的民主国家，创下了非同寻常的纪录，其中不仅包括大众对民主政府形式的赞同，而且包括对这一制度的顽强坚持，从而与别的民主只是断断续续短期出现的许多国家形成对照。在这一方面，更为重要的是，诸多政党（从共产党左翼到印度教右翼的所有政治派别）和军队（不同于亚洲和非洲许多国家的军方）均全面认可文官统治的优先地位，无论民主统治看上去多么效率低下，多么运转不灵（并且多么易于被取代）。

印度的具有决定性的经验还包括，在20世纪70年代，印度选民毫不含糊地拒绝了一次十分明显的意在削弱印度民主保障的尝试（以所谓当时印度面临严重"紧急状态"为由）。官方支持的动议在1977年的大选中遭到声势浩大的抵制。[14]即使印度民主制度在几个不同的方面仍有缺陷（在本书后面的第九至十二篇文章中对此有更多论述），克服这些缺陷的方法和手段也可有效地借助争鸣传统。

有一点非常重要，那就是避开两个陷阱：（1）只将民主制度视为西方世界的礼物，而印度不过是在独立时接受了这一礼物而已；（2）认为印度历史上有某种无与伦比的东西，使得这个国家特别适于采用民主制度。确切地说，要点在于，民主制度是与公众议事和互动说理密切相关的。公众议事的传统存在于全世界，而并不只是存在于西方。[15]只要能在一定程度上借助这样的传统，民主制度就比较容易建立并存续下去。

虽然人们常常反复说，民主本质上是西方的理念与实践，但这一观点还是极端有限的，因为它无视公众说理与民主发展之间的密切联系——一些当代哲学家，尤其是约翰·罗尔斯，业已深入探讨了这一联系。[16]公众说理包括公民参加政治讨论和影响公共选择的机会。当表决机会与无所畏惧地讲话和聆听的机会结合起来时，尽管投票是一种非常重要的方法，但它却只能被视为使公众议事产生效果的方法之一。投票的范围及效果主要取决于公众公开议事的机会。

从更为宽泛的视角，亦即从远远超越选举和投票自由的视角来理解的话，民主已经有力地显现出来，不仅显现在当代政治哲学中，而且显现在"社会选择理论"和"公众选择理论"这些受到政治理念和经济论证影响的新学科之中。①对重要的公共决定的公开讨论可以广泛增强有关社会和各种重要项目的信息。除这一事实外，公开讨论还能回应公众议论，从而提供变更已决重要项目的机会。实际上，如同公众选择论这一当代学科的创立者詹姆斯·布坎南所主张的："'经由讨论而施政'之民主定义意味着，个人的价值观在决策过程中能够改变而且确实发生了改变。"[17]印度争鸣传统的作用不仅适用于公众的价值观表达，而且适用于伴随互动而来的价值观形成，印度式世俗主义（下一节将论述这一点）的兴起就说明了这一点。

公众议事的悠久传统可见于全世界许多不同的文化之中，这一点我在别的地方业已论述。[18]然而，在这一方面，印度确实与众不同，而且与本文的主题不无关系。当然，希腊和罗马公众议事的传统是实至名归，但公众议事在印度也有令人瞩目的历史。令人惊讶的是，在公元前4世纪，连正在征服世界的亚历山大在漫游印度西北部时，亦曾受到过一定的政治训诫。例如，当亚历山大问一群耆那教哲学家为什么对他这位伟大的征服者几乎毫不在意时，他得到了如下这段基本上是反帝国主义的答话（由阿利安转述）：

---

① 我在对美国经济学会的"主席致辞"《理性与社会选择》（*American Economic Review*，85，1995）和诺贝尔奖受奖演说《社会选择的可能性》（*American Economic Review*，89，1999）中，已尝试对社会选择理论和公众选择理论的贡献提出评估。这两篇文章均收在我的《理性与自由》(*Rationality and Freedom*，Cambridge, Mass.：Harvard University Press, 2002)这本文集中。

亚历山大王，每个人能够占有的土地，不过就是我们现在双脚所踏的这么一小块。你和我们众人一样，也只是个人，不过你总是忙碌而且不干好事，从你们国家跑那么多路来到这里，这对你自己和他人来说都是令人讨厌的事情！……你行将死亡，那时，你只会拥有足以将你埋葬的那么一点土地。①

在印度公众议事的历史上，印度早期的佛教徒竭力将议事奉为社会进步的一种手段，认为其应当享有殊荣。这种坚持导致了世界上一些为时最早的公开大会的召开等成果的产生。所谓"结集"*，旨在解决不同观点之间的争端，吸引了来自不同地方和不同部派的代表。四次主要结集中，第一次结集是在乔答摩·佛陀涅槃后不久于王舍城举行；第二次结集约在一个世纪后于吠舍厘举行；最后一次结集于公元2世纪在迦湿弥罗②举行。但是，历次结集中规模最大也最为知名的第三次结集，是在阿育王的赞助下，于公元前3世纪在当时印度的首都华氏城（今名巴特那）举行的。[19] 这些结集的主旨在于解决宗教教义和戒律方面的分歧，但显然也研究了社会和公民义务方面的要求，并进而以通行的方式巩固和促进了对有争议的问题进行公开讨论的传统。

---

① 我们从阿利安那儿了解到，亚历山大对这一充溢着平等精神的呵责报以钦佩之情。他在与第欧根尼邂逅时即曾表现出同样的钦佩之情，尽管他自己的行为一直毫无改变（"与他当时对之表示钦佩的行为截然相反"）。参见彼得·格林的《马其顿的亚历山大：历史传记》(*Alexander of Macedon, 356-323 B.C.: A Historical Biography*, Berkeley: University of California Press, 1992, p.428)。

* Buddhist Councils，字面含义即"佛教会议"。——译者注

② 即今克什米尔。——译者注

一 爱争鸣的印度人

由于当时统治着印度次大陆大部分地区（一直延伸至今阿富汗境内）的阿育王矢志确保公众议事能在没有敌意和暴力的情况下举行，因而他与规模最大的一次结集的联系就值得特别关注。阿育王努力编纂和传播了世界上最早的公众议事规则，该规则堪称19世纪的"罗伯特议事规则"的一种古代版本。[20]例如，他要求"言谈有节，不得于不当场合溢美自家教派或贬低其他教派，即令在恰当场合，言辞亦应适度"。即使是在辩论当中，"在所有场合，在每一方面，均应充分尊重其他教派"。

阿育王捍卫公众议事之举在印度后来的历史上曾不断引起共鸣，但或许没有一次像莫卧儿皇帝阿克巴的反响那样强烈。他在时隔近两千年之后，促成并赞助了持不同信仰的人们之间的对话。阿克巴关于"追求理性"而非"倚重传统"的至关重要的主张，包含着对理性对话的大力褒扬，是处理社会和谐方面难题的良方。[21]皇室的赞助对公众议事的推行并不是至关重要的，不过却拓宽了印度争鸣史的范围，为之增添了另一个侧面。按照审慎的民主概念，无论有无国家的倡导，公众议事的作用都具有明显的重要意义。虽然民主还必须满足别的许多要求[22]，但对参与性管理而言，公众议事是首要的，是民主这幅宏大图画的重要组成部分。我在后文还有机会再谈二者之间的联系。

理解世俗主义

我认为，异端主张存在的悠久历史不仅对印度民主制度的发展和存续有影响，而且对印度世俗主义的兴起乃至对印度世俗主义所采取的形式产生了很大影响。印度的世俗主义并不完全等同于西方某些地区对世俗主义的界定。[23]对宗教多样性的宽容明确地反映为：印度在历史纪年中一直是印度教教徒、佛教教徒、耆那教教徒、犹太教教徒、基督教教徒、穆斯林、琐罗亚斯德教教徒、巴哈伊教教徒等诸多教徒的共同家园。至少可以追溯到公元前二千纪中叶的吠陀经典，为现在被称为印度教（这一名称是由波斯人和阿拉伯人在非常靠后的时期依据印度河之名想出来的）的古代印度宗教铺平了道路。到公元前6世纪时，佛教和耆那教双双兴起。现今印度信徒已相当稀少的佛教，在近1 000年间一直是印度的主要宗教。另外，与佛教同时诞生的耆那教已作为印度一个强大的宗教存在了2 500余年。

犹太教教徒似乎是在耶路撒冷陷落后不久来到印度的，不过也有别的说法（一种学说认为，本尼以色列人社群的成员在公元前8世纪首先抵达，而他们更可能是在公元前175年到达的）。[24]在后来的移民潮中，犹太教教徒持续到达。他们在5世纪和6世纪分别从南阿拉伯和波斯前来，这种流动分别持续到18世纪和19世纪。巴格达犹太人在最后一次移民潮中从伊拉克和叙利亚前来，他们大多前往孟买和加尔各答。基督教教徒也来得很早，到4世纪时，在今喀拉拉邦即已有大规模的基督教教徒社群。[25]波斯对琐罗亚斯德教的迫害刚开始，帕西人就于7世纪晚期开始到来。巴哈伊教教徒是在上一世纪前来印度寻求避难的最后到来的群体之一。在那一漫长的时期内，还有其他移民活动，包括阿拉伯穆斯林商人于8世纪开始在印度西海岸定居，比其他伊斯兰国家经由附近居民更

一 爱争鸣的印度人

为尚武的西北路线前来进犯要早得多。此外,还有许多改宗事件,特别是皈依伊斯兰教。每一个宗教社群都千方百计在印度多宗教并存的背景下保持其特性。①

对多样性的宽容,也得到了赞同丰富变化的强硬论点的明确捍卫,包括对通过对话在互敬气氛下互动的必要性的过分称颂。在上一节中,我论述了印度两个最杰出的皇帝阿育王和阿克巴对公众议事所做出的贡献。他们的理念和政策对于印度世俗主义的内涵和范畴有多大意义呢?

前面已经提及的阿育王认为需要用"言谈有节"来指导论争,要求就此达成一致意见:"一个人绝不能毫无道理地抬高自家教派或贬低别的教派的信仰。"他进而主张:"只有在确实事出有因时才能贬低其他教派,因为其他教派皆因某种缘由而值得尊重。"阿育王出于开明的自利之心,以辩证的论点补充了这一总的道德和政治原则:"完全出于对自身教派的迷恋而贬低其他教派并同时推崇自身教派的人,实际上通过这样的行为对自己的教派造成了最严重的伤害。"[26]

阿克巴不仅毫不含糊地宣布了宽容的优先地位,而且为国家建立世俗法制结构和为宗教奉行中立政策奠定了正式基础,其中包括履行职责,确保"任何人均不应由于宗教原因而受到干涉,任何人均可皈依令其心悦之宗教。"[27]尽管阿克巴对其他宗教具有浓

---

① 这种多样性可以从分别与佛教、耆那教、犹太教、基督教、琐罗亚斯德教及伊斯兰教相关的不同历法得以沿用至今这一事实看出来。所有这些历法与各种印度教历法一道,均在印度盛行了很长时间(后面我在第十五篇文章将对此予以论述)。

厚的兴趣，并一度致力于将从不同信仰中精选的优点结合起来，创立一个新宗教——圣教（Din-ilahi），但他本人一直是个优秀的穆斯林。实际上，在阿克巴于1605年逝世时，曾对他背离正统观念大加挞伐的伊斯兰教神学家阿卜杜勒·哈克相当满意地做出定论：尽管"有所革新"，但阿克巴仍然是个合乎体统的穆斯林。[28]

阿克巴在16世纪晚期为公众议事（上一节中已提及）安排的议题涉及具有不同宗教信仰的成员（包括印度教教徒、穆斯林、基督教教徒、琐罗亚斯德教教徒、耆那教教徒、犹太教教徒乃至无神论者）。虽然印度世俗主义的历史背景可以追溯至早在阿克巴之前即已开始生根的思潮，但世俗主义政治却由于阿克巴捍卫多元文化理想并坚持国家应当对不同宗教不偏不倚而获得了极大推进。阿克巴自己的政治决定也反映了他对多元文化的恪守，这一点可由下述事实充分证明：他坚持用非穆斯林知识分子和艺术家（其中包括伟大的印度教音乐家檀生）充实自己的宫廷，让他们与穆斯林同道一起工作，而颇不寻常的是，阿克巴信任早年曾被自己击败的前印度教国王（罗阇·曼·辛格），让其出任自己军队的总司令。[29]

在印度历史上，对不同生活领域中的差异的宽容，也始终获得了帝王之外的其他力量的支持，如首陀罗迦的《小泥车》和《指环印》等梵文戏剧中就对心胸狭隘的迫害予以了批评和嘲弄。对差异的宽容也表现在梵文诗歌中，如对多样性的赞颂，或许在迦梨陀娑的《云使》中表达得最为典雅。在《云使》中，一个被放逐的男子拜托一片云给爱妻带去自己的渴念之情。当这片云从上空缓缓行经5世纪的印度时，诗人通过想象，歌颂了人们各种各样的风俗和行为所蕴含的美。类似的对多样性的认可及赞扬在其他许多作品中都能看到，从14世纪的学者和诗人阿米尔·胡斯劳①的散文和诗歌，到该时期前后兴盛的非教派宗教诗歌所表现的丰富文化，均吸收了印度教（尤其是虔信派）和伊斯兰教（特别是苏非派）的传统。事实上，在伽比尔、达都、拉维达斯、塞纳等人的诗歌中，不同宗教之间的相互宽容是一个贯穿始终的主题。前面论述过，这个诗人圈子里还有一批著名的女诗人，如16世纪出色的女诗人米拉·巴伊等。[30]

当代印度的世俗主义在独立后的印度共和国的宪法中获得了法律上的确切表述，蕴含着印度思想史的强烈影响，也体现了对思想多元主义的捍卫。反映这种历史联系的一点是，印度世俗主义所取形态有所不同，所提要求也与更为严厉的西方版本——如法国对世俗主义的解释——相当不同。在法国人看来，世俗主义甚至应当禁止个人在其所工作的国家机构展露宗教标志或宗教习俗。实际上，对世俗主义有两项主要要求，分别着重于：（1）对不同宗教保持中立；（2）在国务活动中禁止牵涉宗教。印度世俗主义往往特别强调中立，而不是予以一般禁止。②

---

① 一译阿米尔·霍斯陆。——译者注

② 印度世俗主义近年来遭到了印度教政治活动家非常严厉的批评，随后的文章将论述这一点。此类攻评活动的某些部分的主旨在于明确或含蓄地要求印度教在印度政体中占有特殊地位（因此违背中立原则），另一部分则采取了论辩形式，认为印度的宪法和实践并不是充分中立的，而是允许穆斯林享有特殊待遇，例如，他们的某些习俗在法制上可以免受适用于印度其他所有社群成员的民法的制约。此类批评所涉及的问题将在本书第十四篇文章中予以探讨和评估。这里需要注意的是，那场辩论的重点在于世俗主义的"中立性"方面，而并不在于"禁止"所有引起宗教联想的事物。

最近，法国决定禁止穆斯林女学生披戴头巾，理由是此种做法违反世俗主义。这里的首要问题即出在"禁止"这一方面。然而，可以断言，如果我们认可对印度业已勃兴的世俗主义的"中立"解释，那就不能以世俗主义为由对这样的禁令予以明确辩护。国家应与不同宗教（包括不可知论和无神论）保持"等距离"这一世俗要求，无须逐一禁止任何个人——无论他们信仰什么宗教——自行决定穿戴什么，只要持不同信仰的人员受到对等待遇即可。

这里目下的问题并不完全在于法国的禁令是否为一项错误政策。完全可以依据其他理由（而不是所谓的违反世俗主义）为这项政策辩解，例如可以说头巾是性别不平等的象征，会被视为对妇女人格的侮辱，也可以说妇女（尤其是少女）并未真的享有决定穿戴什么的自由，而着装决定是由更强有力的家庭（由男性主宰一切）成员强加于她们的。[①] 这些忧思（我在这里不对它们的相对重要性和影响力进行批判性审视）可能是重要的，但显然不同于世俗主义自身的要求。

关键在于，在将世俗主义解读为国家必须对不同信仰保持中立之时，就不能以这一原则本身为据证明取缔个人选择服饰的自由是正当的。对不同宗教保持等距离，确实需要弃绝对某一宗教的偏袒，而这样做又可能被认为是在表明，国立学校不应当遵循

---

① 当个人在原则上可以自由抉择，但在实践中却不能行使选择权（考虑到社会事务的整体性和绝对权力的不对称性）时，"选择抑制"现象就是"社会选择论"中对自由进行分析时遇到的一个重要问题。我已尝试在别处对此予以研究，参见"Liberty and Social Choice", *Journal of Philosophy*, 80 (Jan. 1983); "Minimal Liberty", *Economica*, 59 (1992); and *Rationality and Freedom*.

不对称政策，不可以在学校自己的表演中，在排斥其他宗教标识的同时，炫示某一宗教的象征。① 然而，没有必要否决每个人自行决定其服饰的自由。当然，这样的决定应以他人愿意尊重为宜。

正如阿育王在公元前 3 世纪时所说的："故和谐可赞，即须聆听并自愿聆听他人已领受之虔诚正法。"[31] 对印度世俗主义的诠释和理解，以及印度世俗主义的形态，可与接受异端思想的历史联系起来。

怀疑论者、不可知论者与无神论者

了解印度悠久的争鸣传统，对解读印度的过去以及理解当代印度也有相当大的影响。认识印度异端思想的历史，对于理解印度历史上经过动荡和骚乱而幸存下来的相互对立的观念，包括思想进程和经受过审查的信仰，都是至关重要的。对异端思想的低估会妨碍对印度传统的恰当理解，而令人遗憾的是，这种低估实在是太常见了。下面我通过介绍宗教在印度的地位和重要性，尤其是理解印度宗教怀疑论悠久传统的必要性，来说明这一点。

对印度文化有一种极其常见的权威界定，在诠释印度传统时特别看重宗教的作用，而宗教怀疑论在印度的强大存在是与之相悖的，或至少看上去与之相悖。印度文化与宗教的联系当然存在。

---

① 当我于 1999 年在孟加拉国达卡大学出席被称为"世俗性的"学位授予典礼时，我们分别用十分钟诵读伊斯兰教、印度教、基督教和佛教经文这一事实给我留下了深刻印象。虽然许多宗教思想一起出现，但我认为，根据对世俗主义之"中立"解释，该仪式确实可被说成是"世俗性的"活动（我想，不可知论者就只能搭乘佛教怀疑论的免费班车了）。

例如，实际情况是，印度拥有浩如烟海的宗教文献——或许多于别的任何国家。这正是人们将对印度文明的理解与宗教狂热联系起来的原因之一，而这种宗教狂热不仅存在于民间信仰层面，而且存在于知识追求这一层面。正如造诣颇深的比较宗教学专家、可敬的 A. C. 布凯教士所指出的："在印度的疆域之内，人们进行了可以想见的各种类型的旨在破解宗教问题的尝试，例子特别丰富。"[32]

情况确实如此。然而，这些对所有可能的宗教信仰的规模宏大的探索，与具有深刻怀疑精神的论点同时存在，而这些怀疑论论点可以一直追溯到公元前二千纪中叶，也曾为人们所苦心探究（有时即在宗教文本自身范围之内）。具有权威性的吠陀经典中的所谓《创世歌》（有时也被称为《创世颂》）以下面的具有彻底性的疑问作为结尾：

谁真的知道？ 谁愿意在这里宣告？ 它* 缘何而生？ 这造化所为何来？在这次创世之后，诸天之神才接踵而来。 那么，谁能知道它从何而来？

这造化从何而来？ ——或许它是自我形成的，或许它不是自我形成的——唯有从至高之天俯视它的太一知道——或许连他也不知道。[①]

---

* 指世界。——译者注

[①] 《梨俱吠陀》，10. 129。英文译本见 Wendy Doniger O'Flaherty in, *The Rig Veda*: *An Anthology*, Harmondsworth: Penguin Books, 1981, pp. 25–26。吠陀中也包含许多对世俗事物的引人入胜的讨论。例如，在《梨俱吠陀》的第 34 首颂歌中，我们可以看到对一个难以自拔的赌徒面临的许多问题有着强烈的同情心的批评。赌徒有些牢骚（"岳母恨我""妻子赶我走"），也决心改过自新（"我将不再赌博，否则连朋友们也会看不起我"），但发现很难改变自己的积习（"我立刻赶到那里，像个奔赴秘密约定的淫妇"），可又好规劝别人（"别再掷骰子了，耕耘你的田亩。无论挣多挣少，都要心满意足"）。

这些已有 3 500 年之久的疑惑，一次又一次地再现于印度的重大辩论之中。实际上，梵语不仅拥有规模比其他任何古典语言都更为庞大的宗教文献，而且拥有比其他任何古典语言都为数更多的不可知论或无神论著作。存在不计其数的各种各样的论说和著述，与争鸣传统所派生的滔滔雄辩相辅相成。

印度文本包括精心构建的阐释性宗教著作和连篇累牍的辩护性作品。它们还包括不同宗教派别之间冗长而持续不断的辩论。然而，此外还有以宗教狂热的辩护者为一方而以普遍怀疑论的倡导者为另一方的不计其数的论战。这些疑惑有时以不可知论的形式出现，有时以无神论的形式出现，但也有乔答摩·佛陀的特殊战略。通过选择完全独立于任何神——真实的或想象出来的——的善行，他将理论上对神的怀疑与在实践中对这一问题的重要性的颠覆结合起来。① 实际上，不同形式的无神论思想在整个印度史上一直有大量的追随者，今天同样如此。

顺世论的怀疑主义和唯物主义哲学从公元前一千纪开始盛行，甚至可能活跃于佛陀在世之时（根据早期佛教文献中提及这一学

---

① 乔答摩自己对这一问题的态度，当然与后来发生变化之后的由大乘佛教教义中之应身说主导的佛教，赋予佛陀本人神性的做法大相径庭。还有伊恩·马贝特论述过的更为普遍的问题，即"在分析佛教的兴起时，对于弘扬正法者与普通村庄和林间小村庄散居人口之间互动的方式，我们不能否认它的非常重要的作用。从一开始，佛教就得屈从这些人口对于一些特殊生物和特殊力量的信仰，我们通常称这些力量为超自然力量"。(Ian Mabbett, "Early Indian Buddhism and the Supernatural", in Dipak Bhattacharya, Moinul Hassan and Kumkum Ray (eds.), *India and Indology：Professor Sukumari Bhattacharji Felicitation Volume*, Kolkata [Calcutta], National Book Agency, 2004, p. 503)。

说的资料予以判断），即大约2 500年之前。[33]甚至在奥义书中也有一些该派思想方法之影响的证据。[34]无神论和唯物主义在许多个世纪继续吸引追随者和拥护者，并与具有理智战斗精神的斫婆迦派日益密切地联系起来，对该派思想进行阐释。① D. N. 杰哈所说的"印度思想的潜流"，后来在其他文本中，如在"唯物主义哲学文本……8世纪由某个名为阇耶仙人的作者撰写的《颠真狮》（*Tattopalavasimha*）中，就有所表现"[35]。在14世纪，当摩陀婆阿阇梨（他本人是一位吠檀多派印度教教徒）撰写其权威著作《各派哲学体系纲要》（*Sarvadarśanasamgraha*，旧译《摄一切见论》）时，这部哲学汇编的第一章即由对无神论和唯物主义的言之有理的辩护构成，"斫婆迦体系"得到殚精竭虑的富于同情心的辩护，因而得以闻名于世。[36]该书每一章都对一个特定思想流派予以辩护，接着在后面的诸章中提出反论。按照该书的这一辩证策略，无神论的主张在第一章中得到阐述和辩护之后，即在随后的一章中受到反论的诘难。

对于斫婆迦派思想的阐述，以语气强硬的质疑开始："在无神论学派的瑰宝斫婆迦全然废弃了关于神的观念之后，我们怎能将无上便利归因于神的赐予呢？"[37]除了对神的弃绝之外，还有对灵魂的否认，以及主张精神需要物质基础的断言："只有〔从这些物质

---

① 我们发现，在史诗中也提到了斫婆迦派。在史诗《摩诃婆罗多》描绘的主要战役中，斫婆迦派对于杀戮族人（这是道德讨论方面一个无休无止的话题。我们已经两度遇到这一话题，分别是在黑天与阿周那辩论之时和黑公主对坚战说理以激励其战斗时）的坚战予以申斥，在统治集团中引起了相当大的震动。

要素出发]，当它们被转化成肉体时，智慧才能产生，恰如使人沉醉的力量是由某些原料混合之后才得以生发；在这些要素被毁灭后，智慧也即刻消亡。"[38]与这些关于生命和精神之本质的激进信仰相伴随的，还有一种涉及价值观的哲学，这种哲学专注于实实在在的欢乐，而不是任何"来世的幸福"。对于如何生活，一再出现这样的忠告："在生命还属于你的时候，快乐地生活吧！"也有对宗教幻想因教化而在民间存在这一现象的辛辣而乖戾的解释："没有天堂，没有最终的解脱，也没有任何在另一世界的灵魂……婆罗门在这里为死者确立的所有葬仪，不过是一种谋生手段——无论在哪里都不会产生别的结果。"[39]

无神论和唯物主义的活跃存在，在诸穆斯林国王相继统治时期一直延续下来。实际上，甚至在16世纪，当莫卧儿皇帝阿克巴在阿格拉举办多宗教对话会议时，在被遴选前来陈述的诸多他择性见解之中，秉持无神论的斫婆迦派的立场得到了充分体现（阿克巴的顾问和编年史家阿布勒·法兹勒对此有所记载）。在整个印度历史上的哲学著述中，无神论者和怀疑论者频繁出现，而在许多情况下，他们的观点虽然终究受到排斥，但是他们确有自己的发言权。

以具有充分包容性的态度理解印度异端，对于领会异端在这个国家的思想背景下与繁复历史中存在的范围和程度，是特别重要的。由于在当代对印度往昔的记述偏爱聚焦于印度予人深刻印象的宗教狂热，印度遗产中的理性主义部分相对而言遭到忽视，做到这一条就尤其关键。那种选择性的忽略事实上已经导致在解释印度思想时出现重大偏见，并由此导致在理解当代印度知识遗产时出现重大偏见。①

对宗教狂热的夸张的聚焦也导致了对印度公众说理范围及其所涉问题多样性的低估。例如,憍底利耶*关于政治经济学和统治之术的经典著作《利论》** 初成书于公元前 4 世纪。尽管《利论》对宗教与社会风俗做出了表示尊重的姿态,但它却基本上是一部世俗性论著。[40]

这种忽视还导致了对理性评价的悠久传统的低估,而该传统对于印度科学和数学而言是至关重要的。② 这一特殊联系值得探讨,我在下一节中会对此予以论述。

科学、认识论与异端

不难理解,科学进步的可能性是与异端的作用密切联系在一起的,因为新的观念和发现不同于业已得到确认的成见,而且可能与之发生冲突,所以最初只能作为异端观点出现。全世界科学

---

① 关于这一带有普遍性的问题,请参见笔者的《理性的范畴:东方与西方》(The Reach of Reason: East and West", *New York Review of Books*, 47, 20 July 2000),现作为第十三篇文章收录于本书。还请参见 Martha Nussbaum and Amartya Sen, "Internal Criticism and Indian Rationalist Traditions", in Michael Krausz (ed.), *Relativism: Interpretation and Confrontation*, Notre Dame, Ind.: University of Notre Dam Press, 1988, and Bimal Matilal, *Perception: An Essay on Classical Indian Theories of Knowledge*, Oxford: Clarendon Press, 1986。

* 一译考底利耶。——译者注
** 一译《政事论》。——译者注

② 为了对西方掌握的有关印度的专门知识予以公平评价,应当承认西方从来不乏对以不胫而走的《欲经》(*Kāmasūtra*)和《爱神的游戏》(*Anangaranga*,一译《无体者之形》)为表率的所谓"肉欲科学"的兴趣。

贡献的历史，无论是哥白尼、伽利略、牛顿还是达尔文的经历，都提供了决绝的异端见解必须发挥作用的诸多范例。异端会审视获得权威认可的观点，而且会在必要时否决这些观点。我们可以说，印度始于笈多王朝时期的科学与数学的繁荣（主要由公元5世纪时的阿利耶毗陀、6世纪时的伐罗诃密希罗*与7世纪时的婆罗门笈多引领），就受益于那时在印度一直呈活跃状态的怀疑主义和探究精神。[41]在这一时期，在认识论方面，以及在探究用以推进对现象世界认识的途径与手段方面，也存在方法论方面的突破。[42]

在《罗摩衍那》中，一位持怀疑论的婆罗门学者阇婆离，告诫这部史诗的主人公罗摩应当如何行事，但他在劝说过程中坚持认为，我们只能凭信我们所观察和体验的东西，从而充实了自己的宗教怀疑主义。他对宗教惯例的谴责（"聪明人写了许多经典，训谕人们祭祀神祇。祭祀吧！施舍吧！上贡吧！修苦行吧！这一切不过是为了统治［他］人"）和他对宗教信仰的批判（"根本就没有来世，也没有任何宗教行为能让人如愿"）因他对罗摩的在认识论方面的果决的奉劝而强化："享受就在你眼前的东西，不要为人的经验范围之外的东西自寻烦恼。"[43]

当然，这一观察焦点是与顺世论和斫婆迦派的唯物主义相一致的。然而，事实上，斫婆迦派走得更远，并建议有必要对——直接或间接——由知觉获得的认识进行方法论方面的审视。我们知道，知觉有两种：外在的和内在的。内在知觉显然是可疑的，因

---

* 意译为毗日。——译者注

为"既然大家都承认心智取决于外在感官，你就不能认定心智具有对外物采取独立行动的能力"[44]。但是，出于一个不同的原因，我们对于依赖外在知觉，也必须小心谨慎：事情取决于我们如何利用这一知觉。"虽然感官与客体的实际接触有可能导致对该特殊客体的认识"，但我们往往不得不依赖将我们可能看不见的一个客体与我们能够看见的另一个客体联系在一起的命题（例如，根据观察到的烟，可以推断有尚未被发现的火的存在）。实际上，不可能直接观察到过去或未来的客体，但我们可以设法认识它们，那样我们就只得探寻它们在时间方面的所谓联系。

然而，据说，此类从直接观察而来的外延的基础还是或然性的。虽然我们可能被诱使依赖这样的联系，但"对于在这种特殊情况下始终不变的联系（例如，在这一特称命题中，烟意味着火）的存在，可能产生怀疑"[45]。应用推理很难做到缜密，因为推理本身需要证明，而这就可能让我们一步又一步地倒退："推理也不能成为认识全称命题的手段，因为在这样推理的情况下，我们也应当要求另一项推理来对其予以确认，如此等等，这样就会出现永无止境的倒退这样的推理谬误。"[46]

如果顺世论的方法表现为热衷于争论和执意提出方法论方面的疑问（大大超出单纯围绕宗教认识的基本原则而进行的争执），那么这很可能是一个公正的结论。实际上，印度 5 世纪时的一位佛教哲学家佛音*认为，尽管可以按字面意义将顺世论解释为仅将

---

* Buddhaghosa，一译觉音。——译者注

认识建立在"物质世界"之基上的学说,但也许可以更恰当地将它说成是"争论与辩驳的学说"[47]。在这方面,顺世论方法中的理性与弗朗西斯·培根于 1605 年在其论著《学术的推进》中以令人折服的明晰笔法提出的一个方法论要点十分接近。培根说:"意识并提出疑问具有双重益处。"一个益处是直接的:它让我们"免于犯错误"。培根认为,第二个益处涉及疑问在引发和推进探索过程方面的作用,这会产生让我们的调查研究丰富起来的效果。培根注意到,本来可能不受干预就被轻易放过的问题,恰恰由于"疑问的干预"而最终竟被"专注并细致地观察到"[48]。

如果说在认识论上与正统观念分道扬镳为观察性科学的养成提供了方法论方面的帮助,那么让印度数学家与科学家得以了解巴比伦、希腊及罗马同行著作的普遍联系,也同样功不可没。印度天文学(尤其是在历数书中)广泛利用了那些著作,从而开创了印度科学和数学从公元 5 世纪开始呈现繁荣局面的先河。在印度教特性运动(Hindutva movement,本书第三篇文章将对此进行深入探讨)的新"民族主义"中,一直有一种否认全球不同方向互动所具有的重要性的倾向(出于对所谓"自给自足"的偏爱)。然而,这一态度反映了一种对科学如何进步和科学知识的疆界为何并不沿着地理边界划分的基本误解。科学和数学的许多新起点恰好在公元一千纪初期的几个世纪中出现在印度,使世界的知识状况为之改观。印度著述在互动方面的公开性包括送出与拿来两个方面。尤其是印度的三角学和天文学,更具有特殊的重要意义,这一方面是因为它们在历史上的重要性,另一方面则是因为它们对印度与其他文明国家特别是阿拉伯世界和中国的关系产生影响的方式（本书第六篇和第八篇文章将对此予以论述）。

事实上，印度的数学和天文学对于阿拉伯的有关著述（包括伊朗人用阿拉伯文写的有关著述）产生了特别深刻的影响；对于这两方面的影响，阿拉伯人和伊朗人均慨然表示承认。这些影响与数学的基本原理创新（尤其是十进制的发展和应用及三角学）以及天文学方面的新的观念和测量法有关。的确，阿利耶毗陀于公元 499 年完成的开拓性著作所展现的创新内容，不仅在印度本土产生了广泛的反响（以伐罗诃密希罗、婆罗门笈多和巴斯迦罗的著作为始），而且在其阿拉伯文译本中也得到了详细的探讨。

除了在阿利耶毗陀著作中反映的数学进步以外，在天文学创新的诸多贡献中还包括下列几项：

（1）分别以地球投射在月亮上的影子和月亮遮掩太阳这样的术语解释月食和日食，并提出预测月食和日食发生日期和持续时间的方法；

（2）摒弃沿轨道转动的太阳环绕地球运行的通行观点，赞同地球以日为周期自转的说法；

（3）确认重力是物体在地球自转时不被抛出的原因；

（4）提出"上"与"下"的观念具有环境可变性，认为"上"与"下"取决于人在地球上所处的位置，从而颠覆了天体"高高在上"的地位（然而，天体"高高在上"之说正好与依赖阇婆离所谓"人的经验范围"的哲学相符）。

除了对科学理解做出贡献以外，这些天文学上的进步也包含着对业已确立的宗教正统的明显背离。阿利耶毗陀坚持破解这些问题并公开自己的发现，需要相当大的勇气和决心。

正如伊朗天文学家阿尔比鲁尼在 11 世纪初期所写的，并非所有在科学上师法阿利耶毗陀及其计算方法的弟子均具有同其相似的勇气。实际上，被阿尔比鲁尼认定为其所处时代最优秀的数学家的婆罗门笈多*（阿尔比鲁尼在认定 8 世纪问世的婆罗门笈多的梵文论著《婆罗门历数书》的较早译本相当不完善之后，甚至推出了该书的第二个阿拉伯文译本），明显缺乏阿利耶毗陀的刚毅风骨和正直精神。尽管婆罗门笈多本人继续沿用阿利耶毗陀的科学方法和程序，但他还是不满阿利耶毗陀对业已立足的带有神学性质的占星术的摈弃，指责阿利耶毗陀离经叛道，以迎合宗教正统观念。

在 11 世纪的一次引人注目的批评中，阿尔比鲁尼注意到其中的自相矛盾之处，即婆罗门笈多在预报月食和日食时也沿用阿利耶毗陀的科学方法，但同时毫无骨气地通过诋毁阿利耶毗陀而对正统观念卑躬屈膝：

我们将不与他[婆罗门笈多]争论，而只是对他耳语：……在[对阿利耶毗陀及其追随者]说了那么[尖刻]的话后，你为何又开始计算月亮的直径以解释日食，计算地球的阴影以解释月食？你为何按照那些离经叛道

---

* 意译为梵藏。——译者注

者的理论而不是那些你认为自己应当与之所见略同的人们的观点推断日月两食？[49]

就数学与天文学方面的实践而言，婆罗门笈多的确是富于创新精神的阿利耶毗陀的名副其实的追随者，并且是同阿利耶毗陀一样优秀的数学家（甚至可能更优秀），但阿尔比鲁尼认为他未必能够像旗帜鲜明的阿利耶毗陀那样成为一个无所畏惧的先驱。秉持异端观念和不同意见的勇气在科学发展中的关键作用绝不亚于其在培养公众讲理和建设政治民主根基方面的作用。

争鸣的重要性

在结束本文前，我应当澄清上文已经讲过的东西和还没有讲过但绝非次要的东西。这里需要特别说明的是，在印度不断演进的传统中，可以发现众多特点，我无意从中挑出某个特点，再通过对这一特点的专门的和单独的聚焦，从而为印度的"过去和现在"寻找一种单一因素予以解释。承认争鸣遗产和异端历史的重要性，绝不意味着不需要考察其他影响因素的巨大作用，也绝不意味着不必审视不同影响因素的交互作用。

因此，我们也绝不应当将某个社会特点视为"永恒的印度"一成不变的永世长存的特征。印度在悠久的历史中经历了重大的发展与变化，如若不考虑已经产生并且还在继续产生影响的各种各样的因素、情势和因果关系，就不可能理解这一点。聚焦异端和雄辩的特殊意义并不完全在于提升传统在印度发展中的作用，而是为了寻求对印度传统的更为全面的解读。这些传统与其他因素交互作用，为印度社会和文化注入了活力。

请考虑连续不断的传统对于民主发展的重要意义，这一问题在前面已简要论述过了。纳尔逊·曼德拉在其自传《通向自由的漫漫征途》中指出，他还是少年时，即已从在姆克海凯泽韦尼（Mqhekezweni）摄政王府邸举行的非洲地方会议的实践中了解到民主的重要性：

> 每一个要讲话的人都如愿以偿。这是最纯粹形式的民主。在发言人中可能存在重要的等级制度，但每一个人都说了话，包括首领和臣民、武士和巫医、店家和农夫、地主和佣工。……自治的基础是，所有的人都可以自由发表自己的意见，而且作为公民在价值上是平等的。[50]

在认为自己"通向自由的漫漫征途"始于国内的同时，曼德拉并没有断言别的任何东西在引领他为民主而战方面均无足轻重，也没有声称倘若南非的社会传统有所不同，民主就会与南非没有关系。相反，问题在于，曼德拉在国内看到的传统是重要的，而那些传统与南非的另外一些影响了他——以及其他人——的意义重大的因素交互作用。而由于非洲的民主先驱曾在关于政治与殖民史的研讨中受到相当严重的忽视，曼德拉揭示非洲历史传统的作用就特别重要。[51]

正是在这样广阔的背景之下，人们才能看清印度的争鸣传统对其思想史和社会史所做贡献的重要性，以及这样的传统在今天依然具有重大意义的原因。尽管社会变化进程具有复杂性,但数种传统还是会在其自身之间产生交互影响;在对历史传统进行政治的和理智的讨论时,已经成为俗套的诠释被不断重复,而且在重复时往往不加批判,因此有必要避免囿于这样的诠释。例如,将印度传统视为几乎完全宗教性的,或强烈反科学的,或实行单一等级制的,或基本盲从盲信的(要考虑到文化分类中一整套颇受拥护的判断结论),就包含着值得注意的对印度的过去和现在的过分简单化的论断。只要传统依然重要,这些错误的界定方法对于分析印度复杂的历史以及当代印度就往往会产生严重混淆视听的作用。正是在那样广阔的背景下,这篇文章集中论述的纠错药方应运而生。需要说明的是,这里选择的焦点是实用的,也是有教益的,但这并不意味着它具有无与伦比的启迪意义。

正是在这样广阔的背景下,注意到异端观念在整个印度历史上一直获得许多不同方式的支持,以及争鸣传统在今天依然非常活跃,就变得特别重要。这一传统得到了现代印度许多领袖的理解和支持,其中不但有莫汉达斯·甘地这样的政治领袖,而且有其他领域的人物,如罗宾德罗纳特·泰戈尔。泰戈尔为自己的家庭背景反映了"印度教、伊斯兰教和英国三种文化的汇流"这一事实而感到自豪。[52]他强调需要保持警惕,以捍卫这一开明的传统,并促使它更加充分地成熟起来。

就像阿克巴捍卫理性之路(rahi aql)一样,泰戈尔强调从容慎思和讲求理性作为一个良好社会之基的作用:

在那里，心灵是无畏的，头颅是高昂的；

在那里，知识是自由的；

在那里，世界没有被国家狭隘的围墙分隔成片段；

…… ……

在那里，理性的清流没有迷失在积习的荒漠之中；

…… ……

进入那自由的天国，我的父亲啊，让我的祖国醒来吧。[53]

我已经表明，这项任务尽管艰巨，却由于我们争鸣传统的悠久历史和无与伦比的力量而变得较为容易。我们有理由赞美并保护这一传统。

我想以一种积极（甚至有点轻松愉快）的笔调结束本文。我想起罗姆·莫罕·罗易在19世纪写的一首孟加拉语诗，这首诗与本文的主题有关。① 罗易说明了死亡的真正令人不快之处：

请试想一下，你辞世的那一天该有多么糟糕。

别人将继续谈笑，你却再也无法与他们争吵。

---

① 罗姆·莫罕·罗易是 19 世纪时印度的一个起了先驱作用的改革家。他对知识的贡献可与他的公众工作及领导才能媲美。C. A. 贝利在其关于近代世界形成过程的影响广泛的历史著作中，富于启发性地论述了罗姆·莫罕·罗易的作用，"他在 20 年间完成了令人惊异的地位跃升，从一个莫卧儿王朝后期国家知识分子变为印度第一个自由主义者"，他"独立提出了一些当时正由加里波第和圣西门在欧洲同时阐发的主题"（*The Birth of Modern World 1780—1914*, Oxford, Blackwell, 2004, p. 293）。罗姆·莫罕·罗易对理性争鸣的热爱，与其心智独立和所及范围结合得恰到好处。

据说，死亡造成的真正痛苦，就包括令人沮丧的——非常令人沮丧的——争鸣能力的终结，这倒与我们滔滔雄辩的文化一脉相承。实际上，在这一不同寻常的判断的后面，存在一种有趣的看法。

二
不平等、不稳定与不平之鸣

异端传统对于印度的民主制度和世俗主义具有明显的重大意义，并可能促进了印度的哲学、数学和科学的发展，但是也有一些别的我们有理由关注的问题。它在反抗不平等和社会分层方面，或在促成国家统一方面，或在使追求地区和平变得更为容易方面，也起到了很大的作用吗？

承认与不平等

我先讲不平等问题。印度在社会不平等方面存在糟糕的记录，其中种姓制度只是一个方面的反映。有一种对西方和印度的基本二分法，认为有一个天然公平的西方，还有一个长期实行等级制度（路易·迪蒙称之为"等级人"制度，并对之大张挞伐）的印度，而即便我们抵制诱惑，不认可这种所谓二分法对西方与印度的过分简单的概括，也必须首先承认印度社会存在不平等这一问题。[1] 即使承认印度长期存在显著的社会不平等，我们也不必赞同所谓印度文化——遑论遗传——倾向于不平等一类过分简单化的极端看法。

然而，异端观念和争鸣的传统是怎样触及印度社会生活的这一方面的呢？我先讲异端和包容，然后再讲争鸣的重要意义。印度多元的包容性往往主要体现为将各种不同的人群视为社会的真正成员,使其享有遵奉自己的信仰和自己的风俗(可能与别人的信仰及风俗大相径庭)的权利。援引黑格尔遗产中一个多少有些模棱两可的理念,这基本上就是一种获得"承认"的权利。这一点在当代社会和文化理论领域已引发诸多讨论。[2] 既然"承认"这一理念可有各种不同的诠释,而且有时可能意味着所有群体在身份和地位方面被认为是平等的,那么重要的事情就在于,厘清某种与所谓"承认的公平"内涵颇有差距的情况。

实际上,与其拘泥于使用过多的可以指许多不同事物的"承认"这一语词,我倒宁愿使用"swikriti"这一梵文词。它的意思就是"接受",尤其是对所涉及的人均有权过他们自己的生活这一点的承认。当然,"swikriti"这一理念未必表示确认一个被"接受"的群体与另一个群体比较而言的地位平等。

从这一初级意义来看,"接受"似乎并没有多少内容,但多元主义的政治价值却与"接受"关系重大——这倒确实是"swikriti"传递内容最多的一个领域。① 如果印度的包容性使得基督教徒、犹太人、帕西人和其他移民从他们遭受迫害的地方前来,易于在印度定居,以过"他们自己的生活",那么包含在"宽容的公平"之中的原则,就是"接受"——"swikriti"——原则,而不是任何宽泛意义上的平等。这在今天依然是个重大问题,因为当代印度

---

① 这的确是"多元文化"的一个中心问题,在当代欧美已成为一个聚讼纷纭的问题。例如,对"swikriti"的否定可以通过下述事实说明:土耳其移民在德国遭遇迫害;特比特勋爵令人愉悦的"板球尺度",即除非你在国际决赛阶段的比赛中支持英国板球队,否则就不能认为你真在英国定居。

二 不平等、不稳定与不平之鸣

政治中的印度教特性运动的极端主义分子,恰恰直言不讳或含沙射影地威胁着对非印度教徒,尤其是穆斯林的"swikriti"。

"swikriti"于是理所当然地成为一个重大问题。然而,如果与其他目标或优先事项分开,那么"接受"就几乎无法保证或推进社会平等与分配公正的事业。印度在这些领域的记录的确令人十分震惊。① 甚至在独立和践行民主政治半个多世纪之后,这方面的情况依然如故。② 与阶层、种姓或性别攸关的不平等可以继续肆无忌惮地存在下去,而不会由于承认或"swikriti"而有所收敛。在当代社会的背景之下,接受或参与的常态,即使能够自然导致一个民主国家宏大体系之内的政治平等(这一转化很容易),也绝不会自动扩大政治对等,从而促进社会和经济平等。

事实上,担任印度民主宪法起草委员会主席的 B. R. 安贝卡[*],曾以有力的提示结束自己的会议讲话:"在 1950 年 1 月 26 日(印度共和国于是日成立,有一部新宪法),我们将开始一种矛盾的生活。在政治上,我们将获得平等,在社会和经济生活中,我们将

---

① 关于基于阶层和性别的不平等问题,参见本书后面第十和十一两篇文章。我在《失踪的妇女》("Missing Women",*British Medical Journal*,304,7 Mar. 1992)和《重访失踪妇女》("Missing Women Revisited",*British Medical Journal*,327,6 Dec. 2003)两篇文章以及我与让·德勒泽合著的《印度:发展和参与》(*India: Development and Participation*,Delhi and Oxford: Oxford University Press,2002)一书中,对性别不平等的一个特别初级的——乃至残忍的——方面进行了论述。亦请参见这些著作中所引证的关于这些不平等问题的大量文献。

② 印度在新千纪中面临的许多"挑战",与在印度持续存在的不平等问题密切相关;参见 Romila Thapar (ed.),*India: Another Millennium*,New Delhi and London,Penguin Books,2000。

* 一译安贝德卡尔。——译者注

遭遇不平等。"[3] 然而，在两者之间，在民主政治和抵抗经济不平等之间，存在一种联系。虽然这并不是一种铁定无疑的事实（印度在消除社会和经济不平等方面的缓慢进步所揭示的情况确实如此），但通过坚定不移的公共行动和参与性活动，却可以使民主政治更为行之有效。

全面参与民主政治的权利，可以成为社会与政治利用"意见"——通过争鸣和鼓动——的基础，从而推进不同生活领域的平等事业。印度的民主实践在某些问题上一直毫无活力，而这些缺失正是如今印度在民主运用方面的主要不足之处。与阶级、种姓、性别及其他壁垒攸关的社会分层的未来将严重取决于我们国家的政治介入和参与性社会行动如何解决这些问题。[4] 尽管许多人对解决社会不平等的缓慢进步特别失望，因而表示对民主有挫折之感，但真正需要的还是对民主的更为坚决的实践，而不是让民主缺位。[5]

印度宪法本身指出了以民主制度下的自由权利解决这些问题的重要性。这部宪法不仅确认了某些"基本权利"，如言论自由和结社自由及法律面前人人平等，而且在"国家政策指导性原则"之下，勾勒了一整套具体的社会和经济权利，其中包括"享有足够生活资料的权利""所有儿童享有公费义务教育的权利"及"工作的权利"①。近年来，这些权利成为最高法院司法决定的准则和

---

① 参见德勒泽与森合著的《印度：发展和参与》一书中对这些"权利"和它们的实际行使的论述，尤其是第184~188页、第336~440页和第369~379页。

广泛的民众骚动的依据,例如,民众争取由学校供应午饭,争取普遍的就业保证,以及其他此类公共安排。在有限的情况下,公众呼声业已开始显现自己的效力。

争鸣传统可成为弱势群体的一个强大同盟,尤其是在民主实践的背景之下。正如在本书第一篇文章中所论述的那样,表达哲学和社会异议的声音经常穿越种姓、阶层和性别的壁垒传来,而它们并非全然无效。但是,正是民主政治的调停,才使得这些表达异议的声音在实际事务中特别有效。例如,妇女在印度民族主义政治和自印度独立以来在领导岗位中的高额比例(此前已有论述),反映了印度妇女将利用自己的发言权的能力与公众政治(这一情况,最初恰好是在英国统治的殖民体系之内,以反对英国统治的全国运动的形式出现)的实际机会结合起来。

对于来自弱势阶层和种姓的政治领袖参与今天的印度政治,亦可持类似看法。在早期的争端中,甚至在部分印度教经典中,对种姓制度的驳难可能具有理智的力量(前面对此已有所论述),以各种形式清晰地发出疑问:"我们似乎都受欲望、愤怒、恐惧、悲痛、忧虑、饥饿和劳顿的影响;那么我们怎么会有种姓的差异呢?"或再思索另一个经典驳论:"既然所有四个种姓的成员都是神的孩子,他们就都属于同一种姓。所有的人都拥有同一个父亲,同一个父亲的孩子不能有不同的种姓。"[6]但是,这种对社会的常规批判,除非其论点和异议以政治上有效的声音和以具有建设性的公众议事的方式反映出来,否则实际影响可能微不足道。认为争鸣传统与当代印度社会风马牛不相及,是一个极大的错误;觉得这一传统凭借自身实力就无所不能，无须理会在政治方面尤其是民主政治方面的安排，同样是一个极大的错误。

对宗教的和教派的认同日益增强的专注，近来与印度对教派政治的刻意扶植齐头并进，其苦果之一便是弱化了实现平等主义承诺的机会，而实现那些承诺要求更加全面地专注于整个弱势群体（与以经济、社会和性别为依据的社会分层有关）的利益和自由。[①] 一般而言，虽然将所有低等种姓联合起来的政治组织能够——而且往往确实能够——帮助弱势群体[②]，但是这一目的不是通过不同低等种姓群体（互相争斗，而不是联手对抗处于社会上层的支配者）之间分裂性的对抗政治来实现的，也不是通过教派主义（例如，通过小心建立高等与低等种姓印度教徒的圣会，联合排挤非印度教徒）来达到的。新近设立的教派界限不仅自身具有分裂性，而且会在清除根深蒂固的不平等这一古老壁垒方面增加社会和政治方面的困难。

---

① 还有借助教派政治轻视妇女的思想来破坏弱势群体发挥作用的进一步的问题。在印度教特性运动的背景之下，参见塔尼卡·萨卡尔在《印度教妻子，印度教国家：宗教、教派和文化民族主义》(Hindu Wife, Hindu Nation: Religion, Community, Cultural Nationalism, Delhi: Permanent Black, and Indian University Press, 2001) 一书中以及他与乌尔瓦希·布塔利亚主编的《妇女与印度教徒的权利》(Women and the Hindu Right, Delhi: Kali for Women, 1995) 一书中所确认的问题，以及这一领域的其他文献。

② 在19世纪和20世纪初期，一般的反高等种姓的运动通过争取更加平等地分享社会利益，例如基本教育和医疗服务，事实上在喀拉拉的变革中起了重要作用。关于这方面的问题，参见 V. K. Ramachandran, "Kerala's Development Achievements", in Jean Drèze and Amartya Sen (eds.), Indian Development: Selected Regional Perspectives, Delhi and Oxford: Oxford University Press, 1996。

在印度，对公正的要求，也是在追求平等中对更多地利用发表意见的机会的要求。争鸣的遗产可能是一笔重大财富（我认为如此），但效力却取决于对它的利用。在很大程度上取决于反对社会不平等的争鸣之声的政治部署，也取决于对民主发言和政治介入机会的实际利用。沉默是社会平等的大敌。

印度的统一性

我现在转向一个不同的问题，即印度的统一性问题。在16世纪后期，阿克巴在阿格拉安排的不同教派之间的讨论会有两个鲜明的特点。我们能够区别这两个特点：第一个特点是"接受多元状态"，欢迎众多教义和信仰的常规存在。第二个特点是"对话承诺"，表现为阿克巴富于远见地坚持认为，执着于不同教义和信仰的人们有必要进行对话和交流。它们是基于对一个多样化社会的丰富而全面的理解之上的两个相互关联的特点。

首先请考虑前者重大而深远的意义，它体现了阿克巴的远见卓识，即领会并承认印度内部的多样性。那种多样性的程度，让许多人感到困惑。实际上，诸多世纪之后，当温斯顿·丘吉尔庄重宣告，印度同赤道一样不再是一个国家时，由于难于理解那么繁复的多样性是怎样容纳在一个国家这一概念之下的，他的理智的想象力显然鞭长莫及。在帝国时代司空见惯，于今也并未全然绝迹的英国人的信念，即英国人的统治以某种方式"造就"了印度的信念，不仅反映了一种所谓缔造者的自负，也反映了他们不小的困惑：怎么可能将那么多形形色色的东西协调地安置在一个被认为先于英属印度存在的国家的连贯疆界之内呢?

然而,正如在本书第七、八和十五三篇文章中所论述的,一般的关于印度和印度人的描述,可谓史不绝书,从亚历山大大帝、麦伽斯提尼(公元前3世纪《印度志》一书的作者)和提亚纳的阿波罗尼奥斯(一位生活于公元1世纪的印度事务专家)所在的古代,到阿拉伯和伊朗游客(同阿尔比鲁尼一样,他们对于印度的风土人情大书特书)所在的"中世纪",一直到启蒙时代和后启蒙时代的欧洲(由赫尔德、谢林、施莱格尔和叔本华等许多人提供了对印度的史诗般的概述)。同样饶有趣味的是,我们注意到,在公元7世纪,当中国学者义净在印度度过十年时光返回中国之后,他感慨系之地问道:"体人像物,号曰神州。五天[*]之内,谁不加尚?"[7]尽管印度纷繁歧异,但这一修辞性——或多或少也是透着乐观的——问句,却试图将这个包括"五天"的国家看作一个整体,从中找出对中国的一致态度来。

阿克巴是印度雄心勃勃并且精力充沛的皇帝之一(堪与旃陀罗笈多·孔雀、阿育王、后来笈多王朝的旃陀罗笈多、阿拉-乌德-丁·哈尔吉等相提并论)。这些皇帝只有在认为够得上一个国家的辽阔土地业已置于他们的统一治理之下,才会承认自己的王朝是完整的。[①]尽管异彩纷呈,但印度的统一性却一直引人承认并予以回应。这与英国征服者并非全然无关。他们对印度的观念,

---

　　[*] 即五天竺,指印度全境。——译者注
　　[①] 当然,对于印度的确切边界,曾有一定的模糊性,但这样的模糊性是几乎所有对领土轮廓的描述的一个共同特点。

二　不平等、不稳定与不平之鸣　　　　　　　　　　　　　　　　49

甚至在 18 世纪时，就比本来会在赤道附近构建帝国的丘吉尔更为完整。[8]

　　印度的统一性特征随着背景的变化而大不相同。其中一些特征更是经常让人们想到，不过另外一些特征亦均有其特定的重要意义。例如，请考虑乌贾因市在公元一千纪最初几个世纪的崛起。对于印度历法而言，这里是"主子午线"的通过点；对于印度天文学家而言，这里则像印度的格林尼治。对于这个城市的研讨还远远不够。①正如本书第十五篇文章所说，在几近 2 000 年之后，它今天依然是印度标准时的基准，比格林尼治平时早 5 个半小时，令人感觉有所不便。那一技术上的发展，明显与该城当时是科学研究和帝国政权所在地有很大关系。乌贾因（那时被称为优禅尼）作为印度的一座古城，在公元前 7 世纪担当阿槃底（后来则是马尔瓦）的都城，转而成为塞种人（Śakas）王国的首府，而最为突出的则是在后来印度数学与科学繁荣时期成为笈多王朝的基地。

　　乌贾因恰好是印度文学与文化界包括 5 世纪诗人迦梨陀娑在内的许多翘楚的故乡。正是这一联系，而并非科学上的联系，于 1914 年将 E. M. 福斯特——那个深刻的印度事务观察家——吸引到乌贾因来。他因为当代人对那座古城的历史缺乏兴趣而受到触动："老建筑是建筑，废墟则是废墟。"[9] 在本书第一篇文章（印度是一个差异非常大的国家，该文意在提出一种统一的印度观）中

---

　　①　乌贾因起初不得不与另一个更为古老的城市贝拿勒斯竞争。早期的天文学著作《普利沙历数书》（*Paulisa Siddhānta*）领先于阿利耶毗陀在 5 世纪的重大突破，集中关注世界上三个地方，即乌贾因、贝拿勒斯和亚历山大的经度。

谈过的迦梨陀娑的长诗《云使》中，一个被放逐的丈夫，在托一片云飞越印度为其传信，向远离自己的妻子表达眷恋与思念之情时，就坚持要求那片云一定要绕道看一看乌贾因的富丽景象。当然，在这里——就像在迦梨陀娑的赏心悦目的作品中的别的地方一样——他也不禁就所能发现的女性的妩媚铺陈开来。在造访现代乌贾因时，E. M. 福斯特回忆起迦梨陀娑对优禅尼女郎之美的描绘，以及当女郎们穿越"针尖才能刺破的黑暗""偷偷前去与自己的恋人幽会"之时，这座 5 世纪时的城市怎样在夜色中活跃起来。这片云受到了口气强硬的指教：

虽然在你的北行的道路上有些曲折，
可是别放过不看优禅尼城的亭台楼厦；
那儿城市美女为闪电所惊眩的媚眼，
你若不去欣赏，就是虚度了年华。[10, *]

在迦梨陀娑为云使规定的路上，在从印度的一端到另一端的途中，这位诗人将其对整个印度多样的魅力和瑰丽的观察，与全面摹写整个国家风土的决心结合起来。

同样，阿克巴不仅注意到整个印度的诸多差异，而且认真地试图建立一定的标准。实际上，他关于为印度创制一部综合历法即"伊拉希历"（Tarik-ilahi，一译"圣历"）的无疾而终的计划和

---

* 本节诗句系金克木先生所译。——译者注

他博采印度已知不同宗教的精髓创立一种综合性宗教即"丁-伊-伊拉希"（Din-ilahi，一译"圣教"）的未获成功的努力，反映了一种建设性的对包罗万象的统一体的追求，同时也结合了对多元状态的果决承认。认识不纯一性，对于理解印度在致力于这些多样的文学、科学和政治活动中出现的有所欠缺的团结一致颇有关系。无论是对一个单一印度的均质观念，还是认为印度系由诸多孤立片段组成的看法，都不能取代关于一个奉行多元主义的印度的理念。这一理念早在克莱武勋爵开始建立英国殖民统治基础之前即已确立。

团结与次大陆

早先关于印度是一个国家的观念，在上一世纪因为1947年的分治而不得不有所缩减。[11]然而，在次大陆的遗产中，显然有许多共同要素从地区多元文化的历史中有所获益。这些要素对于寻求建立更为安全也更为繁荣的南亚具有广泛影响，在目下则极端重要。[12]它们尤其适用于促成各种研讨会和对话会，以缓解由于印度和巴基斯坦双方研制核炸弹和致命性导弹而造成的紧张局势——以及由研制两弹引起的现实危险——当然，也适用于解决旷日持久的克什米尔分歧。①

---

① 本书第十二篇文章专门深入探讨了核问题。亦请参见其中援引的文献，以及德勒泽与笔者合著的《印度：发展和参与》第八章、阿伦达提·罗伊的《战争谈话》(*War Talk*, Cambridge, Mass., South End Press, 2003)，以及其他最近的与所涉及的严重不安全问题有关的著作。佩尔韦兹·胡德波伊的纪录片《巴基斯坦与印度：在核阴影之下》和阿南德·帕特瓦丹的电影《战争与和平》也对两国的核政策提出了资料翔实而说理充分的批评，并直率地揭示了两国面临的问题的严重性。

沿着对话的方向，最近出现了一些鼓舞人心的进展。出现了政府间建设性的积极行动，人们希望它们沿着这一方向比过去所试图做的更为稳健，也更有活力。对话进程若要产生力量，重要之处就在于让政府和公民社会都参与对话。事实上，通过公民专题讨论会和会谈以促进和平及人权，在南亚一直存在重要的和建设性的行动。这些公民会议，无论何时组织，甚至在最不利的环境下，也往往能吸引人们广泛参与。这一事实以充分的理由让人们心怀希望。例如，2001年11月，就在印度和巴基斯坦似要走向猛烈军事对抗之际，一个引人注目的国际公民组织"南亚人争取人权"（由阿斯马·贾汉吉尔和I. K. 古吉拉尔领导）在新德里召开会议，却有来自次大陆各个地区的700多位公民（笔者即为其中之一）出席。媒体在推动采用对话方式方面也可发挥关键性作用。[1]

在次大陆其他国家间事务中，还有一些重要问题有待解决。例如，由于对印度应当——或能够——做什么来帮助解决泰米尔分离主义问题的严重误解，斯里兰卡与印度之间的关系受到了损害。同样，由于孟加拉国和印度不仅有历史方面的联系，而且有语言文学（孟加拉文化于边界两侧繁荣）、宗教（印度穆斯林在印度人口中所占比例与印度教教徒在孟加拉国人口中所占比例大致相同）、移民

---

[1] 印度新闻界可以因其长期以来报道的范围和独立性而感到十分自豪。然而，巴基斯坦部分新闻媒体在报道的广度和范围方面的迅速拓展却属于南亚最值得注意的发展。尤其是由优异的《星期五时报》(*Friday Times*)和《信使报》(*Herald*)领衔的期报推进的非教派主义传统，在包括《黎明报》(*Dawn*)、《每日时报》(*Daily Times*)和《民族报》(*Nation*)等日报上都获得了相当的反响。

二　不平等、不稳定与不平之鸣

（相当广泛，非法与合法均算）、政治（均为世俗性的，但教派主义在两国均有可观存在）和经济（密切的经济关系的巨大潜力依然基本没有成为现实）方面的联系，两国之间的关系需要充分敏锐的体察。有一些明显有待在更为充分的理解的基础之上解决的问题，而采用审慎的方法——在这一方面，印度和孟加拉国在其合史上有悠久的传统——在这里也大有用武之地。

与次大陆悠久的多元文化历史有关的对话承诺，对于国家统一和社会公正及地区团结，确实具有深远意义。尽管本书主要与印度问题有特殊关系，我还是应当强调利用印度与整个地区的对话遗产的重要意义。我们的确有幸，因为这一传统依然存在，并已相当不错地确立于次大陆。遵从出色的次大陆问题观察家奥克塔维奥·帕斯在其所著《借鉴印度》一书中所确认的一些步骤，对未来怀抱希望就有所依傍：

当然，不可能预见未来的事变。在政治上和历史上，也许在一切事物中，古人称之为命运的未知力量总是在起作用。在不忘记这一点的同时，我必须补充说，在私生活中和在政治中，解决冲突的最稳妥的办法，无论多么缓慢，就是对话。①

论辩之路，有其用途。我们可以尝试以讲话来战胜命运"未知的"和无言的力量。

---

① Octavio Paz, *In Light of India*, New York: Harcourt Brace, 1997, p. 133.

三

印度：大与小

一些个人记忆

这是一部概括论述印度的书，也许应当毫不含糊地不带个人色彩。然而，我将怀着应有的歉疚之心，冒昧地谈一些个人记忆之中的东西。我童年的许多岁月是在圣蒂尼克坦*外祖父母的家中度过的。我在罗宾德罗纳特·泰戈尔于那里创办的学校就读，外祖父克希提·莫汉·森**则在那里教书。他首先是一位知名的梵语学者（他甚至由于在贝拿勒斯传统的梵语教育中心的造诣而被正式授予"潘迪特"*** 这一头衔），他还是一位重要的印度教专家，专攻令人望而生畏的古典遗产和中世纪宗教文学以及别的虔信派诗歌（如伽比尔、达都、孟加拉巴乌尔歌手的诗歌）。①在家里，

---

* 意译为"寂乡"。——译者注
** 中文名为沈谟汉。——译者注
*** Pundit，梵语词，意为学者。——译者注

① 参见克希提·莫汉·森的《中世纪印度神秘主义》[罗宾德罗纳特·泰戈尔为之撰写前言，马诺莫汉·高士将其从孟加拉文译为英文（*Medieval Mysticism of India*, London: Luzac, 1930）] 及其《印度教》（*Hinduism*, Harmondsworth: Penguin Books, 1961, 2005)。他的孟加拉文书不仅包括古代印度教文本研究（往往集中在社会问题上），而且包括对"中世纪"倚重印度教和伊斯兰教的宗教学派的研究。他的孟加拉文书，尤其是那些关于伽比尔、达都和神歌手的书，以及那些关于经卷中对种姓制度和妇女社会地位问题持不同见解的书，依然被人们广为阅读。

三 印度：大与小

我们没有任何宗教仪式，但是我的外祖父母却有着相当坚定的宗教信念，与一个主张敛思默祷而不太讲究仪式的印度教派保持一致。克希提·莫汉还常应邀在圣蒂尼克坦、加尔各答及其他地方的异端宗教会议上讲话。

由于我童年时的思想——无论是好是坏——丝毫也不曾将我引向宗教，我就问外祖父，我是否当为宗教对我没有吸引力而忧心。他告诉我："不必，事实上，在你能独自认真思考之前，根本不存在有宗教信仰的理由，而宗教信仰会随着时间推移而产生。"就我的情况而言，由于这样的事情根本没有发生（我的怀疑主义倒似乎随着年齿渐长而趋于成熟），若干年后，我对外祖父说，他绝对错了。"根本没有，"外祖父答道，"你已经解决了宗教问题，你已经将自己置于，噢，印度教诸派中的无神论——顺世论——一派之中！"

外祖父曾应企鹅书局之邀用孟加拉文撰写（他几乎不懂英文）了一部关于印度教的书。我记得，若干年后，我在帮助他推出和编辑此书的英文版时，反思了他对印度教的豁达看法。① 这部于1961年出版的书，无论是英文版（在大西洋两岸均多次重印）还是其他语言（法文、荷兰文、西班牙文，还有法尔斯文*和日文）的译本，均获得了巨大成功。克希提·莫汉的书体现了深厚的学术造诣，非常清晰地揭示了印度教所允许存在的各种异端信仰，

---

① 这部书为《印度教》（*Hinduism*），初版于1961年，很快由企鹅书局再版。笔者为该书再版撰写了一篇新的前言。

* 原文为 Farsi，系伊朗西南部法尔斯省（Fars）通用语言。——译者注

提出了种种充分展开而又多样的宗教论点。克希提·莫汉确认，包容万有的开明胸襟系印度教基本态度的主要成分，并将这样的开明态度视为对思想界的理智贡献："印度教还指出，形而上学学说的分歧，无须阻挡公认的行为基本准则的发展。对于一个人来说，重要的事情是他的正法［约略相当于'个人行为准则'］，而未必是他的宗教。"[1] 开明和宽容之中蕴含的自豪，与好斗的教派主义对印度教的诠释形成了相当鲜明的对照。由于印度教的政治化，这样的诠释目下正在变得司空见惯。

我现在还不想涉及印度教传统在维系印度对话文化和对异端的宽容方面本来可以发挥的作用这一艰难问题。本书对这一问题是十分关注的。在印度那些主张宽容和互敬精神的至为雄辩热情的倡导者中，一些人本身并不是印度教徒，如阿育王是个佛教徒，而阿克巴则是个穆斯林，但他们也属于一种开明的文化，而印度教异端就充满活力地存在于这种文化之中。正如本书第一篇文章所论述的那样，在印度教内部，有一种容忍质疑和相左意见的悠久传统，这种传统可以一直追溯到约 3 500 年前的几部古老的吠陀经典，而它们就为深刻的怀疑主义留出了空间："谁真的知道？谁愿意在这里宣告？它缘何而生？……这造化从何而来？——或许它是自我形成的，或许它不是自我形成的？"

实际上，正如本书第一篇文章所论述的，在一些论战中（例如《罗摩衍那》中罗摩与阇婆离之间的论战和《摩诃婆罗多》中黑天与阿周那之间的论战），那些批驳罗摩和阿周那正统观点的复杂论点，被苦心糅合和仔细保存于已然立足的文本自身之中。尽管我们看到正统观念最终获胜，但是遭到压抑的怀疑主义也继续存活下来，完好无损地保存在有关的对话记载之中。《罗摩衍那》提到，阇婆离将这部史诗的主人公罗摩——在近来政治化了的印度教中被信奉为神的同一个罗摩——做出的决定说成是极端"愚蠢的"，对于"一个聪颖而明智的人"（阇婆离语），尤其如此。在这部史诗中，阇婆离被给予机会，以备细说明他做出否定性判断的原因："有人不顾就在眼前的一切实际职责和功业，却只是让自己忙于追求虚无缥缈的道德，我真为这样的人担心。他们只是在死神将他们消灭之前，在大地上遭受各种各样的苦难。"[2] 这种对他择性观点的苦心表述，吸引人们对视角和论点的多元状态的重视，而这种糅合异端观点的传统，正如在本书第一篇文章中所论述的那样，在业已牢固确立了地位的印度教文献（如在 14 世纪的论著《各派哲学体系纲要》中，16 种相互对立和竞争的观点在16 章中相继得到了表述）内，得到了广泛的支持。

与这种恢宏的视野相对照，许多印度教政治活动家今天似乎决意清除印度教传统中大度与宽容的成分，而赞成一种独断的——往往也是相当粗陋的——见解，并强求所有人都接受它。好斗到不切实际的程度的印度教政治团体，宁愿让我们远离这些富于思想内容因而吸引人的讨论，宁愿让我们反过来接受他们多次重复的公开宣示的一些东西，例如：史诗主人公罗摩是神的化身，所有印度教徒都膜拜他；"九十万年（nine lakh）前，他诞生在一个现已明确认定的地方"[3]。我们于是不被允许将《罗摩衍那》视为"一部神奇的道德寓言"（罗宾德罗纳特·泰戈尔作如是观)①，而是得将其当作一部不容置疑的历史文献。它还被认为具有足够的法定地位，赋予具有活跃的破坏性的印度教政客拆除其他人的礼拜场所（这里说的是 1992 年 12 月被拆毁的巴布里清真寺）的权力，以为罗摩建造一座神庙，并昭告所谓他确实就诞生在那里。

在巴布里清真寺被印度教激进主义分子拆毁之前，又有一种得寸进尺的说法，即该清真寺分毫不差地坐落在一座早先的印度教神庙的遗址之上，而据称它是由于要建造巴布里清真寺而被摧毁的。这一对历史权利的主张（是否正确存疑）的可靠性，目前正在接受（印度最高法院）审查。这种主张必须与另外一个更重大的主张，即神的化身罗摩在有文字记载的历史开始之前出生在那里的说法区别开来。

即使这些历史的或宗教的说法被认可，它们又何以纵容宗教的或教派的野蛮毁坏文物的行为，也还是根本不清楚。然而，除此之外，即使在印度教正统观念范围内，坚持认为某一特定团体的宗教主张，必须被当作不容争辩的真理予以接受，也是一种异常狭隘的见解。许多印度教思想流派根本就不提罗摩，而在提及罗摩的文本中，有许多也并没有像目前主张"印度教特性"的激进主义分子所坚持的对罗摩那样的看法，在描绘罗摩时几乎从不突出他的神性。实际上，《罗摩衍那》本身，正如刚才论述过的那

---

① 罗宾德罗纳特·泰戈尔热衷于保留神话故事与历史事实之间的明显区别："《罗摩衍那》的故事"不应当被理解为"历史事实"，而是应当"在理念的层面"被解读为一部关于"调和"的神奇的道德寓言（*A Vision of India's History*，Calcutta，Visva-Bharati，1951，p.10）。

三 印度：大与小

样，为与罗摩意见全然相左的人们留出了颇为详尽地倾吐自己疑问的余地。①

除了狭隘地赞同宗教方面的断语之外，印度教政治激进主义分子明确偏好沉湎于不同宗教间的对抗，而不是不同信仰相安无事和平共存的传统。在国外遭到迫害的少数群体（如犹太人、基督教教徒、帕西人），许多个世纪以来一直前来印度，以寻求一种新的和免于被迫害的生活，而且总的来说发现这是可能的。印度人——印度教教徒和其他人——实际上可以为这一事实而感到相当自豪。在诸如甘地或泰戈尔一类现代政治或文学领袖开明的著作中，也可以发现那种宽容与接纳传统的延续。我们时代许多并不咄咄逼人的印度教领袖，如维韦卡南达*，他们的讲话和宗教著作也充分体现了这一传统。[4]

然而，印度教内开明、宽容和接纳的传统，是否在任何意义上均可被认为比现今印度教政治所着力捍卫的更加狭隘也更加好斗的诠释更为可靠呢？就此展开一场辩论并不具有特别的价值。一股博大而慷慨的印度教的早已确立的兼容并包态度，与印度教特性运动狭隘而好斗的态度形成了鲜明对比，而在该项运动中若干人的特别领导之下，当前政治就正在表现出狭隘而好斗的色彩。注意到这一点就足够了。

---

① 《罗摩衍那》还有数种不同的版本，在印度随地区和社群而有所变化。它们对于被认为在这部史诗故事中所发生的事情，提出了多少有些差异的描述。闻名于东南亚的几个《罗摩衍那》的版本，例如在泰国和印度尼西亚的版本，就包括了更多的不同之处。

＊ 意译为辨喜。——译者注

印度教特性的出现

印度教特性运动有多久了呢？这是印度政治中一项比较新近的发展，可是它业已成为一股强大的力量。在印度议会代表印度教特性运动的政党印度人民党（Bharatiya Janata Party，BJP），通过领导一个联合政府于1998—2004年在新德里执政，直至它在2004年5月的大选中败北。

虽然印度教是一种古老的宗教，印度教特性运动却是一场十分新近的政治运动。一个名为"印度教大会"（Hindu Mahasabha）的政党在印度独立之前确实已经存在，而其继承者"人民同盟"（Jan Sangh）博得了一小部分印度教教徒的忠诚。但是，两党没有一个是像印度人民党及其盟党现在那样处理问题的政治力量。印度人民党的联盟伙伴主要包括印度各地世俗性的但同时也是地方性的政党（其中一些仅得到地方上的支持）和一个较小的好斗的印度教政党（湿婆军，其基地在马哈拉施特拉邦）。1998年，印度人民党与其联盟伙伴控制了中央政府，并在一些变节事件之后，组成了一个新的联盟，于1999年再度获得联合选举的胜利。

印度人民党的崛起迅如流星。1984年，印度人民党在印度议会人民院（Lok Sabha，权力巨大的下院）仅有两个席位。1985年，它赢得了85个席位。到1991年时，它已经成功得到119个席位，到1998年时，它拥有182个席位，而在1999年，它再度夺得182个席位。尽管这在一个共有543个席位的议院里仍然是少数，但它却足以使印度人民党这个最大的单一政党成为统治印度至

2004年的联合政府（全国民主联盟）的首要伙伴。然而，在2004年5月的选举中，印度人民党的席位数从182个下降至区区138个，而印度国民大会党崛起为议会中最大的政党（获145个席位），同其盟党一道博得多数支持（共218个席位）和左翼政党（60个席位）的后援。

如果说印度人民党出现重大衰退，丢掉其在议会的四分之一席位，那么印度人民党领导的联盟内的大多数"世俗性"政党则遭遇了灾难性的溃败，如泰米尔纳德邦的全印安纳德拉维达进步联盟（AIDMK）丧失了其全部席位，西孟加拉邦的基层大会党（Trinamool Congress）则仅保住一个席位，而让经济充满活力的安得拉邦泰卢固之乡党（Telugu Desom Party）则从先前的总共29个席位锐减为5个席位。选民似乎对印度人民党的大多数世俗性合作者尤为苛刻。

印度人民党尽管不再像过去几年间那样炙手可热，却依然是一支在政治上强大的力量，并力图在不久之后东山再起。在印度大选所投的票中，印度人民党最多获得约四分之一。这种情况发生在1998年——它的选票份额从1998年26%的峰值下降至1999年的24%，然后跌落至2004年的22%，而国民大会党却获得了选票的27%。然而，印度人民党确实得到了一个坚定的拥戴者集团的忠诚支持，而且它是当代印度政治舞台的一个重要角色。可是，由于印度人民党是依靠自己的同盟而得以执政的，它的有效力量取决于自己吸引嫡系队伍之外的支持的能力。

印度人民党在印度主流政治中的强大作用，以及印度教特性运动的力量，是印度新的政治现实的两个成分。在独立后的最初岁月中，在争取自由的长期斗争中出现的开明并具有包容性的印度本体观念，获得了全国范围内的效忠。[5] 由于与次大陆分治相系的深重悲剧感，也由于尽管存在"民众交换"的政治压力，但独立后印度庞大的穆斯林人口的主体却宁愿留在印度而不愿移居巴基斯坦这一事实激起了相当的民族自豪感，于是维护这一大度的本体的决心得以增强。这一具有包容性的本体承认并接受国内形形色色的存在，颂扬多样性所体现的丰富多彩，因而断然拒绝给不同的宗教社群排列座次。

最近数十年来，正是这一大度的具有吸纳性的印度特性（Indianness）理念遭到了严重挑战。[6] 可以冒着略嫌过分简单化的风险说，印度教特性运动将印度教特性（Hindutva）视为"印度特性"的本质性准绳。尽管该项运动在印度独立之时仅得到了相对很少的公众支持，但作为一种"政治意识形态"的"印度教特性"这一理念，却在二十多年前即已发轫。实际上，印度教特性这一概念在1923年出版的一部同名的书中即已得到详尽论述，该书作者维纳亚克·达莫达尔·萨瓦尔卡常被称为"英勇的"（Veer）萨瓦尔卡，是一个具有非凡活力的印度教沙文主义领袖。[7] 虽然人们通常认为，在分治前的印度，是穆罕默德·阿里·真纳明确提出了印度教教徒和穆斯林构成"两个不同民族"，而不是同一个印度民族的两个成分的主张（当时的情况是，为根据宗教思路分割国家提供理由），但事实是萨瓦尔卡早就开始传播这一理念，比真纳初次乞灵于这一理念要早十五年还多。因圣雄甘地未能支持当时印度教政治的要求就将其谋杀的纳图拉姆·葛德斯①,是萨瓦尔卡的一个门徒。[8]

印度人民党获得了少数印度人在政治上的拥戴,而且坦率地说,它也仅获得了有限的少数印度教教徒的支持。前面已经指出,在一个80%以上的人口恰好都属于印度教社群的国家,印度人民党在印度议会选举中竭尽全力获得的选票,不过占全部选票的26%左右(前面提到,这一比例现已跌至22%)。它当然不是大多数印度教教徒所要选择的党——差得远。在印度的政治分野中,还有一种明显的地域格局。实际上,印度人民党在印度的一些邦内,从未赢得哪怕一个议会席位。

坚持印度教特性的政治是由一派印度教政治组织所推动的,印度人民党只是其中一个成员。所谓"同盟之家"(Sangh Parivar)是由国民志愿团(RSS)所领导的,它在许多方面都是这个parivār(梵文,指"家")的核心组织。国民志愿团在推动印度教特性运动方面,既展开功能性活动,也提供理论性分析。同盟之家还包括"世界印度教徒会议"(VHP),后者不仅(如其名所示)忠于宗教,而且专注于以带有强烈宗教色彩的政治捍卫他们所理解的印度教。它还包括献身于福利项目的"服务印度"(Sewa Bharti)志愿者组织,而那些项目均与印度教特性运动联系在一起。此外,还有"青年光棍团"(Bajrang Dal),它系世界印度教教徒会议的下属青年组织,充满精力且有暴力倾向。它业已受到印度人权委员会和国际人权观察的指控,被认为直接参与了2002

---

① Nathuram Godse,一译戈德赛。——译者注

年古吉拉特邦骚乱中对穆斯林的杀害。印度人民党是同盟之家正式的政治臂膀，而印度人民党的大多数主要领袖长期以来一直是国民志愿团的成员。

印度教特性运动对于印度最近的政治发展产生了强烈影响，并在很大程度上增强了教派主义政治。[9] 所以，考查该项运动所提知识主张和所表述论点的性质，是很重要的。由于印度教特性运动一直伴有暴力的肉体行动，包括杀戮和恫吓少数派（1992—1993年在孟买和2002年在古吉拉特就发生了此类事件），所以对于此项运动的知识信念和公开声明就很难有耐心。然而，失去耐心不是一种解决无论什么问题——即使是一个与严重暴力相关的问题——的有益之道。印度教特性运动不同成分所反映出来的形形色色的问题也要求，无论那些更具暴力倾向的同伴偏好做什么，此项运动中的知识派都应当受到重视。

事实上，虽然"印度教特性"倡导者的强硬核心在数目上比较少，但有一个十分庞大的群体聚拢在他们周围。我将他们称为热衷于"原印度教特性"（proto-Hindutva）之人。他们通常不像印度教特性捍卫者那样狂热，在一般情况下是反对暴力的（而且通常对暴力十分反感）。[10] 然而，他们看到了印度教在印度的优越地位，与"也存在"于印度的其他宗教的权利主张基本不对等。因此，他们赞同有关印度教特性的意识形态，同意给予在印度的印度教教徒与其他宗教信徒相对的首要地位。这一非对等论点似乎利用了两个事实：

（1）印度教教徒构成印度人口的压倒性多数（印度其他任何教派的人数均根本无法与之匹敌）这一统计方面的事实；

（2）印度教传统在印度历史上可上溯3 000余年（至少可到吠陀时代）与印度文化几乎每一方面都带有印度教思想和习俗的历史印迹这一历史和文化方面的事实。

两个事实无疑都是需要考虑的重要因素，值得予以认真关注和严肃审视。

数字与分类

统计方面的论据显然是以一个正确的前提为始的：根据标准分类，五分之四以上的印度公民是印度教教徒，尽管印度教教徒的信仰如同已经论述过的那样，常常是非常多样的（"官方"的印度教教徒数量甚至包括印度教社会背景之下的不可知论者和无神论者）。这一统计上的事实，对于许多人——不只是热衷于印度教特性之人——似乎就是足以立即将印度认定为一个突出的印度教国家的依据。那种粗疏的简单化方法也吸引了许多国际报人——乃至欧美主要报纸的记者。他们坚持将印度说成是一个"以印度教徒为主的国家"：这么说节省了报纸栏目的篇幅，而且在某种意义上似乎也够准确。

这种说法也吸引了一些学者，或许可以将他们说成是"知性的简化者"。例如，塞缪尔·亨廷顿在其名著《文明的冲突与世界秩序的重建》[11]中，即坚定不移地将印度置于"印度教文明"的范畴。在秉持这一特别简化的观点时，亨廷顿从其视角出发只能低估这一事实：印度有许许多多的穆斯林（多于1.4亿——超过英国和法国全部人口的总和），其数量超过了世界上除了印度尼西亚和处于临界状态的巴基斯坦之外的其他任何国家，而在亨廷顿关于"伊斯兰教文明"的定义所涵盖范围之内的几乎每一个国家的穆斯林，都要比印度少得多。在这里，以统计数据为依据的估计出现了偏差。不过，将统计数据用作论据的难点也许在于该论据本身的性质。

第一个难点是，对于一个不分宗教背景赋予每个公民平等机会的世俗民主国家，不可能根据该国处于多数派地位的宗教给出公正定义。一个印度教教徒占人口多数的宪法规定的世俗性国家，与一个可能将印度教视为官方宗教的实行神权政治的印度教国家（尼泊尔比印度更接近后一情况）之间，是有区别的。此外，无论任何教派群体的官方立场是什么，作为个体的公民的地位，都不能因为他或她所属群体的弱小（倘若情况如此）而受到损害。①

可以做个比较：当美国于1776年宣告独立时，不同的宗教社群在规模上大相径庭，这个新生国家可以按照印度被一些人视为"以印度教教徒为主的国家"那样，被说成是一个"以基督教教徒为主的国家"。然而，这并未妨碍美国宪法不分教派群体规模，对

---

① 一些少数派（尤其是穆斯林）近年来所遭遇的危险，显然侵犯了所有印度公民均有理由获得公平待遇的权利。这一基本人权在2002年古吉拉特发生的野蛮行径中遭到了可耻的侵犯。拉菲克·扎卡里亚在《世俗印度的教派怒火》(Communal Rage in Secular India, Mumbai: Popular Prakashan, 2002) 一书中对一些基本问题进行了富有见地的论述。

三 印度：大与小

不同教派——基督教教徒与非基督教教徒——成员的具体信仰采取中立立场的必然性。每个公民均应享有权利，包括归属感，不可因不同宗教社群规模参差而予以侵扰。

第二个难点在概念上更为艰深。谁被视为多数派，关键取决于采用什么样的分类原则。印度人民可以按照不同的标准予以分类，而宗教只是其中一个标准。例如，也可以根据阶层、语言、文学或政治信念将印度人分类。这样的标准不少，这里仅提数个。因此，谁算"印度的多数派"，取决于国家分类所形成的范畴。在将人分类的问题上，并不存在独一无二的方法。

例如，在印度诸多群体中取得多数派地位主要依靠：

（1）归入中低收入范畴的人们（如处于底层的60%的人口）；
（2）非大量资本拥有者阶层；
（3）印度农村人口群体；
（4）不在集团工业部门工作的人们；
（5）反宗教迫害的印度人。

如此确认的每个群体，事实上在其各自分类体系中都是多数，而这些群体的共同特点可被认为是重要的，是否如此则取决于情境。为使印度教教徒依照某一特定分类体系构成印度社会的多数群体这一事实具有巨大意义，就得首先确立以宗教为基础的分类体系相对于其他分类体系的优先地位。

人们可能主张，将一个人归类的方法，最终必须由他或她决定，而不是每个人都被迫纳入一种独一无二的和预先选定的分类体系，一种无视其他组合原则的体系。印度的印度教教徒人口中，只有远不到三分之一的选民为属于印度教特性之家的政党投票。这一事实表明，作为一种宗教特征，印度教特性并不被印度的大多数印度教教徒认为具有首要政治意义。

事实上，这种分离并没有什么特别奇怪之处。例如，当原东巴基斯坦人民寻求并实现分家和独立成为孟加拉国时，他们并没有声称自己的主要宗教特征与西巴基斯坦人民的宗教特征有所不同：东西巴基斯坦的绝大多数人民具有相同的宗教特征。东巴基斯坦人之所以要分离，是由于与语言和文学密切相关的原因（尤其是他们的母语孟加拉语的地位），也由于与政治的——包括世俗的——优先事项密切相关的原因。虽然有关印度教教徒占人口多数的统计数据确实是正确的，但将统计数据用作论据，因而将印度视为极为庞大的印度教国家，却是基于概念混乱：我们的宗教并不是我们的唯一特征，也未必是我们最为看重的特征。①

历史与印度文化

在将印度视为一个以印度教教徒为主的国家的背后，与统计方面的论据相比，历史依据就问题不大而且更有说服力吗？当然，

---

① 我在牛津大学举行罗马尼斯讲座（Romanes Lecture）时，已探讨了多元状态的深远作用和对"特征"这一理念的选择。有关演讲已结集出版（*Reason before Identity*, Oxford, Oxford University Press, 1999）。我在将由纽约诺顿（Norton）出版公司出版的有关"特性"的书中也探讨了这些问题。

对于印度教传统的古老性,是没有争议的。然而,其他宗教在印度也有悠久的历史。在一段确实很长的时间内,印度一直是一个多宗教的国家,为许多不同宗教信仰的存在留下了空间。穆斯林在印度的明显而突出的存在已远远超出一千纪(阿拉伯穆斯林商人从 8 世纪开始在印度定居)。此外,即使在伊斯兰教传入之前,印度也不是一个"印度教国家"。在将近一千纪的时间内,佛教是印度的主要宗教。实际上,中国学者在过去通常将印度说成"佛国"①。

事实上,可以认为,佛教同印度教一样,是印度早期吠陀经典和奥义书传统的同等继承者,因为这两个宗教传统都利用了那些经典。中国、日本、朝鲜、泰国和其他传入佛教的国家的学者,主要通过研究佛教而得以熟悉奥义书。耆那教也有类似的悠久历史,而且事实上广泛存在于今日印度。

正如本书第一篇文章所论述的那样,无神论和不可知论在印度也有非常悠久而丰富的传统。该传统在公元前一千纪即已取得长足进展。此外,我尚须补充说明,在本书第一篇文章中已经论述过,基督教教徒、犹太人与帕西人从公元一千纪起即已存在于印度,而锡克教作为一种普救论者的信仰在后来才兴起,却充满了活力。锡克教利用印度教和伊斯兰教两者的传统,却生发出一种新的宗教理解。远古的历史背景当然不会让印度教教派主义观

---

① 参见本书第八篇文章,以及我的论文《中国之行》("Passage to China", in *New York Review of Books*, 2 Dec. 2004)。

点感到舒服，政治狂热分子一度急于修改印度历史的一个原因即在于此，从而上演了不少戏剧，其中一些还是闹剧（随后我将在本文中再次谈论这一问题）。

同样重要的是，如果看不到人们蔑视所谓宗教社群的壁垒而以建设性的努力做出的贡献，而想试图理解印度艺术、文学、音乐、建筑、电影、戏剧或饮食，将是徒劳无益的。[①] 实际上，在日常生活或文化活动中的交光互影，是不可能被教派界限分隔的。例如，杰出的音乐家和西塔尔琴演奏家拉维·香卡与伟大的萨罗德琴演奏家阿里·阿克巴·汗，可以就他们对不同的印度音乐形式的独特把握进行对比，但绝不能把他们分别作为一个"印度教教徒音乐家"和一个"穆斯林音乐家"（不过，他们两人中的一位确实恰好是印度教教徒，而另一位则是穆斯林）而予以对照。这同样适用于文化创造的其他领域，连印度大众文化的卓越组成要素宝莱坞也不例外。印度的文化生活确实带有过去的印迹，但这一印迹是它那交光互影的多宗教的历史所留下的。

历史上的印度教教徒与穆斯林

对于主张印度教特性的观点而言，尽管印度历史总的说来可能是一个艰难的战场，但印度教特性运动却通过厉声指控昔日蹂躏印度的穆斯林征服者的历史"罪责"，并在此基础上进行煽动和

[①] 这一点与沙希·塔卢尔有力地提出的总的观点，即"关于印度的唯一可行的观念，即那是一个比其各个部分的总和更为伟大的国家"（India: Midnight to the Millennium, New York: Arcade, 1997, p. 5）存在联系。

三　印度：大与小

宣传，而取得了非常专业化的成果。实际上，破坏印度世俗主义的主要政治举动往往并不聚焦于讨论印度社会、文化或知识方面的历史主流，而是着重于专门挑选穆斯林虐待印度教教徒的事件或秘闻，随心所欲地加以渲染，显然意在引发他们所期盼的反穆斯林与反世俗情绪。

这些对往事的叙述利用了历史，却通过频繁的夸张和别有用心的选择及蓄意策划的重点而起作用。从 11 世纪起，早期穆斯林入侵者确实拆除或毁损了数量惊人的寺庙，与此同时造成了普遍的破坏和流血。这是千真万确的。例如，来自阿富汗的伽色尼的马茂德苏丹（Sultan Mahmud of Ghazni），在 11 世纪屡次入侵北印度和西印度，破坏了数座城市，并毁坏了许多寺庙，其中包括马土腊、卡瑙季和今卡提阿瓦（那里令人惊叹的索姆纳特神庙曾因所藏珍宝而声名远播）的一些特别著名的寺庙。阿拉伯裔伊朗旅行家和杰出的数学家阿尔比鲁尼见证了种种暴行，并描写了马茂德野蛮行径的严重程度。他后来学习梵语并写了一部有关印度的伟大著作。[12]

然而，穆斯林入侵者的"剑与火"文化，在经历血腥的远征进入印度之后，确实逐渐得到收敛，化为穆斯林移民印度并在该国定居的行动，从而导致了穆斯林统治者的印度化。否认侵略史上的种种暴虐行径，与将这种野蛮现象视为存在于印度的穆斯林的主要历史特征，是同样愚蠢的。重述伽色尼的马茂德与其他入侵者所造成的种种破坏，并不会让我们忘记印度践行宗教宽容的悠久历史，也不会让我们忘记征服印度的穆斯林统治者发生转化的事实，也就是说，他们虽然是以蛮横和冷酷开道才得以侵入印度，但很快就变得基本能够秉持宽容态度，只不过有少数突出的例外而已。

对于印度的穆斯林统治者，如莫卧儿人，几乎难以一概而论地将他们说成是毁灭者，而毋宁说他们是建设者。印度教特性的倡导者在说到穆斯林统治者时往往持一种派性观点，即他们在解读印度历史时，最终竟很像罗宾德罗纳特·泰戈尔所嘲讽的那样，视之为"外国人的历史"。他在一个多世纪之前（1902年）的一篇文章中写道：

我们在学校学习和记下来以通过考试的印度历史，是对一场令人恐惧的梦——印度经历的一场噩梦——的记述。它讲述了陌生的人们从谁都不知道的地方进入印度；血腥的战争爆发；父杀子，兄弟相残，以抢夺王位；一帮掠夺者消逝了，另一帮掠夺者前来取而代之；帕坦人和莫卧儿人、葡萄牙人、法国人和英国人——都使那场噩梦的混乱有增无减。[13]

印度历史确确实实包含着许多噩梦般的要素，但也包括对话和商讨，以及在文学、音乐、绘画、建筑、法学乃至其他许许多多创造性活动中的广泛的联合努力。它还包括让具有不同宗教信仰的人们一道和平生活而不是不断相互残杀的途径和方法。

一些穆斯林统治者尤其极端热衷于赞美多样性和保护每一个宗教群体奉行自己的信仰和传统的权利。我已经提到过伟大的阿克巴皇帝，他于1556—1605年在位，对于印度教哲学和文化以及其他宗教传统（如基督教和琐罗亚斯德教）具有浓厚的兴趣。正如本书前面文章所论述的那样，阿克巴也试图利用印度的不同信仰，创造一种综合性宗教（"丁-伊-伊拉希"，意译为"圣教"），但没有取得大的成功。阿克巴的宫廷里充满艺术家、音乐家、画家、学者和作家，其中既有穆斯林，也有印度教教徒。他宣布奉行宽容政策，这在当时是十分了不起的，甚至在今天也依然相当不同凡响。实际上，阿克巴是宽容学说的一个主要理论家，而且在安排不同宗教背景的学者参与不同信仰间的对话方面，是世界上一位先驱性领袖。

本书中另外的多篇文章，涉及印度教教徒和穆斯林在文化、科学及其他创造性事业中相互影响的方式。不过，由于古代史诗《罗摩衍那》和《摩诃婆罗多》业已数次出现在本书中，也许可以提及一件与此相关的趣事。这两部史诗非常成功而且极为流行的孟加拉文译本，在很大程度上归功于孟加拉身为穆斯林的帕坦人国王的努力。迪内希·钱德拉·森关于孟加拉语文学史的权威著述如此描写上述事件：

帕坦人于13世纪初占领孟加拉。……帕坦皇帝们学习孟加拉语，并在生活中与大量信奉印度教的人口密切接触。……皇帝们风闻梵文史诗《罗摩衍那》和《摩诃婆罗多》远播的名声，观察到它们对印度教教徒的宗教和家庭生活方面产生着非凡的影响，他们自然萌生了熟悉那些诗篇内容的愿望。……他们委派学者，将那些作品翻译成他们当时已经能说并能理解的孟加拉语。我们听说，《摩诃婆罗多》的第一部孟加拉语译本，是应高达［在孟加拉域内］皇帝纳西拉·萨哈的敕命而着手翻译的。 他执政40 年，直至公元 1325 年为止。……委派克里蒂巴斯翻译《罗摩衍那》的高达皇帝名字不详。 他可能是罗阇迦穆萨纳尔亚纳或一位穆斯林皇帝，但即使他是一个信奉印度教的国王，也有许多证据表明，他的宫廷有穆斯林影响的印记。[14]

坚持印度教特性的批评家有时特别专注于奥朗则布的偏执。他是莫卧儿王朝后期的皇帝，于 1658—1707 年执政。实际上，一些坚持印度教特性的教派主义者认为，歧视穆斯林是历史的公正，原因就在于，奥朗则布被认为在 17 世纪晚期做了与之相反的事情——歧视印度教教徒。然而，即便奥朗则布是印度唯一的穆斯林统治者（他当然只是许许多多穆斯林统治者中的一员），这种历史报应观念也是格外愚蠢的：这不过是一个通过制造一种新的愚行来与历史上的愚行相匹配的想法，意在惩罚那些自身并没有犯下"罪恶"的人们。不过，在莫卧儿王朝统治者漫长的世系中，奥朗则布显然是最没有宽容精神的。①

恰好，在奥朗则布之前和之后，均有其他穆斯林皇室成员持与他非常不同的宗教宽容观点，而他本人也由并不赞成他的不宽容政策的人们所环绕。奥朗则布之子（亦名阿克巴）于 1681 年反叛其父，并同信奉印度教的拉其普特人国王联手，与其父进行战斗。在拉其普特人被奥朗则布的军队制伏后，奥朗则布之子与另

---

① 虽然奥朗则布确实颇不宽容，但有趣的是，他的宫廷中也有信奉印度教的学者和音乐家承担重要职务。

一个信奉印度教的国王桑布吉罗阇联手,继续进行反对其父的战斗。桑布吉是希瓦吉之子。后者曾与莫卧儿人作战,深受当代印度教激进主义分子敬仰。(印度教极端主义政党"湿婆军"之名,也包含着对希瓦吉的纪念意义。他受到今天好斗的印度教教徒们的高度尊崇。①)

奥朗则布的长兄达拉·希库是其父沙·贾汗(泰姬陵的建造者)皇位的合法继承人,他精通梵文并曾广泛研究印度教哲学。奥朗则布在其行将继承莫卧儿王朝皇位之前将其杀害。事实上,这位莫卧儿王朝皇位的继承人,曾亲自将古代印度教经典奥义书中的一些重要部分译成波斯文,并将它们与《古兰经》进行比较,而他对奥义书并无贬损之语。达拉在信奉印度教的梵文学者的帮助下完成的这一译著,使西亚和欧洲的许多人得以初次窥见印度教哲学。② 如果把奥朗则布视为"典型的"莫卧儿王朝君主或印度带有表率性的穆斯林统治者,那么这将是一个极端奇怪的历史判断;而今天如果提议以类似的不对等与奥朗则布的不宽容相匹配,那么这也将是一个异常奇特的判断。

关于虚构历史

对于印度教特性运动而言,历史是个知识介入的活跃领域,

---

① 这些历史联系将在本书第十四篇文章中得到更为充分的论述。
② 事实上,于1784年创建孟加拉皇家亚洲学会的威廉·琼斯爵士做了大量工作,以在印度拓展对梵文的学术研究,并将有关学术成就传播到国外。他作为波斯文学者,最初就是由于达拉·希库的译著而得以熟悉奥义书的。

而那场运动的部分成员一直在积极参与改写历史的活动。鉴于印度教特性运动信条的性质，印度历史在该运动提出的论点之中必定会发挥相当大的作用，就一点也不令人惊异。话虽如此，也还是值得问个明白：这些问题何以会被认为如此关键，而印度历史何以由此成为这方面的一个战场。它在当代印度政治中有什么独特的重要意义，何以印度教特性政治这么热衷于重新描述往昔？我认为，答案在于当代印度教政治的两个明确特征。

第一个特征是，印度教特性运动需要将其多样的组成部分凝聚在一起，并在可能吸纳的未来成员中激发新的忠诚。同盟家族之内诸多组织的多样性，导致了其运作的不同风格和模式，印度教特性运动由此收获了可观的战略利益。作为一个多党发挥功能的民主国家内的现代政党，印度人民党本身是忠于议会规则的，而且总的说来确实能够听取其他政党的意见。但是，与此同时，它也能够利用坚持印度教特性家族其他成员的支持——有时是暴力支持，而那些成员却可能与印度人民党所养成的文雅举止背道而驰，作为一股凶悍的势力登场。必须强调一点，"两国"论并不是印度人民党学说的一部分，却得到了同盟家族数个单位十分粗糙的捍卫。

同盟家族不同成员的团结极大地得益于他们一致将印度历史基本视为"印度教文明"的观点（这对于他们而言是便利的。如前所述，甚至像塞缪尔·亨廷顿那样的文化理论家，也这样一字不差地描述印度）。按照印度教特性运动的宗旨改写印度历史，对于同盟家族中不同成分的凝聚是极端重要的。他们在政治手段与策略上可能大相径庭——从轻言细语的宣传到刚愎自用地诉诸暴力——但在对印度抱有宏大的印度教幻想上却仍然保持一致。

聚焦于印度历史的第二个原因是，对于印度教特性运动的大力支持来自海外印度移民社群，尤其是旅居北美和欧洲的印度人。对他们而言，在效忠于所信服的无论任何对象（如印度教特性）的同时，能够保持自己对印度民族主义的正常信念是十分重要的。① 印度教化的狭隘的印度史观可以将两者捆绑在一起，而这种印度史观就致力于使印度教认同和更为宽泛的印度认同相一致。

对印度历史的改写，服务于双重目的：在为同盟家族的多样化成员提供一个共同的基础方面发挥作用，帮助印度教政治激进主义募集新生力量，尤其是来自海外移民社群的新生力量。于是，在当代印度，改写印度历史已成为印度教特性政治的一个主要的优先事项。印度人民党领导的联盟在1998年和1999年获得选举胜利后，印度政府的各个职能部门被动员起来，以安排"适度"改写印度历史的任务。尽管这种向壁虚构历史的冒险（由于印度人民党领导的联盟在2004年春季大选中败北）不再是"官方"行为，那一段引起激烈反应的插曲还是值得追忆的，一是因为此事让我们看到了对世俗权力的滥用，二是因为此事也说明了印度教特性运动的知识依据。[15]

迅速改组后的国家教育研究和培训理事会（NCERT），从印度人民党执政不久即开始忙碌起来，不仅为印度学童推出了新的

---

① 对于移民社群身份认同问题的重要性，将在本书第四篇文章中论述。

教科书，而且从（在印度人民党之前的政府管理之下的）该理事会自己早先推出的由著名印度历史学家撰写的书中删除一些章节。该理事会的"改组"伴以印度历史研究理事会（ICHR）的"脱胎换骨"，而对于以上两个理事会，则主要依据印度教特性运动的优先事项，均任命了新的官员，并选定了新的议程。[16]

所策划的教科书修订必须神速进行，以致新构建的国家教育研究和培训理事会显然难于找到既有相当名声又还算顺从的历史学家来承担这一任务。在先前出自国家教育研究和培训理事会的学校教科书中，不仅曾有可以预期的顺应"印度教特性"政治的教派偏见，而且有大量类型相当简单的事实错误。在其中一部教科书中，学童们被告知，马达加斯加是"阿拉伯海中的一个岛屿"，而兰开夏*是"一个迅速发展的工业城市"。印度政府准备的新教科书中新编排的印度历史，在媒介和随后接踵而来的公众讨论中受到尖锐批评。主要报纸的评论几乎是清一色的贬斥之声。《印度斯坦时报》的新闻标题是"国家教育研究和培训理事会教科书充斥着错误"[17]。

印度人民党领导的国家教育研究和培训理事会承认了一些事实错误，并许诺将其改正（例如承诺让马达加斯加回归印度洋）。但是，没有做出纠正邪曲政治倾向的保证，而这一问题是通过故意删节某些东西和有意强调某些东西而强加的，旨在大肆宣传印度教特性的印度观。当然，这才是改写印度历史这一图谋的实质

---

* 英国郡名，在英格兰西北部。——译者注

所在。一家主要的日报《印度教教徒报》在指出"冷漠的学术良知与一种遭到扭曲的意识形态结合起来所能造成的学校教育混乱"时,客观地审视了这一问题的严重性。[18]

实际上,除了无伤大雅的混乱和愚蠢的错误泛滥成灾外,在政府主管的印度历史教科书中,还有严重的删节和疏漏问题。例如,一部旨在教育印度学童了解印度独立前后重大事件的教科书,绝口不提与激进的国民志愿团有联系的印度教政治狂热分子纳图拉姆·葛德斯对圣雄甘地的刺杀——一项非常重大的删节。更为普遍的是,这些教科书对印度独立斗争的记述,带有倾向于印度教特性政治的严重偏见。[19]

在印度教特性运动通过对学校和教科书的控制,肆无忌惮地将今日印度与历史完全离间开来之时,许多印度人感到忧心如焚。当然,(出于对历史的尊重和珍惜印度社会的包容性)也有严肃对待这一威胁的不错的观点,而对这些问题的关注今天依然十分必要。印度有许多杰出的历史学家,他们今天显然需要发挥保护性作用;只有当对历史的捍卫是出于对历史的真切忠诚,而非仅仅出于对印度教特性观点的反对时,他们才能出色地完成这一使命。恰好,对于印度教特性的倡导者们所提主张的准确性和真实性,许多声誉卓著、受人敬重的印度历史学家确实以充分而正当的理由提出了质疑。

尽管出现了可以理解的恐慌,但无论印度教特性运动对新德里的教育政策能够控制到何等地步,也绝难明白他们如何能够成功地让印度人接受"杜撰的历史"。在用印度教特性的透镜观照之下重修印度历史,除了会有观念上的对立之外,还会遭遇相当深重的经验方面的难题。印度人民党在试图改变印度历史时所面临的问题的性质,可以用一个简单的例证予以说明。

鉴于印度教特性运动有自己的优先事项,改写印度历史往往偏爱内外分离,其表现形式则将对印度教教徒的成就的赞颂与印度历史上非印度教教徒的成就割裂开来,也将印度教教徒的成就与印度之外的知识和文化的发展割裂开来。然而,鉴于广泛的互动现象在全部印度历史上的重要性(既有在国土范围内的互动,又有印度与世界其他国家的互动),一个"孤立主义的"方案断难持久。于是,孤立主义的视角与印度历史上许多众所周知的方方面面发生了严重冲突。

问题首先出现在对印度历史开端的叙述上。发祥于公元前三千纪的"印度河流域文明"在最早的印度教文献吠陀问世之前许久就已呈繁荣之势,而吠陀经典则是出现于公元前二千纪中叶。印度河文明有时被称为哈拉帕文明(哈拉帕是印度河文明最著名的遗址,古哈拉帕文明因此得名)。它囊括了分治前次大陆的西北大部(包括今旁遮普、哈里亚纳、信德、俾路支斯坦、北方邦西部、拉贾斯坦和古吉拉特)——一块比约在同一时期兴盛的美索不达米亚和埃及大得多的地方。[20] 它有许多特殊的成就,包括出色的城市规划、井井有条的仓储(尤其是粮食贮存)和不同凡响的排水系统(倘若我有资格评判,我要说,在随后的4 000年间,在次大陆,这样的排水系统一直无与伦比)。

印度河文明有让印度人为自己的民族或文明感到自豪的明显

资料佐证。然而，对于印度教特性运动的印度史观来说，这就提出了一个不容回避的问题，因为一个明确出现在梵语和印度教之前的古代文明，削减了从显然基本属于印度教的角度观照印度历史的可能性。

此外，还有与印度古代历史相关的第二个挑战。这一点与印欧人（有时也称之为雅利安人）很可能于公元前二千纪从西部到来有关。他们策马（在印度河流域文明时期尚不知有马）而行，操一种与早期梵语（今称之为吠陀梵语）既近似又相异的语言。因此，将印度文明的起源追溯到吠陀经典的印度教特性历史观，有个双重"难题"：（1）必须承认印度教文化的基础源于印度境外；（2）无从将印度教置于印度文化史的开端及其城市文明遗产之中。

热衷于印度教特性的人还一直是所谓"吠陀数学"和"吠陀科学"的英勇的捍卫者。恰好，尽管吠陀经典在其他许多方面都十分丰富，但其中并没有深奥的数学，也没有堪称缜密科学的东西。[21]然而，在公元一千纪，印度的数学和科学均十分发达（本书第一篇文章对此已有论述）。这些贡献在数学和科学史上是够早的，因而值得人们敬重，但是印度人民党编造的所谓历史教科书，却试图在几乎没有任何理由和毫无证据的情况下，将这些贡献中某些部分的起源置于早得多的吠陀时期。[22]

于是，在印度教特性理论中，许多东西起源于吠陀经典。特别是：谁创作了它们（对于印度教特性理论而言，倘若诸吠陀的作者是土生土长的印度人，并且已在印度定居达数千年，而不是来自国外的印欧人，则再好不过）？它们的创作晚于印度河流域文明吗（倘若它们的创作时期，能与公认的知识截然不同，不晚于印度河流域文明，则再好不过）？所谓吠陀时代的科学和数学能有多么古老（它们的贡献难道不能早于希腊和巴比伦，从而将印度教国家印度置于它们前头）？所以，印度教特性的捍卫者试图改写印度历史，"让"操梵语的诸吠陀作者成为创造印度河流域文明的同一批人，从而通过如此雕虫小技，一股脑儿将这些风马牛不相及的难题扫荡一空！

印度河流域文明被相应更名为"印度河—萨拉斯瓦提河流域文明"，以纪念吠陀经典中曾经提到但今已无存的一条名为萨拉斯瓦提的河流。于是，杜撰的吠陀科学和吠陀数学与印度教哲学的知识起源，至少被实实在在地置于公元前三千纪。印度学童于是被迫从其新历史教科书读到这一高度理论性的"印度河—萨拉斯瓦提河流域文明"，从而使印度教文化——以及印度教科学——更加古老，更有城市性，更像土生土长的，并令人欣慰地普遍存在于整个印度文明史中。

当然，如此叙事的问题是：其显而易见地虚妄，以致与所有可资利用的基于古代文化遗存和文献的证据均格格不入。[1] 要应对

---

[1] 为清楚起见，我们必须区分在这样一种杜撰的历史中混合在一起的三种不同的错误：(1) 认为梵语和诸吠陀源于本土的欺骗性主张（否认它们的印欧人根源）；(2) 荒唐地认为印度河文明具有基于梵语的性质（不顾所有证据均与这一信念相悖）；(3) 明显错误地断言诸吠陀包含许多深奥的数学内容和许多科学发现（即令无党派读者也无法在诸吠陀中发现这样的内容)。需要顺便指出的是，第三项主张还有如下作用，即含蓄地断言阿利耶毗陀或伐罗诃密希罗或婆罗门笈多在 5—7 世纪的成就不是原创的——这就意味着，他们影响深远的科学理念和数学成就，从古老的吠陀时代起就一直为人所知，到当时已存在 2 000 余年。

这一难题，就不得不列举"新的"考古证据。纳特瓦尔·杰哈和 N. S. 拉贾拉姆于 2000 年出版的《业已破解的印度河流域文字》一书（该书曾获大力推销）就是这么做的，或据称这样做了。[23] 两位作者声称，他们业已破解迄今尚未破解的曾用于印度河流域的文字，他们还将该文字的问世时间推到公元前四千纪中叶，以致又单方面将"历史"上溯了 1 000 年左右。他们还宣称，在印度河流域发现的碑铭（以"伊拉环绕着这片福地"的间接形式）提到了《犁俱吠陀》中的萨拉斯瓦提河。此外，他们推出了一幅上面有一匹马的单个赤陶印章的照片，旨在进一步证明吠陀文化——以及雅利安文化——与印度河文明具有同一性。诸吠陀中不断提到马，而印度河文明遗物有大量牛的形象，但没有马的踪迹——迄今为止，人们均作如是观。

以上的所谓发现和破解导致了一场对他们的主张的激烈辩论。结果表明，事实上他们根本就没有破解任何东西，而带有马的图形的印章不过是一个拙劣的伪造之物，是在对人们早已知道的一枚带有独角牛形象的残破印章进行计算机变形处理的基础上弄出来的。所谓匹马印章显然是 20 世纪晚期的产物，创造该物件的功劳只能归于印度教特性运动激进主义分子。对于这一伪造事件的最终论证，来自哈佛大学梵语教授迈克尔·威策尔与史蒂夫·法默合写的一篇文章。[24] 然而，这一论证并没有使官方为学校提供的教科书（在印度人民党为首的领导人执政期间由国家教育研究和培训理事会推出，只是在 2004 年 5 月才告终止）绝口不谈"印度河—萨拉斯瓦提河流域文明"时期的马的"赤陶小雕像"。

很难完全理解，一场以对印度教价值观感到自豪作为开端的运动，曾将追求真理作为自己的重大使命，何以竟会滋生出不但诉诸谎言而且依托精心作伪的激进主义分子，以致他们总是随心所欲，以求一逞。13世纪时，尽管马可·波罗在南印度所目睹的一切给他留下的印象，不如他对中国中部的印象那样深刻，但他还是在一部（即便剔除其中明显言过其实的部分后仍然）相当有趣的叙事作品中记载了他对自己在所遇印度人中发现的诚信无欺的钦佩之情："他们不会为了获得世上的任何东西而撒谎，并且连一句不真诚的话也不会说。"[25]倘若事实果真如马可·波罗所发现的那样，那么情况从那时以来显然已发生了根本的变化，以致政治灵感在发挥有力作用。

在公元前一千纪问世的《歌者奥义书》中一段扣人心弦的文字中，年少的室吠多揭堵（Svetaketu）之父给儿子讲述神在众生（包括室吠多揭堵自身）之中的显现："它就是真。它就是自我，而你，室吠多揭堵呀，就是它。"在后奥义书时代的印度教哲学中，对这一段谈话已有很多论述。如果不得不以一段新的附言："万一你根本就不是它，我们将略施小计重构实在，以使之天衣无缝！"来完成对室吠多揭堵的教诲，那将是相当可悲的。在试图虚构印度历史以迎合印度教特性运动的偏见之时，该运动承担了一项与室吠多揭堵之父截然相反的任务。鉴于印度悠久的历史已广为人知，这项任务是特别难以完成的。朴素的真理并不偏袒印度教特性观点，而乔装打扮的谎言则经不起审慎的考查。

三 印度：大与小

对印度的微缩

正如上一篇文章所论述的，印度宗教文献的规模和全国丰富的宗教习俗的明显存在，必须与贯穿印度历史的怀疑主义思想的活力和韧性达到平衡。我在本书第一篇文章中已论述了怀疑主义传统在历史上的重要性。我既将它作为印度知识界的一部分予以评判，也看到了它对印度的宽容政治和世俗主义及科学和数学发展的重要性。

然而，对宗教持怀疑主义，无须总是采取抵抗宗教宣示的战斗形式。它也可以表现为对不同个人在宗教信仰方面的差异所蕴含的社会重要性和政治意义的深切怀疑。尽管印度的宗教习俗蔚为大观，在全国也还是有一股充满活力的信念潜流，认为宗教信仰尽管对个人是富有意义的，但对社会却无足轻重，因而应与政治毫无瓜葛。无视这种潜在信念的重要性与影响范围，会产生蓄意高估宗教在印度社会中的作用的效应。①

对于一个据称在不算遥远的过去宗教冲突极为严重，而且这些冲突似乎在很大程度上影响了这个国家的当代政治的国家而言，这一主张似乎特别不合情理。然而，我们必须区别：（1）在不同宗教世系所认同的社群（往往由教派激进分子领导）好战的发言人之间可能看到的明显的社会对立，与（2）重大的信仰内容本身

---

① 还有，如在本书第一篇文章中所论述的，印度人对于主要从其宽容的多元文化历史中出现的世俗主义的理解，倾向于赞成国家在不同宗教社群成员之间保持中立态度。

造成的现实宗教对立。实际上，即使印度的宗教政治狂热分子在渲染宗教差异方面获得了成功，他们也主要是通过制造社会摩擦而得逞的，而在此类摩擦中，宗教人口的相关情况则被用于划分供他们展开选择性暴戾活动的社群（2002年，这种情况曾在很大程度上发生于古吉拉特）。在这一方面，具有典型意义的是，宗教信仰的华丽辞藻几乎不曾或根本没有起任何作用。① 重要的是要辨析宗教纷争与利用教派人口学造成的政治冲突两者的区别。[26]

在当代印度，甚至利用宗教人口学中类别分裂状态的过程，包括利用与之相关的暴力，也可能要遭到实质性的抵制。2002年12月，在由纷争造成分裂的古吉拉特，在已经煽动起来的歇斯底里的气氛（颇似20世纪40年代分治前疯狂的骚乱将印度教教徒、穆斯林以及锡克教教徒"教派化"那样）中，对好斗的"印度教特性"的利用，在邦级选举中可能发挥了很好的作用。但是，当狂热平息下来，在数月之后于2003年2月举行的四邦选举中，对印度教特性激进主义的煽动，仅为教派政治拉来很少的选票。在包括对喜马偕尔邦失控在内的四连败之后，一个反复无常的——经过改组的——印度人民党改变了策略，在2003年11月的四邦选举中，连续在其中三邦大获全胜，所依靠的主要就是旗帜鲜明地将其竞选活动的重点转移到发展问题上（尤其是"道路、电力和水"），基本让宗教人口学退居次要地位。

---

① 在这一方面，尤其重要的是要明白"作为信仰的宗教"与"作为身份认同的宗教"之间的区别。艾莎·贾拉勒对此有精到的分析，可参见其《自我与主权》（*Self and Sovereignty*, London: Routledge, 2000）。

然而，分裂问题尚未消失，就又于2004年5月在印度大选中彻底暴露出来。有相当多的证据表明，印度人民党在经济和教派方面造成的分裂状态，让该党在相当程度上失去了全国范围的支持。印度人民党的口号"让印度大放光芒！"（该口号试图将印度业已提高的增长率和经济领域其他方面的上升趋势归功于印度人民党）产生了事与愿违的结果，因为大批民众，特别是许多穷人，尤其是农村穷人，还没有分享到城市富人已在享受的繁荣。对于这一事实，人们已着墨很多。但是，除了经济上有违正常的把柄之外，国民大会党与印度人民党领导的联盟之外的其他政党，还可能在选举中充分利用印度人民党引发的焦虑与反感情绪，因为印度人民党扶植教派主义并打击少数派，已使该党看起来就像印度的一股颇具分裂性的势力。

任何选举结果，特别是在像印度这样的大国，都往往体现了许多不同类型势力的影响，因而对于不同的选举结果，不可能用任何单一因素予以解释。然而，当审视印度人民党及其同盟在最近数次选举中所遭受挫折的本质，包括与印度人民党结盟的"世俗"政党在选举中全军——或近乎全军——覆没的本质之时，那些并未正式支持印度教特性议程的政党很难不对忽略世俗事务这一问题产生普遍的怨愤之感。不仅选民急于压低印度人民党本身的气焰，而且看来印度人民党的盟友为其所主导的同盟拉来的"世俗"支持，也似乎由于印度教特性运动对实行世俗主义的印度咄咄逼人的——有时是诉诸暴力的——破坏，由于印度人民党的盟友全然不能抵制印度教特性的极端主义，而遭到特别严重的损害。

尤其是古吉拉特专门针对穆斯林的暴力事件，将在长时间内玷污印度人民党的形象，并受到全国各地的严重关注。被击败的印度人民党领袖、前总理阿塔尔·比哈里·瓦杰帕伊承认，古吉拉特的杀戮是导致印度人民党败北的一个主要影响因素。他似乎讲了对许多人来说显而易见的东西。① 然而，并不令人惊讶的是，印度教特性运动领导阶层中那些不够温和的人，以不加掩饰的恶毒语言对瓦杰帕伊的告白做出回应，使瓦杰帕伊收回了自己说的大多数话语。

尽管各种宗教明显存在于全国各地，但理解怀疑主义传统在印度的影响还是有重大意义的。在回应印度教特性政治对宗教人口学的利用之时，世俗政治的辩护者往往理所当然地认为，印度人口需要这种或那种形式的宗教政治。这已导致世俗主义者无法抵制政治上的诱惑，想以折中的"软印度教特性"回应"硬印度教特性"政治。然而，这一策略是根本错误的，当然迄未给反印度人民党的诸政党带来任何益处。这一策略严重漠视怀疑主义在印度的力量。怀疑主义也涉及诸宗教，尤其表现为怀疑宗教信仰在政治事务中是否真的关系重大。实际上，对异端的宽容，对各种宗教信仰和习俗的接纳，在印度是根深蒂固的。

罗宾德罗纳特·泰戈尔认为，"印度理念"本身并不赞赏"将

---

① 据报道，瓦杰帕伊曾说："[对于印度人民党]在选举中的败北，很难说清全部的原因究竟是什么，但暴力的一重影响是，它让我们在选举中输了。"（参见"Gujarat blood bath cost us dearly: Vajpayee", *Times of India*, 12 June 2004。）

自己人与他人分离开来的强烈意识"[27]。由于试图鼓励和利用分离主义,印度教特性运动已与印度理念本身发生对抗。这无异于持续不断地致力于微缩一个大印度——为自己的异端历史和自己的多元现状而自豪——的宏阔理念,而以一个同急剧狭隘化了的印度教变体捆绑在一起的小印度的印记取而代之。在大印度与小印度的对抗中,较为开明的认识肯定能够获胜。但是,为开明的印度理念而进行的战斗,只有在为这一博大观念而斗争的人们知道他们在为什么而斗争之时才能获胜。印度诸多传统,包括异端以及对多元性和怀疑主义的称颂,范围广阔,需要对此有一个全面的认识。领悟印度的过去,对于充分理解博大的印度理念是有重大价值的。

四

移民社群与世界

一个认同问题

对于生活在印度的人们而言,印度认同的实质是有重大意义的。[①] 此外,印度认同对于世界各地的大量印度移民社群——估计人数达2 000万或更多——也是非常重要的。他们理所当然地认为,在他们所定居而且他们在社会和政治方面已与之融为一体的国家(英国、美国、马来西亚、肯尼亚或别的任何地方)做忠诚的公民,同仍旧保持对印度的从属感及与印度人的友谊并没有矛盾。往往与一般移民的情况相同,印度海外移民社群也乐于以自己原来祖国的文化和传统为傲,而且会因之产生相当的自尊感和尊严感。这一点常常表现为印度裔对原来的"国家"和"文明"的某种形式的激赏。然而,往往不太清楚的是,这种尊严感的恰当依据:印度海外移民社群应当为什么而骄傲?

鉴于印度文明的博大与丰富,这并不是一个难以回答的问题。不过,这一话题近年来成了一个引起激烈争论的领域。实际上,印度教特性运动所支持和捍卫的相当好斗的排他性思想路线,已经强有力地侵蚀了印度海外移民社群的观念。人们一

---

① 一些普遍的身份认同问题将在后面第十六篇文章中予以论述。

直在做出系统的努力，以激励具有印度教背景的非常住印度人不要将自身首先认同为"印度人"，而是要特别将自己认同为"印度教教徒"（或至少将自身视为接受印度教化观念的印度人）。这种宣传运动在部分海外移民社群卓有成效，同盟家族，包括其更为咄咄逼人的组成部分，现在可以收到海外印度人的大笔汇款。

恰好，不同宗教的教派主义和宗教激进主义思想常常确实能得到海外移民的热情支持。海外移民在发现自身被异国主流文化吞没时，他们便积极鼓吹他们确认属于"自己的传统"的价值观。在 20 世纪 80 年代，这一倾向激发了在北美和欧洲的锡克教教徒十分强大的政治战斗精神。这一倾向今天依然在继续赋予世界伊斯兰宗教激进主义活力。印度教特性运动也一直在忙于大力招募自己的外国军团，而且在这方面取得了相当大的成功。

不过，许多移居国外的印度人，无论其宗教背景如何，都发现难于从这种制造分裂的角度看自己，而且对印度教特性运动极端派诉诸暴行和杀戮感到担忧。例如，在 2002 年古吉拉特骚乱期间，印度政府隆重安排"海外印度人"（Pravasi Bharatiya）大会（来自 63 个不同国家的海外移民社群的 2 000 名成员出席会议）于 2003 年 1 月在新德里举行，而在这次本当顺利举行的大会上，就有人发出声音，表达了许多海外印度人对古吉拉特有组织的教派暴力所感到的深重耻辱。人们渴望为自己的民族或文化感到自豪，但对于为什么而自豪却感到有些踌躇。

传统与自豪

在这一方面，印度诸多传统的广博性——而不是依教派主义观点人为造成的狭隘性——尤为重要。实际上，在印度教传统自身范围之内，对印度教观点恢宏大度的解读所影响的领域和所展现的开明襟怀，包括对其他宗教信仰不持对抗态度，内中一定有许多让人感到自豪的理由。那种观点（本书第三篇文章已予以论述），与急剧萎缩并倾向于接受印度教特性运动庇护的印度教截然不同。

尽管认同"小印度"的计划在有力地推进（请不要考虑佛陀，也不要顾及阿育王、阿克巴、伽比尔或那纳克），但"大印度"也还是存在的：对于海外移民社群而言，就如同对于在印度的印度人一样，它是可望也可即的。重要的一点是要意识到，在科学、数学、建筑、医学、绘画和音乐之外，印度在批判论辩、公众议事和分析观察方面的历史成就，也都是印度社会的产物——印度教教徒和非印度教教徒均参与其中，宗教人士和怀疑论者皆无例外。（可以考虑各种典范）龙树鞭辟入里的哲学论点，戒日王[①]乐善好施的表率作用，梅特莱伊或伽尔吉穷根究底的问题，斫婆迦合情合理的怀疑主义，阿利耶毗陀的天文学与数学突破，迦梨陀娑令人倾倒的诗歌，首陀罗迦的颠覆性戏剧，阿布勒·法兹勒令人惊异的学识，沙·贾汗的审美眼光，拉马努坚的数学，或拉维·香

---

① 音译为曷利沙。——译者注

卡与阿里·阿克巴·汗的音乐,任何背景的印度人都有足够的理由为自己在历史上或文化上与他们的联系而感到欢欣鼓舞,而不必首先查核他们每个人的宗教背景。

在这一博大的传统中,的确有许多令人自豪的东西,其中包括一些理念。不过,印度为此而获得的声誉却似乎远未达到自己的合理期许。例如,我们可以考虑一下公众论辩的传统。尽管对话和议事的重要性在世界许多国家的历史上都得到了强调,但印度次大陆在承认和履行对话义务方面却有特别强大的传统这一事实,尤其是在我们生活的这个正在由于暴力和恐怖主义而蒙上阴影的世界,无疑值得注意。世界上一些最早的公开的公众评议大会就是在印度举办的,目的是讨论不同的观点,如在公元前3世纪阿育王就安排了一场特别盛大的会议。能够铭记这一点诚然很好。阿克巴在400年前力主公众对话切不可少,并通过实际安排具有不同信仰的人士进行对话,从而证明了自己的信念。能够铭记这一点亦确乎不错。此类回忆的重要性不仅仅在于赞美历史,而且在于理解这些早期的理论与实践尝试绵延不断的巨大意义。

现在,在西方的政治讨论中,认为宽容和诉诸理性是"西方价值观"的本质——很可能是举世无双的——特征这一看法相当通行。例如,塞缪尔·亨廷顿就坚持认为,"西方早在其现代化之前就是西方",而在西方发现的"个人主义意识和个人权利与自由的传统",是"诸文明社会中独一无二的"[1]。鉴于这些观念在现代西方已达到相当普遍存在的程度,或许值得注意的是,个人权利与自由的问题在其他地方的讨论中亦已出现,尤其是在强调个人决策权利，例如个人宗教抉择权利的重要性这一方面。

在欧洲和印度的历史上，对于这样的权利既曾有过否决的意见，亦曾出现过支持的声音，因此很难认为西方支持这些权利的经历是"诸文明社会中独一无二的"。例如，就在阿克巴颁布"任何人均不应由于宗教原因而受到干涉，任何人均可皈依令其心悦之宗教"的法令[2]，并忙于安排印度教教徒、穆斯林、基督教教徒、耆那教教徒、帕西人、犹太人乃至无神论者之间的对话之时，焦尔达诺·布鲁诺却因信奉异端之罪名而被钉在罗马的火刑柱上，在百花广场（Campo dei Fiori）这样的公共场所被活活烧死。

也许，阿克巴对一个宽容的多元主义社会的捍卫之最令人钦佩的方面，是他在采取这一做法时对诉诸理性的作用的推崇。阿克巴主张，即便在决定自己的信仰时，一个人也应当接受"理性之路"（rabi aql）的指导，而不可听凭"盲目信仰"的引领。理性只能是至高无上的，因为即使在对理性表示怀疑时，我们也得提出怀疑的理由。[3] 在本书的头两篇文章中，我试图对印度论辩——以及争鸣——的悠久历史予以评说，并对这一历史与诸多学科领域成就的联系予以论述，所涉学科包括科学、数学、认识论、公共伦理学等以及参与政治学和世俗主义。

我认为，在这一传统之中，有许多东西应当引起今天印度人的经常性关注，海外移民社群也应当这样做，无论领导阶层出自印度教教徒还是穆斯林，佛教教徒还是基督教教徒，锡克教教徒还是帕西人，耆那教教徒还是犹太人，均应如此。实际上，在当代，对于更为充分地认识印度传统的重要意义，是怎样强调也不

四　移民社群与世界

会过头的。它不但与理解"大印度"是相关的,而且对于激赏博大的印度特性所容许甚至欢呼的种种差异和自由是十分重要的。

殖民统治与自尊

寻求对印度过去的知识成就的更为明晰的看法的原因之一,与一种同印度的殖民历史有关的自我认识偏见有关。我不宜在此处考察曾对印度的态度与观念产生根本影响的殖民关系的其他许多特征,但我既然在聚焦于某些十分具体的东西,我就应当先行说明,这里的调研方案无关宏旨。[4]

印度的殖民经历不仅产生了逐渐削弱印度人知识自信的效应,而且严重损害了印度人对祖国的科学和批评传统的通常认识。麦考莱所做的流行于19世纪初期的比较性评价("欧洲一家好图书馆中的一架图书,就顶得上印度与阿拉伯的全部本土文献"),被认为尤其适用于印度的分析性著作(我将在本书第七篇文章中对此予以详论)。[5]

尽管活动在18世纪晚期的早期殖民行政官员们——华伦·哈斯丁斯①系其中之一——对印度知识昌明发达的过去具有非常广泛的兴趣,但一旦英属印度帝国得以立足,这个帝国的心胸即飞速变得狭隘起来。[6] 威力与支配需要具备一定的优势,方可维系"西方世界首屈一指的民主国家已在东方建立并维系下来的独裁统治"(拉纳吉特·古哈曾富于见识地如此描述殖民地时期的印度)。[7] 印

---

① 一译沃伦·黑斯廷斯。——译者注

度的宗教和神秘主义思想并不可能逐渐削弱帝国在知识方面的优势。对于搜集并翻译"东方圣书"（马克斯·穆勒于 1847 年受命，终在东印度公司的支持下完成这一盛事，编就一部 50 卷文集)[8] 的人们，予以鼓励和帮助并无多大困难。但是，在纯粹理性和实践理性的典范领域中，认为印度与西方之间存在巨大的知识鸿沟——可以一直追溯到邈远的历史深处——的倾向，当然是十分强的。①

让我来举例说明。例如，请思索阿利耶毗陀在公元 499 年完成的关于地球周日自转的研究工作（对早先的太阳绕地球转动的认识提出异议）的独创性，以及他认为存在一种阻止物体在地球自转时被甩出去的重力的相关提法（本书第一篇文章已对此有所描述）。英属印度最有影响的殖民史学家詹姆士·穆勒认为，这些说法是赤裸裸的杜撰。穆勒显然认为，印度"梵学家先行获悉欧洲哲学家关于宇宙体系的理念"，进而宣称"那些理念在他们自己的著作中早已有之"[9]。穆勒关于印度历史的著作在英国统治的知识界中极有影响，麦考莱就将其说成是"自吉本（Gibbon）的著作[10]问世以来从总体上看我们语言中所出现的最伟大的历史著作"[11]。

然而，巧的是，以上存在争议的科学理念，不仅在印度的书籍中，而且在印度之外的观察家们的著述中，均有非常详尽的记录。尤其是，这些理念被阿拉伯与伊朗的数学家们细致而详尽地记载下来（印度早期的其他天文学与数学著作亦复如是），而且他

---

① 参见本书后面第七篇文章中对"官方观点"的论述。

们还翻译并广泛利用了一些相关的梵文书籍（他们在自己的书中均未忘记慨然鸣谢）。① 例如，伊朗数学家阿尔比鲁尼曾在一部写于11世纪初期的关于印度的阿拉伯文书（《印度记》）中专门对阿利耶毗陀的这部不同寻常的著作（即那部穆勒认为属于19世纪杜撰而成之书）发表评论：

婆罗门笈多在同一部书中的另一处说："阿利耶毗陀的追随者们坚持认为，地球是运动的，而天是静止的。人们试图驳斥他们，说如果情况果真如此，石头和树木就会甩离地球。但是，婆罗门笈多不同意他们的说法。他说，那样的情况未必会依照他们的理论发生，原因显然在于他认为，所有的重物都被地心所吸引。"[12]

显而易见，詹姆士·穆勒广泛否认印度在知识方面的独创性，这源于他的基本信念，即印度人仅在"通往文明的进程中走了最初的几步"[13]。穆勒深信印度学者凭空编造事实，还与他受到别的基本信念的一定影响有关："我们的祖先，虽然粗野，却是真诚

---

① 印度教特性运动不学无术的怪事之一是其对阿拉伯世界发出呵责。世界印度教会议国际负责人普拉维恩·托加迪亚的科学知识，不会比他的政治智慧高出许多。据有关记载，他甚至让"印度的穆斯林进行遗传学测验"，以排除"阿拉伯血脉"在"他们的血脉之中流淌"的可能性（"Togadia Said It, and He's Proud of It", *India Express*, 21 Oct. 2002）。这一信口雌黄的意见所表现出来的缺乏教养之所以特别令人恼怒，不仅是因为其在道德方面的粗鄙和在科学方面的愚蠢，而且是因为托加迪亚对于阿拉伯著作家在历史上对印度知识分子的开创性著作所经常表现出来的大度与公正（关于这一点，参见后面的第七篇文章）明显无知。事实上，印度数学的成就主要是通过阿拉伯穆斯林的努力而为信奉基督教的西方所了解的。

的；但在印度教教徒光鲜的外表之下，却存在欺诈和背信弃义的普遍秉性。"[14]穆勒在摒弃其他所有关于印度科学与数学成就的说法时，也同样毫不客气，如他对印度在十进制的发展与应用方面的成就的否认便是其中一例（穆勒提出了蛊惑人心的观点，即印度的十进制计数法是"不折不扣的象形符号"）。①

或许我应当公平地指出可以宽宥穆勒的因素，即他是在没有学习任何印度语言也从未造访印度的情况下慎重做出撰写印度历史的决定的。穆勒在为其书所写的序言中以相当明显的傲慢宣告了这些事实——显然，他不愿因为与写作题材的密切关联而失于偏颇。伊朗数学家阿尔比鲁尼通晓梵文并曾在印度各地漫游多年，然后才开始撰写自己的印度史，比穆勒早了800年。倘若他还在世，他就会对这位19世纪英国一流印度历史学家的研究方法感到些许困惑。穆勒的著作为当时有关殖民政策的诸多论述定下基调（其中包括在英属印度实行的教育安排，尤其是麦考莱经常援引穆勒），起了很大作用。

殖民主义对印度人自信心的侵蚀，产生了驱使许多印度人从一些特殊的成就——包括传说中印度在精神性方面的卓越成就，以及印度独特宗教习俗突出的重要地位——中寻求尊严与自豪之源的效应，而这些成就较少受到来自帝国主义西方的强力反对，也较少有什么竞争。[15]通过创造"自己的主权领地"（帕塔·查特吉

---

① 在本书后面的第七篇文章中，将更为充分地展开论述穆勒的这些以及别的一些结论。

语)¹⁶，印度人同其他受殖民主义主宰的人们一样，往往在一些非同寻常的领域与特殊的兴趣中寻求自尊。这一点与印度人在论辩、科学、数学以及其他所谓"西方的成功领域"的著作遭到异常忽视有关。这里当然有必要对此予以一定匡正。

历史与公众理性

对于印度在公众说理和宽容交流方面的传统，以及大体堪称民主实践先河这一方面（本书第一篇文章已予以论述）的不当看法，或多或少也需要予以类似矫正。不列颠帝国的领袖们，如温斯顿·丘吉尔，不仅怀疑印度人的自治能力，而且认为印度有关文官政府、参与性治理或公众说理等理念的历史几乎没有足以引发他们兴趣的理由。相形之下，在印度于1947年独立之时，有关政治讨论不仅参考了西方在民主方面的经验，而且回顾了印度自身的参与性政治传统，因而导致了一部充分民主的宪法的产生，从而使印度成为20世纪最大的民主国家。

印度首任总理贾瓦哈拉尔·尼赫鲁特别强调印度历史上对异端的宽容和多元主义。¹⁷印度宪法起草委员会主席B. R. 安贝卡博士，是一位出身于被压迫种姓（Dalits，以前被称为"贱民"）社群的杰出学者与政治领袖。他也相当细致地研究了印度地方民主管理的历史，以评估这一办法是否能够卓有成效地成为印度现代民主制度的楷模。安贝卡最终明白过来，取法地方民主经验乏善可陈，因为他认为地方主义产生"狭隘和集团主义"（从个人角度说，安贝卡甚至断言，"这些村庄共和政体是印度的祸根"）。¹⁸但是，安贝卡也指出了印度公众说理历史的普遍重要意义，并特别强调了异端观点的表达。[19]

尽管在独立初期的印度出现过以上那些探讨，但从那时起，与国家政治有关的知识议程，却往往坚定不移地朝着相反方向前进，受到印度教特性运动的教派主义和许多正在全球化的现代化论者在文化上愚昧无知等因素的影响。然而，印度的民主和世俗主义的历史之根，绝不亚于其科学和数学遗产所涉领域，需要在当代印度得到认真对待。实际上，除了投票和选举以外，公众议事正是民主安排的核心成分。如同投票传统（可以追溯到公元前6世纪雅典的实践）在民主的历史上受到恰当评价那样，作为民主根源的一个基本方面，公开的公众议事传统在全世界的发展也同样受到称颂。如果阿克巴在安排国家主办的不同信仰之间的对话方面远远走在自己时代的前面（很可能是世界首例），那么阿育王在公元前3世纪满怀兴趣，参与建立议事及对抗规则，以管理多样化的信仰持有者之间的争论，也应当被视为不同凡响之举。

这种关联还有全球性的重要意义，因为阿育王对于佛教及其社会价值观在印度以外的世界中的传播发挥了极为重要的作用。耐人寻味的是，应当注意到，无论佛教传到哪里，对讨论与对话的特殊倚重总是伴随着佛教其他信条而来。[①] 例如，在7世纪初

---

① 具有典型意义的是，佛教还有增强社会对普遍识字的重视的作用。这方面的持续影响，在很大程度上可从那些佛教得以留存下来的国家具有较高文化水平这一点看出，从日本和朝鲜，到泰国和斯里兰卡，甚至在原本不堪的缅甸，情况就是这样。显然，在佛教事实上从印度消退之后的千年岁月中，对佛教的信奉已经让位于对其他处于优先地位的宗教的信奉。

四　移民社群与世界

的日本,具有很大影响并信仰佛教的圣德太子,担任自己的母亲即推古女天皇(Empress Suiko)的摄政王。他于公元604年采用了一部较为开明的宪法(kempo,以"十七条宪法"闻名),其中包括这一坚决的主张(与6个世纪后即在1215年签署的《大宪章》的精神一致):"重要事务之决策,不宜由一人独断。应与多人共商。"圣德太子还主张:"在他人与我们发生龃龉之时,我们亦不应愠怒。凡人皆有心,均自有其偏好。人若正确,我则为错,我若正确,人则为误。"[20]实际上,一些评论家从这部7世纪时因受佛教启迪而问世的宪法中,看到了日本"逐渐向民主发展的第一步"[21]。

佛教的另一项重大成就,事实上与佛教对公众交流的兴趣不无关系。这项成就是,在世界上,特别是在中国、朝鲜和日本,发展早期印刷术的几乎所有尝试,都是由佛教技师承担的,旨在扩大与公众交流的范围。① 第一部得以印刷的书(或更为确切地说,第一部实际标注日期的印刷出来的书),是一部印度梵文论著(*Vajracchedika prajñā pāramitā*,《金刚般若波罗蜜经》)即所谓《金刚经》(*Diamond Sutra*)的中文译本。这部经书是由鸠摩罗什(一位半印度、半突厥血统的佛教学者)于公元402年译成中文的,而这一手写本是在868年印刷的。[22] 该卷经书的序文明言,该

---

① 印度的佛教教徒在早期亦曾致力于印刷术,却远未取得成功。7世纪时造访印度的中国学者义净曾谈到过印度绘于丝绸和纸上的佛像。关于这一点以及早期其他方面对印刷术的努力,参见本书后面第八篇文章。而李约瑟对这些不同的努力所做的富于启发性的评价,参见 Joseph Needham, *Science and Civilization in China*, Cambridge: Cambridge University Press, 1985, vol. V, part i, pp. 148 – 50。

经付印即以"广流传"为其宗旨。[23]

我在这里还应当指出,与佛教相关的成就不仅包括对公众说理和印刷术的重视,而且包括数学、天文学、文学、绘画、雕刻乃至公共医疗实践等方面的功业,而公共医疗实践是一个佛教教徒专门参与的学科,极大地引起了分别于5世纪初期和7世纪前来印度的法显与义净等中国访客的兴趣。[①] 此外,佛教皇帝阿育王是一个于公元前3世纪创办医院以供公用的先驱。阿育王在一份诏书中亦曾表述,他在诸希腊化王国建立了一些医院——此说似乎令人难以置信,但得到了托马斯·麦克埃维利根据可用证据而进行的似乎有理的辩护。[24]

印度教化的、狭隘的印度史观的可悲特征之一就是,印度人本可理所当然地为印度的印度教教徒与非印度教教徒的功业而自豪,但这种自豪感却被淹没在将印度主要视为印度教思想与实践载体的教派主义之中。这一点,再加上印度教传统自身狭隘到惊人程度的不容异说的态度,等于大量否定了印度人有理由铭记并讴歌的印度历史。

全球性联系

印度经济自20世纪80年代以来逐渐开放,并于1992年在以纳拉辛哈·拉奥为首的时任国民大会党政府财政部部长曼莫汉·

---

① 这两个国家之间双向交互发生的影响,将在本书后面第八篇文章中予以论述,亦请参见"Passage to China",*New York Review of Books*,2 Dec. 2004。

四 移民社群与世界

辛格的领导下出现巨大转变。① 该届政府虽然在别的事情上有所退让，但在改变自给自足的经济政策所致闭关自守状况方面，却付出了持续不断的努力。值得注意的是，在印度人民党领导的政府于1998年就职并在1999年得以巩固之时，它确实对印度与全球经济的联系持相当开明的看法。重点可能特意偏向一些特定部门，但对全球贸易的全面兴趣却是强烈的。印度人民党文化议程中的褊狭宣言并未能压垮印度人民党政府的国际贸易政策。在那几年，印度经济的增长率也提升得相当快。

然而，尽管印度人民党的文化偏见未能压倒印度政府的外向经济计划，但与印度人民党的教派性政治密切联系在一起的文化议程本身，却依然保留了该党褊狭的优先事项。实际上，印度教特性运动提出的对印度历史的改写，与一项任务密切相关（本书第三篇文章已对此予以论述），那就是将印度的文明成就与国内在光荣孤立中独立完成的建设性工作联系起来。

这一隔离主义的计划与事实背道而驰。在印度悠久的历史上，始终可以看到持续不断的跨境互动。在印度传统主义者的思想中，并非没有贬低外国人的观念。实际上，情况恰恰相反。但是，正如伊朗的印度历史学家阿尔比鲁尼千载之前（在一份具有非凡的人类学眼光的报告中）所明确指出的那样："对外国人的贬低不仅在我们与印度人中盛行，而且在所有民族对外国人的态度中屡见

---

① 这些变化的重要性及依然需要急迫着手的任务，在让·德勒泽与我合著的《印度：发展和参与》（*India: Development and Participation*, Delhi and Oxford: Oxford University Press, 2002）一书中已进行论述；亦请参见本书后面的第九篇文章。

不鲜。"[25]尽管对外国人持有如此怀疑态度，但在整个印度历史上却有许多与外国人的互动。

印度近年来在科学技术（包括信息技术）方面的成就，在世界文学或国际商务方面的成就，都与大量的全球性互动有关。在目前背景下需要指出的重要之点是，这些互动在印度历史上并非没有先例。实际上，从很早的年代起，互动就一直是印度文明的必要组成部分。请想一想梵语———一种拥有丰富文献的流光溢彩的语言——这一作为印度文明强大支柱之一的语言。尽管它在实质上具有"印度性"，人们却普遍认为，早期形态的梵语是于公元前二千纪随着操原始印欧语的人们（Indo-Europeans）移民而从国外传入印度的，随后它在印度进一步发展并兴盛起来，从而呈现辉煌之态。同样耐人寻味的是，最伟大的梵文语法学家（实际上很可能是所有语法学家中最伟大的）亦即波你尼的原籍系阿富汗（他描述过自己位于喀布尔河畔的村庄），他于公元前4世纪前后使梵文的语法和语音学系统化并使之面目一新。与外国人的这些瓜葛并没有削弱具有古典心态的印度人对这一伟大语言的骄傲感，也没有降低他们对梵语表述的文学、文化和科学的非凡成就的自豪感。①

实际上，许多个世纪以来，互动使梵文得以传播到印度境外，

---

① 我最初曾经希望，印度教特性运动尽管有那么多过错，但会在印度产生推动梵文学习的良好效果，因而在这一方面曾有许多意向性宣示。然而，这一期望之所以基本没有成为现实，或许是因为印度教特性的鼓吹者们似乎没有什么人懂梵文，也是因为许多热衷于"印度教传统"的人显然宁愿依赖对吠陀和《罗摩衍那》的断章取义式的"摘要"，再加上"经过改写的"印度历史，而不愿亲自寻觅古典文献。

并使之变得丰富起来。① 7 世纪时的中国学者义净在从中国奔赴印度的途中，于爪哇（室利佛逝城）学习梵文。互动的影响反映在从泰国和马来亚到印度支那、印度尼西亚、菲律宾、朝鲜以及日本的整个亚洲的语言和词汇之中。这一点也适用于中国，除了经由那一地区其他国家传来的影响之外，公元一千纪时梵文学术在那里也极为兴盛。人们往往认识不到，甚至实际上代表中国文化中的一个中心观念的 Mandarin（官）一词，也是从梵文词 Mantrī（官）派生的，从印度经马来亚传到中国。

尽管当代对知识全球化的抨击往往不仅来自传统的孤立主义者，而且来自现代的分离主义者，但我们还是必须认识到，我们的全球文明是一份世界遗产，而不仅仅是各种迥然不同的地方文化的汇集。于是，教派主义运动的某些组成部分，具有推动我们走向四分五裂的孤立主义的倾向，而这种倾向，除了可能遇到各种与伦理普适性相对的常规难题外，还会显现出严重的知识欠缺症。

当然，抵抗殖民主义的主宰这一需求是重要的，但必须视之为一场反对唯命是从的战斗，而不是视之为采取种族隔离和地方主义的借口。所谓"后殖民批评"，倘若能以辩证的方式进行，而不是采取守势，后撤并构筑樊篱，那就可以产生重大的建设性意

---

① 关于这一点及相关问题，尤请参见 Sheldon Pollock, "India in the Vernacular Millennium: Literary Culture and Polity, 1000 – 1500", *Daedalus*, 127 (1998)。波洛克论述了在梵语处于国际主宰地位的漫长时期之后发生于二千纪初期数个世纪中的俗语化问题。此前，"梵语文本从中亚流传至斯里兰卡，从阿富汗流传至安南，而且参与这一书面文化意味着置身于广阔的文化核心区"（第 45 页）。

义，因而也就具备了强烈的互动性。① 我们可以从一篇关于井底之蛙"鸠波曼杜迦"（kūpamanduka）的寓言中找到对孤立主义的警告。这篇寓言反复出现在数种古老的梵语文本之中，如《梵辞类纂》（Ganapātha）、《嘉言集》（Hitopadeśa）、《罗怙后裔仁爱王》（Prasannarāghava）与《跋底的诗》（Bhattikāvya）等。鸠波曼杜迦是一只终生生活在一口井内的蛙，对别的地方一无所知，而且对井外的一切事物均表示怀疑。它不与任何蛙交谈，也不与任何蛙争论任何事情。它只是对外面的世界怀着极其深重的疑虑。倘若我们像井底之蛙一样生活，那么这个世界的科学、文化和经济的历史将确乎非常有限。

对印度文明的颂扬，可以与肯定印度在全世界的积极作用齐头并进。庞大的海外移民社群的存在，本身就是印度与世界互动的现实的一部分。罗宾德罗纳特·泰戈尔在致 C. F. 安德鲁斯的一封信中绝妙地表述了这一逻辑依据："在人类的产品之中，无论我们理解和欣赏什么，无论它们可能源于何处，它们都立时就变成我们的东西。"②

---

① 例如，加雅特丽·查克拉沃蒂·斯皮瓦克的影响深远的著作，就其反应性模式而言，可谓富有成效，因而达到了最佳境界。她在一节自诉性文字中写道："马克思主义者认为我太拘泥于法典，女权主义者认为我太受男性影响，本土理论家认为我太忠于西方理论。对于这一切，我感受到了**不安的喜悦**"［引文加粗系本书作者所为］。见 The Post-Colonial Critic：Interviews, Strategies, Dialogues, ed. Sarah Harasym, New York, Routledge, 1990, pp. 69–70。这些议论文字确乎既有建设性亦颇有趣味，而加雅特丽·斯皮瓦克在本质上属于"爱争鸣的印度人"（我或许可以这样说一位终身友人），对于自己从辩证中获得的正当喜悦不必如此"不安"。

② 我将在本书后面第五篇文章中论述泰戈尔对知识上与世隔绝状态的批评。

印度人，包括海外移民社群，有理由抵制对内的狭隘和对外的孤立。实际上，争鸣传统的开阔境界不仅会对国内排他性的狭隘心态产生作用，而且会对井底之蛙自己造成的愚昧无知产生影响。无论宣扬狭小心态的政治吹鼓手多么卖力地接近我们，我们都不必同意将自己幽闭在一个大为萎缩的印度的昏暗光影之中。我们需要做出严肃的抉择。

第二编　文化与交流

五

泰戈尔与他的印度①

罗宾德罗纳特·泰戈尔是存续达1 000年之久的孟加拉文学领域的一位杰出人物。他于1941年在八旬之年逝世。任何熟悉这一博大精深而又欣欣向荣的文学传统的人都会对泰戈尔在孟加拉国和印度的影响力留下深刻印象。他的诗作和长篇小说、短篇小说以及散文现在依然为人们所广泛阅读,而他创作的歌曲至今依然回荡在印度东部和整个孟加拉国。

相形之下,在世界上的其余地方,尤其是在欧洲和美洲,泰戈尔的作品在20世纪早年引起的兴奋之情已大体消逝。他的著作曾十分受欢迎。他的诗歌选集《吉檀迦利》的英文译本于1913年3月在伦敦出版,他因为这部诗集而被授予了该年度诺贝尔文学奖。到11月时,这部诗集已被重印十次,该奖项就在那时公布。然而,现在西方读他的书的人不多了,而且格雷厄姆·格林早在1937年就能够说:"至于罗宾德罗纳特·泰戈尔,除了叶芝先生

---

① 本文原刊发于1997年6月26日的《纽约书评》,与印度独立——1947年8月15日——50周年的时间大体相应,而文内也提到了这一时机。本文还收录于罗伯特 B. 西尔弗斯与芭芭拉·爱泼斯坦合编的《印度:一块马赛克》(*India: A Mosaic*, New York: New York Review of Books, 2000)一书中。阿基尔·比尔格拉米、西塞拉·伯克、苏加塔·鲍斯、苏普拉提克·鲍斯、克里希纳·杜塔、罗纳克、贾汉、萨利姆·贾汉、马鲁非·汗、安德鲁·罗宾逊、南达纳·森、加雅特丽·查克拉沃蒂·斯皮瓦克及沙希·塔卢尔与我进行了有益的探讨,我对他们不胜感激。

外，我无法相信还有谁会很认真地看待他的诗歌。"

泰戈尔在孟加拉文学和文化中引人注目的存在与他在世界上其余地方几近销声匿迹之间的对照，或许不如另外一种差别更为引人注目，即在孟加拉国和印度，泰戈尔被视为一个有深重关系的而且是多方面的当代思想家，而他在西方的形象则是一个不断重复并且相距遥远的唯灵论者。格雷厄姆·格林进而解释说，他将泰戈尔"与切斯特顿所谓神智学者们的'明亮的水晶似的眼睛'"联系起来了。可以肯定，一种神秘主义的风采，在叶芝、庞德以及罗宾德罗纳特·泰戈尔的其他早期拥戴者将他"推销"给西方之时起了一定作用。甚至泰戈尔后来的少数仰慕者之一安娜·艾哈迈托娃（Anna Akhmatova，她在 20 世纪 60 年代中期将他的诗歌译成俄文）也谈到"那一浩荡的诗歌之流，从印度教汲取力量，犹如从恒河汲取力量，而那个诗人就是罗宾德罗纳特·泰戈尔"。

罗宾德罗纳特确实出身于一个印度教家庭——一个主要在今孟加拉国拥有大片地产的望族。可是，无论艾哈迈托娃乞灵于印度教和恒河可能蕴含着什么样的智慧，都没有妨碍孟加拉国占大多数的穆斯林公民对泰戈尔及其理念抱有深切的认同感，也没有阻止新独立的孟加拉国选择泰戈尔的一首歌（"Amar Sonar Bangla"，《我的金色的孟加拉》）作为国歌。这一定让那些将当代世界看成"文明的冲突"——"穆斯林文明"、"印度教文明"与"西方文明"各自强力对抗其他文明——的人觉得大惑不解。

他们同样会被罗宾德罗纳特·泰戈尔关于自己的孟加拉家族

是"三种文化，即印度教文化、伊斯兰教文化与英国文化汇流"的产物这一说法弄糊涂。[1] 罗宾德罗纳特的祖父达罗卡纳特，以通晓阿拉伯语和波斯语而著称，在罗宾德罗纳特家族中，对梵语文献和古代印度教文本的精深知识，与对伊斯兰教传统以及波斯文献的了解结合起来，他就是在这样的家庭氛围中成长起来的。与其说罗宾德罗纳特试图造成——或有兴趣造成——一个不同宗教的综合体（就像伟大的莫卧儿皇帝阿克巴竭力想成就的那样），毋宁说他的观点始终是非教派的，而他的作品——约200部书——反映了印度文化背景及世界其他地方文化背景不同成分的影响。[2] 他的大多数著作是在圣蒂尼克坦（寂乡）小镇写的，而该镇就是在他于1901年在孟加拉创办的学校周围发展起来的。他不仅在那里构想了一种富于想象力并带有创新性的教育体制——我后面再回头讲这一点——而且通过他的作品和他对学生与教师的影响，他能够将学校用作基地，由此参与印度的社会、政治和文化运动，从而发挥重要作用。

这位孟加拉读者熟知其典雅的散文和富于魅力的诗歌的极具原创性的作家，并非在伦敦受到仰慕——后又被弃绝——的不断说教的精神导师（guru）。泰戈尔不仅是一个极为多才多艺的诗人，他还是一位伟大的短篇小说作家、长篇小说作家、剧作家、散文家、作曲家及天才的画家，他的绘画作品呈现出具象与抽象的奇特交融，直到现在才开始得到它们早就应当得到的称扬。此外，他的散文涉及文学、政治、文化、社会变迁、宗教信仰、哲学分析、国际关系及其他众多领域。印度独立50周年与剑桥大学出版社出版泰戈尔书信选集在时间上的巧合[3]，为我们提供了一个良好的机缘，以审视泰戈尔的理念与深思的性质，以及他于20世纪上半叶在次大陆提出的思想与见解有什么样的引领作用。

甘地与泰戈尔

由于罗宾德罗纳特·泰戈尔与圣雄甘地是20世纪印度的两个大思想家，许多评论家已尝试对他们的理念进行比较。在获悉罗宾德罗纳特逝世的消息后，当时正被囚禁于英国人设在印度的一座监牢之中的贾瓦哈拉尔·尼赫鲁，在其1941年8月7日的狱中日记中写道：

甘地与泰戈尔，两种全然不同的类型，而他们两人又都是典型的印度人，两人都位居印度一长串的伟人名单之中。……我认为，与其说是因为任何单一美德，毋宁说是因为总体素质，在今天的世界伟人之中，甘地与泰戈尔作为人，是无与伦比的。我能与他们密切接触真是太幸运了。

罗曼·罗兰深深地为他们两人的反差着迷，在完成关于甘地的书后，他于1923年3月致函一位印度学者："我已经完成《甘地传》，我在书中颂扬了你们的两位伟人泰戈尔与甘地，他们就像江河一样，流溢着非凡的精神。"翌月，他在日记中记录了C.F.安德鲁斯牧师写的一段叙事文字，该段文字是有关甘地与泰戈尔之间的一些歧见的。安德鲁斯是一位英国教士和社会活动家，是甘

五 泰戈尔与他的印度

地与泰戈尔两人的密友（他在甘地旅居南非及返回印度之后的生活中的重要作用，在理查德·阿滕伯勒的电影《甘地传》中得到了绝妙表现）。安德鲁斯向罗兰描述了泰戈尔与甘地之间的一场讨论。他当时在场，所谈话题导致两人发生分歧：

所讨论的第一个话题是偶像；甘地为偶像辩护，认为大众不可能立即将自己提升到诉诸抽象理念的地步。泰戈尔不忍看到人民永远被当作孺子。甘地列举了欧洲所成就的一些伟大事物，如将旗帜作为一种偶像；泰戈尔觉得不难对此提出反对意见，但是甘地坚持自己的立场，将欧洲带有雕等图案的旗帜与自己设计的上面带有纺车图案的旗帜进行对比。所讨论的第二点是民族主义，甘地为之辩护。他说，人必须经由民族主义再达到国际主义，如同人必须经历战争而实现和平。[4]

泰戈尔极其钦佩甘地，但在种种问题上与他多有不同意见，这些问题包括民族主义、爱国主义、文化交流的重要性、理性与科学的作用及经济与社会发展的本质。我认为，这些分歧有一个明确的和一贯的模式，一般而言，泰戈尔力主更大的说理空间，不太赞成因循守旧的观点，对世界的其他地方具有更大的兴趣，对科学和客观事物更为尊重。

罗宾德罗纳特知道，他不可能献给印度如同甘地所提供的那样的政治领导才能，他对于甘地为国家所做的一切从不吝于赞扬（事实上，是泰戈尔使"圣雄"——伟人———词作为对甘地的敬称流行开来的）。然而，两人分别坚持深刻批评对方所代表的许多东西。圣雄甘地在印度之外,同时也在印度本土许多地方吸引了多得无可比拟的目光,使理解甘地—泰戈尔之争中的"泰戈尔一方"变得十分重要。

尼赫鲁在其狱中日记中写道:"也许,[泰戈尔]现已去世,因而无从看到许多恐怖事件可能以日益严重的方式突袭世界与印度是值得庆幸的。他看够了,他极为悲伤和不快。"在自己的生命走向尽头之时,印度的事态,特别是它那历来由饥饿和贫困等问题业已造成的重负,由于政治组织煽动印度教教徒与穆斯林之间的"教派"暴力而雪上加霜,泰戈尔对此确实感到心灰意冷。在泰戈尔逝世6年后,即1947年,这种冲突导致分治期间发生了广泛的杀戮;可是,在其垂暮之年,就已经出现了许多血腥事件。英国慈善家与社会改革家伦纳德·埃尔姆赫斯特曾在印度就农村复兴与其密切合作(埃尔姆赫斯特进而在英国创建了达廷顿庄园信托基金机构以及实行循序渐进教育法的达廷顿庄园学校,从而明确地激发了泰戈尔的教育理想)。1939年12月,泰戈尔致函这位友人[5]:

并非只有失败主义者才会为亿万人民的未来感到深切的焦虑。那些拥有自己的全部固有文化与自己的和平传统的亿万人民,正在同时遭受饥饿、疾病、剥削,包括外来的与本土的剥削,以及炽烈的教派主义不满情绪的折磨。

在印度于1947年赢得独立50周年之际,我们完全可以发问：泰戈尔会怎样看待今天的印度呢？他会看到印度取得了进步，还是看到机遇遭到浪费，甚至看到它的诺言和信念遭到背弃？更为宽泛地说，对于文化分离主义在当代世界的传播，他会做何反应？

东方与西方

考虑到泰戈尔的创造性成就的广阔范围，也许他在西方的形象最令人惊异的方面是它的局限性——他一再被看作"来自东方的伟大的神秘主义者"，即一个对于西方而言具有推定意义的形象。对此，有人欢迎，有人不快，还有人觉得非常厌倦。这个泰戈尔在很大的程度上是西方自己创造出来的，而作为西方从东方特别是印度寻求启示之传统的一个组成部分，这一点——正如黑格尔所说——已经"在欧洲人的想象之中存在了数千年"①。弗雷德里希·施莱格尔、谢林、赫德与叔本华不过是少数几个遵循同一模式的思想家。他们最初在理论上推定，印度是超卓智慧之源。叔本华在某一阶段甚至主张，《新约》"无论如何一定源于印度：这一点可通过其中全然属于印度的伦理思想——将道德体系转化为苦行主义的伦理思想、其中的悲观主义和其中体现于基督其人的天神下凡——予以证实"。然而，他们在后来大为恼火地放弃了自己的理论，有时还责备印度辜负了他们没有根据的

---

① 我已在《印度和西方》（"India and the West"，*New Republic*，7 June 1993）一文和本书后面第七篇文章中尝试分析这些对印度的"猎奇"态度（以及西方对印度的其他态度）。

期望。

我们不难想象，罗宾德罗纳特的仪表——相貌堂堂，长须飘然，着非西方服装——可能在一定程度上激发了西方人将其视为异域智慧的承载者。日本第一个诺贝尔文学奖得主川端康成一直珍重其在中学时代留下的有关"这位圣人一般的诗人"的记忆：

他的白发从前额两侧轻柔地垂下来，太阳穴下面的鬓发亦长似两丛胡须，与他面颊上的胡髭连为一体，一直延伸到他的长髯之中，所以他给当时还是一个少年的我留下了类似古代东方圣人的印象。[6]

那样的仪表，本来会非常适于实质上将泰戈尔视为神秘主义诗人的西方对他的作品的销售，本来也能够较为容易地将他束之高阁。在评论罗宾德罗纳特的仪表时，弗朗西斯·康福德告诉罗森斯坦："我现在能够想象出一个强壮而又文雅的基督，以前我怎么也想象不出来。"比阿特丽斯·韦布不喜欢泰戈尔，而且认为他"十分明显地不喜欢韦布夫妇所代表的一切"（事实上，几乎没有证据能够表明泰戈尔曾对这一问题多予思考），因而对此表示愤懑。她说，他"看上去很美"，而且"他的讲话具有引人注目的圣徒的完美语调和缓慢的唱诗般的适度节制"。

埃兹拉·庞德与 W. B. 叶芝最初率先于他人引领西方激赏泰戈尔的礼赞大合唱，很快又转为视而不见乃至给予尖刻批评。叶芝在 1912 年对他的作品的称颂（"这些抒情诗……在其思想中展现了一个我终生都在梦想的世界","一种超卓文化的作品")与他在 1935 年的指责("讨厌的泰戈尔")之间的对比,在一定程度上源于泰戈尔多方面的作品未能适于叶芝要将他放入——并保持在其中——的那只狭小的盒子。当然,泰戈尔确实著述甚丰,并且不停地出书,甚至诉诸英文(有时系无关紧要的英文译著),但是,显然,叶芝也为难于将泰戈尔后来的作品匹配他早先展现给西方的那一形象而感到烦恼。他说,泰戈尔是"对于我们而言无限陌生的一个完整的民族,一个完整的文明"的产物,而"我们已遇到了我们自己的映像……或者也许在文学中第一次听到了我们的如在梦中的声音"[7]。

叶芝并没有(像埃兹拉·庞德等人那样)全然弃绝自己早先对泰戈尔的钦慕,他在自己于 1936 年编辑的《牛津现代诗集》(*The Oxford Book of Modern Verse*)中就收录了泰戈尔早年的一些诗作。叶芝对于泰戈尔的散文作品也说了一些赞许的话。他对泰戈尔后期诗作的指摘,因他不喜欢泰戈尔对自己作品的英译而强化(叶芝解释说,"泰戈尔不懂英文,印度人都不懂英文"),《吉檀迦利》的英文译本则不同,那是叶芝本人帮助准备的。当然,众所周知,诗歌是难于翻译的,任何懂得泰戈尔诗歌的孟加拉文原作的人,都不会对任何译本(无论得到叶芝的帮助与否)感到满意。即使是他的散文作品的译本,也在一定程度上受到歪曲。1919 年,E. M. 福斯特在一篇关于泰戈尔的重要的长篇小说之一《家庭与世界》的译本的评论中指出:"主题是极其美妙的",但原著的魅力"在译本中消失了",或"在一种尚不十分成功的试验中"消失了。①

泰戈尔本身对其在英文方面的毁誉多少起了一些令人困惑不解的作用。他非常惊讶也非常喜悦地接受了过度的赞誉，嗣后又更为惊讶地接受指责，并勉为其难地掩藏起自己的痛苦。泰戈尔对于批评是敏感的，甚至连捕风捉影的指控，如所谓叶芝"改写"了《吉檀迦利》，他因而沾了叶芝的劳作之光这样的指控（该项罪名是《泰晤士报》记者瓦伦丁·奇罗尔爵士捏造的，E. M. 福斯特曾将他说成是"一个侨居印度的英国反动御用老文人"），也使他受到伤害。泰戈尔也不时抗议自己的一些过度兴奋的吹鼓手的粗陋言语。1920 年，他致函 C. F. 安德鲁斯："这些人……就像是害怕自己酒醒间隙的醉鬼。"

神及其他

叶芝在泰戈尔的作品中看到了大量的宗教成分这一点是没错的。对于生死，他定然有妙趣横生的和引人入胜的话要说。1920年，威尔弗雷德·欧文之母苏珊·欧文致函罗宾德罗纳特，描绘了她与自己的儿子在他出发参加战争（后来夺去了他的生命）之

---

① 泰戈尔自己多年来一直对自己的译本的得失踌躇不决。他告诉自己的友人——画家威廉·罗森斯坦爵士："我相信你还记得，我在将自己的《吉檀迦利》的手稿交到你的手里时有多么迟疑不决，就觉得我的英文杂乱无章，其句法哪怕是中小学生写的，也会受到训斥。"纳巴尼塔·德夫·森论述了这些——以及相关的——问题，参见"The 'Foreign Reincarnation' of Rabindranath Tagore", *Journal of Asian Studies*, 25 (1966). 该文与其他相关论文一道被收入了她的《对比法：比较文学论文集》(*Counterpoints: Essays in Comparative Literature*, Calcutta, Prajna, 1985)。

前的最后一次谈话。威尔弗雷德用"您的那些美好的话语——开头是'当我从这里走的时候,就让下面的话成为我的临别赠言吧'"告别。当威尔弗雷德的袖珍笔记本被送还他的母亲时,她发现了"他那秀丽的字体写的这些话语——而您的名字就在下面"。

关于一种与神的直接的、欢悦的和全然无畏的关系的理念,可以在泰戈尔的包括《吉檀迦利》中的诗歌在内的许多宗教性作品中找到。他从印度多样的宗教传统中汲取了许多理念,这些传统既包括古代文本,也包括民间诗歌。但是,神智学者们的"明亮的水晶似的眼睛",并未在他的诗歌中显现出来。《吉檀迦利》的原创性译本用语具有古风,我认为这无助于保持原著的朴实无华。尽管如此,但其中的基本人性却比任何复杂而强烈的灵性更为清晰地跃然纸上:

将赞颂、歌唱和念珠都丢到一边吧! 在门户紧闭的神殿里,在这个孤寂而幽暗的角落,你礼拜谁呢?
睁开你的眼睛看吧,你的神不在你的面前!
他在耕耘着坚硬土地的农夫那里,在破碎着石头的筑路工人那里。
阳光下,阵雨中,他与他们同在,长袍上蒙着尘土。

对于泰戈尔的许多表现虔信思想的诗歌来说,宗教体验的模棱两可是极为关键的,它使得这些诗歌对于无论具有什么信仰的读者均可产生吸引力;然而,过分细致的诠释会使那种朦胧的色彩褪去,造成破坏性后果。[8]这一条尤其适用于他的许多将人类之爱的意象与虔诚敬神的意象结合起来的诗歌。泰戈尔写道：

> 我今夜无眠。 我一次又一次开门向黑暗中瞭望，我的朋友！
> 我一无所见。 我不知道你的路在哪里！
> 你是沿着墨黑河流的朦胧的岸边，沿着猛恶森林的远缘，穿过迂曲深重的黑暗，走路前来看我的吗，我的朋友？

我想，就像叶芝急于解释那样，读者被告知，"在空旷的屋子中等待主人回家的仆人或新娘"，"属于心向往着神的意象"，可能是有益的。但是，在叶芝处心积虑让读者确实领会"要点"之时，孟加拉语诗歌神秘的美却失去了——甚至英文译本在采用古英语之后得以幸存下来的东西也不见了。

泰戈尔肯定强烈地秉持宗教信仰（属于一种不同寻常的超越教派的类型），但他对其他大量事物也饶有兴趣，并有许多关于它们的话要说。他试图表述的一些理念是与政治直接相关的，它们相当显著地出现在他的书信与讲演之中。对于民族主义、战争与和平、跨文化教育、思想自由、理性批评的重要性、文化开放的必要性等，他都抱有切实可行的看法，并能推心置腹地讲出来。然而，他在西方的仰慕者们，已经适应了他最初的西方赞助人所着力强调的属于非现实世界的主题。在欧洲和美洲，人们前来出席他的公开演讲，期待着沉思宏大的超验的主题；当他们转而听到他的类似公众领袖那样的看法时，尤其是在他发表政治批评，"每骂一场得700美元"（E. P. 汤普森如是报告）时，就出现了一些怨言。

在自由中说理

对于泰戈尔而言，人们能够自由自在地生活和说理是至关重要的。他对政治和文化、民族主义和国际主义、传统和现代性的态度，都可从这一信念的角度予以观察。① 也许，没有什么比《吉檀迦利》中的一首诗更为清楚地表述了他的价值观：

在那里，心灵是无畏的，头颅是高昂的；
在那里，知识是自由的；
在那里，世界没有被国家狭隘的围墙分隔成片段；
……
在那里，理性的清流没有迷失在积习的荒漠之中；
……
进入那自由的天国，我的父亲啊，让我的祖国醒来吧。

罗宾德罗纳特对民族主义运动的有所保留的支持——以及他对外国人统治之下没有自由的反对——就是源于这一信仰。他对于爱国主义的保留态度，亦源于这一信仰。他认为，爱国主义既

---

① 电影导演萨蒂亚吉特·拉伊认为，甚至在泰戈尔的绘画中，"所唤起的情绪……也是一种体现为欢乐的自由的情绪"，见拉伊为安德鲁·罗宾逊的《罗宾德罗纳特·泰戈尔的艺术》（*The Art of Rabindranath Tagore*，London：André Deutsch，1989）一书撰写的前言。

限制了从"国家狭隘的围墙"之外吸收理念的自由,又限制了支持其他国家的人民的事业的自由。罗宾德罗纳特对自由的热情,构成其坚定不移地反对不合理的传统主义的基础。传统主义使人成为"过去"的囚徒(如他所说,迷失在"积习的荒漠"之中)。

泰戈尔在其引人发噱而又严肃到深刻地步的寓言《领袖的幽灵》(Kartar Bhoot)中说明了"过去"的专制。在一个虚构的国家受人尊敬的领袖行将就木之际,他的惊慌失措的追随者们请求他在死后继续就他们应当做什么给予指示。他同意。但是,他的追随者们发现,他们的生活充斥着关乎日常行为的礼仪和限制,不能与周围的世界齐头并进。最终,他们要求领袖的幽灵让他们摆脱他的主宰,他这时告诉他们,他只是存在于他们的心中。

泰戈尔对任何执迷于无从以当代理性予以改造的"过去"的心态均深感厌恶,甚至延及一成不变地信守过去的诺言的所谓美德。一次,圣雄甘地造访泰戈尔在圣蒂尼克坦的学校,一位年轻女子请他为自己的纪念册签名。甘地写道:"绝不要仓促许诺。一旦许诺,则宁肯付出生命的代价也要践约。"当泰戈尔看到这段留言时,他变得不安起来。他在同一纪念册上用孟加拉文写了一首短诗,意思是任何人都不应成为"一条泥链的永恒囚徒"。他继而用英文完成留言:"倘若发现诺言是错的,那就抛弃它。"[9] 这样做很可能是为了让甘地也能读懂。

泰戈尔对作为人和政治领袖的圣雄甘地极为钦佩,但他对甘地的民族主义形式和他对国家过去的传统的保守反应也是高度怀疑的。他从未从个人角度批评过甘地。他在1938年发表的《甘地

五　泰戈尔与他的印度

其人》一文中写道：

虽然作为一名政治家，作为一个组织者，作为人民领袖，作为一位道德改革家，他是伟大的，但作为人，他比所有这一切都加起来还要伟大，因为这些方面和各种活动无一约束了他的人性。恰恰相反，它们是由他的人性所激发和维系的。

然而，他们两人之间存在深刻的分歧。泰戈尔对于他与甘地意见不一是直言不讳的：

我们经常美化自己无视理性的倾向，在理性的位置上安放盲信，将它作为精神性的东西予以珍重，于是我们一直在为之付出代价，以致我们的心灵和命运为黑暗所笼罩。我因为圣雄先生利用我们的人民中的轻信这一无理性的力量而责备他，这一力量在侵蚀基础的同时，在[创造]上层建筑方面可能很快就有结果。我就是这样开始我对作为我们民族的向导的圣雄先生的评价的，对我而言幸运的是，我的评价没有就此终结。

然而，虽然"评价没有就此终结"，见解分歧却是一块分道石。

例如，甘地力主人人都应在家用原始的纺车（charka）纺纱，泰戈尔对这样做的好处一直不予置信。对于甘地而言，这一实践是印度自我实现的一个重要组成部分。正如甘地的传记作家 B. R. 南达所写的："纺车逐渐成为甘地的印度经济方案的中心。"[10] 泰戈尔发现，这一方案的所谓经济学依据，是十分不切实际的。正如罗曼·罗兰所指出的，罗宾德罗纳特"从不倦于批评纺车"。在这一经济学判断方面，泰戈尔或许是对的。除了相当小的专卖高质土布的市场之外，手工纺纱难有经济意义，即使所用纺车不像甘地的纺车那样原始。手工纺纱作为一种广泛扩散的活动，也只有在政府发放大量补贴予以扶助的情况下才可能幸存。[11]

然而，甘地有关纺车的主张并不是仅以经济为依归的。他要求每人"每天作为一种牺牲"，纺纱"三十分钟"，将此视为较为殷实的人们与较为贫穷的人们打成一片的途径。他对泰戈尔拒不理解这一点是不耐烦的：

诗人是为明天而活着的，并且想让我们效法。……"我没有必要为了糊口而工作，我为什么应当纺纱呢？"可能是一个要问的问题。因为我在吃不属于我的东西。我在靠抢劫我的同胞而生。探寻一下每一枚进入你口袋的钱币的来源，你就会认识到我写的东西是真理。每个人都必须纺纱。让泰戈尔像他人一样纺纱。让他烧掉自己的外国服装；这是今天的责任。神会操心明天的。[12]

如果说泰戈尔未能领会甘地论点中的某些东西，那么甘地也不曾理解泰戈尔的批评要点。泰戈尔认为，纺车不仅在经济上几乎没有意义，而且这也不是让人们深思问题的办法："纺车无须任何人思考；人们只是无休无止地转动属于过时发明的纺轮，几乎用不着判断力和精力。"

关于禁欲与个人生活

泰戈尔与甘地对个人生活的态度也是大相径庭的。甘地以禁欲为美德并热望践行，对禁欲有一套理论，在若干年的婚姻生活之后，私下承诺而且公开宣告自我克制，不再与妻子同眠。罗宾德罗纳特自己对这一问题的态度大不相同。但他对于他们之间的分歧是有绅士之风的：

[甘地先生]谴责性生活与人类的道德进步格格不入，对性的恐惧就如同《克莱采奏鸣曲》的作者一样强烈，但是，与托尔斯泰不同，他并没有表现出对诱惑他的同类的性的憎恶。事实上，他对女人的温柔是他的品格中最高尚也最始终如一的特点之一，而且他将国内一些妇女视为自己正在领导着的伟大运动中最优秀也最真诚的同道。

泰戈尔的个人生活，在许多方面都是一种不幸的生活。他于1883年成婚，于1902年失去妻子，后再未续娶。他寻求密切的伴侣关系，但是（或许，甚至在他的婚姻生活期间——他给自己的妻子穆里纳丽尼写信说："如果你与我能在我们的所有工作中和在我们的所有想法方面成为同道，那就真是太好了，但是我们无法得到我们所热望的东西。"）并不能总是如愿以偿。他与自己的兄长乔蒂林德罗纳特热爱文学的妻子卡丹巴丽保持着一种热烈的友谊和一种强烈的柏拉图式的依恋之情。他在婚前将一些诗歌题献给她，后来将几部书题献给她，在她死后（在罗宾德罗纳特举行婚礼之后四个月，她自杀身亡，时年二十五岁，原因不详），还将若干书题献给她。

在人生迟暮之年，在罗宾德罗纳特于1924年至1925年游历阿根廷期间，他结识了才貌双全的维多利亚·奥坎波，维多利亚·奥坎波后来成为文学杂志《南方》（*Sur*）的出版者。他们成为密友，但似乎是泰戈尔排除了两人建立一种热恋关系的可能性，使之成为一种有限的理智的关系。[13]在罗宾德罗纳特的阿根廷之行中陪伴着他的伦纳德·埃尔姆赫斯特写道：

除了在理智上深切领悟他的书外，她还爱上了他——然而，她并不满足于建立一种基于理智的友谊，她急于确立对他的所有权，对此他绝对不会容许。

奥坎波与埃尔姆赫斯特虽然一直对彼此友好，但在提及对方的文字中都十分无礼。奥坎波写的关于泰戈尔的书（著名诗人与评论家尚卡·高士将其从西班牙文译成了孟加拉文）主要落墨于泰戈尔的作品，但也论述了他们之间的关系所带来的快乐和存在的难题，提供了一种与埃尔姆赫斯特大不相同的说法，而且从未流露出一星半点的占有意图。

然而，奥坎波明确表示，她非常想与罗宾德罗纳特有肌肤之亲："他［泰戈尔］逐渐在一定程度上驯服了那头时而狂野时而温顺的充满青春活力的动物。只是因为未能做成那事，她无以入睡，如同一只狗那样，躺在他门外的地板上。"[14]罗宾德罗纳特也显然为她所深深吸引。他称她为"维佳雅"（Vijaya，梵语中与"维多利亚"意义相同的词），将一部诗集《夜曲集》（*Purabi*）题献给她，并表述了对她的心灵的高度赞赏（"如同一颗悠远的星辰"）。他在给她的一封信中，仿佛在解释自己的缄默：

当我们在一起的时候，我们主要玩弄文字游戏并竭力大笑，这消磨了我们彼此看清对方的最佳时机。……无论何时，只要出现鸟巢成为天空充满妒意的竞争对手的些微迹象[，]我的心灵，就像一只候鸟，想……飞往遥远的彼岸。

5年之后，在泰戈尔于1930年游历欧洲期间，他给她拍去一份电报："请你前来见我。"她去了。然而，他们的关系似乎没有太超越交谈这一范畴，而他们的多少有些暧昧的通信持续了多年。他在年届八旬，也就是逝世的前一年（即1940年）写的诗集《绝笔集》（*Sesh Lekha*）中的一首诗，似乎是关于她的："我多么希望自己，能再度回到那片异国的土地，那里有期待我聆听的爱的话语！/……我不懂她的语言，可是她的双眸仿佛能言，内中的意蕴滔滔雄辩，流露的痛苦无际无边。"[15]

无论罗宾德罗纳特曾多么迟疑不决，抑或意乱神迷，抑或局促不安，他都肯定不认同圣雄甘地对性的苛刻观点。事实上，在涉及社会政策时，他提倡节制生育和推行家庭规划，而甘地却力主禁欲。

科学与人民

甘地与泰戈尔因为对科学的态度迥然不同而发生了严重冲突。1934年1月，比哈尔遭受破坏性地震的袭击，导致成千上万人死亡。当时深深卷入反对贱民制度（从印度四分五裂的过去承袭而来的野蛮制度，"贱民"的人身据此被限制在一定距离之外）斗争之中的甘地，从这一悲剧性事件中汲取了一个臆断的教训。"一个像我这样的人"，甘地认为，"只能相信，这次地震是神对我们的罪恶——尤其是贱民制度的罪恶——发出的天谴"。"在我看来，比哈尔的灾难与贱民运动之间存在重大联系。"

同样对贱民制度深恶痛绝并在反对贱民制度的运动中与甘地携手的泰戈尔，抗议对一个导致包括婴幼儿在内的大量无辜人民蒙受苦难和死亡的事件如此这般解释。他也憎恶将地震视为由道德缺失引起这一观点所包含的认识论。他写道："这更加不幸，因为这种对〔自然〕现象的不科学的看法，太容易被我们的同胞中的一大部分人接受。"

他们两人对科学的态度存在深刻的裂痕。然而，虽然泰戈尔认为现代科学对理解自然现象是必不可少的，但值得注意的是，他对认识论的观点却是离经叛道的。他并不持常与现代科学联系在一起的"唯实论"立场。1930年发表在《纽约时报》上的有关他与爱因斯坦的对话的报道表明，泰戈尔在通过观察和借助反映性概念判读真理时是多么始终如一。在无人观察或感知某个事物真相的情况下，或在无人形成关于它是什么的概念的情况下，断言它是真抑或不真，在泰戈尔看来似乎是存在深重问题的。在爱因斯坦说，"如果不再有人类，那么《观景殿的阿波罗》①就不再美观了吗？"之时，泰戈尔径直答道，"是的。"谈话继续深入——到了非常耐人寻味的领域——爱因斯坦说，"我同意这一关于美的观念，但不同意这一关于真的观念。"泰戈尔的回答是："为什么不同意？真是由人来认识的。"[16]

泰戈尔从未系统探讨过认识论。他的认识论似乎就是寻求一条推理的路线。后来，希拉里·帕特南明确发展了这一路线。他认为："真取决于概念系统，不过它还是'实在的真'。"[17]泰戈尔本人几乎没有说过什么来解释自己的信念，但考虑到他的离经叛道之见是十分重要的，这不仅是因为他的诸多思辨总是耐人寻味，而且是因为它们说明了他对任何立场的支持，其中包括他对科学的强烈兴趣这一态度，是如何伴以一丝不苟的细致观察的。

民族主义与殖民主义

可以想见，泰戈尔是强烈反对社群教派主义（如某种对伊斯兰教、基督教或锡克教观点持敌对态度的印度教正统观念）的。但是，在他看来，甚至民族主义似乎也是可以质疑的。以赛亚·伯林绝妙地归纳了泰戈尔对印度的民族主义的复杂态度（尽管他过度简化了泰戈尔关于政治自由的起源的看法）：

---

① 古希腊雕刻家莱奥卡雷斯的名作，梵蒂冈博物馆藏有罗马时期的摹制品。——译者注

泰戈尔坚定地站在狭窄的人行道上,并没有透露他对艰深的真理的看法。他谴责对过去的不切实际的过度迷恋,称之为将印度与过去捆绑在一起,"就像一只用于祭祀的山羊被拴在柱子上一样",他指控这样做的人们——他们在他看来似乎是反动的——不懂真正的政治自由是什么,指出政治自由观念本身源于英国思想家和英文书籍。但是,针对世界主义,他坚持认为,英国人特立独行,印度人也必须如此行事。1917年,他再度痛陈"将一切托付给主的不可改变的意志"的危险性,无论这主是婆罗门还是英国人。[18]

伯林所指出的两重性,也充分反映在泰戈尔对文化多样性的态度之中。他要求印度人在保持对自己的文化和传统的兴趣的同时,了解其他地方在发生着什么,他人怎样生活,他们珍重什么,如此等等。实际上,他在自己的关于教育的文章中极力强调了综合的必要性。这一点也可见于他对海外印度学生的忠告之中。1907年,他致函在美国学习农业的女婿纳根德罗纳特·甘古利:

熟悉当地人是你的学业的一部分。只懂农业是不够的;你还应当了解美国。当然,倘若在了解美国的过程中,一个人开始失去自我认同,落入成为一个美国化的人的陷阱,鄙视印度的一切,那还不如待在一处锁起来的房间之中。

泰戈尔数次坚强地参与反对英国统治的抗议活动,其中最著名的是抵制英国人于1905年提出的关于将孟加拉省分裂为两个部

五 泰戈尔与他的印度

分的建议的运动，该方案在民众的反抗下最终被撤销。他在谴责英国人在印度的统治的残暴性时是直言不讳的，尤其是在1919年4月13日阿姆利则惨案发生之后。当时，出席一场和平集会的379名手无寸铁的民众被军队枪杀，2 000多人被击伤。4月23日至26日，罗宾德罗纳特一连给C. F. 安德鲁斯写了五封言辞激烈的信件。安德鲁斯本身也极为不安，特别是在一位在印度的英国公务员告诉他，由于这一实力显示，英国统治的"道义威望"业已"空前高涨"之后。

在惨案发生1个月之后，泰戈尔致函印度总督，要求撤销他在4年之前接受的爵士头衔：

我们深信，强加在不幸的人们头上的惩罚的过分严厉与施行这些惩罚的方法，除了一些最近的和邈远的明显例外，在诸文明政府的历史上是没有先例的。考虑到这样的处置是由一个拥有极其有效的毁灭人的生命的组织的强国对手无寸铁而又不善于随机应变的人们所施加的，我们必须强烈断喝，它不能在政治上拥有合宜性，更不能在道德上拥有正当性。……在我们的人民的心中激起的义愤情绪的普遍爆发，被我们的统治者视而不见——很可能在为给了印度人他们所想象的有益的教训而自我祝贺呢。……就个人而言，我宁愿被剥夺所有殊荣，也要站在我的同胞中那些因自己的所谓无足轻重而容易遭受不宜于人类的屈辱的人们一边。

甘地与尼赫鲁两人均表示，他们激赏泰戈尔在民族斗争中所起的重要作用。恰当的是，独立之后，印度选择了泰戈尔的一首歌（"Jana Gana Mana Adhinayaka"，可大致译为"人民心灵的引导者"）作为国歌。由于孟加拉国后来选择了泰戈尔的另一首歌（"Amar Sonar Bangla"）作为其国歌，他可能就成了唯一曾为两个不同国家写过国歌的人。

泰戈尔对英属印度政府的批评始终是强烈的，并且随着岁月的流逝而变得愈加强烈。这一点往往遭到忽视，因为他在批评英国统治的同时曾勉力做到毫不贬低英国的——或西方的——人民与文化。圣雄甘地在英国时曾被问及对西方文明的看法，他回答这一问题的出名隽语（"西方文明或许不过是个美妙的想法而已"）不可能出自泰戈尔之口。泰戈尔明白，甘地所予以回应的挑衅，蕴含着文化上的自负以及帝国的专横。D. H. 劳伦斯就提供了前者的一个绝妙例证："我愈来愈惊讶地发现，我们的欧洲文明，实际上远高于像印度文明与波斯文明这样的东方文明，达到了它们做梦都不曾想到的高度。……这一对它们表示仰慕的骗局——这种崇拜泰戈尔的可鄙态度——是令人作呕的。"然而，与甘地不同，泰戈尔即便在开玩笑之时，也不会对西方文明出言不逊。

他在1941年自己的最后一个生日发表了一篇讲演，后来该讲演以"文明的危机"（Crisis in Civilization）为题作为一本小册子出版。即使在他于这一讲演中对英国人在印度的统治予以有力控诉之时，他也竭力坚持将反对西方帝国主义与摒弃西方文明区别开来。虽然泰戈尔看到印度"在英国政府的重压之下已奄奄一息"（他还补充说，"对于另外一个伟大而古老的文明中国在近代的悲惨历史，英国人也难辞其咎"），但他还是记得印度从"围绕莎士比亚戏剧和拜伦诗歌的讨论,尤其是……围绕 19 世纪英国政治中大度的自由主义的讨论"中有所获益。泰戈尔认为,"英国人自己的文明中真正最为优秀的东西,即对人际关系之尊严的维护,在他们对这个国家的管理中没有地位",悲剧就源于这一事实。"反之,如果他们手执警棍,建立了'法律和秩序'的统治,换言之即警察统治,那么这种对文明的嘲弄不可能得到我们的尊敬。"

对爱国主义的批评

罗宾德罗纳特反对独立运动常常采取的强烈民族主义形式,这就使得他没有特别积极地参与同一时期的政治活动。他要伸张印度独立的权利,而又不否认印度自由而有益地向国外学习的重要性。他害怕,出于偏爱印度固有传统而摒弃西方,这样做本身不仅是有局限性的,还可能轻而易举地转为对包括基督教、犹太教、琐罗亚斯德教和伊斯兰教在内的其他来自国外的各种影响的敌意。基督教于 4 世纪传入印度若干地区,犹太教因在耶路撒冷陷落之后不久出现的犹太人移民而传入,琐罗亚斯德教通过后来(主要在 8 世纪)的帕西人移民而传入,当然,最重要的是,伊斯兰教自 8 世纪以来就一直非常强硬地存在于印度。

泰戈尔对爱国主义的批评是其作品中一个持续不断的主题。早在 1908 年,他在一封回答印度大科学家贾加迪什·钱德拉·博塞之妻阿巴拉·博塞的批评的信中,就简洁地表述了自己的立场:"爱国主义不能成为我们最后的精神避难所;我的避难所是人性。我不会以钻石的价格购买玻璃,而我只要一息尚存,就绝不会允许爱国主义战胜人性。"他的长篇小说《家庭与世界》(*Ghare Baire*)对这一主题多有阐述。在这部小说中,尼基尔热衷于包括妇女解放在内的社会改革,但对民族主义却表现冷淡,从而逐渐失去了他的活跃的妻子比玛拉对他的尊敬,因为他对反英骚动不热情,而她视之为缺乏爱国的责任心。比玛拉开始迷恋尼基尔的民族主义者朋友桑迪普,他谈吐不凡,才华横溢,而行动则有爱国的战斗精神,她因而爱上了他。尼基尔拒不改变自己的观点:"我愿意为我的祖国服务,但我保留对正义的崇拜,正义比我的祖国要伟大得多。将我的祖国当作神来崇拜,就等于给它带来灾祸。"①

随着故事的展开,桑迪普由于自己的一些同胞未能像他所想的那样欣然参加斗争而对他们感到愤怒("一些信奉伊斯兰教的商人依然顽固不化")。他安排人烧毁那些顽抗者的菲薄的商业存货,并对他们发动肉体袭击,以对付他们。比玛拉不得不承认桑迪普热烈的民族主义情绪与他的教派——而最终则是暴力——行动之间的联系。随后发生的富于戏剧性的事件(尼基尔试图冒着生命危险帮助受害者)包括比玛拉的政治性浪漫爱情的终结。

这是一个难于处理的题材,而才华横溢的萨蒂亚吉特·拉伊优美通过电影《家庭与世界》巧妙地再现了小说的紧张情节,以及故事中人与人之间的情爱与疏离等感情。毫不奇怪的是,这一

---

① 马萨·努斯鲍姆通过引用《家庭与世界》中的这一段话而(在一场多人参加的辩论中)开始了其对爱国主义的广泛批评,参见 Martha C. Nussbaum et al., *For Love of Country*, ed. Joshua Cohen, Boston, Beacon Press, 1996, pp. 3–4。

故事遭到许多人的诋毁，而且诋毁者不限于印度热忱的民族主义者。格奥尔格·卢卡奇*认为，泰戈尔的这部长篇小说是"一部最低劣的小资产阶级奇谈"，是"在为英国警察提供智力服务"，是"一幅可鄙的甘地漫画像"。当然，认为桑迪普即甘地是荒唐的，但是这部长篇小说，正如贝托尔特·布莱希特在其日记中所指出的那样，对民族主义的堕落提出了"强烈而文雅的警告"，因为它不是不偏不倚的。对一个群体的仇恨，能够导致对其他群体的仇恨，无论这样的情感可能离像圣雄甘地那样的人道民族主义者的心灵有多远。

对日本的赞赏与批评

泰戈尔对日本民族主义的反应尤其能够表露他的心迹。以印度为例，他认为，一个被击败并蒙受屈辱的民族，一个由于别处的发展而被抛在后面的民族，有必要建立自信心，而日本在19世纪期间崛起之前的情况就是这样。在自己于1916年在日本的讲演之一（《日本的民族主义》）的开头，他说道："最恶劣的奴役形式，就是沮丧情绪对人的奴役，它使人们绝望地束手就缚，丧失对自身的信心。"日本由于展示了一个亚洲国家在工业发展和经济进步方面堪与西方争雄的能力而在亚洲受到普遍赞赏，泰戈尔也同样对日本表示赞赏。他非常满意地指出，日本"以巨大的步伐将持续了数个世纪之久的无所作为的状态抛在后面，以其名列前

---

* 一译卢卡契。——译者注

茅的成就赶上了当前这个时代"。对于西方之外的其他国家，他说道，"我们许多个世代以来麻木地蛰伏于一种魔咒之下，认为这是生活在某些地理区域之内的某些种族的正常状态"，而日本"已经打破了这一魔咒"。

然而，泰戈尔随即批评一种强大的民族主义在日本的兴起，以及它作为一个帝国主义国家的崛起。泰戈尔直言不讳的批评让日本听众不快，正如 E. P. 汤普森所写的那样，"他初来乍到时给予他的欢迎旋即冷却下来"[19]。22 年之后，即 1937 年，在日本对华战争期间，泰戈尔收到当时生活在日本的一位印度反英革命家拉什·贝哈里·鲍斯的一封信，请求泰戈尔允许他在那里致力于印度独立，他为此还得到了日本政府的支持。泰戈尔回答道：

你的电报让我好多个小时都心绪不宁，我因为不得不对你的请求置之不理而感到非常痛心。你若要求我在一项我的精神不予抗议的事业中与你合作就好了。我知道，在提出这一要求时，你指望我对日本人的高度尊重会起作用，因为我同其他亚洲人一道，确乎曾经赞赏和推崇日本，并且确乎曾经天真地期望，亚洲终于发现自己可以借助日本对西方进行挑战，而日本的新兴力量在针对异己利益捍卫东方文化之时将是神圣不可侵犯的。然而，日本不久即辜负了那一日益增强的期望，弃绝了似乎在她的非凡的和我们的象征性的觉醒之中具有重大意义的一切，并且现在它自己已成为诸多没有自卫能力的东方民族的一个更为严重的威胁。

怎样看待日本在第二次世界大战中的地位，在印度是一个众说纷纭的问题。战后，当日本政治领导人因战争罪而受到审判时，众多法官中唯一不同的声音出自身为著名法学家的印度法官拉达比诺德·帕尔。帕尔之所以提出异议是因为他有各种依据，其中之一是，鉴于胜利者与失败者之间权力不对等，公平审判是不可能的。考虑到实质上不可接受英帝国主义，印度对日本军事侵略的矛盾情绪，很可能在帕尔倾向于考虑不同于其他法官的观点方面起了一定作用。

更为明显的是，重要的民族主义者苏巴斯·钱德拉·鲍斯（与拉什·贝哈里·鲍斯无亲戚关系）从英国人的监狱逃脱之后，于战时经意大利与德国前往日本；他帮助日本人建立由先前已向不断推进的日军投降的印度士兵组成的分队，以"印度国民军"的名义站在日本人一边进行战斗。罗宾德罗纳特以前将苏巴斯·鲍斯视为一位富于献身精神的非教派的印度独立斗士，对他心怀非同寻常的钦佩之情。[20]然而，在鲍斯的政治活动出现这次转折之后，他们一定会分道扬镳。不过，在鲍斯抵达日本时，泰戈尔已逝世。

泰戈尔认为，日本军国主义可以说明，民族主义甚至能引导一个大有成就和前途的民族误入歧路。1938年，身为著名诗人与泰戈尔的朋友（也是叶芝和庞德的朋友）的野口米次郎致函泰戈尔，请求他改变对日本的看法。罗宾德罗纳特于1938年9月12日回信，表达了他毫不妥协的态度：

在我看来，我们两人要说服对方似乎都是徒劳的，因为我不赞成你对日本根据你们政府的政策欺凌亚洲其他国家绝无过错的信念。……相信我,是悲痛和耻辱,而不是愤怒,在促使我给你写信。我之所以感受到强烈的痛苦,不仅是因为有关中国正在受难的报道撞击着我的心,而且是因为我再也不能骄傲地指出一个伟大的日本这一范例。

倘若他还活着,他会由于日本在战后成为一个和平强国而感到十分愉快。那么,由于他也未能免于自负,他对于小说家川端康成等人对他的思想的重视也会感到欣慰。[21]

对国际事务的关注

泰戈尔对于国际政治并非总是消息灵通。他在罗马大学梵语教授卡洛·福尔米基的安排下,于1926年5—6月短暂访问意大利期间,听凭墨索里尼款待自己。当他要求会见贝内代托·克罗齐时,福尔米基说:"不可能!不可能!"墨索里尼告诉他,克罗齐"不在罗马"。当泰戈尔说"无论他在哪里",他都要去时,墨索里尼向他断言,克罗齐身在何处不详。

这样的事情,以及罗曼·罗兰等友人的警告,本来可以让泰戈尔更快地终结自己对墨索里尼的一时兴趣。然而,只是在收到加埃塔诺·萨尔韦米尼和加埃塔诺·萨尔瓦多里这两位流亡者关于意大利法西斯主义暴行的生动报告并更多地获悉正在意大利发生的事情之后,他才公开谴责这一政体,并于8月间发表了一封致《曼彻斯特卫报》的信。次月,由贝尼托·墨索里尼之弟主编的杂志《意大利人民》(*Popolo d'Italia*)答复道:"谁在乎呀?意大利嘲笑泰戈尔以及将这个油腔滑调的令人难以接受的家伙弄到我们中间来的那些人。"

泰戈尔怀着对英国的高度期待,继续为他所认定的官方对侵略造成的国际受害者缺乏同情而感到惊异。1941年,他在自己最后一个生日发表的讲演中又回归了这一主题:

就在日本悄无声息地占领华北之时,她的肆无忌惮的侵略行径,却被英国外交界的老手当作一件次要的小事而予以忽略。我们还从这么遥远的地方目睹,英国的政治家们在对摧毁西班牙共和国表示默认时有多么积极。

罗宾德罗纳特在对英国政府和英国人民予以区别之后继而钦佩地指出,"一队英勇的英国人为西班牙献出了自己的生命"。

泰戈尔对于苏联的看法一直是个争议颇多的话题。他的作品在苏联曾为人所广泛阅读。1917年,《吉檀迦利》就有了数个俄文译本(一个译本由后来成为苏联首个诺贝尔文学奖得主的伊万·布宁编辑),到了20世纪20年代晚期,他的著作的许多英文译本已由几个著名的翻译家迻译成俄文。他的著作的俄文本继续出现:鲍里斯·帕斯捷尔纳克(Boris Pasternak)在20世纪50年代和60年代翻译了他的作品。

在泰戈尔于1930年访问苏联时,他对苏联致力于发展留下了非常深刻的印象,也对他所理解的苏联对消灭贫困及经济不平等的真正投入留下了同样深刻的印象。然而,让他印象最为深刻的东西却是基础教育在整个苏联的拓展。他在用孟加拉文撰写而于 1931 年出版的《俄罗斯书简》①中,不客气地将英国政府听任文盲在印度广泛存在与苏联努力拓展教育进行了对比:

> 一踏上苏联的土地,引起我注目的第一件事就是,在教育方面,无论如何,农民阶级和工人阶级都在这数年的时间之内取得了极大的进步,以至于在过去的 150 年的进程中,甚至对我们的最高等的阶级而言,也没有发生过任何可以与之比拟的事件……这里的人民甚至一点也不怕向生活在遥远的亚洲的土库曼人提供完整的教育;相反,他们对此事是全然认真的。[22]

在该书的若干部分于 1934 年被译成英文时,负责印度事务的副大臣在议会声明,它"蓄意通过歪曲事实来使英属印度政府蒙受耻辱和恶名",该书于是立遭查禁。直到印度独立以后,该书的英文译本才得以出版。

教育和自由

然而,英属印度行政官员在试图压制泰戈尔对苏联的想法方面并不孤立。苏联官员与他们联手行动。泰戈尔于 1930 年接受《消息报》采访时,对自己在苏联观察到的缺乏自由的情况予以尖锐批评:

---

① 中文版见 2014 年东方出版社所出的版本。

我得问你们：你们是通过在接受你们训练的人们的心灵中唤起对你们所认定的阶级敌人的愤怒、阶级仇恨和复仇思想来为你们的理想服务的吗？……心灵自由是接受真理所需要的；恐怖绝望地戕害它。……为了人类的缘故，我希望你们永远不要创造一种邪恶的暴力，它会继续编结一条永无休止的暴力与残酷的锁链。……你们已经试着摧毁了［沙皇］那一时期的别的许多罪恶。为什么不试着也摧毁这一罪恶呢？

直到近60年之后——1988年，这次访谈才在《消息报》刊出。①

泰戈尔对1930年的苏联的反应，源于他的两个至为强烈的信念：他对"心灵自由"的重要性的坚定信念（他对苏联的批评即源于此），以及他认为拓展基础教育对于社会进步至关重要的信念（尤其是与英国治理之下的印度进行对比之后，他对苏联教育的赞扬，即源于此）。他认定，缺乏基础教育是印度许多社会与经济苦难的根本原因：

在我看来，今天压在印度心上的高耸的苦难之塔，其唯一基础即在于教育阙如。种姓分裂，宗教冲突，好逸恶劳，不稳定的经济状况——全都围绕这个单一因素。

---

① 然而，它在原拟发表于《消息报》未果之后不久，即在《曼彻斯特卫报》刊出。关于这一点，参见 Krishna Dutta and Andrew Robinson, *Rabindranath Tagore: The Myriad-Minded Man*, New York: St Martin's Press, 1995, p. 297。

印度的未来将取决于教育（以及与之相关的思考、对话和沟通），而不是取决于例如"作为一种牺牲"的纺纱（"纺车无须任何人思考"）。

泰戈尔殷切期望，全国（特别是在学校寥寥无几的农村地区）不仅要有广泛的教育机会，而且学校本身应当更富于活力并让学生从中得到乐趣。主要出于厌倦，他本人很早即已辍学，并且从未为了获取一纸文凭而费心。他写了大量文章，论述应当怎样使学校对少男少女更具吸引力，从而更多地培养出人才。他自己在圣蒂尼克坦建立的兼收男女生的学校具有循序渐进教育法的许多特征。这里强调的是自我激励，而不是纪律；是培养对知识的好奇心，而不是通过竞争以求出类拔萃。

罗宾德罗纳特人生的许多岁月是在发展圣蒂尼克坦的学校的过程中度过的。该校从未有太多资金，因为学杂费很低。他的讲演酬金，"每骂一场得700美元"，以及他的诺贝尔奖奖金的大部分，都用于资助学校。该校从未得到政府的任何资助，但确实得到过公民私人的帮助——连圣雄甘地亦曾为之募集资金。

就比哈尔地震而与圣雄甘地发生的争执，涉及一个对泰戈尔而言非常重要的问题：除了文学和人文学科之外，还需要科学教育。在圣蒂尼克坦，学校在强调印度传统方面存在强烈的"地方"要素，其中包括强调经典著作，以及以孟加拉语而不是英语作为教学语言。与此同时，还有关于大量不同文化的课程，以及有关中国、日本和中东的研究项目。许多外国人前来圣蒂尼克坦留学或任教，而学习中的兼容并包之法似乎是有成效的。

由于我自己曾在圣蒂尼克坦接受教育,我在一定程度上看到了泰戈尔作为教育家的一面。学校在许多不同的方面是非同寻常的,例如,奇特的是,除了需要实验室的课程之外,所有的课都在户外上(只要天气允许)。罗宾德罗纳特认为,人在学习的时候处于自然环境之中是会受益的(我们当中一些人对这一理论有不同意见)。无论我们怎样看待他的这一信念,我们一般都会发现,户外教学体验极具吸引力而且令人极为愉悦。从教学上讲,我们的学校不是特别严厉(我们往往根本没有任何考试),而按照通常的教学标准,它无法与加尔各答的一些更好的学校竞争。但是,课堂讨论可以从印度传统文学转向西方古典思想及当代思想,再转向中国或日本或别的地方的文化,气氛悠然,不同凡响。学校对多样性的欢迎,也与如今不时趋于笼罩印度的文化保守主义和文化分离主义形成鲜明对照。

泰戈尔对当代世界在文化上的拿来与送去的看法,与萨蒂亚吉特·拉伊的看法非常相似。拉伊也是圣蒂尼克坦的校友,他根据泰戈尔的短篇小说拍摄了数部电影。[23]倘若罗宾德罗纳特还在人世,拉伊于1991年说的关于圣蒂尼克坦的几句话,一定会让他非常惬意:

我认为,我在圣蒂尼克坦度过的三年,是我一生中收获最多的三年。……圣蒂尼克坦第一次打开了我的眼界,让我看到了印度与远东艺术的辉煌。在那以前,我完全处于西方艺术、音乐和文学的影响之下。圣蒂尼克坦使我成为东方与西方结合的产物,成为今天这个样子。[24]

独立后的五十年

印度在独立以来的半个世纪中已经取得或尚未取得的成就，正在成为一个相当引人关注的话题："最初五十年的情况怎么样？"（沙希·塔卢尔在其《印度：从子夜到千禧年》[India: From Midnight to the Millennium] 中结构平衡、资料翔实并高度可读的叙事中作如是问。[25]）倘若泰戈尔能够看到今天独立半个世纪后的印度，也许再没有什么比大量群众依然处于文盲状态会更让他震惊。他会将此视为对民族主义领袖在独立斗争期间所许诺之事的全然背叛——那是一个甚至在尼赫鲁于 1947 年 8 月独立前夕发表的令人振奋的讲话中就已出现的诺言（印度"与命运之神的幽会"云云）。

鉴于泰戈尔对儿童教育的关注，他不会对大学教育的异常扩张感到宽慰。在大学扩张时期，印度送进大学的每一人口单位的人数多达中国的 6 倍。反之，看到半数成人和三分之二的印度妇女依然不会读写，与包括中国在内的东亚和东南亚形成对照，他会感到震惊。一些在统计上可靠的调查报告指出，甚至在 20 世纪 80 年代后期，近半数年龄在 12～14 岁的农村女孩在其人生中没有上过任何学校。[26]

这样的事态，是英帝国对大众教育的忽视延续下来造成的结果，而印度传统的精英主义以及由高等阶层主宰的当代政治亦对此有所强化（印度部分地区，如喀拉拉邦不在此列。那里的反高级种姓运动往往集中在教育问题上，使之成为实现社会平等的一大标尺)。泰戈尔不仅会将文盲现象和对教育的忽视看作印度社会持续落后的主要根源,而且会视之为制约印度经济发展前途和幅度的一大障碍(他关于农村发展的文章有力地说明了这一点)。泰戈尔还会强烈地感觉到,在消除普遍存在的贫困方面,需要承担更多的义务,也需要更强的紧迫感。

与此同时,泰戈尔毫无疑问会相当满意地看到,民主制度在印度,在其比较自由的新闻界,而且从总体上看,在"心灵自由"这一方面幸存下来。独立以来的印度政治,基本上勉力维护了"心灵自由"。他也会对 E. P. 汤普逊(其父爱德华·汤普逊写过泰戈尔最初几部主要传记之一[27])所做的观察感到欣慰:

世界上的所有聚合影响,印度教的,伊斯兰教的,基督教的,世俗的;斯大林主义的,自由主义的,民主社会主义的,甘地主义的,普遍存在于这一社会。 凡是在西方或东方正被思考的思想,无一不活跃于某些印度人的心灵之中。[28]

泰戈尔也会愉快地看到,在20世纪70年代,当英迪拉·甘地总理(具有讽刺意味的是,她自己曾在圣蒂尼克坦做过学生)宣布全国处于"紧急状态"后,政府普遍剥夺基本自由、政治权利和公民权利的企图,遭到印度压倒性多数的选民的唾弃,结果导致她的政府陡然下台。

罗宾德罗纳特还会看到,自独立以来就消灭了饥荒的政策变化,与在一个民主的印度实行言论自由大有关系。在泰戈尔的剧作《国王与王后》(Raja O Rani)中，富于同情心的王后最终起来反抗国家对饥民的冷酷无情的政策。她开始询问宫外刺耳声音的来源时只是被告知，噪声来自"粗鲁而喧闹的人群，他们寡廉鲜耻地号叫，想要吃的，扰乱了宫里令人惬意的宁谧"。印度总督公署对于历次印度饥荒，一直到独立之前于1943年发生在孟加拉的饥荒，可能都持类似的冷酷无情的态度。那次本来不难预防的饥荒，夺去了二三百万人的生命。然而，一个处于多党民主体制之下的政府，加上选举和自由的报纸，就再也不能拒绝倾听来自"粗鲁而喧闹的人群"的声音。①

与甘地先生不同，罗宾德罗纳特不会对现代工业在印度的发展或技术进步的加速表示愤慨，因为他不愿让印度受到束缚并只是转动"属于过时发明之物的纺轮"。泰戈尔关心的是，人不要受到机器的主宰，但他并不反对充分利用现代技术。他在《文明的危机》中写道："英国人通过掌握机器，业已巩固了他们对自己的辽阔帝国的统治权，但我们这个无助的国家适当接近这一禁脔的权利，却被否决了。"罗宾德罗纳特极为关注环境——他尤其对滥伐森林感到担忧，并早在1928年即倡议确立"植树节"(Vriksha-ropana)。他要求私人和政府都加强对环境保护主义的信奉；可是他不会由这一立场得出反对现代工业与技术的观点。

---

① 我已在《资源、价值观念与发展》(Resources, Values and Development, Cambridge, Mass.: Harvard University Press, 1984, repr. 1997) 的第十九章中，以及在我对美国经济学会的主席致辞《理性与社会选择》("Rationality and Social Choice", American Economic Review, 85, 1995) 中，试着论述了民主制度、政治刺激与灾难预防之间的联系。

关于文化分离主义

罗宾德罗纳特对于文化分离主义在印度及别的地方的发展会感到震惊。他曾经极其珍重的"开明境界",目前在许多国家确实处于巨大的压力之下。宗教激进主义在印度还只有较少的追随者;但各种派别似乎都在竭尽全力招兵买马。当然,教派主义在印度某些地区(尤其是在西部和北方)已经获得很大成功。泰戈尔会认为,教派主义的扩张,与一种人为的分离主义文化观点密切相关。

他会强烈抵制专以印度教术语来界定印度,而不是将印度视为许多文化的"汇合之处"。甚至在 1947 年分治后,印度依然是世界第三大伊斯兰国家,拥有的穆斯林比孟加拉国还多,而与巴基斯坦相差无几。只有印度尼西亚拥有数量更为可观的穆斯林。实际上,通过指出印度文化背景中大量异质成分杂糅的情况及其不折不扣的多样化历史,泰戈尔主张,"印度理念"本身就不利于文化上的一个分离主义观点,即"不利于将自己人与其他人区别开来的强烈分离意识"。

泰戈尔也会反对最近越来越有些得势的印度文化民族主义,以及对西方影响的夸张的恐惧。他坚定不移地相信,人类能够以建设性的方式吸收大不相同的文化:

在人类的产品之中,无论我们理解和欣赏什么,无论它们可能源于何处,它们都立时就变成我们的东西。 在我能够承认其他国家的诗人和艺术家属于我时,我为自己的人性感到骄傲。 让我以纯粹的喜悦之情感受,人类的所有荣耀都属于我。 因此,当弃绝西方的呼声在我的祖国大作,并伴以西方教育只会伤害我们的呼声之时,我深为痛心。

在这一方面,重要的是应当强调,罗宾德罗纳特对印度自己的遗产不乏自豪,并常谈到它。他怀着显而易见的喜悦之情,在牛津大学就印度宗教理念的重要性发表演讲,不断从印度古代经典及民间诗歌(如 16 世纪穆斯林诗人伽比尔的诗歌)旁征博引。1940 年,在他被牛津大学授予名誉博士学位之时,有关仪式被安排在圣蒂尼克坦他自己创建的学校举行(牛津大学热心地解释说,"In Gangem Defluit Isis"*)。据罗宾德罗纳特的一位友人、贵格会教徒马乔里·赛克斯报道,对于可以预期的"一连串的拉丁语",泰戈尔报以"一连串的梵语"。她对于这一场比赛的令人愉快的总结之语"印度势均力敌",与泰戈尔对印度文化的自豪感是相一致的。他对西方文明的欢迎态度由于这一自信而增强:他并不认为印度文化是脆弱的,需要受到"保护"以使之免遭西方影响的侵害。

他写道,在印度,"环境几乎是在迫使我们学习英语的,这一侥幸而来的意外因素给予我们接触世界上所有诗体文学中之最丰富者的机会。"在我看来,罗宾德罗纳特主张明确区分强权与文化

---

* 拉丁文,美国友人、埃及学家苏珊·史蒂文斯教授告知,其字面意义为:女神伊希斯降临恒河。——译者注

的论点似乎很有力量：权力的严重不对等造成了不公正（殖民主义是这方面的一个主要例证），不过，无论是在殖民领地还是在后殖民国土，以开明的心态评价西方文化都是重要的，以弄清其中哪些东西可资利用。

罗宾德罗纳特坚持就每一个问题进行公开辩论，并且不相信基于机械公式的结论，无论孤立地看该公式似乎多么吸引人（如"这是我们的殖民主子强加给我们的，我们必须弃绝之"，"这是我们的传统，我们必须依从之"，"我们已经许诺做这件事，我们必须实现这一诺言"，如此等等）。他执意要提的问题是：如果通盘考虑，我们是否有足够的理由接受别人正在推荐给我们的东西？尽管历史是重要的，但对理性的追求必须超越过去。只有在追求理性的至上境界——在自由中无所畏惧地说理——之中，我们才能领悟罗宾德罗纳特·泰戈尔永恒的心声。

六
我们的文化，他们的文化[①]

萨蒂亚吉特·拉伊（1921—1992年）的作品展现了对不同文化之间关系的深刻理解，而他的理念依然与当代世界——尤其是印度——的主要文化辩论有关。在拉伊的电影和著述中，我们可以看到他对涉及不同文化及其相互关系的至少三个总主题的探索：不同地方文化及其各自个性之间区别的重要性，理解每一种地方文化（甚至一个社群的文化，遑论一个地区或一个国家的文化）由迥然不同的多种成分构成的特质的必要性，以及在认识到不同文化之间交流所存在的困难的同时对此类交流的巨大需要。

在拉伊的心目中，对特殊性的深刻尊重，与对不同文化之间交流的重要性的认识，以及对每一种文化内部巨大多样性的承认，是结合在一起的。在强调有必要尊重每一种文化的个性时，拉伊认为没有理由关闭通往外部世界的大门。实际上，打开交流之门是拉伊作品中一件重要的需要优先处理的事。在这一方面，他的态度与日益增强的以高度保守的心态看待印度文化（或印度的多种文化）的倾向——要求保护印度文化，使之免于西方理念与思

[①] 笔者于1995年12月22日在加尔各答南丹发表了关于萨蒂亚吉特·拉伊的演讲，该演讲的文本以《我们的文化，他们的文化》为题出版（*Our Culture*, *Their Culture*, Calcutta: Nandan, 1996）。本文是该文之节本。本文的另一节本于1996年4月1日发表于《新共和》（*New Republic*）之一周刊。

想的"污染"——形成了鲜明的对比。拉伊始终愿意欣赏和学习任何地方——印度本土或国外——的理念、艺术形式和生活方式。

拉伊意识到地方社群内多样性的重要意义。这一洞见与许多社群主义者——宗教方面的及其他方面的社群主义者——的倾向形成了鲜明的对照。宗派主义者愿意将一个民族分裂成若干社群，然后就此猝然停下："到此为止，不再前进。"这位伟大的电影制作者寻求更大单位（从终极意义上说，即他对全世界说话的能力）的热望，与他对理解小中之小——每个人的个性——的热情，圆满地结合起来。

区别与交流

关于拉伊对不同文化的区别的重视，几乎毋庸置疑。他还论述了这些区别在跨越文化界限的交流中所可能造成的问题。他在自己的书《我们的电影，他们的电影》（*Our Films Their Films*）中指出了一个重要的事实，即电影"从各种各样的地方因素，如语言和行为习惯、根深蒂固的社会风俗、过去的传统、现在的影响等，获得色彩"。他继而问道："一个外国人——对有关因素只有粗略的知识——对此能有多少感受和反应？"他注意到，"在全世界人类的行为中，存在一些基本的相似之处"（如"对喜悦与悲痛、热爱与憎恨、愤怒、惊愕与恐惧的表达"），但是"连它们也能够表现出细微的地方差异，而这些差异只能让不熟悉情况的外国人感到困惑和不安——并最终扭曲他们的判断"[1]。

这样的文化区别的存在，提出了许多值得注意的问题。交流的可能性只是其中之一。还有每一种文化的个性这一更为基本的问题,以及尽管世界变得愈来愈小和更为统一,但这种个性是否能够和如何才能够得到尊重与珍视的问题。我们生活在一个理念和习俗跨越国家与地区的边界高速传播的时代,某种极其重要的东西在这一一体化过程中正在失落的可能性已经引起人们的担心,这种担心是可以理解的。而文化互动,甚至在一个存在种种严重不平等现象的世界上,也能为将建设性与脆弱性结合在一起的种种创新创造空间。[2]

现在,诸种文化的个性是一个重大的话题,各种文化趋于同质化的倾向,尤其是依从某种统一的西方模式或按照"现代性"的具有欺骗性的形式趋于同质化的倾向,已受到强烈挑战。在近来的文化研究中,特别是西方(从巴黎到旧金山)有影响力的立场鲜明的知识界,已经以不同的形式着手研究此类问题。虽然在当代印度人们也在以日益频繁的方式提出这些问题,但也许具有一定讽刺意味的是,这一事实,即第三世界对"西方现代性"的诸多批评,是在西方作品的激励与影响之下才出现的。

一些印度作者,包括帕塔·查特吉,最近就这一话题提出了一些引人注目的论点。[3] 这些论点往往表现出十分明确的"反现代主义",否决一切被视为"现代"社会(尤其是"西方的"现代化形式)专横之物的东西。在印度的多样化批评言论中,有一些论点将对西方文化模式的蔑视与对印度文化及其地方社群传统独特的重要性的阐述结合起来。

在印度之外的更为广阔的"亚洲"层面,尤其是在东亚——

从新加坡和马来西亚到中国和日本,"亚洲价值观"的独立性及其与西方规范的区别常常得到强调。对亚洲价值观的乞灵,有时出现在相当暧昧的政治环境之中。例如,在某些东亚国家,它就被用于为威权主义(以及对所谓过失的严厉惩罚)辩护。在1993年维也纳人权会议上,新加坡外交部部长在援引亚洲与欧洲传统的差异之后提出:"如果普遍性被用于否认或掩盖多样性的现实,那么对人权理想的普遍承认就可能是有害的。"[4] 对"亚洲价值观"的捍卫通常来自政府发言人,而不是来自与稳定的政权保持一定距离的个人。不过,这一大问题还是相当重要,值得我们注意和审视。

至关重要的开放心态

尽管拉伊强调不同文化间交流的困难,但他事实上并不认为跨文化的理解是不可能的。他把困难视为不期而遇的挑战,而不是不能突破的严格界限。他的命题,不是跨文化界限的交流基本"无可行性"的命题,而只是一个关于需要认识可能出现的困难的命题。在抵制外国影响以保护传统这一更大的话题方面,拉伊并不是文化保守主义者。他并没有刻意将保护传承下来的习俗置于优先地位。

实际上,我并没有在他的电影和著作中发现任何证据表明,对于外来者过度的影响的恐惧搅扰了他作为一名"印度的"艺术家的心境安宁。他要充分考虑人们的文化背景的重要性,而又不否认在别的地方也有可以学习的东西。我认为,在我们称之为他

"至关重要的开放心态"中包含着许多智慧。这一心态还包括,珍视一个生机勃勃而又与时俱进的世界,而不是一个总是"监督"外来影响并惧怕别的地方的理念"入侵"的世界。

跨越文化界限相互理解无疑是十分困难的。这适用于电影,也适用于包括文学在内的其他艺术形式。例如,大多数外国人——有时甚至还有其他印度人——不能领略罗宾德罗纳特·泰戈尔诗歌的惊人之美(我们孟加拉人认为,这是一个极为令人懊恼的缺憾),就是说明这一问题的一个绝好例证。实际上,认为这些无力鉴赏泰戈尔的诗歌的外国人是故意作对和冥顽不灵(不仅仅是不能跨越语言和译本的障碍予以欣赏的问题),是一个被频繁提出的问题。

只要电影还不太借重语言,这一问题在电影领域也许就不太尖锐,因为人们甚至可以凭借手势和动作了解情节。然而,在我们的日常生活经历中所产生的某些反应与非反应模式,就可能使没有那些经历的外国观众感到大惑不解。在我国十分寻常(并且由于"十分寻常"而可以理解)的手势——以及非手势——在他人看来,似乎全然异乎寻常。

文字也有远远超出其所直接传递的信息之外的功能;许多意思是通过语声和对词语的特殊选择来表达的,那些精选的词语或传递一种意义,或产生一种特殊效果。正如拉伊所指出的,"在一部有声电影中,期待语言发挥的功能不仅有叙事功能,而且有造型功能","除非人们懂得语言,并且懂得不少,否则许多东西都无从领会"。

实际上，即便叙事功能也可能由于语言障碍，特别是由于难以通过翻译表达微妙之处而无可避免地变形。日前，马萨诸塞州剑桥市举办萨蒂亚吉特·拉伊电影节（主要是展示麦钱特-艾沃里电影公司诸企业重新发行的一些优异的电影）。当我再度看到拉伊的《三个女儿》（*Tin Kanya*）时，我想起了他的一些话。当倔强的帕格丽——饰演者阿帕尔纳·森（当时姓达斯古普塔）状态绝佳——终于决定给遭到自己冷遇的丈夫写一封信时，她通过以亲昵的形式"你"（tumi，他以前曾要求帕格丽这样称呼自己）而不是正式而又过于客气的"您"（apni）来称呼他，表达了自己的新的亲切之感。英文字幕当然无从捕捉到这一点。所以，译制片只能表现她在信尾署名"你的妻子"（your wife，以表达她的新的亲切之感）。但是，她在孟加拉语原片中仍然署名"帕格丽"（Pa-glee），并用表示亲昵的"你"称呼他，因此微妙得多。

观众与偷窥者

这样的困难和壁垒是无以避免的。拉伊并没有把自己的电影定位于外国观众，国外那些急于观看他的电影的影迷明白，从某种意义上说，他们是在偷窥。我认为，到如今，创作者与偷窥者的这一关系，在全世界数百万拉伊的影迷中业已非常牢固地确立。众所周知，他的电影就是一位印度导演——同时也是一位孟加拉导演——为本国和本地观众拍摄的作品，而试图理解正在发生的事情就意味着决定参与一项自觉"接受"的活动。

从这一意义上说，拉伊获得了胜利——实现了自己的主张，而这一证明自己正确的手段，即使存在所有那些障碍，也还是在可能跨越文化界限进行交流方面对我们有所启示。这件事可能是难做的，但它是可以做的，对于西方电影多有阅历的观众聚集在一起兴奋地观看拉伊的电影（尽管为适应全然不同的观众而进行的表演之中偶有晦涩之处）表明，在人们愿意超越自己文化的界限之时，什么样的事情是可能发生的。

萨蒂亚吉特·拉伊在试图跨越文化方面的——尤其是西方与印度之间的——界限讲话时，对于什么是合情合理的和什么是不切实际的做了重要的区分。1958年，在《道路之歌》（*Pather Pancali*）赢得戛纳电影节特别奖两年之后，在《不屈的人》（*Aparajito*）赢得威尼斯电影节大奖一年之后，他在《一位孟加拉电影制作者的问题》这篇文章中写了如下的话：

我们没有不可以利用外国人对东方的好奇心的道理。但是，这绝不意味着迎合他们虚妄的猎奇爱好。许许多多有关我们的国家和我们的人民的观念必须予以扫荡，尽管维系现存神话可能比破除它们更为容易，而且——从电影的视角看——也更为有利可图。[5]

当然，拉伊并非唯一采取这一态度的人。印度的另外一些大导演，也走了一条与拉伊相似的路线。作为加尔各答的一位老居民，我为这一事实感到骄傲：一些特别驰名的导演，如同拉伊一样，就出自这座城市（我当然想到了穆里纳尔·森、里特维克·加塔克、阿帕尔纳·森等人）。但是，拉伊所说的迎合"虚妄的猎奇爱好"，显然已经诱惑了许多别的导演。许多可以被恰如其分地称为"娱乐片"的印度电影，在国外获得了巨大成功，除了在欧洲并不断在美洲获得成功外，还在中东和非洲获得了成功，孟买在许多国家的电影界一直有巨大的影响。

不明显的是，这样的"娱乐片"所展现的想象出来的古代辉煌的场景，是应被看作对所谓背景地印度的错误描写，还是应被视为对某个不曾存在的"理想国"（never-never land，不要与任何实际存在的国家混为一谈）的卓越摹绘。正如拉伊在另一场合所指出的，这些能吸引大量观众的印度传统电影之中，颇有一些"全然放弃了社会定位方面费心费力的工作"，而"展现了一个虚构的不存在的社会，人们只能在这个虚幻世界的规范之内谈论诚信"[6]。拉伊暗示，在一个极具多样性的国家，这一特色"导致它们在全国范围内大受欢迎"。话虽如此，但这一虚幻特色也为这些电影吸引许多外国观众做出了巨大贡献，他们就乐见在一个虚构国家展开的极尽铺张之能事的娱乐场面。这当然是一个可以理解的"成功"故事，因为一部电影在国外受到欢迎会让有关人士名利双收。

事实上，利用外国观众的偏见和脆弱，无须特别在意"虚妄的猎奇爱好"。利用可以采取其他形式——未必是虚妄的，亦未必是特别猎奇的。例如，无论是印度的贫穷，还是印度人已学会在几乎不留意周围苦难的同时过正常生活这一事实——对于他人而言，这是个非同寻常的事实——都没有任何虚妄可言。

对极端惨状的生动摹绘，以及他人对被践踏者的冷酷无情，本身均可被巧妙利用,特别是在可以得到为数不少的歹毒的恶棍的补充之时。在精致而优雅的层面,甚至在具有非凡才华的导演米拉·奈尔极为成功的电影《向孟买致敬!》(Salaam Bombay!)中,也可看到这种利用。这部电影已受到恰如其分的诸多赞扬,因为它构图非常雄浑,美得引人入胜,并且深深打动人心。然而,它不仅无情地利用了观众朴素的同情心,而且利用了他们对找出负有所有罪责的"反面人物"的兴趣。①

由于《向孟买致敬!》中充斥恶棍及全然缺乏同情心并且没有一点正义感的人,该部电影中摹绘的各种苦难的原因,甚至对身处远方的外国人而言也开始显得易于理解。我应当附带指出,这一倚重恶棍的特点,在米拉·奈尔的下一部电影《密西西比风情画》(Mississippi Masala)——又一部大片——中已大体得以避免。这部电影提出了一些有趣而重要的问题,关乎不同种族的认同与相互融合,具体说来,则涉及印度裔前乌干达人。《向孟买致敬!》的内在哲理使得观众直面一个让人宽慰的问题:鉴于受害者周围的人缺乏人性,你又能指望别的什么呢?这一具有开拓性的形式,同时利用西方人的常识,即印度存在严重的贫困和诸多苦难,也借助人们有所企盼的心理慰藉,即看到造成所有那些烦恼的"坏蛋们"的面孔(例如在美国的表现盗匪生活的电影中)。在

---

① 附记:自那时起,米拉·奈尔非同寻常的才华——甚至在《向孟买致敬!》中已然绝对清晰可见,尽管其中存在我所认为的严重缺陷——在她后来的电影中如所预见的那样表现出来,从而使她确定无疑地成为我们时代的主要导演之一。我对此深感欣慰。

六 我们的文化，他们的文化

更为世俗的层面，罗兰·乔菲的《欢喜城》(*The City of Joy*) 对加尔各答进行了同样的描绘，也有不得不遭遇却可以清楚识别的恶棍。

与此形成对比的是，甚至在拉伊的电影涉及同样严峻的问题（如在《远方的雷声》(*Ashani Sanket*) 中 1943 年孟加拉大饥荒的发生）时，也全然避免了通过气势汹汹的恶棍的炫目登场这样现成的诠释给予观众慰藉。实际上，在拉伊的电影中，恶棍十分罕见——甚至几乎完全无影无踪。当糟糕的事情发生时，可能没有任何人为罪恶明确负责。即使有某人显然责无旁贷，如在电影《女神》(*Devi*) 中，达雅莫伊的公公确凿无疑地要为她的困境负责，并对她的死亡负有间接责任，他也是一名受害者——他的错误信念的牺牲品——而且绝不缺乏人情味。如果《向孟买致敬！》和《欢喜城》说到底还是沿袭了"警察与强盗"的传统（只是在《向孟买致敬！》中，根本就没有"好警察"），那么拉伊的电影中则既没有警察也没有强盗，例如拉伊的以加尔各答为背景的《大城》(*Mahanagari*) 就绝好地表明了这一点。在这部电影中，有许多在欢乐时刻发生的令人痛苦的事件，它们导致了一场场深重的悲剧，却没有可以直接归咎的恶棍。这种恶棍缺席的结果之一是，拉伊千方百计地表现了导致此类悲剧的社会情势的复杂性，而不是寻求用一些非常坏的人物的贪婪、情欲与残酷来迅速做出解释。在避开恶人做恶事的电影可以轻松传播的自在之后，拉伊提供了既复杂又富于启发性的社会见解。

多样化与对外联系

虽然萨蒂亚吉特·拉伊坚持保留他所描绘的社会的真正文化特征,但他对印度的看法——实际上甚至还有他对孟加拉的看法——都承认一个在各层面均有无限多样性的复杂的现实。近来众多批判"西方化"和"现代性"的文化著述,往往以墨守成规的东方与一成不变的西方相遇作为自己的内容,而拉伊描绘的图画并不是这样的。拉伊指出,"栖身"于其电影中的人们,既是复杂的,也是极端多样的:

就以孟加拉一个省为例。 或许,以我生活和工作所在的加尔各答市为例会更好。 这里的口音,从一个邻里到另外一个邻里就有所不同。 每一个受过教育的孟加拉人,都会在自己的母语中点缀几个来自英语的单词和短语。 服装还没有标准化。 虽然妇女一般喜欢纱丽,但男人们却要穿戴反映19世纪风格或与近期《绅士》(*Esquire*)杂志的指导相一致的服装。 贫富之间的反差闻名天下。 十几岁的少年跳扭摆舞,饮可口可乐,而虔诚的婆罗门则在恒河沐浴,面对冉冉上升的旭日吟诵真言(mantras)。[7]

这里需要直截了当地指出的一个要点是,拉伊强调的本土文化,并不是某种对一个在传统束缚之下的社会的纯粹幻想,而是当代印度多样化的生活和信仰。在那里,跳扭摆舞的印度人与在恒河之滨吟诵真言的印度人一样多。

认识到这种多样性，就会立刻明白，何以不能轻易将萨蒂亚吉特·拉伊聚焦本土文化视为一种"反现代的"举动。"我们的文化"也可以利用"他们的文化"，就像"他们的文化"可以利用"我们的文化"那样。承认并强调栖居在拉伊电影中的人们的文化，绝不是对在源于其他地方的理念与习俗中寻求趣味之合法性的否定。实际上，拉伊怀着显而易见的喜悦之情，回忆了加尔各答在1942年冬充满西方——包括美国——军队的那个时候：

> 由于加尔各答那时成了战争中的一个军事基地，乔林集（Chowringhee）挤满了美国兵。便道上的书摊摆满了薄薄的《生活》（*Life*）和《时代》（*Time*），而挤得水泄不通的电影院在上映来自好莱坞的最新电影。当我坐在办公桌前……我的心中翻腾着对自己一直在看的一些电影的想法。当我站在圣蒂尼克坦荒野夏天的烈日之下，勾勒着繁花盛开的木棉树（simul）和紫檀树（palash）的素描画之时，《公民凯恩》（*Citizen Kane*）来而复去，在加尔各答的最新也最大的电影院仅上映了三天，我为错过这部影片而懊悔不已。[8]

拉伊对他乡事物的兴趣很早以前就产生了。他对西方古典音乐的钟情始于青年时代，但他对电影的迷恋却在他爱上音乐之前。拉伊在其身后出版的《我与阿普在一起的岁月：回忆录》（*My Years with Apu：A Memoir*）一书中回忆道：

> 我还在上学之时就成为一名影迷。我贪婪地阅读《影迷》（*Picture-*

goer）和《电影剧本》（*Photoplay*），荒疏了自己的学业，饱览由海达·霍珀和劳埃拉·帕森斯传播的好莱坞内幕新闻。狄安娜·德宾（Deanna Durbin）成为我极为喜爱的人，这不仅是由于她的容貌和她作为一名女演员的显而易见的天赋，而且是因为她那优美动人的女高音。弗雷德·阿斯泰尔与金杰·罗杰斯也是我坚定不移地喜爱的演员，他们的所有电影，我都看了数遍，为的就是将欧文·伯林和杰罗姆·科恩的曲调牢记于心。[9]

拉伊愿意欣赏和学习出现在别的地方的事物的心态，非常清楚地表现在他所选择的生活方式以及他所愿做的事情上。[10]拉伊在叙述自己作为学生在圣蒂尼克坦——由罗宾德罗纳特·泰戈尔创办的著名教育中心，拉伊曾在那里学习美术——所学到的东西时，将国内外的要素完全融合在一起。他不但大量学习印度的"艺术与音乐遗产"（除了接受训练照印度的传统方式绘画之外，他还涉足印度古典音乐），而且沉浸于"远东书法"（尤其是"大力苦练小楷笔法"）之中。当拉伊的老师南达拉尔·鲍斯教授，一位大艺术家和"孟加拉画派"极有影响的宗师，教他如何画树（"不要从上往下画。树是往上长的，不是往下长的。笔画一定要从基部往上走……"）时，鲍斯在指导拉伊熟悉其他两个国家，即中国和日本的绘画风格与传统（鲍斯认为，这两个国家均确实擅于画树等事物）的同时，对西方的一些艺术手法予以批评。

拉伊毫不犹豫地表明，他的《道路之歌》——一部使他旋即成为世界名列前茅的电影制作人的深刻电影——直接受到维托里奥·德西卡（Vittorio De Sica）的《偷自行车的人》的多么强烈的影响。他指出,在到达伦敦的三天之内,他不仅看了《偷自行车的人》,而且得出了如下结论:"我立即晓得,如果我拍摄《道路之歌》——这一想法已在我的心中酝酿多时——我将以同样的方式拍摄,利用自然的地点和启用无名演员。"[11]尽管有上述影响的存在,《道路之歌》实质上还是一部印度电影,在题材和表演风格方面都是如此,而对它的严谨结构的一大启迪,则直接来自一部意大利电影。意大利的影响并没有使《道路之歌》不再是一部印度电影,而只是有助于它成为一部伟大的印度电影而已。

外部资源与现代性

在当代印度,有一种日益增强的倾向——主张捍卫业已"抵制"了外来影响的本土文化,不过这一倾向既缺乏说服力,也缺乏可信度。指出一种理念或传统源于外国,然后以此为据表示反对利用,已经屡见不鲜,而且这一做法已与一种亟亟于反现代化的考虑联系起来。即便如帕塔·查特吉这样一位敏锐而富于洞察力的社会分析家,也认为可以通过这一手法拒不考虑本尼迪克特·安德森的将民族主义与"想象中的社会"联系起来的论题。他指出那一"标准化"形态源于西方:"我对安德森的论点有一个主要的反对意见。如果世界其他地方的民族主义,必须从某些已由欧美向它们提供的'标准化'形态中选择自己想象中的社会,那么它们还可留下什么东西供自己想象呢?"[12]安德森所探寻的国家作为一种"想象中的社会"的观念形态,可能有也可能没有太多可以让人接受的东西(我个人认为是有的,但那是个不同的问题),但这种对其源于西方因而可能不会给我们留下"自己的"模式的恐惧，是一种由于心胸特别狭隘而产生的忧虑。

印度文化在其演变过程中，始终准备汲取来自他处的素材和理念。萨蒂亚吉特·拉伊的离经叛道绝没有与我们的传统格格不入。即便是在日常生活的事物方面，例如传统印度烹饪中的一种基本成分辣椒，也是由葡萄牙人从"新大陆"带到印度的，这一事实并没有使当前的印度烹饪少了一星半点的印度味。辣椒现已成为一种"印度的"调料。文化影响当然是一个双向的过程，印度借用了国外的东西，正如我们也向外面的世界提供了我们的烹调传统中的长处一样。例如，虽然唐杜里烹饪法是从中东传入印度的，但用唐杜里烹饪法加工的食物却是经由印度才成为英国的一种日常主要食物的。去年夏天，我在伦敦听到，一位典型的英国妇女被人说成是"不折不扣的英国人，就像水仙花或唐杜里鸡正宗香料之于英国一样"。[13]

鉴于在文化与知识方面的相互联系，什么是"西方的"和什么是"东方的"（或"印度的"）这一问题往往很难决断，因而只能以更加辩证的方法探讨这一问题。判断一种思想为"纯粹西方的"或"纯粹东方的"，只能是非常不切实际的。理念的起源地并非可用作轻易判断其是否"纯粹"的依据。

科学、历史与现代性

鉴于过去十年的政治发展，关注印度——尤其是印度教——遗产的政党实力增强，这一问题在当前有相当实际的重要意义。

反现代主义有一个重要的方面，就是往往——直截了当地或含沙射影地——质疑人们对所谓"西方科学"的重视。如果来自传统保守主义的挑战增强，这就可以成为对印度科学教育的一大威胁，影响印度青年在激励之下正在学习的东西。

这种排外态度背后的依据显然存在几个方面的缺陷。第一，所谓"西方科学"并非欧美的专门领地。当然，自从文艺复兴、工业革命和18世纪启蒙运动以来，大多数科学进步实际上是在西方出现的。但是，这些科学发展实质上利用了阿拉伯人、中国人、印度人及其他人早先在数学与科学方面所做的工作。在这一方面，"西方科学"这一说法使人产生误解，而且让非西方民族放弃追求数学和科学的倾向是十分错误的。

第二，无论诸多发现与发明是在哪里发生的，在科学与数学中使用的推理方法都赋予它们相当的自外于本土地理和文化史的独立性。当然，对于什么是重要的或不重要的，确有地方性知识和不同视角这样重要的问题，但是，在论证、演示和证据探察的方法上，许多实质性的东西仍然是由人类共享的。在这一方面，"西方科学"这一说法也会使人产生误解。

第三，我们关于未来的决定，不必依傍我们业已经历的过去的模式。在当代数学与科学的演进中，即使没有亚洲人或印度人的份儿（情况并非如此，但即便情况如此），也不必因此而降低数学与科学在当代印度的重要性。

我在前面提到过一个类似的问题，这个问题是关于"现代性"在当代印度的作用的。当代对现代性（特别是对被认为是从西方传入印度的"现代性")的攻击,大量利用了关于"后现代主义"以及其他相关研究方法的文献,而这些方法在西方文学界和文化界一直有很大影响(后来,经略微改头换面,在印度也有很大影响)。西方的这种双重作用或许有其值得注意之处:殖民地宗主国向后殖民地知识分子提供理念和炮弹,让他们针对殖民地宗主国的影响发起进攻!但是,这里当然不存在矛盾。然而,这种情况确实有所暗示,即单纯认定一个理念与西方有联系,并不意味着有足够理由可以强烈谴责这一理念。

"现代主义"的批评家们经常与"现代主义"的自觉的倡导者们共同认为,所谓"现代"是一个业已严格界定的概念——唯一的分界点是,你是"赞成"现代性还是"反对"它。但是,鉴于近代的或"现代的"——思想与知识发展的历史根源——通常是年代非常久远的根源,鉴于被用于构成现代主义的理念与技巧的原产地夹杂不清,对现代性的判断并不特别容易。

有一种观点断言,凡是现代的事物,无论如何都必须被认为是好的,换言之,以人所追求的现代性之名义操作的许多发展事项都是正当的,对于其中的智慧,没有怀疑的道理。问题的关键根本不在这里。问题的关键在于,任何理念和提案,无论它们被看作赞成现代化的还是反对现代化的,都不能规避对它们的必要审视和评估。例如,如果我们必须决定支持什么样的教育、卫生保健和社会保障政策,那么任何提案的现代性或非现代性即均与此无关。相关问题是:这些政策对人们的生活会有什么样的影响?这个问题与所说的对政策的现代性或非现代性的调研是不同

六 我们的文化，他们的文化

的。同样，如果面对当代印度的教派紧张状况，我们建议阅读伽比尔主张宽容的诗歌（从15世纪起），或者研究阿克巴在政治方面的优先事项（从16世纪起），并与奥朗则布式的不宽容的态度（17世纪）进行对比，就会大有裨益；对他们的区别，必须依照他们各自立场的价值进行，而不是根据所谓伽比尔或阿克巴比奥朗则布"更现代"或"不够现代"的主张。现代性是一个令人迷惑不解的概念，将它作为评判当代重大事项得失的标尺基本没有意义。

难以捉摸的"亚洲价值观"

"亚洲价值观"究竟有什么特殊性，以致一些东亚国家的权威们现在对此大谈特谈？这些论点，尤其是在新加坡、马来西亚和中国发展起来的论点，诉诸"亚洲的"与"西方的"价值观之间的差异，以对亚洲国家的民权尤其是表达自由（包括新闻自由）的重要性提出质疑。在所宣称的"亚洲价值观"的等级体系之中，新闻自由与基本的政治权力及公民权利被认为无足轻重。于是，根据此种诠释，抵制西方霸权——本身完全是一项可敬的事业——采取了为压制新闻自由和侵犯基本的政治权利及公民权利辩护的形式。

这一推理模式存在两个基本问题。首先，即使事实表明，此类自由在亚洲思想与传统中不如在西方那样重要，那也不是一种为在亚洲侵犯这些自由的行为进行辩护的令人信服的方式。将在人权问题上的冲突视为西方自由主义一方与亚洲的顽强抵抗一方两者之间的一场战斗,就是将辩论纳入了一种转移对下面最重要问题的注意力的形式:在当代亚洲,什么才是明智的?亚洲与西方理念的历史无法解决这一问题。

其次,在历史上,西方成体系地重视自由和宽容胜于亚洲这一点,还根本没有厘清。可以肯定的是,当代形态的个人自由,在亚洲和在西方都是一个比较新颖的观念。虽然西方(通过诸如文艺复兴、欧洲启蒙运动、工业革命等方面的发展)确实相当早就理解了这些理念,但是变化却是较为晚近的事情。在回答"个人自由的观念,是在什么时候,在什么样的情况下……首先在西方变得明晰起来的"这一问题时,以赛亚·伯林指出:"关于这一观念在古代世界的明确形成,我没有发现令人信服的证据。"[14]

这一看法遭到奥兰多·帕特森的质疑。[15]帕特森的历史论点确实耐人寻味。但是,他的将西方以自由为中心的传统与其他地方发生的情况进行对比的命题,似乎倚重西方思想的特别成分,而没有充分寻找非西方知识传统中的类似成分,如相当广泛地存在于梵文、巴利文、中文、阿拉伯文及其他语文中的有关政治和参与性治理的文献。[16]

在将西方传统视为个人自由与政治民主的天然出处这一看法中,存在一种从现状出发逆向推断的基本倾向。由于欧洲启蒙运动和其他较为晚近的发展而得以众所周知并广为传播的价值观,绝不能被视为西方长期遗产——在数千年间于西方形成的遗产——的组成部分。当然,在西方的古典传统中,在特定的情况下,有对自由与宽容的捍卫,但是亚洲诸多传统也可以说不乏与之大

六　我们的文化，他们的文化

致相同的情况——印度就毫不逊色，仅列举数例，如阿育王的铭文、首陀罗迦的剧本、阿克巴的公告或达杜的诗歌等文献的有关表述，就都包含着同样的内容。

诚然，在亚洲传统中，并不是所有人都主张宽容。一般来说，这一主张也没有惠及每一个人（不过，某些人，如公元前3世纪时的阿育王，确曾坚持对所有的人毫无例外地实施宽容政策）。但是，西方传统亦可谓大致相同。几乎没有任何证据可以表明，柏拉图或圣奥古斯丁比孔子更为宽容而又不那么专制。虽然亚里士多德肯定论述过自由的重要性，但是妇女和奴隶被排除在他所关注的这一领域之外（恰好，大致处于同一时期的阿育王却未将妇女和奴隶排除在这一领域之外）。在我看来，那种认为内在于自由和宽容之中的基本理念数千年来一直是西方文化的中心部分而与亚洲则多少有些格格不入的主张，是完全不堪一驳的。

所谓西方传统与亚洲传统之间在自由和宽容这样的命题上的鲜明对比，是非常缺乏历史依据的。以亚洲价值观的特殊性为依据的专制论点尤其可疑。这就增强了前面已提出的一个更为基本的论点，即亚洲过去捍卫的价值观即便真的一直是更为专制的，这一对历史的看法也不足以成为当代亚洲拒绝宽容和自由的依据。

过分集成与多样性

有人试图对西方与东方之间的或欧洲与印度之间的文化对比进行归纳。对亚洲价值观的讨论就引起了对导致这一现象的一个重要问题的注意。欧洲与印度之间确实存在许多差异，但印度自身内部也存在鲜明差异,欧洲内部亦复如是。印度的知识与历史传统的不同成分之间亦存在巨大差异。对"我们的文化"与"他们的文化"之间的总括性对比的大错之一是,这些文化中的每一种内部都存在极大的多样性。我昔日的老师琼·罗宾逊常说:"对于印度,凡是你说得对的地方,相反的说法也会是正确的。"并不是文化差异无足轻重,但举例来说,西方与印度的文化,内部各自具有相对的同质性,因而它们之间的反差就不以相当严重的对抗这一特定形态出现。

在有人试图归纳"亚洲的"价值观之时,这一问题当然就更大了。亚洲是全世界约60%的人口生活的地方。不存在适用于如此庞大而又如此多样化的人口的具有实质性的价值观,可以将他们作为一个集团与世界上其他地方的人们分离开来。论述文化分立之重要性的人们点明文化差别是对的,而致力于以东方—西方的对比这一过分集成的形式看待这些差别,所掩盖的东西就会多于所揭示的东西。

实际上,甚至在印度内部,对某一单独的宗教社群(如印度教教徒或穆斯林)或一个语言群体(如孟加拉人、古吉拉特人或泰米尔人)进行归纳,也可能导致非常严重的误解。从这一情况看,国内不同地区出自同一阶层、拥有相同政治信念并从事同样职业或工作的人群之间,可能会有更多的相似性。这样的相似性也能够跨越国界存在。可以依据许多不同的标准将人们分类,不过近来强调某些对比(如宗教或社群)而不计其余的倾向,甚至在利用其余可比方面之时对人们重要的差异视而不见。

六 我们的文化，他们的文化

"我们的"与"他们的"

跨文化交流的困难是实实在在的，而文化差异的重要性所提出的判断方面的问题同样如此。但是，这些认识并不会使我们接受有关"我们的文化"与"他们的文化"的标准区划。这些认识也不会让我们有理由忽视实践理性的要求与当代印度政治及社会的实用性要求，从而偏信某些所谓历史对比。我已经尽可能表明，差异往往并不像人们所描述的那样巨大，而有待吸取的教训并不是"我们的文化"的坚定捍卫者们所宣称的那些教训。

从萨蒂亚吉特·拉伊对文化差异的理解到他对跨越这些差异进行交流的追求，所有这一切都有许多值得学习的东西。他从不在创作上追求时髦，以迎合西方对印度的可能期待，但他也不拒绝欣赏和学习西方及其他文化所提供的东西。在对印度国内文化多样性的认识方面，拉伊对构成今日印度民族的形形色色的人的细腻描绘是无可企及的。在深思自己的电影应当聚焦于什么之时，他以优美的语言表述了这一问题：

你应当将什么纳入自己的电影？ 你能够弃置什么？ 你会将城市置诸脑后，前往奶牛在无际的田野上吃草而牧童在吹着笛子的农村吗？ 你可以在这里制作一部纯洁而清新并有船夫之歌的优美节奏的电影。

要不，你想穿越时光，一路回到史诗时代？ 在兄弟相残的大战中，大神黑天用《薄伽梵歌》中的话语，使一位阴郁的王子重现活力，诸神和群魔纷纷支持交战双方。 人们可以利用卡塔卡利舞（Kathakali）的非凡模拟传统,在这里干出令人兴奋的事情,如同日本人利用他们的能剧(Noh)和歌舞伎(Kabuki)一样。

要不,你就原地不动,待在现代,留在这个庞大的、拥挤的、让人眼花缭乱的城市的中心,并竭力将它那由不同的景象、声响和环境形成的各种令人头晕目眩的反差协调起来?

赞美这些差异——"各种令人头晕目眩的反差"——还远远不够。在对"我们的文化"煞费苦心的归纳之中,在日益强烈的让"我们的文化""我们的现代性"保持鲜明的特色并免受"他们的文化""他们的现代性"影响的有力呼声中,所能发现的东西远远超越了那些赞美。在我们的多样性和我们的开放性之中,体现着我们的自豪,而不是我们的耻辱。萨蒂亚吉特·拉伊如是教诲我们,而这一课对于印度是极其重要的。对于亚洲,对于世界,亦复如是。

七

印度的传统与西方的想象[1]

印度人的自我形象（或"内部认同"），在过去的数个世纪中受到殖民主义的很大影响，而且现在还在受到外在形象（我们也可以称之为"外部认同"）冲击的——伴随性的和辩证的——影响。然而，西方印象对印度人内部认同的影响，并不全然是直来直去的。近年来，分离主义者对西方文化霸权的抵抗，已导致许多后殖民社会中的重大知识运动的发生在印度也分毫不差。这尤其引起了对一个重要事实的注意，即后殖民社会的自我认同深受殖民文化的权势及其思想与分类形态的影响。宁可采取一种更为"本土化的"态度的人们，往往赞同将印度文化和社会定性，那就是相当自觉地"远离"西方的传统。对于在印度文化中确实"恢复"印度的中心地位，人们饶有兴致。

我想说，这种态度没有充分注意印度与西方之间关系中辩证的方面，并特别倾向于无视一个事实，即西方心目中的印度的外在形象，往往突出（而不是淡化）印度与西方之间的差异——真

---

[1] 本文利用了笔者先前的一篇题为《印度与西方》的文章，参见1993年6月7日出版的《新共和》(New Republic)。笔者与阿基尔·比尔格拉米、苏伽塔·鲍斯、巴伦·德、让·德勒泽、艾莎·贾拉勒、达尔马·库马尔、V. K. 拉马钱德兰、塔盘·拉伊乔杜里、埃玛·罗思柴尔德、劳埃德·鲁道夫、苏珊娜·鲁道夫、阿舒托什·瓦尔什内、迈伦·韦纳、利昂·威斯尔蒂尔及努尔·亚尔曼进行了有益的探讨，特此鸣谢。

实的或想象的差异。实际上，我认为，西方有一种将印度文化"疏离"于西方主流传统的相当严重的倾向，这是有原因的。当代对印度的重新诠释（包括显而易见的"印度教的"版本）突出印度的排他主义，因而在这一方面与印度的"外在"形象（着重印度文化特色）不谋而合。实际上，可以认为，詹姆士·穆勒的出于帝国主义视角而写的印度历史，与印度教对印度过去的民族主义的描绘，有许多共同之处，尽管前者的印度形象是一种怪异的原始文化的形象，而后者的表述却光辉得令人目眩。

西方对印度的态度的特点，激发了一种特别专注于印度文化中宗教与精神要素的癖好。还有一种倾向，即强调"西方人"心目中的印度知识传统中存在"非理性"养成，与所谓"西方理性"形成反差。虽然西方的批评家们可以认为"反理性主义"是有缺陷的和粗陋的，而印度的文化分离主义者们也可以视之为具有说服力的和鞭辟入里的（或许在相当深层的意义上还是"理性的"），但是他们却一致认可两大遗产之间存在单纯而鲜明的反差。必须审视的问题是，这样的两极对比现在是否确实还以那样的形态存在。

我将论述这些问题。我认为，专注于印度的"特殊性"，就无以看到印度文化与传统的至关重要的方面。印度传统的根深蒂固的多样性，在那些类同的诠释（尽管这些诠释本身是多种多样的）中遭到忽视。我将特别聚焦于印度知识传统的形象，而非印度的创造性艺术及社会生活的其他特色。在分辨西方对印度知识传统的诠释中的三种主要态度之后，我将考虑，这些态度对西方人心目中印度形象的总体后果会是什么,以及这种后果对印度的外部认同和内部认同的影响。

西方对印度的态度:三个范畴

观念的不同一直是西方诠释印度的一个重要特点。对博大而又复杂的印度文化的几种不同的并且互不相让的观念,在西方一直很有影响力。西方对印度的多样化诠释,往往在相当程度上沿着同一个方向(强调印度的精神性的方向)发挥作用,并在影响印度人的内部认同方面相互协力。这倒不是因为这些对印度的不同态度不存在根本差异;它们肯定是大相径庭的。它们的相似性更多地在于它们的影响——鉴于特殊情况与辩证进程——而不在于它们的内容。

这里要做的分析,无疑会与爱德华·赛义德对"东方主义"(Orientalism)实至名归的分析进行比较和对照。赛义德分析了西方人想象之中的"东方"的构成。正如他所说:"东方是一个概念,拥有思想、意象和辞藻的历史与传统,并因而在西方也为西方昭示了自己的现实与存在。"[1] 本文的焦点要比赛义德的焦点狭小得多,但我们显然在题材上存在重叠之处,因为印度是"东方"的一个组成部分。主要的差别在于主题层面。西方对东方的定性,既千篇一律又始终如一,而且特别有影响力。赛义德聚焦于此,而我将论述西方在理解印度方面的几种形成对照而又互相冲突的态度。

赛义德解释说,他的著作"主要不是论述东方主义与东方之间的一致性,而是东方主义内在的始终如一以及东方主义关乎东方的观念"[2]。我认为,除非有人宁愿聚焦于一个具体的观念性传统的演变(赛义德实际上就这么做了),否则"内在的始终如一"恰好是西方对印度所抱观念的多样性中极难寻觅的东西。存在数种截然相反的印度观念和形象,而它们在西方理解印度方面及影响印度人的自我知觉方面起了十分明显的作用。

从外部了解和诠释印度传统的尝试,至少可分为三个不同的范畴。我将它们分别称为猎奇者的态度、官员的态度和文化保护者的态度。[3] 第一个(猎奇者的)范畴专注于印度的诸多奇异方面,焦点在于印度不同寻常的事物、奇异的事物,它们如黑格尔所言,"已经在欧洲人的想象之中存在了数千年"。

第二个(官员的)范畴与帝国权力的行使攸关,并从英国总督的视角将印度看作一块臣服领土。这种观点吸纳了一种优越感和监护人意识,这是对付一个被詹姆士·穆勒界定为"英国活动的大舞台"的国家所需要的。虽然许许多多英国观察家不属于这一范畴(一些非英国观察家倒属于这一范畴),但是很难将这一范畴与治理英属印度的任务分解开来。

第三个(文化保护者的)范畴是三个范畴中最开明的,对印度文化的多方面做了记录、分类和展示等方面的努力。与猎奇者的态度不同,文化保护者的态度不仅在于寻找奇异的事物(尽管"不同的东西"一定更有"展览价值");与官员的态度不同,文化保护者的态度并不会由于统治者优先事项的影响而扭曲(尽管当作者们亦是——他们有时就是——帝国统治精英的成员之时,他们与官方的联系很难完全避免)。由于这些原因,第三个范畴可以更多地免于先入之见。另外,文化保护者的态度自有其倾向,一般来说都将自己的观察对象——印度——看得非常特殊而且异常有趣。

还可以提出以上三个范畴均不包括的其他范畴。此外,以上已经确认的三种态度还可以根据某种别的组织原则重新分类。我并不认为自己这种看待西方对印度较为突出的态度的方式具有终极地位。然而,为了行文方便,我认为,本文的这种三重分类还是有益的。

好奇心、权力与文化保护者的态度

我将以考虑文化保护者的态度为始。然而,我得首先解决一个方法论方面的问题,特别是当代社会理论对知识好奇心乃求知之动力的普遍怀疑。尤其是,对于与权力无涉的学术可能持什么样的态度,是存在诸多怀疑论的。在一定程度上,这样的怀疑论是有道理的,因为引发任何研究的动力问题都可能与权力攸关,即便这种联系没有直接显现出来。

然而,人们寻求知识是出于许多不同的原因,而对于不熟悉的事物的好奇心肯定在可能的原因之中。不必将好奇心视为被愚弄的科学家为自己的想象抹上的一层涂料,也不必将好奇心看作某一隐秘的先入之见的一个高明借口。不同类型动机的普遍适用性,也没有使所有不同的观察发现同样随心所欲的效应。由僵化的先入之见支配的推论(例如,在即将论述的"官方"态度中就存在这样的情况）与没有受到如此支配的推论之间，需要划出真正的界限，尽管后者也可能有自己的偏见。

这里讲一点耐人寻味的方法论历史。对于知识往往与权力相联系这一事实的认识，在传统的社会知识理论中几乎不曾受到关注。但是，在近来的社会研究中，对这一方法论方面的疏忽的补救极其广泛，以致我们现在面临完全无视其他动机的危险，而这些动机可能与追求权力并没有直接联系。虽然任何有用的知识都确实会以这种或那种形式赋予其所有者一定的权力，但是这可能不是知识的最为非凡的方面，也不是追求知识的主要原因。实际上，学习的过程可以协调动机方面的重大差异，而又不至于让学习成为一项属于相当粗俗类型的实用主义的风险事业。将追求知识视为与追求权力完全一致的认识方法论，与其说是明智，毋宁说是过于狭隘。这种认识方法论在满足好奇心与兴趣之时，会毫无必要地破坏知识的价值，也会严重弱化人类的玄奥特征之一。

文化保护者的态度与源源不断的好奇心有关。人们对于其他文化和不同的国家是有兴趣的，对一个国家及其传统的研究在全部人类历史上一直在有力地推进着。实际上，如果情况不是如此，那么文明的发展将会大不相同。这些研究活动的确切动机可能各不相同，但是有关探索却不必绝望地受到某种支配一切的动机限制（诸如与猎奇者的态度或官员的态度相关的限制）的束缚。恰恰相反，从事这样的研究，可以主要由对知识的兴趣和关注所推动。这并不是要否认这些研究活动的效果可以远远超越作为动力的兴趣和关注，也不是要否认存在各种各样的混合动机（权力关系在其中起一种担保作用)。然而,否认好奇心与兴趣作为强大动力要素的恰如其分的作用,就会疏漏某些相当重要的东西。对于文化保护者的态度而言,这种联系是十分重要的。

阿拉伯人与欧洲人早期研究中的文化保护者的态度

有关用来了解印度的文化保护者的态度的一个范例,可以在阿尔比鲁尼于 11 世纪初期用阿拉伯文写的《印度记》(*Ta'rikh al-hind*)中找到。[4] 公元 973 年生于中亚的伊朗人阿尔比鲁尼,陪同伽色尼的马茂德 (Mahmud of Ghazni) 以劫掠为宗旨的军队首次来到印度。他与印度建立了非常密切的关系,并掌握了梵语,研究印度有关数学、自然科学、文学、哲学和宗教的文献,与他所能找到的尽可能多的专家交谈,并考察社会准则及惯例。他的关于印度的书出色地记述了 11 世纪初期印度的知识传统和社会风俗。

尽管几乎可以肯定,阿尔比鲁尼的研究是所有那些研究中最令人钦佩的,但在那一时期前后,还有大量阿拉伯人对印度的知识传统进行认真研究的例证。[5] 婆罗门笈多用梵文写的开拓性天文学专著首先在 8 世纪被译成阿拉伯文(3 个世纪之后,阿尔比鲁尼重译该书),还有数种有关医学、科学和哲学的著作在 9 世纪时有了阿拉伯文译本。印度的十进制和数字正是通过阿拉伯人才传入欧洲的,印度在数学、科学和文学等领域的著作也是通过阿拉伯人传入欧洲的。

阿尔比鲁尼在其关于印度的书的最后一章中这样描写自己著

作背后的动机:"我们认为,对于任何想要与[印度人]交谈,与他们在他们自己的文明的基础之上探讨宗教、科学或文学等方面的问题的人,我们在本书中讲述的东西都将充分满足他们的需要。"[6] 他尤其意识到,了解异国及其人民困难重重,并专门就此向读者发出警告:

在所有礼仪和用语方面,[印度人]均与我们大不相同,以至于他们会拿我们、我们的服装及我们的癖性和风俗来吓唬自己的孩子,宣称我们是魔鬼种族,我们的所作所为与所有良好行为背道而驰。为了公正起见,我们早晚得承认,类似的对外国人的贬斥,不仅在我们和[印度人]之中盛行,而且是所有民族看待彼此时通常抱持的态度。[7]

虽然在外国对印度的记述中,就文化保护者的态度而言,阿拉伯人有关印度的学术成就提供了许多例证,但它在这一方面肯定不是独一无二的。中国旅行家法显和玄奘,分别于公元 5 世纪和 7 世纪在印度度过多年,广泛记述了自己的所见所闻。虽然他们是为佛学而前往印度的,但是他们的著述却涉及印度不同的学科,叙事细腻而又妙趣横生。

早期欧洲对印度的研究也颇有几例应归入这一总的范畴。意大利耶稣会士罗伯托·诺比利于 17 世纪初期前往南印度。他对梵文和泰米尔文的非凡学识,使他能够用拉丁文及泰米尔文写出相当权威的论述有关印度知识的书。另一位耶稣会士、来自法国的蓬斯神父在 18 世纪初期用拉丁文写了一部梵文语法,并将他所搜集到的一批手写原本寄往欧洲（算他走运，孟买海关当局彼时尚未问世）。

然而，欧洲人对印度的兴趣稍后真正爆发出来，系对英国人——不是意大利人和法国人——有关印度的学术成就的直接回应。这种知识传输中的一位杰出人物是令人钦仰的威廉·琼斯。他是东印度公司的法学家和官员，于1783年前往印度并于翌年在华伦·哈斯丁斯①的积极赞助下创建孟加拉皇家亚洲学会。通过与诸如查尔斯·维尔金斯及托马斯·科尔布鲁克这样的学者的合作，琼斯与亚洲学会在翻译一批印度经典著作——宗教文献（如《薄伽梵歌》）、法律论著（尤其是《摩奴法论》）及文学著作（如迦梨陀娑的《沙恭达罗》）——方面取得了非凡成就。

琼斯迷恋印度并宣示了自己"要比其他任何欧洲人更好地了解印度"的雄心。他所选定的研究领域包括下面这个还算有所收敛的清单：

印度教教徒与伊斯兰教教徒的法律、印度斯坦的现代政治与地理、治理孟加拉的最佳模式、算术与几何，亚洲人的混合科学、医学、化学、外科学，印度人的解剖学，印度的自然物产、诗歌、修辞，亚洲的道德规范，东方国家的音乐，及印度的贸易、制造业、农业和商业。[8]

人们还可以从东印度公司的英国官员中找到其他许多献身于

---

① 一译沃伦·黑斯廷斯。——译者注

学术的例证，而且几乎毫无疑问，西方人对印度人的看法深受这些考察活动的影响。并不令人觉得意外的是，这里关注的焦点，往往在于印度的那些独特的事物。印度学专家指出印度文化不同寻常的方面及其知识传统，而考虑到观察家们的视角和动机，这些内容显然更为有趣。[9] 因此，文化保护者的态度在对待自己的关注对象时不可避免地会带有一定的倾向性。我在后面还会论述这一问题。

官方的负担

我现在转向第二个范畴即官方的态度。在一个外国的臣民被视为与自己同等之人时，统治这个国家就不再是一项轻而易举的任务。在这一方面，十分引人注目的是，英国早期在印度的行政官员，甚至包括存有争议的华伦·哈斯丁斯在内，显然都是尊重印度的传统的。帝国当时尚处于幼年期，正在摸索着以渐进的方式习得治国之道。

对待印度的官方态度的一个范例，是 1817 年出版的由詹姆士·穆勒撰写的关于印度的经典之作。凭借这本书，他被任命为东印度公司的一名官员。穆勒的《英属印度史》在使英属印度多任总督熟悉这个国家的特性方面起了主要作用。穆勒实际上对以前有关印度文化及其知识传统的每一种说法均表示异议并均予摒弃，他得出的结论认为，印度文化完全是原始的和粗陋的。穆勒的这一判断与他对印度的总体态度是完全一致的。他支持将一个相当野蛮的民族置于英帝国的慈悲与改良主义的行政管辖之下的想法。

穆勒始终如一地秉持其信念，在处置次大陆其余独立国家事务方面是一个扩张主义者。他解释说，明显需要推行的政策就是，"对那些国家发动战争并征服它们"[10]。

穆勒严厉抨击早期英国行政官员（如威廉·琼斯），因为他们认为"印度斯坦人是一个具有高度文明的民族，而他们实际上不过是在文明的进程中刚刚迈出最初的几步"[11]。穆勒在所有战线全面出击终结之时得出结论说，印度文明无异于他所了解的其他劣势文明——"与中国人、波斯人及阿拉伯人的文明几乎完全相同"[12]。

穆勒在处理自己的题材时究竟有多少阅历与见闻?[①] 穆勒是在从未造访印度的情况下写出自己的书的。他根本不懂梵文，对于波斯文或阿拉伯文亦一窍不通，而且实际上对印度任何近代语言均一无所知，因此他对印度资料的解读必然极其有限。穆勒还有一个特点，即他有一种一概不信当地学者所说的话的倾向，因为在他看来，他们似乎都有"欺诈与背叛的天性"。这一特点显然影响了他的考察。[13]

也许，穆勒处理一些有关印度文化成就的特殊说法的若干例证，对于说明他的极具影响力的态度的实质会有所裨益。众所周知，现在到处都在使用的十进制、位值及零的定位使用，连同所谓阿拉伯数字，均为印度人所发明创造。事实上，阿尔比鲁尼在

[①] 下文针对穆勒对印度有关科学和数学的著作的分析所做的评价，与本书第四篇文章中对穆勒的有关批评的论述互相呼应，不过本文的焦点在于从外国"官方"视角出发所给予的评价的性质，而不是穆勒的定性之于印度人的自我认同的影响。

其于 11 世纪问世的有关印度的书中即已提到这一点[14]，许多阿拉伯及欧洲学者亦曾就这一问题写过文章。[15]穆勒则完全摒弃此说，理由是"数字符号的发明一定由来已久"，此外还有两个问题，即"印度人使用的符号是否那么独特，以至于可以认定那些符号是由他们发明的；他们是否更有可能从别处借来这些符号。这两个问题，倒不值得为了弄清他们的文明进程而予以解决"。

穆勒接着进一步解释说，阿拉伯数字"是不折不扣的象形符号"，为印度人和阿拉伯人张目的说法表明，"数字或数字符号的起源"与"象形文字的起源"被混为一谈。[16]从一个层面看，穆勒的相当低级的错误在于他不懂十进制或位值制是什么，但是，只有从他绝对不愿相信一项非常尖端的发明会由一个十分原始的民族成就这一角度看，才能理解他无知却自负的心态。

另一个值得注意的例证与穆勒对印度天文学特别是它关于地球自转与引力模式的论点（由生于公元 476 年的阿利耶毗陀提出，再由 6 世纪及 7 世纪时的伐罗诃密希罗与婆罗门笈多等人研究）的反应有关。那些印度天文学著作在阿拉伯世界广为人知；前面提到，婆罗门笈多的书于 8 世纪被译成阿拉伯文，并于 11 世纪由阿尔比鲁尼重译。威廉·琼斯在印度听说过这些著作的情况，他随后报道了上述有关论点。穆勒对琼斯的轻信表示十分惊愕。[17]在嘲讽了将这一成就归功于印度人的荒唐并就琼斯手下的印度信息提供者们的"虚荣和情趣"发表评论之后，穆勒得出结论："威廉·琼斯爵士身边的印度学者们业已熟悉欧洲哲学家们关于宇宙体系的理念。他听他们说那些理念早就存在于他们自己的书中，是极其自然的。"[18]

为了比较，考察阿尔比鲁尼在近 800 年前对同一问题的论述是有益的。他讲的是阿利耶毗陀和婆罗门笈多问世更早的著作中提出的有关地球自转与引力的假说：

婆罗门笈多在同一部书中的另一处说："阿利耶毗陀的追随者们坚持认为，地球是运动的，而天是静止的。人们试图驳斥他们，说如果情况果真如此，石头和树木就会甩离地球。但是，婆罗门笈多不同意他们的说法。他说，那样的情况未必会依照他们的理论发生，原因显然在于他认为，所有的重物都被地心吸引。"[19]

阿尔比鲁尼本人进而对这一模式表示质疑，对婆罗门笈多的一项数学计算提出一个技术性问题，提到自己的一部驳斥该假说的书，并指出运动的相对性使得这一问题不再如人们最初所设想的那样重要："地球的自转绝不会削弱天文学的价值，因为一个天文密码的所有表象，无论根据这一理论还是其他理论，都可以解释得十分圆满。"[20]在这里，就如同在别处一样，在驳斥对手的观点之时，阿尔比鲁尼力图认真而谨慎地再现这样的观点。阿尔比鲁尼的文化保护者的态度与詹姆士·穆勒的官方声明之间的对比再鲜明不过。

在穆勒的历史中，还有许多别的有关"官方"如何解读印度的例证。这在实际中是具有相当重要的意义的，因为该书在英国政府极有影响力并备受赞誉。例如，麦考莱就称扬该书

（"自吉本以来……最伟大的历史著作"）。麦考莱自己的态度和倾向与詹姆士·穆勒可谓同声相应（本书第四篇文章已对此予以论述）。

这种认为印度缺乏知识传统的看法，在英属印度的教育改革中起了重要作用。这一点是易于从麦考莱自己撰写的1835年《印度教育备忘录》中看出来的。从那时起，印度教育的优先事项受到一个与以前不同的重点任务的制约——受到培养一个受过英语教育的印度人阶层的需要的制约。麦考莱主张，这一阶层应"能在我们与我们所治理的亿万人之间担任译员"。

官方的印度观点的影响，并不局限于英国与印度。近现代属于同一传统的文献，在包括美国在内的其他地方一直是有影响的。1958年，哈罗德·艾萨克斯主持了一系列有关印度与中国的漫长对话。他先后与181名美国人——学者、大众传媒专业人士、政府官员、传教士与教会官员，以及基金会、志愿社会服务团体与政治组织的官员——交谈。艾萨克斯在对话中发现，有关印度的两部最广为阅读的文学作品出自拉迪亚德·吉卜林与凯瑟琳·梅奥，后者系卑劣至极的《印度母亲》（*Mother India*）的作者。[21]他们更易于从吉卜林的作品中识别出具有"官方"态度的内容。劳埃德·鲁道夫这样描述梅奥的《印度母亲》：

《印度母亲》初版于1927年，是在英国官方与非官方一道努力以争取美国对英国在印度的统治予以支持的背景之下写的。它给印度教之国印度的形象增添了一些当代的和骇人听闻的细节：贫穷，退化，堕落，腐败；不可救药，没有希望。梅奥的《印度母亲》不仅与亚历山大·达夫、查尔斯·格兰特及约翰·斯图尔特·穆勒一类人的观点同声相应，而且与西奥多·罗斯福的看法一唱一和，后者赞美亚洲承担白人的重负并歌颂帝国主义的成就。[22]

圣雄甘地在将梅奥的书说成是"一名下水道检查员的报告"的同时，补充说每一个印度人都应该读一读这本书。正如阿希斯·南迪所指出的那样，他似乎暗示有可能"将她的批评供内部使用"[23]（一位过于严厉的下水道检查员的报告肯定可供内部使用）。甘地本人在该书中受到严厉抨击，但考虑到他的反对种姓制度和贱民制度的运动，他实际上甚至可能欢迎她的夸大其词，因为该书对种姓不平等的描绘尽管骇人听闻却可资利用。然而，虽然甘地珍重外部批评并视之为诱导人们进行自我批评的一种办法可能是对的，但是"官方的态度"的影响，肯定会使美国人对印度的看法发生非常明显的偏差。[24]

猎奇者对印度的解读

我现在转向"猎奇者"对印度的态度。对印度的兴趣往往是由对那里的奇思妙想的观察激发出来的。虽然阿利安和斯特拉波对亚历山大大帝与印度西北部各路哲人热情洋溢的谈话的记述可能是真的，也可能不是真的，但是希腊古代文献却充满归到印度名下的不同寻常的事件和想法。

麦伽斯提尼描绘公元前3世纪初期印度状况的《印度志》

（*Indika*），堪称第一部由局外人撰写的关于印度的书。它引起了希腊人的很大兴趣。这一点可以从对它的诸多征引中看出，例如狄奥多罗斯、斯特拉波和阿利安的著作便是如此。麦伽斯提尼有充分的机会观察印度，因为他作为塞琉古·尼克托派驻旃陀罗笈多·孔雀朝廷的使节，在孔雀帝国的都城华氏城（今巴特那所在地）度过了将近十载（公元前302年至前291年）。然而，就是这部让人赞不绝口的书，也充斥着对印度离奇的东西和事迹的记述，以致很难弄清什么是凭空想象出来的，什么是亲眼观察到的。

古希腊人还有其他各种各样的关于奇异的印度之行的记述。佛拉维乌斯·菲洛斯特拉托斯于公元3世纪撰写的关于提亚纳的阿波罗尼奥斯的传记就是一个范例。我们被信誓旦旦地告知，在搜奇猎异的过程中，阿波罗尼奥斯在印度收获颇丰："我看见了生活在大地上的人们，也看到了并不生活在大地上的人们；他们不用围墙保护自己，一无所有，但又应有尽有。"[25]同一个人怎么能够从同一个观察方位看到如此矛盾的事物或许难以说清，但这一切对于猎奇者的销魂蚀魄的魅力却几乎不容置疑。

对印度的猎奇兴趣，从其早期历史至今一直层出不穷。从亚历山大倾听天衣派信徒讲演至当代善男信女聆听大仙马海什·约吉与室利·拉杰尼什布道，形成了一个拥挤的宗系。或许，在知识方面与印度有关的猎奇兴趣的最重要例证，可从18世纪至19世纪初期欧洲人特别是浪漫主义者的哲学探讨之中看到。

浪漫主义运动中的重要人物包括施莱格尔兄弟及谢林等人。

对印度文化的相当夸张的解读使他们深受影响。从德国哲学家兼欧洲启蒙运动中唯理论的批评家赫尔德那里，我们获悉一大新闻，即"印度人是人类之中最温和的一支"，"他们的劳作和欢乐，他们的道德和神话，他们的艺术，都具有心态稳健镇定、情感柔和及灵魂宁谧深沉的特征"[26]。弗里德里希·施莱格尔不仅成为印欧语言学研究的先驱（马克斯·穆勒后来从事此项研究，成就显赫），而且以印度为佐证对当时的西方进行批评。在西方，当"人自身已经几乎成为机器"并且"沉沦得无以复加"之时，施莱格尔力主向东方特别是印度学习。他还言之凿凿地说，"波斯和德国以及希腊和古罗马的语言与文化，全都可能追溯至印度的语言与文化"[27]。叔本华在这一名单上增添了《新约》，还告诉我们，与《旧约》相对照，《新约》"无论如何一定源于印度这一点可从《新约》中将道德体系转化为苦行主义的全然属于印度的伦理思想、《新约》中的悲观主义及《新约》中的天神下凡（即基督其人）予以证实"[28]。

并不令人感到惊讶的是，早期的许多热心人士很快就因为发现印度思想中并没有他们自己所强加的那些东西而感到失望，其中不少人甚至分道扬镳乃至转向批评。一些中坚分子，尤其是施莱格尔，坦然承认错误。其他人，包括黑格尔，竟然对印度传统提出了相当负面的粗略看法，疾言厉色地否定关于印度文化占有卓绝地位的主张——一个显然源于欧洲的主张。当柯勒律治问"这些深入印度内里的权势人物究竟是些什么人？"[29]之时，他实际是在问一个关于欧洲的问题,而不是关于印度的问题。[30]

除了实在的弱点之外,对印度的猎奇态度还有一再表现出来的不可避免的脆弱性和无常性。对印度产生奇想并将该奇想捧上天,接着这一奇想轰然坍塌下来。当公认的明星独自(或在他的积极合作之下)发起某一行动时,这一切本来未必会是这样一场悲剧。例如,当甲壳虫乐队不再将大仙马海什·约吉视为名人并猝然离他而去之时,并没有多少人为他哭泣;约翰·列侬在回答大仙关于他们为什么要离去的问题之时说道:"你是宇宙人,你应当知道。"[31]

然而,当过度吹捧与刻意贬低都被强加于受害者之时,问题就全然不同。在文学接受方面最令人沮丧的插曲之一发生于本世纪初期。埃兹拉·庞德与 W. B. 叶芝等人率先异口同声地赞赏罗宾德罗纳特·泰戈尔诗歌的抒情灵性,但他们不久之后又表示完全漠视和坚决谴责。泰戈尔是一位具有巨大的创造性和广泛性的孟加拉语诗人(尽管他的诗歌不易翻译,甚至他的受到高度赞赏的宗教诗歌也不易翻译),也是一位伟大的短篇小说家、长篇小说家和散文家;他迄今依然是孟加拉国与印度首屈一指的文学大家。孟加拉人所熟知的这位多才多艺并富于创新精神的作家,并不是伦敦期望他充当的不断说教布道的精神导师;他也绝非萧伯纳的《富兰克林·巴纳巴斯的家庭生活景象》中的漫画人物"笨宾德罗纳特·贝戈尔"(Stupendranath Begorr*)。

---

* 这一剧中人名隐含了萧伯纳对泰戈尔的嘲讽。——译者注

互动与强化

对于西方理解印度的知识传统,这些不同的态度产生了非常多样化的影响。猎奇者的态度与官员的态度虽然引发了西方对印度的注意,却使西方对印度困惑不解乃至产生糊涂认识。文化保护者的态度在这一方面的过失较少,而且在历史上,在揭示印度文化的不同方面,包括揭示其非神秘主义的和非奇异性的特色,以及在引起人们的相应注意方面,确实起了重要作用。不过,鉴于文化保护事业的性质,重心会不可避免地倾向于印度不同于西方的东西,而不是印度与西方相似的东西。在突出印度特色之时,甚至文化保护者的态度有时也会强化印度与西方之间的反差,而不是印度与西方传统之间的共性,尽管他们没有采取像在猎奇者的态度和官员的态度中所发现的那种相当极端的形式。

官方的态度在英帝国的治理中起了十分有力的作用。尽管英国对印度的殖民统治业已寿终正寝,但与之有关的形象的影响还是留存下来,在美国也有一定的市场(这一点前面已经论述)。从对印度持文化保护态度的观察家的著述中可以看到他们对印度的倾慕,而官方作者在一定程度上与这种态度背道而驰。例如,詹姆士·穆勒与麦考莱两人均大力批评诸如威廉·琼斯一类作者的著作,不过其中却有一些重要的辩证法。心怀敬意的文化保护者描绘了一幅有关印度知识传统的图画,对 19 世纪英属印度帝国的文化表示了过度的赞许，从而激起了官方抨击那些传统的热情。在詹姆士·穆勒与麦考莱开始著述之时，英属印度帝国作为一项持久而宏大的事业已然站稳脚跟，倾慕本土知识传统这一"不负责任的行为"——在前一个世纪，东印度公司的早期雇员这样做是可行的——是在已经巩固的帝国里的有利于印度的解读，因而难以持续下去。

猎奇态度中因着迷而产生的好奇心的爆发，形成了令人困惑的关注大潮，从而使西方意识到印度。然而，大潮随后开始消退，仅留下一些坚定不移的猎奇者构成的涓涓细流，由他们继续说教。不久之后，又一次形成可观的潮流。E. M. 福斯特在讲述罗宾德罗纳特·泰戈尔在伦敦文学界的兴衰之时说，伦敦就是一个"繁荣与萧条"交替出现的城市，但这一说法一般来说（即不仅限于伦敦的文学界）更适于描绘西方人对东方文化奇异方面的重视程度的消长。

不过，即使在那些潮流存在之时，它们也不会风平浪静。我记得，数年以前，我在伦敦奥尔德韦奇火车站附近见到一位沮丧的种族主义者，正在厌恶地观看着数以千计的布满各处的招贴，上面有形体肥胖而神圣的师尊马哈拉杰先生（当时正风靡伦敦）的照片，我感到十分悲哀。我们的热忱的种族主义者正忙于卖力地将"肥鬼佬"（fat wog）二字写到每张照片的下面。不久之后，那条特殊的虫就会离开，但我相信，那个在"奥尔德韦奇火车站前心怀厌恶的人"此刻还会在别的招贴下面涂抹"瘦鬼佬"或

"中等鬼佬"一类字样。

可以认为，由于猎奇态度可在不宜称扬之处给予称扬，而官方态度在非常宜于给予称扬之处拒不称扬，两者相互之间可能实现良好平衡。然而，它们在以非常不对等的方式发挥作用。官方批评往往以极大力量一笔抹杀印度在理性主义与人道主义方面的成就（詹姆士·穆勒和凯瑟琳·梅奥均属此种情况），而猎奇者对印度的赞赏往往精心突出印度神秘的和超理性的方面（从提亚纳的阿波罗尼奥斯下迄今日克里希那运动的激进主义分子均属此种情况）。两者合力造成的结果就是迫使对印度文化的理解背离印度理性主义的诸多方面。印度在数学、逻辑学、科学、医学、语言学或认识论等方面的传统，可能是西方专家所熟知的，但它们在西方对印度的总体理解中却几乎不起作用。[32] 相对而言，神秘主义和猎奇主义在这一理解中倒占有更为神圣的地位。

内部与外部认同的辩证法

西方人对印度的观念和定性，对于印度人本身的自我知觉产生了相当大的影响。这显然是与印度曾作为殖民地的过去及其依然推崇西方所珍视的东西有关。[33] 然而，此种关系并不需要简单接受这一形式，有时还包括对西方形形色色的印度观念的战略性回应，而那些观念须符合印度自我形象塑造的利益。我们必须区分西方形象对印度人内部认同所产生的影响之中的一些截然不同的方面。

第一，欧洲猎奇主义者的诠释和赞扬，在印度获得了确实堪称众多的心怀感激之情的听众。鉴于殖民统治严重摧毁了印度人的自信心，他们特别欢迎那些诠释和赞扬。那些对印度表示仰慕的言论被一再援引，而同样的作者（赫尔德、施莱格尔、歌德等）的负面意见则被完全忽略。

贾瓦哈拉尔·尼赫鲁在其《印度的发现》中对这一现象评论道："印度作家有一种从欧洲学者为赞扬印度古老的文学与哲学而写的著作中寻章摘句的倾向，而我也未能全然免俗。寻觅别的表达截然相反的观点的章句会一样容易，甚至容易得多。"[34]在接受猎奇主义者赞扬的过程中，印度人对自己过去的诠释，全面聚焦于能够博取猎奇主义者赞扬的目标，更多地集中到西方许多人极其欣赏的神秘主义的和反理性主义的东西。[35]

第二，这一过程适应了殖民地时期印度精英民族主义政治的需要，也满足了站立在坚实的知识地基之上与帝国的统治者对抗的渴望。帕塔·查特吉很好地论述了这种态度的产生：

反殖民主义的民族主义，早在与帝国的强权进行政治战斗之前就在殖民地时期的社会内部创建了自己的势力范围。它将拥有社会制度和习俗的世界分为两个领域——物质领域与精神领域，从而做到了这一点。物质领域是"外在"领域，是经济和权术的领域，科学和技术的领域，一个西方业已证明了自己的优势而东方业已认输的领域。那么，在这一领域，就不得不承认西方的优势，并仔细研究和复制其成就。精神领域是"内在"领域，带有文化认同的"本质"标记。因此，人们在物质领域模仿西方技术的成就愈大,他们保护自己精神文化特性的需求愈强。我认为,这一公式是亚洲和非洲反殖民主义的民族主义的一个基本特征。[36]

的确曾有人致力于展现他们所认为的印度文化的"强势方面"。那些"强势方面"均在查特吉所指出的"西方业已证明了自己的优势而东方业已认输的领域"之外。

可以通过进一步注意印度人的内部认同与其外部形象之间的关系的辩证法来补充查特吉的分析。英属印度帝国官方否认印度的物质主义和理性主义的传统,使印度人进一步认可了自己在科学、技术和数学领域的弱势;猎奇者对印度精神的赞赏同样有助于印度人对自己在非物质领域的力量做出判断。在殖民地时期的印度出现的对内部认同的强调,带有与西方观念辩证冲突的明显印记。

第三,最近数十年来,由于焦点已经从殖民地精英史转移到非精英的作用这一方面,对精英知识传统的专注已经弱化。现在,我们来看印度史学最令人兴奋的动态之一。在殖民地历史的撰写之中,出现了将关注重点从精英阶层转向弱势群体的重大变化,更多地聚焦于农村群众和受剥削的平民——一个常被含义宽泛的"下属"(subaltern)一词指称的庞大群体。[37]这一动向的出现就其背景而言是完全适宜的(事实上早该如此),对于理解殖民地历史,也是一次非常重要的矫正。

这种焦点转移虽然不再一般地强调精英知识传统(既包含物

质主义的传统，也包含非物质主义的传统），但还是在许多方面易于将精英阶层的宗教与精神传统同非精英阶层的习俗与信仰联系起来。科学与数学的尖端成就，不可避免地要与正规的教育和准备联系在一起。在这一方面，印度在大众教育方面非常落后的状态（英国统治时期的遗患，但尚未充分消除），使得非精英们的生活与精英们的科学及数学分离的情况有所加重。对印度精神方面成就的承认，往往不像在那些要求更加严格的正规教育领域所取得的成就那样"疏离"大众。于是，猎奇者对印度的赞颂更易于为那些特别留意不从精英角度看印度的人所接受。

然而，得不到教育意味着权利遭到剥夺这一事实依然存在。不同阶层之间的公正问题，不能只是一个承认下层民众在历史上（例如，在反殖民主义的民族运动中）的真正作用的问题，尽管这一点是重要的。这也是一个消除在教育和其他机会方面极端不平等的问题，即使在今天，这样的不平等仍在严重限制着下层民众的实际生活。

十分耐人寻味的是，甚至在 11 世纪，这一损失的严重性就被阿尔比鲁尼本人（持文化保护态度的主要作者之一，前面已提过他的著作）注意到了。阿尔比鲁尼谈到了对"那些不被允许从事科学研究的种姓"的真正剥夺。[38]这种实质性的剥夺甚至迄今依然在很大程度上没有得到补救（除了一些特殊地区，如喀拉拉邦）。在理解印度文化与传统的本质之时，主要聚焦于印度下层民众的成就，而不是对他们的剥夺，只能产生一种带有欺骗性的

七　印度的传统与西方的想象

对比。①

在一定程度上，这一侧重点的转移，迫使对印度过去的诠释背离了那些需要相当正式的训练才能取得的成就。虽然这一举动在某些方面合情合理，但一部自觉的非精英的印度历史与通常对西方知识遗产的正统理解之间的比较导致了不同知识传统之间的虚假反差。在将西方的思想与印度的思想与创造进行比较时，亚里士多德派、斯多葛派或欧几里得派分析的恰当比照对象，不是印度农村群众或地方智者的传统信仰，而应当是如憍底利耶、龙树或阿利耶毗陀的比较有分析性的著作。"苏格拉底会晤印度农民"，不是对不同的知识传统进行对比的好方法。

结　语

印度人的内部认同，系以印度多种多样传统的不同成分为凭。持不同态度的西方人的观察倾向，对印度人在殖民地时期出现并且至今依然存在的自我形象的形成产生了十分重大的——正面的和负面的——影响。这种关系包含若干辩证方面，与印度人对奉行世界主义的西方的选择性赞赏及否定的敏感性有关，也与殖民地时期的对抗机制有关。

---

①　实际上，即使在从被剥夺的弱势群体的角度探求"好生活"之概念时，如果完全无视精英阶层的知识成就，那也将会是一个错误，因为对被剥削者的部分剥夺，恰恰在于否决了他们参与创造成就的机会。虽然马克思可能在就"乡村生活的极端愚昧"发表宏论之时略有夸张，但他在确认社会剥夺的性质方面却抓住了要点。事实上，选择下层民众的历史视角与系统注意精英阶层的学术成就之间并不存在任何基本矛盾。

在很大程度上，在西方人理解印度知识传统方面，文化保护者、官方与猎奇者三种态度之间的区别在于他们不同的观察角度。他们从各自的角度考察印度，并描绘了印度的总体形象。态度取决于视角不仅是描绘印度形象时的一个特点，事实上，这是在描绘和鉴别中的一个带有普遍性的总体特征。[39]"印度究竟是什么样子？"之所以是外国旅游者手册提出的一个好问题，就是因为它可以从一个身在印度的外国游客的独特角度提供切合实际的描述。然而，还有别的角度、别的背景、别的着眼点。

这里考察的三种态度，对于印度知识史均提出了十分独特的看法，但它们的总体作用在于夸大了印度传统中非物质的和神秘的方面，而这是相对于它们对印度知识史上更为理性主义的和更有分析性的成分认识不足而言。虽然文化保护者的态度在这一方面过失较小，但是他们聚焦于印度真正与众不同的东西，在一定程度上也促成了这一问题的出现。然而，绝大部分贡献来自猎奇者对印度（尤其是印度在精神方面的奇异之处）的赞赏，以及官方的决绝态度（尤其是对印度关于自己在数学、科学和逻辑分析方面成就的说法拒不接受）。

这些各有侧重的态度的实质，往往破坏了对印度知识传统的充分多元的理解。虽然印度确实传承了浩如烟海的宗教文献、大量神秘主义的诗歌、对超验问题的博大精深的思辨，如此等等，但是印度还有其他汗牛充栋的——往往是具有开创性的——文献。这些文献涵盖数学、逻辑学、认识论、天文学、生理学、语言学、语音学、经济学、政治学及心理学等学科，绵延达2 500余年，而且与当今世界攸关。[40]

就宗教而言，世界上唯一坚定不移地持不可知论态度的宗教（佛教）即起源于印度，此外遮罗迦和顺世论这样的无神论学派也提出了大量印度宗教学者自身也一直在认真研究的论点。[41]异端之见遍布于早期文献，甚至古代史诗《罗摩衍那》中也有秉持异议的人物，而当代印度教激进主义分子将这部史诗视为天神罗摩的传记圣书，常常予以援引。例如，一位名叫阇婆离的世俗学者就罗摩的宗教信仰的愚蠢而教训他："罗摩呀，做一个有智慧的人吧。可以肯定，根本就没有来世！只管享受眼前的东西吧，将那令人不快的事情置诸脑后。"[42]

这里存在争议，不是对印度的神秘主义与宗教创始承认与否（这样的创始肯定很多），而是对同样大量存在于印度的其他所有知识活动的忽视。事实上，尽管印度人十分明显地沉迷于宗教，但要说印度是一个欢乐与游戏之国也不算错，因为国际象棋很可能是在印度发明的，羽毛球起源于印度，马球首先出现于印度，而古老的《欲经》则告诉人们如何才能享受性的快乐。① 实际上，乔治·伊夫拉赫引用过一位中世纪时期出生于巴格达的名为萨巴迪的阿拉伯诗人的诗句。萨巴迪说，有"三件印度民族引以为豪的事情：他们的计算方法、国际象棋游戏，以及题为'卡里来和迪

---

① 吉塔·梅塔出色地利用了印度的蛇与梯的游戏，以诠释现代印度，参见 *Snakes and Ladders*: *Glimpses of Modern India*, New York, Anchor Books, 1998。

木乃'（一部寓言故事集）的书。"[43] 这一单子并非全然不同于伏尔泰的关于来自印度的重要物事名录："我们的数字，我们的十五子棋，我们的国际象棋，我们的最初的几何原理，以及业已化为我们自己所有的寓言。"[44] 这些选项与西方对印度传统的主流印象——专注于宗教或精神性——并不吻合。

这些选项与许多印度人，特别是那些已逐渐对印度文化的实质持"分离主义"态度的人们，认识自身及其过去的知识传统的方式也不吻合。我已尝试论述了这种差异是如何产生和怎样持续下来的。我也尝试着推测，认为印度有选择地疏离自己历史上一个非常重大的部分这一观点是由印度与西方之间的不对等关系滋育出来的。说来奇怪，印度传统中的理性主义部分受这种辩证疏离的影响最大。

八

中国与印度[①]

7世纪时,义净在从印度返回中国之后问道:"体人像物,号曰神州。五天[*]之内,谁不加尚?"[1] 义净可能对夸张这一修辞手法略有偏好但当时的印度,肯定在寻求知识方面对中国抱有浓厚兴趣,就如同中国也对印度抱有同样浓厚的兴趣一样。义净当时在那烂陀这一高等学府刚刚度过十载。除了国内的学生以外,那烂陀还吸引了印度之外的许多学者。

在公元一千纪期间[②],大批中国学者前来印度学习佛教及其他学科(兼搜集梵语文献),其中多人客居印度达十载或更长时间。义净便是这些学者之一。在那烂陀,他在研究佛教哲学与习俗之余,还研习了医学(特别是"生命吠陀",即"延年益寿之学")。

[①] 帕特里夏·米尔利斯、苏加塔·鲍斯、杰弗里·劳埃德、戴维·麦克马伦、埃玛·罗思柴尔德、罗埃尔·斯特科克斯、孙书云以及罗西·沃恩提出了许多有益的评论和建议,我对他们不胜感激。本论文的一个删节本刊于2004年12月2日的《纽约书评》。

[*] 即五天竺之略称,指印度全境。我国古籍中长期称印度为天竺,如《后汉书·西域传》:"天竺国一名身毒,在月氏之东南数千里,俗与月氏同,而卑湿暑热。"中国古籍中对印度还有其他许多异称,直至玄奘之时,始以"印度"一词代之,详见《大唐西域记》卷二:"夫天竺之称,异议纠纷,旧云身毒,或曰贤豆,今从正音,宜云印度。"从张骞通西域到玄奘万里求法,中国人经历了700余年才最终确立印度之译名。一名之立,亦非易事。——译者注

[②] 据记载,有200余名中国学者在这一时期曾长期旅居印度,参见谭云山的《中印文化》(*Sino-Indian Culture*, Calcutta: Visva-Bharati, 1998)。

另外，从公元1世纪至11世纪，数以百计的印度学者前往中国并在那里工作。他们从事各种各样的职业，包括将梵语文献迻译成中文（多系佛教著作），但也参与其他活动，如研究数学和科学。数位印度数学家和天文学家在中国的科学机构拥有高级职位，而一位名为瞿昙悉达（Gautama Siddhārtha）的印度科学家甚至在8世纪时成为中国官方天文机构司天台的台长，即太史监事。

在公元一千纪的大多数时间及其后的悠长岁月中，中国与印度之间的知识联系在两国的历史上都是重要的。然而，这些联系在今天几乎已被人们遗忘。这些联系之所以很少引人注意，主要是因为受到人们对宗教尤其是佛教历史的兴趣的影响。但是，宗教联系只是公元一千纪期间中印联系盛事中的一部分，因此有必要更为宽泛地了解这些联系的方方面面。这不但对更为充分地体察世界三分之一的人口的历史是重要的，而且对更为充分地领会这些联系历久不衰的意义也是重要的，因为它们与当代政治及社会事务也不无关系。

将宗教视为中国与印度在历史上密切相关的一个主要原因，以及激赏佛教在促成两国之间人民和思想互动方面的中心作用，当然都是正确的。然而，尽管佛教发挥了关键作用，但由佛教肇始的两国之间的知识互动并不仅仅局限于宗教。这些联系所产生的非宗教性的（或依照当今术语，则可说是"世俗性的"）结果，一直延伸到科学、数学、文学、语言学、建筑学、医学和音乐等领域。我们从一些如5世纪的法显和7世纪的玄奘及义净一类前往印度的访客留下的精心记述中知悉[2]，他们的兴趣绝不仅仅限于宗

八　中国与印度

教的理论和习俗。同样，前往中国的印度学者，特别是在7世纪和8世纪，不仅包括宗教方面的专家，而且包括其他专业人士，如天文学家和数学家。

然而，要想根据他们的囿于宗教领域的记述，来复原早期中印在知识方面的关系所涉及的门类与范围，则诚非易事。实际上，近年来，由于当代人执迷于将世界人口划归主要依据宗教界定的不同"文明"（例如，塞缪尔·亨廷顿将世界划分为"西方文明""伊斯兰教文明""佛教文明""印度教文明"等范畴就很好地说明了这一点），宗教简化论得以增强。因此，存在一种主要——乃至完全——依据宗教看人的倾向，尽管将人的单一身份当作其根本属性会遗漏很多重要的东西。这种宗教隔离思路对于理解全球思想与信仰的历史的其他方面，业已造成严重损害，例如，这种思路在总体的穆斯林历史与特别的伊斯兰教历史之间造成的混乱，导致了对穆斯林知识分子，尤其是他们在8—13世纪从事科学、数学和文学活动所取得的辉煌成就的忽视。①

事实上，还有另外一个因素作用于这种话语偏见。在当前理解西方和非西方的思想与学术的方式中，存在一种奇怪的二分法，

---

① 倘若心怀不满的阿拉伯激进主义分子受到诱惑，唯以伊斯兰教的纯洁性为傲，而不是为包含多个方面的丰富的阿拉伯历史感到自豪，那么宗教无与伦比的优先权就肯定在这一话语樊篱中起了很大的作用。还有一种日益增强的倾向，将博大的印度文明仅仅视为"印度教文明"——这是在借用塞缪尔·亨廷顿一类文化分类者与印度教政治激进主义分子均偏爱的一个单主题短语（关于这一点，参见本书前面第一篇文章）。一些以特性为基础的思维类型，包括单一特性受到垂青造成的狭隘化效应，在我的《身份与暴力：命运的幻象》（*Identity and Violence：The Illusion of Destiny*）一书中亦有所论述。该书由纽约诺顿公司出版。

即在诠释抱有强烈宗教信仰的同时也怀有世俗兴趣的非西方知识分子的著作时,出现了将主导作用归于虔信宗教的倾向。例如,人们并不认为,必须主要依据基督教来理解牛顿的科学工作(尽管他确实信仰基督教),也不觉得他对世俗知识的贡献一定要从他对神秘主义的浓厚兴趣这一角度来解释(尽管神秘主义思辨对于牛顿本人显然是重要的,乃至成为他从事科学研究的一定动力)。相对而言,在涉及非西方文化时,宗教简化论往往会产生引人注目的影响。例如,存在一种普遍的倾向:认为印度或中国的佛教学者或密教修炼者的一般的知识性著作,除非从其宗教信仰与习俗的特殊角度观照,否则无一是可以"恰当理解"的。

通过佛教联系而在印度与中国之间引发的广泛接触,并不仅仅局限于佛教这一主题。这些接触在包括科学、数学、文学、语言学、医学和音乐在内的其他领域也产生了重大影响。这些接触还普遍拓宽了两国人民的知识视野,甚至有助于使他们各自都变得不再那么与世隔绝。本文专门论述公元一千纪期间宗教互动范围之外的中印历史关系。一个特殊的关注焦点是,由佛教激发并由佛教接触所培育的诸多联系在推进可以被宽泛地称为世俗性事业的活动中所起的催化作用。

贸易、宗教及其外物事

恰好,佛教并不是中印关系的唯一载体。几乎可以肯定,中印关系是以贸易为始的。2 000多年之前,印度商人即从事由中国进口货物再将它们转口至中亚的贸易。公元前2世纪,西汉派往

八 中国与印度

大夏的使臣张骞愕然发现，在当地市场上有来自云南的中国货（主要是棉布和竹制品），他在询问之后获悉，它们是由印度商队经印度与阿富汗运来此地的。[3] 印度在中国与西亚之间贸易中的中介作用持续了许多个世纪，不过商品类型却持续发生变化。丝绸在最初非常重要，但"至11世纪时……瓷器业已取代丝绸成为经印度转运的中国主要商品"[4]。

2 000年之前，在印度本土，尤其是印度富人的消费习惯，受到中国制造的新奇物品的较大影响。憍底利耶关于经济与政治的梵文论著《利论》最初撰写于公元前4世纪，但在数个世纪之后才经修订并最终杀青。该书将"来自中土的蚕丝和丝绸"列于"宝物"与"珍品"中的特殊位置。在古代史诗《摩诃婆罗多》中，也曾提及中国丝绸（cīnaṃś-uka）被当成礼品送人，而在古老的《摩奴法论》中亦有类似情况。[5]

公元一千纪前期，中国产品的奇异性质就在印度的许多文学著作中引起注意。5世纪时，在迦梨陀娑（或许是梵语古典文学中最伟大的诗人和剧作家）的伟大剧作《沙恭达罗》剧情发展的关键时刻，在狩猎途中的国王豆扇陀看到了美丽绝伦的净修林女子沙恭达罗，并完全为她的美色所倾倒，这位得了相思病的国王将自己与一面用中国丝绸制作的旗帜在风中飘动的样子相比，来说明自己神魂颠倒的状态："我的身体在前行，/但我那依依不舍的心却跑回来/如同一面用中国丝绸做成的旗帜/在迎着风摇摆。"在波那写于7世纪的《戒日王传》中，美丽的罗阇室利的著名婚礼，由于她决定身着优雅的中国丝绸服装而格外光彩夺目。除了丝绸之外，在这一时期的梵语文学中，还多次提到别的许多进入印度的中国产品，从樟脑（cīnaka）、茴香（cīnāka）、朱砂（cīnapista）和优质皮革（cīnasi）至梨（cīnarājaputra）、桃（cīnani）之属，林林总总，各不相同。[6]

如果说中国在 2 000 年前即已在丰富着印度的物质世界，那么印度却似乎在忙于将佛教传入中国。那一常被人们回忆的进程当然是历史的一部分，而且需要首先承认这一明白无误的历程，然后再考察这些关系的更为错综复杂的相关方面。印度僧人到达中国的有确切记载的时间最早可以追溯至公元前 1 世纪。当时，竺法兰（Dharmaraksa）与迦叶摩腾*应汉明帝之邀来到中国。根据传说，汉明帝在梦中见到佛佗乔答摩（中国此前一定对佛教已有所了解，因为皇帝梦里的中心人物被认为是乔答摩），遂遣一干人等前往印度寻觅并延请佛教专家。竺法兰与迦叶摩腾两位印度僧人，以一匹白马载负大量经卷及舍利到达洛阳，而中国人就在那里为他们修建了白马寺。显然，他们两人在那里度过了自己的余生。

从那时起，印度学者与僧人源源不断地前来中国，一直持续到 11 世纪。这样的数以百计的学者和翻译家，将数以千计的梵语文献译成中文刊布，而且他们的生平与著作均留有记载。甚至在这样的交往之河于 11 世纪断流之后（1036 年以后，中国编年史中不再有关于新来的印度僧人的记录），翻译工作还在以惊人的速度

---

* 一译"摄摩腾"。——译者注

八 中国与印度

继续进行（我们了解到，在 982 年至 1011 年期间，又有 201 部梵文经卷被译成中文）。然而，到那时，随着理学日渐居于主导地位，佛教在中国已处于长期衰落的过程之中，而在当时，佛教在其诞生之国亦已式微（印度最后一个佛教王朝，亦即孟加拉的波罗王朝，于 12 世纪逐渐消亡）。[7]

在另一方向，即从中国到印度，也存在类似的人员流动，不过规模多少小些。中国访客写的有关印度的见闻报告，涉及印度宗教习俗、生活方式和社会体制，也涉及印度在知识方面的成就。前面援引过的义净，走海路经室利佛逝（Śrīvijaya）于 675 年抵达印度。7 世纪时，苏门答腊繁荣的海岸城市室利佛逝已受到印度的强烈影响（而义净就是在那里掌握梵文的）。他在那烂陀的高等学府就读，而那烂陀靠近印度孔雀王朝（公元前 4 世纪建立的第一个统一全印度的国家）古都华氏城（今巴特那）。义净详尽记述了自己客居印度十载的所见所闻和所获得的学识，于 691 年完成其著作。[8] 可以料到，他关于向印度学习什么的考察主要集中在佛教哲学与习俗上，但也包括其他研究领域，如卫生保健与医疗程序——义净对这一学科具有特殊、浓厚的兴趣，他的书有三章写的都是这一内容。我稍后会再谈义净对这一学科的论述。

法显是第一个留下有关认真记述自己的访印活动的著作的中国学者。他是一位来自中国西部的佛教学者，意在前往印度求取一些梵文经卷（如戒律），并使中国能够利用它们。他于 401 年到达印度，比义净早了几近 300 年。他于 399 年从中国启程，经和阗（佛教盛行于此），穿北线，一路历经艰难险阻。在印度奋发苦学十载之后，法显沿恒河或其支流胡格利河入海口（距今加尔各答不远）扬帆泛海回国，途经佛国斯里兰卡，最后再经流行印度教的爪哇。法显将自己的时间用于在印度广泛游历，造访诸多主要城市，观瞻佛教遗迹，搜集佛教文献（他在日后将它们译成中文），而且——似乎——与他周围的每一个人都广为交谈。他撰写了一部具有极大的启迪意义的著作《佛国记》，在该书中记述了自己在印度和斯里兰卡的见闻。[9] 在华氏城的岁月，法显除了学习宗教文献之外，还学习语言与文学。然而，法显对于公共卫生怀着同后来的义净多少有些类似的兴趣，也特别关注印度人对卫生保健事宜的安排。我在后文还将论述这一点。

中国最著名的访客玄奘，于7世纪时从唐朝前来。玄奘是一位令人钦佩的杰出学者。他收集了大量梵文佛经（他在返回中国之后亦将其中众多文本译成中文），在整个印度游历达16年之久，其中包括他在那烂陀著名的教育机构度过的岁月（同后来追随他的足迹到那里的义净一样）。除了佛教之外，玄奘在那里还研习了医学、哲学、逻辑学、数学、天文学及语法。[10] 玄奘还会见了北印度信奉佛教的皇帝戒日王，与他共话中印关系。[11]

许多个世纪以来，在印度与中国，玄奘的访问一直为人们所铭记。9世纪时，一位日本佛教访客饶有兴趣地注意到一个事实：在"中印度"（middle India）的大量佛寺中，玄奘被再现于绘画之中，其"蔴鞋、汤匙及筷子均浮在五彩祥云之上"[12]。在中国，有大量关于玄奘的传奇故事，它们到10世纪时已变得十分流行，后来则得以作为戏剧在中国舞台上频繁演出。在这些半虚构性著述中，最著名也最流行的是一部 16 世纪时由吴承恩写的长篇神话小说《西游记》。[13]

褊狭与开放

尽管从印度归国的中国学者在自己的国家受到尊敬，而且往往得到帝王的恩遇，但也要十分注意不要忽略对当时已遍及中国的印度——尤其是佛教——影响的抵制。除了其他因素之外，中国历史上各个时期对佛教的抵制还包括一种强烈的信念或意识，即认为中国的道统无懈可击，更认为中国地域之外所产生的思想不可能真正非常重要。9 世纪时，一位反对佛教的士大夫韩愈——后来的儒家学者曾极力为其辩护——在其于 819 年撰写的《谏迎佛骨表》一文中，不加掩饰地提出了这一问题：

夫佛本夷狄之人，与中国言语不通，衣服殊制；口不言先王之法言，身不服先王之法服；不知君臣之义、父子之情。

韩愈甚至提出例证，以明佛教风俗之非：

［梁武帝］前后三度舍身施佛，宗庙之祭，不用牲牢，昼日一食，止于菜果，其后竟为侯景所逼，饿死台城，国亦寻灭。事佛求福，乃更得祸。由此观之，佛不足事，亦可知矣。

道教对佛教的反对，也含有中国士大夫民族主义的强烈因素，以及对中华风俗的优越感。无巧不成书，佛教与道教有许多相似之处，但这只是使得斗法更加激烈，而本属无常的孰优孰劣的问题也在这种冲突中豁然显出。例如，在4世纪初，一位名为王浮的道教激进主义分子撰写了《老子化胡经》一书。在他的著述中，道教鼻祖老子（旧日译名 Lao-tzu 或许更为人们所熟悉，他通常被认为活动于公元前3世纪）被赋予一项杜撰的教化印度的使命，尤其是要对佛陀乔答摩（事有凑巧，他在传闻老子到达印度之前，已辞世数个世纪）施加影响。查尔斯·赫克尔简述了这部具有高度争议的书及其引发的相当怪诞的论战：

[王浮的]基本论题是，老子在离开中土之后，行经中亚进入印度。由于人们所读文本歧异，所以老子在印度的事迹有三说：（1）出神入化地将一位随行弟子变成历史上的佛陀；（2）让佛陀皈依道教；（3）自化为佛陀。佛教徒主要通过不断将佛陀所处时代前推而反击道教的进攻，而道教徒亦如法炮制，以重新编排老子的生平日期予以回应。[14]

正如利昂·赫维茨与蔡恒颐（音）所论述的，"一个中国人何以会让自己受印度风俗的影响呢？"这一问题，事实上是"在佛教甫于中土获立足之地后，儒士与道教教徒至为频繁地提出的反对意见之一"[15]。中国失去在世界物序中的中心地位便属于人们所关注的事情之一。佛教采取各种不同的形式回应，但至少在一些回应反佛教言论的文章中，已就一些具有普适性的伦理问题畅所欲言。牟子是佛教有力的捍卫者，力主佛教观念与中国良士的标准

八　中国与印度

是和谐一致的。他甚至在自己的具有战斗性的著作《理惑论》中问道，中国人是否应当认为自己处于世界的中心，并明确表示坚决赞同佛教具有普适性之说：

传曰："北辰之星，在天之中，在人之北。"以此观之，汉地未必为天中也。佛经所说，上下周极，含血之类物，皆属佛焉。[16]

佛教联系在中国做出的积极贡献之一是产生了一种普遍的意识，即在一定程度上，连中国人也必须睁眼向外看。实际上，佛教不仅暗示在中国之外的远方亦有智慧的源泉存在，而且导致许多中国学士出国之倾向，尤其是前往印度，以期获得启迪与理解佛法。此外，由于这些前往印度的访客返国时带回有关他们在印度所见奇妙事物的故事，人们就很难再不折不扣地对世界文明保持中国中心论的观点。他们在赴印度途中还能看到别的值得仰慕的遗迹与成就。例如，7 世纪时，玄奘在从西部走近印度时，在阿富汗看到了巨大的巴米扬佛像（在他经和阗而走的迂曲的路线上）就啧啧称奇。①

事实上，一些中国的论者之所以感觉受到威胁，是因为不仅中国居天下之中的观念已经淡薄，而且更糟糕的是，一些佛教教徒出现了一种倾向，认为印度实际比中国更接近世界的中心。[17]尽管印度当时通常被称为"西天"（言外之意是中国处于中心位置），但是佛教徒的视角往往偏好将印度置于万物的中心。例如，法显 5

---

①　在玄奘对这些佛像发表宏论 13 个世纪之后，它们于近年被塔利班摧毁。

世纪时的游记即将印度说成是"中国"（"The Middle Kingdom"，"中央王国"），而中国倒成了一个边缘国家。[18]

虽然这一切对抱持中国处于中心地位这一信念的人具有强烈的刺激作用，但是这样的异端观念确实对中国本来坚定不移的自我中心意识提出了挑战。这对于中国的与世隔绝状态肯定具有缓解作用，甚至直接激发了中国数学家与天文学家对印度在这些领域的著述的兴趣和热情（随后还会论述这一问题）。

另外，佛教方面的联系也有助于缓解印度人的自我中心意识和文化上的排外意识。对外国人的怀疑态度一直是印度思想中的一些成分持续存在的一个原因。甚至迟至 11 世纪，伊朗不同凡响的旅行家阿尔比鲁尼在其所著《印度记》一书中，对于印度人对外国人的态度还颇有微词：

总的来说，他们彼此之间对于神学论题仅有极少争议。……相反，他们的所有狂热直指那些不属于自己族类的人——所有的异国人。他们指称他们不洁（mleccha），禁止与他们有任何往来，不得与他们通婚抑或建立其他任何类型的关系，亦不得与他们同坐、同食及同饮。[19]

这种态度确实受到了佛教的普适性的挑战，也受到了事实的挑战。这个事实是：许多个世纪以来，由于信奉同一宗教这一共同的纽带，印度人已与其他民族紧密联系在一起。

巧的是，尽管佛教已传播到印度境外，但囿于本土的印度佛教教徒却并不能总是认识到佛教正在成为一种什么样的世界宗教。

八　中国与印度

法显在 5 世纪初指出，当他在印度的祇园精舍（Jetavana monastery）见到一些佛僧时，对于他们的天下独家之感觉得讶异。有关记述以第三人称的口吻描写了法显与伴他求法的道整同那些僧人相见时的情景：

> 彼众僧出，问法显等言："汝等从何国来？"答曰："从汉地来。"彼众僧叹曰："奇哉！边国之人乃能求法至此！"自相谓言："我等诸师和上相承以来，未见汉道人来到此也。"[20]

佛教的广为传播与中国佛教教徒出现在印度，对于挑战以狭隘的印度眼光看世界的倾向起了催化作用。

佛教教育机构，尤其是在东印度那烂陀的教育机构，拥有中国和其他国家的许多著名学人，为克服上述对外国人的不信任态度提供了良好基础。在 7 世纪，在玄奘离开那烂陀的那一时刻，相互抵触的态度非常鲜明地显露出来。那烂陀寺的学校极为敬重玄奘，想要挽留他，他们还在那里的学术队伍中给他保留了一个重要职位。玄奘的弟子慧立在其著述中指出，那烂陀寺诸位高僧大德提出了许多理由，试图劝说他以印度为家：

> 诸德闻之[玄奘归国之意]，咸来劝住，曰："印度者，佛生之处。大圣虽迁，遗踪具在。……何为至斯而更舍也？又支那国者，蔑戾车（mlecchas）*地，轻人贱法，诸佛所以不生，志狭垢深，圣贤由兹弗往，

---

* 梵文语词音译，意为"不洁"。——译者注

气寒土险，亦焉足念哉！"[21]

对这一席话，玄奘以两条反驳意见作答。第一条意见以从不苛求经验前提的佛教普适性批驳了诸德中的主观臆断："法王立教，义尚流通，岂有自得沾心而遗未悟。"第二条意见，以民族自豪的精神驳斥了有关中国的所谓经验前提，而又没有与他自己的普适性观点发生冲突：

且彼国衣冠济济，法度可遵，君圣臣忠，父慈子孝，贵仁贵义，尚齿尚贤。……岂得称佛不往，遂可轻哉！

玄奘于645年回到中国，但继续与印度保持通信联系。数年之后，他收到了来自那烂陀老友慧天法师的一封信。慧天法师在向玄奘表达自己及玄奘的其他印度友人的问候之后写道：

邬波索迦[学生们]日授稽首和南。今共寄白氎一双，示不空心，路远莫怪其少，愿领。彼须经论[梵语文本]，录名附来，当为抄送木叉阿遮利耶，愿知。

玄奘复信，首先表达了获悉自己昔年在那烂陀的一位恩师谢世噩耗后的悲痛心情，接着谈到慧天法师提议从印度送来有益文献之事：

往年使还，承正法藏大法师无常，奉问摧割，不能已已。……又前渡信渡河失经一驮，今录名如后，有信请为附来。并有片物供养，愿垂纳受……

经历人生常见的痛苦与悲剧之后，两国之间这种没有疆界的寻求共识的接触依然在继续。然而，通过佛教引发的与外国人的接触，至少在一时之间，使当时印度的一些大知识分子为他们的以自我为中心的傲慢感到羞惭。

佛教联系对中国与印度知识分子的自我中心意识的日益扩大的影响，属于这些联系所产生的重大世俗性成果。佛教联系还拓宽了人们心理的与知觉的视野，从而导致了其他的——更为明显的——世俗性成果的产生。我现在就谈一谈佛教联系在数学、天文学、文学、语言学、音乐、美术、医学及公共卫生等诸多领域中所产生的成果。

观念传输：一个方法论难题

印度与中国的知识分子之间在公元一千纪期间的互动，在数学和科学（特别是天文学）方面尤为频繁。在评估这些交光互影之前，考虑到与判断观念从一国流入另一国的程序有关的一个不可轻视的方法论难题是有益的。尽管指出看似真实的联系是容易的，但是观念流动的直接证据却往往难以寻觅。马若安*在其《中

---

* 音译让-克洛德·马特兹洛夫。——译者注

国数学史》中已经指出,"在关于中国科学的著作中,没有一个问题比观念流传这样一个问题更为经常地被人们触及",然而"我们对于这一问题依然知之不多"[22]。

李约瑟试图提供一个关于"从中国辐射出去的"数学观念的清单,尤其是有关它们是否曾经传到印度的清单,而他力主从中国传入印度的观念要比从印度传入中国的观念多许多:"印度是这两种文化中接受能力更强的一种。"[23]马若安对李约瑟的程序提出批评,"因为它在年代学和方法论方面均不精确",并进而就李约瑟的实质性结论提出了一些严肃的针锋相对的论断。[24]李约瑟在缺乏观念流动的直接证据的情况下认为,一个存在争议的观念实际上确乎是从已知较早利用这一观念的国家,流入记载这一观念初次利用情况的证据日期较晚的国家。因此,这一程序实质上是推断性的,除了其他问题之外,还能出现无视有关观念利用情况的较早记录——这样的记录可能影响年代学上的先后时序——失落之可能性的错误,不承认一项独立发现的可能存在。

对中国与印度之间数学或科学观念流动状况的考察,也严重受制于一个事实,即两国保存下来的记载,存在实质性信息不对等现象。中国的记载,要比印度的记载广泛得多,保存情况也要好得多。在印度近来的讨论中,关于公元一千纪期间印度教与佛教的记载实质上业已毁于其后数个世纪穆斯林的征服过程及其余波的说法,变得日益常见。这种情况确实在一定程度上出现过,尤其是在北印度,但绝非无足轻重的是:在古代印度,人们普遍缺乏将大小事件载入编年史册的热情,这确实与中国人留下并保存详细记载的严谨精神形成对照。对于印度缺乏早期文献,柯嘉豪*已提醒人们注意另一种可能的解释:"虽有留在金属、黏土或石头上面的铭文存世,但古代印度的大部分著述是刻写在桦树皮或贝叶上的,然后再把它们穿在一起。古代与中世纪的此类手写本,几乎没有幸存下来的,或许应当更多地归因于桦树皮与贝叶难于长期保存,而不是人们对有关材料缺乏兴趣。"[25]

无论这种记载不对等的原因是什么(我们在这里无须解决这一较大的难题),它都显然对所用方法,即传统的依赖观念流动直接证据的方法,以及李约瑟依靠有关记录在年代上的先后次序来认定观念地理转移的方法——包括两个"相对"方向——具有非常重大的影响。就依赖直接证据而言,信息不对等使得宣称某些观念系从印度流入中国而不是相反变得容易得多,因为中国有关某些观念源于印度的记载,比印度有关中国影响的相应记载要充实得多,其保存状况也要好得多。这往往导致在与印度情况相形之下夸大中国接受外来观念的可能性。另外,李约瑟比较两国首次利用某种观念的已知日期的推定方法,往往容易在做出判断时出现赞成观念系从中国流入印度的倾向,而不是相反,因为中国关于利用具体观念的初始记载,比印度的相应记载充实得多,而且保存情况也好得多。实际上,鉴于记载的不对等性,似乎就没有可以明显避免对此方或彼方抱有偏见的办法。

李约瑟确实难以解决所谓印度与中国之间新观念流动中"贸

---

* 音译约翰·基什尼克。——译者注

易平衡"的疑问。然而，我们事实上并不务须解决这一相当艰深的难题。这里需要指出的要点是，数学与科学领域的观念，以及其余非宗教学科中的观念，曾经沿着两个方向充分流动。中印两国能够在相当的程度上免受在知识上坚持与世隔绝态度的指控。

数学与科学

在中国与印度的诸多关系之中，知识联系的证据丰富的一个方面，是七八世纪唐代的佛教教徒尤其是佛教密宗信徒对中国数学和天文学的影响。本文以义净的修辞性反诘开篇，而他就是将密宗经卷从梵文译成中文的众多译者之一。7世纪的最后25年，他身在印度。当时，密宗已开始在中国引起不少人的兴趣。在七八世纪，密宗成为中国的一股重要势力，在拥有至高地位的中国士大夫之中亦不乏信徒。由于许多密宗学者对数学抱有浓厚兴趣（或许至少在最初是与密宗对数字的迷恋有关的），密宗数学家对于中国的数学产生了重要影响。

实际上，正如李约瑟所指出的，"最重要的密宗信徒，就是中国当时最伟大的天文学家和数学家一行（672—717年）"。李约瑟进而评论道，"仅这一事实就足以让我们踌躇，因为它提供了一条线索，该线索可能揭示这种形态的佛教对各种观察性与实验性科学的意义"[26]。正如李约瑟所指出的，虽然密宗源于印度，但其影响却是双向的。[27] 实际上，"中式修行"（Cīnācāra）在印度的部分密宗文献中十分突出，而印度文本在中国密宗著述中亦同样非常显眼。[28]

一行（I-Hsing，李约瑟作如是拼写）对梵文应用自如。作为一名佛僧，他熟悉印度的宗教文献，不过他对印度在数学与天文学方面的著作亦了然于心。尽管一行本身与宗教难解难分，但若以为他的数学或科学工作一定是被宗教方面的事由推动的，那就错了。作为一名恰好也是密宗信徒的普通数学家，一行着手解决分析与计算方面的各种问题，其中许多问题与密宗或佛教根本没有任何特殊关系。一行解决的组合数学问题，包括诸如"计算国际象棋中可能出现的棋局总数"等经典问题。一行尤其关注历法方面的计算，甚至遵从敕令为中国制定了一部历法。

8世纪时定居于中国的印度天文学家们与一行一道专门从事历法研究，充分利用了那时已在印度出现的三角学的进步及所取得的成就（大大超越了作为印度三角学的滥觞的希腊三角学）。印度的三角学东向流入中国，是当时也西向发展的全球性观念交流的一部分。实际上，这也是印度三角学正在对阿拉伯世界产生重要影响之时（阿利耶毗陀、伐罗诃密希罗、婆罗门笈多等人的著作的阿拉伯文译本得到广泛利用），印度的三角学后来还通过阿拉伯人影响了欧洲的数学。一些说明观念全球性流动的文字标志，可以轻而易举地追根溯源。一个范例是阿利耶毗陀用以表示我们如今所谓正弦（sine）的梵文术语 jya 的嬗变：由于发音切近，jya 被译成阿拉伯文中的 jiba（阿拉伯文中的一个没有意义的词），后来变形为 jaib（阿拉伯文中的"湾"或"小湾"），并最终嬗变为拉丁文语词 sinus（意为"湾"或"小湾"），而现代术语"sine"正是由它派生的。阿利耶毗陀的 jya 在中文中被译成"命"，并被用于

"月间量命"一类三角函数表中。"月间量命"的字面意义是"用以求月距纬的数据"[29]。

在这一时期,数名印度天文学家与数学家应聘到中国首都的司天台担任要职。对这一事实,中国有详细记载。如前所述,其中之一的瞿昙悉达成为中国司天台太史监事。他编撰了中国的天文学巨著《开元占经》——一部8世纪的科学经典著作。[30]他还将一些印度天文学著作编译为中文。例如,印度一部独特的行星历法("Navagraha" calendar,"九曜"历)《九执历》,显然是以公元550年前后由伐罗诃密希罗撰写的经典著作《五大历数全书汇编》(Pañcasiddhāntika)为蓝本的。《九执历》主要是一部算法指南,用于根据月亮直径及其他相关参数估算日食和月食的持续时间。所涉及的计算技术利用了阿利耶毗陀确立并在后来经其印度追随者如伐罗诃密希罗与婆罗门笈多进一步发展了的诸多方法。

8世纪时,中国天文学家杨景风描述了中国官方天文学界两国人员混合配置的背景:

凡欲知五星所在分者,据天竺历术推知何宿具知也。……今有迦叶氏、瞿昙氏、拘摩罗①三家天竺历,并掌在太史阁。然今之用,多用瞿昙氏历,与大术相参供奉耳。[31]

中印在科学方面的联系显然是重要的。在细察这些联系之时,

---

① 通译"鸠摩罗"。——译者注

我们必须评价佛教作为一种促进因素的作用。虽然印度天文学家，诸如瞿昙悉达、迦叶或鸠摩罗，倘若没有佛教因缘就不会来到中国，但也几乎不能将他们的工作主要视为对佛教的贡献。

创造性艺术、文学与语言

在科学与数学之外更为广阔的文化领域，佛教联系对中国和印度的影响也是广泛的。中国人修造了世界上的一些极为精致的佛教纪念性建筑、庙宇与寺院，创造了一些堪称鸿篇巨制的雕刻与绘画作品。在一定的层面上，虽然这一切都应当被视为宗教成就，但是人们倘若仅将这些艺术作品看作宗教虔诚的生动体现，亦将显得十分愚昧。正如柯嘉豪富于启发性的论证所说明的那样，即使造桥与佛教观念及理论有特殊联系[32]，但因佛教传播而受到颇多激励的造桥艺术与工程，无论其初始宗教动因可能是什么，也应当被认为具有相当的世俗重要性。

对于音乐亦可作如是观，尽管它所受影响不如在视觉艺术和有形建筑中那样直接。佛曲与各种形式的印度音乐（如天竺乐）在唐代渗透到中国，而双边互动随后持续了许多个世纪。1404年，亦被称为永乐皇帝的明成祖被认为编辑了自唐至元（618—1368年）历代流行于中国的"佛歌"，而这部歌本的不同版本甚至在今天尚可在中国及东南亚国家如越南和缅甸觅得。

佛教对中国文学曾产生影响是在情理之中的。诗歌、小说和戏剧对宗教主题的利用是全世界的通例，任何知识刺激的新颖来源都会对人们所撰写、阅读和观赏的东西产生影响。这一事实也毫无令人惊讶之处。随着时间的推移，以纯粹的宗教主题为始的作品可以变得相当超然乃至"世俗化"，以至人们无论宗教信仰如何都会欣赏。中国观众欣赏基于"天女散花"和"目连救母"等故事的京剧，并不需要有关印度佛教传统的专门知识即可理解剧情，而欣赏中国受佛教思想极其丰富的奇闻轶事影响的大量诗文同样如此。

更为突出的是数以千计的新词语通过各种译本从梵文进入汉语这一现象。虽然此类梵文语词中有些与宗教有关，如成为汉语中的"禅"（后又引申为"禅定"）的梵文词"禅那"（dhyana，静虑），但其他语词并非如此。实际上，甚至 Mandarin（官）一词，也是从梵文词 Mantrī（顾问或部长：印度总理依然是国家的"Pradhān Mantrī"，即首席部长）派生的，不过显然很晚才经由马来亚传入中国。如同古代汉语一样，梵文确实拥有丰富的语汇，因而译成中文的大量梵本，为中国业已丰富的词汇提供了锦上添花的机缘。

另一个总体具有相当多的互动的领域是语言学与文法。公元前4世纪，梵文学者波你尼取得重大突破。7世纪时，玄奘论述了波你尼及其弟子的贡献。此后数十年间，义净将这一学科领域单独分离出来。在这一领域，为了促进全世界的学术理解，印度与中国均做出了重大贡献。这位从印度回归的中国学者沉思之后写道："神州之人，若向西方求学问者，要须知此，方可习余，如其不然，空自劳矣。"[33] 这些贡献究竟有多大，两种文化从其互动之中究竟获益多少，还有待进一步的评估，但如同其他业已确认的领域那样，这一领域尚须从两国佛教联系所形成的更为宽泛的影响这一角度出发进行考察。

公众交流与争鸣

在当代世界，数学与科学的观念及技术的流动依然具有特殊的重要性，而在互通有无的基础之上的创造性，对于全球的商业与企业还有直接的意义（如信息技术或现代工业方法的应用和发展）。目下，在履行对公众交流的承诺方面及在公共卫生保健技法方面，相互学习的重要性或许还不那么明显。这些在公元一千纪的中国与印度之间的知识关系中曾是重要的，甚至在今天依然十分关键。

佛教虽然像其他任何宗教一样是一种宗教，但在最初却具有至少两个明确的十分不同寻常的特点，即作为其教义基础的不可知论及其对公众交流与议事的承诺。后者导致了这一事实，即世界上一些最早的公开的公众会议，以精心组织的佛教"结集"形式在印度举行，旨在明确解决不同观点之间的争议。在这些会议上，秉持不同观点的信徒力图通过争鸣弥合分歧，尤其是在教义及戒律方面的分歧。如本书前面第一篇文章所说，对于公众争鸣的历史而言，这些"结集"是非常重要的。这些结集之中最为盛大的一次（第三次）于公元前3世纪由阿育王主办。他甚至试图建立良好的议事规则，由所有人一体遵循，以使辩论富有成效。他要求在辩论中"言谈有节"，所有人的观点"在所有场合，在每一方面，均得到充分尊重"。

公众讲理对于民主政治而言是必要的（约翰·斯图尔特·穆勒、约翰·罗尔斯与于尔根·哈伯马斯等政治哲学家均有如是主张），而全球民主的根源，在一定程度上确实可以追溯到公众议事这一传统。该传统在印度和中国（还有日本、韩国等国）均受到来自宗教组织履行对话承诺的诸多鼓励。同样重要的是，在中国、朝鲜和日本，对于早期印刷术的几乎每次尝试，都是由佛教技术专家进行的。① 在本书第四篇文章中已经提到，世界上第一部附有日期（公元868年）的印制图书，是一部梵文论著的汉文译本，亦即所谓《金刚经》（鸠摩罗什于公元402年即已将其译出），附有"广流传"字样，这出色地说明了刊印动机是非功利的。②

柯嘉豪指出，"在中国佛教传统中，书籍占有重要地位的原因之一在于一种信念，即人们关于通过抄写或印刷佛经能够积德的信念"，而且他主张"这一信念的滥觞可以追溯到印度"[34]。这

---

① 印度佛教教徒亦似乎早就致力于发展印刷术。实际上，7世纪时造访印度的中国学者义净，显然在印度不期碰到了印在丝绸与纸上的佛像，但这些印刷品很可能是相当原始的木印版佛像。此前略早，据说玄奘在从印度返回中国之际，曾印刷了一位印度学者（薄托罗）的画像。关于此段早期历史，参见 Joseph Needham，*Science and Civilization in China*，Cambridge, Cambridge University Press, 1985, vol. V, part i, pp. 148 – 9。

② 鸠摩罗什是一位拥有一半印度血统与一半龟兹血统的学者，曾在印度学习，从公元402年起，开始在长安（西安）译经场担任要职。后秦皇帝姚兴系鸠摩罗什的恩主，授予其"国师"头衔。普遍认为，鸠摩罗什将70部左右的梵文书籍译成了中文（其中30余部已经得到确认），《金刚经》便是其一。此外，他还为印度佛教哲学家龙树的著作与道教经典《道德经》撰写了评注。《金刚经》本身曾被多次译为中文。然而，作为世界上第一部标有日期的刊印图书，唯有鸠摩罗什完成的这一梵语文献译本享此殊荣。

样的判断不无根据，但除了复制佛经可以积德的信念之外，肯定还与佛教领袖阿育王等强调公众交流的重要意义有关。阿育王在印度各地广立石碑，以其铭文宣示什么是良好的社会行为，其中包括如何指导争论的有关规则。

我们知道，印刷术的发展在长时间内对于民主当然是重要的，但它即使在短期之内亦可使通常的公众交流的可能性得到提高，从而对中国的社会和政治生活产生了极其重要的影响。它还影响了理学教育，如此等等。正如狄百瑞*所指出的，"随着宋代学术的兴起及其在明代的延续，女子教育达到了一个新的具有重要意义的水准，其标志则是印刷术、读写能力与学校教育的重大进步"[35]。

卫生保健与医学

除了公众交流之外，国家间在公共卫生保健方面的联系也具有重要意义，而且两者确实相互关联（旋即论述这一联系）。前面已经提及，法显于公元401年抵达印度，对当时印度在卫生方面的章法产生了浓厚兴趣。华氏城（今巴特那）在5世纪时的平民医疗设施给他留下了特别深刻的印象：

其国长者、居士各于城内立福德医药舍。凡国中贫穷、孤独、残跛、

---

* 音译为西奥多·德巴里。——译者注

一切病人，皆诣此舍，种种供给。 医师看病随宜，饮食及汤药皆令得安，差①者自去。³⁶

无论此种描述是不是对5世纪初的巴特那的溢美之词（似乎很有可能是），重要的一点都是：法显参与进来，想要观察和学习他客居十载的国家对于医疗的各种安排。

两个半世纪之后，义净也非常投入地考察了卫生保健状况，将自己所写的关于印度的书中的三卷用于记述有关见闻。印度的卫生习俗给他留下的印象深于印度医学。虽然他赞赏印度的一些目的主要在于缓解病痛的医疗方法（如"酥油蜜浆特遣风痾"），但他还是得出了如下结论："针灸之医，诊脉之术，赡部洲*中，无以加也。长年之药，唯东夏焉。"另外，在卫生习惯方面却可以向印度学习不少东西，诸如"凡滤水者，西方用上白氎，东夏宜将密绢"，此外，"又由东夏时人，鱼菜多并生食，此乃西国咸悉不餐"。虽然义净返回中土之后在自己的祖国生活得十分愉快，但是他并未疏于论列中国可向印度学习的方方面面。

公共卫生与公众争鸣

讲述公元一千纪时期中国与印度之间在知识方面的广泛关系具有显而易见的意义，对于厘清占人类很大部分的两国人民的历

---

① 痊愈。——译者注
* 印度。——译者注

史是如此，对于突出相关研究在全球观念史中的重要性也是如此。在当代人对我们全球过去历史的理解方面，出现了无视中印在知识方面的联系之丰富历史的倾向。由是观之，研究这些联系的必要性变得更为突出。公元一千纪期间将中国与印度联系起来的许多事务和志趣（从数学、科学到文学、艺术及公众交流，如此等等，各不相同），以及各种跨越边境的互动，一直在公元一千纪结束以后的 1 000 年间继续发挥着影响。

然而，对于一千纪期间中印在知识方面的交往还可为今日世界的政治、社会和经济的研讨提供什么样的启示，还有一些出于揣测之好而附带提出的问题。中国与印度之间那些跨越边境互动的旧史，对于今天两国的事务，或者说得宽泛一点，对于当代世界，还有什么重大意义吗？例如，打破民族的或文明的与世隔绝的状态，会持续不断地带来利益吗？在一千纪期间，在不同的程度上将中国与印度聚合起来的传统与习俗，诸如"长年之术"，或对"公众争鸣"的鼓励程度，如今在两国还有什么重大意义吗？

相互学习确实极端重要的一个领域是公共卫生，正如我们在前面所看到的那样，甚至早在 5 世纪，公共卫生即已成为中印关系聚焦的一个学科。虽然中国评论家尤其爱问，中国在"长年之术"这一方面能向印度学习什么，但是在现代背景之下，弄清印度能向中国学习什么，而不是相反，就变得容易多了。印度得自中国的经验教训将成为本书第九篇文章的一个特别关注的焦点。事实上，中国数十年来享有的预期寿命，比印度现在的预期寿命还要长很多（事实上，应从中国革命与印度独立后不久算起）。

然而，两国在预期寿命方面进步的历史，比对两国进行全面总结比较所能透露的信息要丰富得多。在革命胜利之后不久，毛泽东时代的中国即以某种卫生保险的形式，由国家、集体或农村地区的人民公社及早开始提供普遍的卫生保健服务。当时，印度没有可以与之相比之处。到1979年中国推行经济改革之时，中国人的预期寿命要比印度人长14岁。中国人的预期寿命——1979年时在68岁左右——在其经济改革之时，要比印度不足挂齿的54岁几乎长14岁。

随着1979年开始推行改革，中国经济破浪前进，蔚为壮观，发展得比表现不温不火的印度要快得多（尽管自20世纪80年代以来，印度的经济增长率要高于自己过去的表现）。然而，尽管中国的经济增长要快得多，但是自1979年以来，印度的预期寿命的平均增长率飞速提高，达到中国的3倍左右。现在，中国的预期寿命为71岁左右，与印度的64岁这一数字相比，差距是7岁，相比1979年（中国开始改革之时）达14岁的差距，已减半。

实际上，现在中国71岁的预期寿命，比印度部分地区的预期寿命短得多。喀拉拉邦的情况最为引人注目。尽管喀拉拉只是一个大国之内的一个邦，但考察该邦却特别富有启示意义。事实上，喀拉拉邦拥有3 000万人，自身本可以算得上一个国家，但更重要的是，喀拉拉邦的经验以将印度式多党民主政体与中国型社会干预——改革前的中国在社会干预方面或许在世界上首屈一指——结合起来而驰名。这种结合的优势不仅体现在延长预期寿命的成就上,而且在其他许多领域显示出来。例如,虽然中国总人口中女性与男性的比率仅为0.94,而印度的总平均数还要略低,为0.93,但喀拉拉邦的比率则是1.06,俨如北美与西欧的比率(反映了在不平等待遇阙如的情况下妇女的生存优势)。① 喀拉拉邦人口出生率的下降实质上也比中国更快,尽管后者实行计划生育政策。②

在1979年中国改革之时,喀拉拉邦的预期寿命比中国略短。然而,到1995—1999年(可以获得印度预期寿命可靠数据的最近时期)时,喀拉拉邦74岁的预期寿命,已显著高于中国最近的可靠数字(即2000年的71岁)。③

此外,通过使社会失职行为接受公众审查,民主也会对卫生保健做出直接贡献。④ 印度为本国的富人与富有的外国人提供高质

---

① 我已经论述过导致"失踪妇女"现象的诸多偶然因素,参见"More Than 100 Million Women Are Missing", *New York Review of Books*, 20 Dec. 1990;"Missing Women", *British Medical Journal*, 304 (7 Mar. 1992);"Missing Women Revisited", *British Medical Journal*, 327, 6 Dec. 2003. 亦请参见本书第十一篇文章。

② 关于这一问题,请参见 Sen, "Population: Delusion and Reality", *New York Review of Books*, 22 Sept. 1994, and "Fertility and Coercion", *University of Chicago Law Review*, 63, Summer 1996. 亦请参见本书随后第九篇文章。

③ 参见 National Bureau of Statistics of China, *China Statistical Yearbook 2003*, Beijing: China Statistics Press, 2003, table 4.17, p.118. 中国的大城市,特别是上海和北京,超过了喀拉拉邦,但大多数中国省份的预期寿命远低于喀拉拉邦。

④ 这一联系类似于以下更为引人注目的观察:大饥荒不会出现在民主国家之中,即使在它们十分贫穷之时亦复如是,参见 Sen, "How Is India Doing?", *New York Review of Books*, Christmas Number 1982, and jointly with Jean Drèze, *Hunger and Public Action*, Oxford: Clarendon Press, 1989. 至英属印度末期一直持续发生的大饥荒(最后一次——1943年孟加拉大饥荒——是在距印度独立仅4年之时发生的),随着多党民主政体在印度的建立而陡然消失。

量的医疗设施，但印度的基本卫生服务则十分糟糕，我们从印度媒体对这些服务的详尽批评即可了解这一点。但是，有可能进行激烈批评，也是一种亡羊补牢的社会机会。事实上，对印度卫生服务缺陷的有力报道，终归是印度不断增长的力量之源，这一点在一定程度上反映在中国与印度预期寿命差距的急剧缩小上，也反映在喀拉拉邦通过将民主参与和履行基本社会义务结合起来而取得的更大成就上。①

印度在卫生保健方面（特别是在后革命初期有能力履行对公众承担的义务方面）和经济决策方面（中国后改革时期的经验）有许多东西要向中国学习。值得注意的是，在中国早期的反佛教批评中，随同佛教一道从印度传来的对权威的不敬与蔑视这一传统被挑选出来，受到了特别强烈的抨击。7世纪时，强悍的儒家领袖傅奕向唐高祖上疏斥佛：

佛在西域，言妖路远；汉译胡书，恣其假托。故使不忠不孝，削发而揖君亲。[37]

---

① 经济不平等现象近几年来在中国的急剧增加，可能也是导致预期寿命延长减缓的原因之一。事实上，经济不平等现象在印度也有所增加。然而，有趣的是——而且与民主的作用有关的是——在2004年5月举行的选举中，连经济不平等现象的那种有节制的增加，都似乎对新德里当权政府的败北起了主要作用。还有其他因素，尤其是在古吉拉特教派骚乱中对穆斯林少数派权利的侵犯，对于新德里当权政府的败北也起了部分作用（当然，具有审议功能的民主制度值得称道之处在于，多数人的投票可以对少数人的困境做出反应，也可以表达对较少带有偏见的政治优先事项的诉求）。

傅奕不但请求禁止佛教传法活动，而且提出一种十分奇特的办法，以对付"数盈十万"横行神州的佛教狂热分子。傅奕向这位唐朝皇帝进谏："今之僧尼，请令匹配，即成十万余户。产育男女，十年长养，一纪教训，自然益国，可以足兵。"据悉，皇帝拒绝采纳这一不切实际的意在打击佛僧轻狂气焰的方案。

中国以令人震惊的成功加入世界经济并成为世界经济的一个领跑者，而印度，就像其他许多国家一样，尤其是在最近几年，一直从中学习了大量东西。印度早先对经济发展所持的与世隔绝的态度需要更新，而中国的经验一直是极其重要的。在中国早先普及卫生保健和基础教育的举措之中，也有许多良好的经验。然而，民主参与在印度的作用表明，中国亦可有所学习和有所了解。

印度是吸引古代中国学者前去接受教育和培训的国家。我们可以看到，在一千纪，中国与印度两国打破文化上的与世隔绝状态的举动，长期来说对于今天的世界是有利的，并且在实践上也是有益的。在就人类知识之事向自己在那烂陀的老师们提出深刻的修辞性反问——"岂有自得沾心而遗未悟"——时，玄奘是在提出一个重要的基础性问题，其意义远远超出了特定的佛教启蒙使命这一范畴。实际上，玄奘关注的问题和不遗未悟的承诺，在今天依然像它们对 7 世纪时玄奘所处的世界那样事关重大。印度与中国在一千纪相互学习了许多东西，然而，即使在三千纪伊始，这一认识进程的重要性也没有衰减。

第三编　政治与抗争

九

与命运之神的幽会[①]

那是一个激动人心的时刻。1947年8月14日,在印度独立前夕,我们在自己距加尔各答100英里的小学校里,将耳朵贴在收音机上。那是我们在儿童时代目睹那场可怖的大饥荒(数百万人死亡)之后差不多整4年之时,我们之中的许多人虽然没有受到那场饥荒的影响,但那场饥荒却一直引我深思:"唉,要不是阶级差异使我们蒙受恩惠,那我也会在劫难逃。"那些日子是可怖的,但1947年8月却是一段非同寻常而又令人欢乐的时光。在庆祝独立和欢迎一个民主的印度之时,贾瓦哈拉尔·尼赫鲁的声音高亢而清晰地从收音机里传来,向我们讲述着印度"与命运之神的幽会"。"前面的任务"包括"终止贫困、愚昧、疾病和机会不平等"。我们凝神谛听,我们感到欢欣鼓舞。

誓言与记录

自那时以来,半个多世纪过去了,现在询问与命运之神"幽会"的结果和"前面的任务"的完成情况已不算为时过早。答案并不十分简单。[1]我们可依照尼赫鲁的规划,将自己的评估粗略分

[①] 本文最初于1997年8月15日印度独立50周年之际发表于《金融时报》,现经扩写和更新收入本书。

为三个领域：(1) 民主的实践；(2) 社会不平等与落后状态的消除；(3) 经济进步与公平的成就。我们尚须询问，这三个领域的成功与失败是怎样相互联系在一起的。

对于第一领域的情况，我们有理由感到满意。① 在 1967 年，《泰晤士报》记者确实以不容置疑的口吻报道说，他刚刚目睹了印度"最近的大选"（他说，印度的民主必然很快寿终正寝），但是厄运并没有如他所预期的那样降临。系统的选举一直延续下来，有条不紊并公平合理地进行着。②政党在赢得选举之后执政，在输掉选举之后走人。媒体一直大体自由，新闻界一直持续报道、审视并抗议。公民权利一直得到认真对待，法院在追究违法行为方面一直相当积极。③ 军队一直安稳地驻扎在军营里。

---

① 关于这一问题的一系列富于启示意义的研究，参见 Atul Kohli (ed.), *The Success of India's Democracy*, Cambridge: Cambridge University Press, 2001。亦请参见 Granville Austin, *Working of a Democratic Constitution: The Indian Experience*, New Delhi and Oxford: Oxford University Press, 1999, and Granvile Austin, *Indian Constitution: The Cornerstone of a Nation*, New Delhi and Oxford: Oxford University Press, 1966。还请参见 Judith M. Brown, *Modern India: The Origins of Asian Democracy*, Delhi: Oxford University Press, 1984。

② 20 世纪 70 年代，英迪拉·甘地在短时期内曾试图剥夺基本政治权利和公民权利，结果选民坚决摒弃，从而凭借选举终结了有关纲领以及她所领导的政府。然而，即使在那一条在错误思想指导下提出的纲领之中，也没有试图废止选举，且没有无视选举定论的提法。英迪拉·甘地颇有风度地接受失败，并在丢弃其有关削减政治权利和公民权利的方案之后，提出具有强烈民主色彩的政纲，在数年之后的大选中获胜，从而东山再起，再度出任总理。

③ 最高法院近年来着力抓紧的诸多工作之一是，力图对在 2002 年负有杀戮——主要是穆斯林——罪责的古吉拉特歹徒进行公正审判。最高法院发现，在古吉拉特的司法程序中，对被告的无罪释放判决缺乏正当程序，因而坚持在古吉拉特之外对被告进行复审。古吉拉特现在依然由 2002 年发生失控骚乱期间在任的同一邦政府统治。

这大体上是一段成功的历程。然而，印度民主的成就还远不能说是毫无瑕疵。虽然政治运动在对付一些不公正现象方面一直非常有效，但还有另外一些不公正现象未被充分革除，甚至未被正视。由于民主本身不仅是一种福祉，而且能成为追求公共目标的最重要手段，因此只是确保印度民主继续存在还不够。虽然我们当赞扬处则赞扬，但是印度民主应依据公众说理的实力和范围以及实际成就予以判断。在论述尼赫鲁所确认的其他重点领域的情况之后，我将回头再谈这些与民主有关的事项，它们要比单纯的民主存续问题更为复杂。

第二个领域——社会进步与公平领域——的情况，与民主发展的情况相去甚远：虽然不是完全无可估量的失败，但肯定是严重的表现不佳。[2] 教育发展一直很不平衡。虽然印度受过大学教育的人比中国多不少，但中国在普及教育方面取得了非凡进步，而印度在这一方面依然落后得多。印度成年男子的识字率依然低于75%（相对而言，中国在90%以上），印度妇女中仅一半左右（相对而言，中国为80%或更高）识字。印度人口出生时的预期寿命已攀升至64岁左右（独立时尚不足30岁），但依然显著低于中国71岁的预期寿命。[①] 此外，印度的人口死亡率在不同的邦之间，在不同的社会阶层之间，在城乡之间，是大相径庭的。许多农村居

---

① 然而，这种统计比较多少有些不可靠，因为中国与印度之间的预期寿命差距在1980年之后亦已大幅缩小，在这种与时俱进的变化中，印度的公众议事与民主制度似乎做出了很大贡献。这些问题在本书第八篇文章最后一部分及拙文《中国之行》（"Passage to China"，*New York Review of Books*，2 Dec. 2004）中亦有所论述。

民，特别是较穷的村民，依然与像样的医疗无缘。① 男女之间在经济和社会乃至在卫生保健方面的机会不平等，依然十分严重。[3]

第三个领域——经济进步领域——的情况如何呢？20世纪80年代以前，印度的经济发展尤其缓慢，特别是相对诸如韩国或中国台湾这样的亚洲远东经济体的惊人表现而言。20世纪80年代印度经济增长加速后，印度的表现一直比较好，不仅在国民生产总值（GNP）和国内生产总值（GDP）的总趋势方面如此，在减少收入贫困（income poverty）方面也是如此。在曼莫汉·辛格（时任财政部部长，自2004年春至2014年任印度总理）的领导下于1992年开始推行的经济改革，已导致国际贸易相当程度的自由和解放，昔日所谓"许可证管制"（licence Raj，官僚对私人经济主动权的普遍控制）也在相当程度上被取而代之。[4] 这就极大地增加了印度的商业机会，也有助于巩固印度较快的经济增长。自由化依然有相当长的路要走，但它已经帮助印度企业家获得寻求全球贸易机会的自由，而在如信息技术开发与应用一类特定部门，企业家们已经大获成功。[5] 印度经济的总体表现也许还无法与后改革时期的中国（其经济年增长率连续保持在8%~10%）媲美，但印度走出增长率低至3%这一困境而登上增长率达5%~8%的舞台肯定不是一种可以忽视的发展。

印度收入低于标准贫困线的人口比例，在20世纪八九十年代

---

① 印度的一个显然严重的新问题是艾滋病病毒感染和艾滋病的迅速传播。公众对抗这一新的危险的努力仍然极不充分。

期间似已下降,尽管对其下降幅度存在争议,而对于这些统计数字背后的社会现实也还有一些怀疑。[6] 然而,十分明确的是,在减少贫困方面,印度远不如中国自经济改革以来那样进展迅速。

贫穷与社会机会

关于经济增长与发展进程,印度确实可以从中国经验中学到很多东西。① 充分利用全球贸易机会是中国向印度提供的诸多经验之一,这些经验对于印度的经济进步是极端重要的。包括韩国在内的东亚其他经济体在经济上的成功也早已传出类似信息,但是鉴于中国的幅员之辽阔及以前存在的贫困的严重程度,中国经验对于印度的经济决策具有特别重大的意义。可以充分利用全球的贸易和商业机会提高国内收入并减轻贫困这一普遍的经验,已非常清楚地从现在由中国引领的东亚和东南亚经济体的成功中体现出来。

有人主张,为了实现经济快速增长和迅速减少贫困,印度只需要更多地依赖全球市场与国际贸易即可。人们对此说法已公开发表了许多意见,然而避免这种过于简单化的主张才事关重大。这在事实上反映了对促成中国、韩国、泰国及其他东亚和东南亚国家实现经济成功的各种因素的严重误读。这些国家确实强调国际贸易和充分利用全球市场机制。可是,它们也通过诸如广泛的学校教育和提高识字率、良好的卫生保健、普遍的土地改革及大

---

① 在本书第八篇文章中,我还考虑了相反的情况,即中国可能认为印度经验中什么东西是有益的。本文不涉及这一问题。

力促进性别平等（尤其是通过女性教育和就业）等政策，使建筑在广泛基础之上的公众参与经济发展成为可能。

这并不是怀疑，印度即使以其现有的相当有限的机会，也能实现综合国民生产总值还算合理的高增长率。首先，印度一些产业能够出色地利用国家在高等教育和技术培训方面的成就继续取得极端良好的业绩。具有技术优势的新的中心，如班加罗尔和海得拉巴，能够繁荣兴旺，而印度甚至能够沿着业已确立的路线加快自己的进步。这将成为具有相当经济重要性的实质性成就。

然而，即便100个班加罗尔和海得拉巴，也不可能单凭自己的力量解决印度挥之不去的贫困问题和根深蒂固的不平等问题。印度真正的穷人只能——基本上是间接地——得到信息技术和相关发展所产生的利益总额的一小部分。消除贫困，尤其是消除极端贫困，需要在广泛的基础之上的更多的参与性增长，而要想突破文盲、疾病、未完成的土地改革和其他导致社会严重不平等的根源形成的壁垒，以实现这样的增长，并不容易。经济增长的进程不能脱离培育和增进基于广阔阵线的社会机会。①

中国出口到外部世界的产品包括大量不是由特别高度熟练的劳工而是由受过一定教育并有读写能力的劳工制造的产品。他们的生产创造了很多就业机会，大量收入因而得以流入社会上更为

---

① 关于这一业绩相关问题，参见 Jean Drèze and Amartya Sen，*India*：*Economic Development and Social Opportunities*，Delhi and Oxford：Oxford University Press，1996，and *India*：*Development and Participation*，Delhi and Oxford：Oxford University Press，2002。

贫穷的阶层。让这样的出口产品利用世界市场，需要按照所涉及的经济任务的有关规范、质量控制和对该任务的清醒认识进行生产。良好的学校教育对于这些任务的完成是至为关键的。同样，如果要保证生产方面的努力与经济计划不受疾病和周期性缺勤的影响，良好的健康状况也是极端重要的。[1]

基本的教育、良好的健康状况和人的其他才能，不仅作为人的能力和生活质量的构成要素具有直接价值（这些是学校教育、卫生保健和其他社会安排的直接报偿），而且这些能力也有助于促进更符合标准的经济成功。反过来，这一成功能够为更大幅度地提高人的生活质量做出贡献。在熟练利用全球市场方面，如果说印度能够从20世纪80年代以来中国改革后的经验中学到什么东西的话，那么在迅速提供和推进基础教育和初级卫生保健方面，印度也能够从中国改革前的经验中汲取许多东西。

政治意见与社会机会

如果社会的与经济的任务是如此相互联系在一起的，那么与民主政治的联系又当如何呢？虽然有些人频繁声称，民主不利于经济的迅速增长（印度本身常被援引来说明这一似是而非的命题），但几乎没有统计方面的证据确认这一点。实际上，甚至印度近年来在推动经济增长方面的有限成功也表明，增长能够更多地

---

[1] 除了传统的健康状况不佳这一问题之外，艾滋病病毒感染与艾滋病这类新的流行病对于人的生命和经济及社会运行也会产生毁灭性作用，除非立即行动起来并充分正视这些疾病。

获益于友好的经济气候,而不是高压政治环境。①

　　印度当然已受益于民主的保护性作用。当灾难构成威胁时,当政策的直接变化迫在眉睫时,民主体现为对统治者的极其良好的政治刺激,以使他们采取具有支撑作用的行动。印度自独立以来就成功地避免了饥荒。②

　　即使在问题并不峻急而且由来已久时(而不只是在问题,如饥荒突如其来并且十分严重时),民主也能给予反对党促成政策变化的机会。印度在教育、保健、土地改革与性别平等方面社会政策的薄弱,既是当权政府的失误,也同样是反对党的失误。比较而言,毛泽东时代的中国在教育和卫生方面的成就更大。③ 实际上,改革后的中国已经卓越地利用了改革前中国的成就(尤其是在全国提高基础教育和卫生水平方面),使之在1979年之后的以市场为基础的发展广泛利用了受到较好教育和身体较为健康的人口的潜力。

　　只有在印度的一些地区,社会成就方面的不足才被充分政治化。喀拉拉邦或许是一个最明确的例证,对普及教育、基本卫生保健、初级性别公平和土地改革的需要,在那里得到了有效的政治支持。有关解释涉及历史与当代发展两个方面:喀拉拉邦的反上层种姓

---

　　① 这一总的问题,已在我的《以自由看待发展》(*Development as Freedom*, New York: Knopf, and Oxford: Oxford University Press, 1999) 一书中论述过。

　　② 然而,绝不能将印度大饥荒的消灭视为营养不良与饥饿已不复存在。实际上,印度营养不良之人的比例很高,他们在不同程度地遭受慢性饥饿之苦。本书第十篇文章论述了持续营养不良这一问题。

　　③ 然而,我们必须区别由坚定的政治承诺与权威主义领袖一般都会产生这样的结果的期许所导致的良好结果的各种情况。塔利班的阿富汗、伊迪·阿明的乌干达和蒙博托的刚果是威权主义的,朝鲜亦复如此。这里论述的中心要点与政治眼光而不是强制性权力有关。

运动的教育导向（喀拉拉邦当前左翼政治是这些运动的继承者），特拉凡哥尔与科钦两个土邦（不在英国统治之下）早期的倡导，传教士在传播教育方面的活动（不独限于占人口五分之一的基督教教徒），以及妇女在家庭决策中较大的发言权，在一定程度上同印度教社群中人多势众的阶层——奈尔人——中的母系财产权的存在与显赫联系在一起。在很长时间内，喀拉拉邦充分利用了政治方面的激进主义和发言权，拓宽了社会机会的范围。

  现代的和激进的政治对喀拉拉邦的社会进步的贡献优势被人低估了。1947年，在印度独立之时，喀拉拉邦的识字人口所占的比例虽然高于印度其他地方，但是依然很低。致力于所有的人都识字的工作，主要出现在20世纪下半叶。喀拉拉邦也是在印度独立时依照语言标准组建的。它将形式上不受英国统治的特拉凡哥尔与科钦这样两个"土邦"，同英国统治之下的老马德拉斯的马拉巴尔这样一个地区合并起来。当时，马拉巴尔的教育水平远低于特拉凡哥尔和科钦。然而，这三个地区在今天已密不可分，就学校教育而言实际上已无分轩轾。公众参与性的和畅所欲言的政治值得赞扬，而这样的赞扬不应当完全给予过去的受人称许的历史。①

---

  ① 在承认激进的左翼政治的积极成就的同时，也应当承认其存在问题的一面。喀拉拉邦在以利用市场为导向的经济政策改革方面一直比较缓慢。虽然来自喀拉拉邦的人在其他地方（通常是在国外——多在海湾地区）工作时已经能比较容易地挣到大钱，但在国内率先采取经济行动的做法一直进展得比较缓慢。这并没有妨碍喀拉拉邦成为印度减轻贫困最为迅速的范例之一，但其所拥有的社会优势中的经济潜力在一定程度上仍然没有充分发掘出来。关于这一问题和相关问题，参见 Drèze and Sen, *India: Development and Participation*。

行使发言权

经济成就、社会机会与政治发言权是深刻联系在一起的，得出这一总结论实属必然。尽管存在印度的民主制度提供的政治工具，但抗争之声的微弱却使得社会机会方面的进步更加慢得毫无道理。反过来，这种情况不仅成为印度生活质量提高的严重障碍，而且构成经济发展进程——包括增长的幅度和范围及减轻经济贫困——的主要羁绊。正如本书第二篇文章所论述的，政治发言权对于社会平等是极其重要的，在这一认识的基础上，我们尚须指出社会机会的公平拓展与经济发展进程的力度、幅度和范围之间的联系。

在那些近来更为坚决地行使政治和社会发言权的领域，出现了值得注意的变化迹象。近年来，性别不平等问题引起了稍多的政治介入（往往由不同领域的妇女运动带头），这就增强了旨在坚决减轻社会和经济领域性别不对等的政治努力。印度有妇女在一些特殊领域出人头地的悠久历史，包括她们在政治领域分享领导职位的历史。[①] 虽然那些成就本身是与妇女对发言权的行使联系在一起的（得到近几个世纪以来参与性政治提供的机会的助益），但其范围多半局限于人口中较小的部分（往往是城市精英中的女性成员）。当代印度公众生活中加强妇女发言权的一个重要方面在于拓宽妇女发言权的社会覆盖范围。

---

① 参见本书第一篇文章中题为"性别、种姓与争鸣"的一节及第二篇文章。

然而，在改变妇女的不平等地位方面，印度还有漫长的路要走，但政治愈来愈多地涉及妇女的社会角色，却是一项重要的和具有建设性的发展。① 普遍的教育不平等与对基本卫生保健的忽视，特别是对穷人的卫生保健的忽视，已愈来愈政治化，因此在这一方面也取得了一些成就。今天，这几方面的悬殊情况比先前更加受到公众的关注，良好变化的效果在一定程度上已能从推广医疗服务和教育机会方面取得的相对进步看出。此外，虽然还有很长的路要走，但由于公众关于民主会导致什么或不会导致什么的看法往往带有悲观主义特征，因而仅仅为了克服这种由来已久的悲观主义，就要求我们承认有关方面的积极发展。

现在，就社会不平等和社会剥夺等问题进行公开争论的可能性，正在开始比以往更多地得到利用。近来，对人权的要求，诸如对学校教育权、食物权（尤其是学校午餐权）、基本卫生保健权、对环境保护的保证以及就业保证权等人权的要求，成为各种有组织的运动的广泛基础。这些运动的作用在于将注意力集中到特殊的社会失误上，在一定程度上成为公众在媒体上广泛议事的补充，但它们亦为重要的社会要求提供了一柄政治上的利刃。经济、社会和政治三方面的自由之间的相互依存，使得利用民主机会和行使政治发言权具备了极端重要的作用。

对印度社会的许多重大失误的补救，是与加大政治争鸣和社

---

① 参见本书第十一篇文章。该文是对印度性别不平等现象及其应时变化的总的评估。

会要求的力度与范围密切联系在一起的。① 因此，在一定程度上，"与命运之神的幽会"就是对进一步的介入和交锋的邀约。尼赫鲁希望随着印度独立而自动发生的事情可能继续遭到忽视，除非人们的执着要求使之在民主制度中具有至关重要的政治意义。继续举行系统的选举、保卫政治自由和公民权利、保证言论自由和媒体公开是不够的。消灭饥馑或减少在长寿和生存方面与中国的差距也是不够的。在印度，更为有力和畅快地利用民主参与，可以取得比以往大得多的成就。

---

① 迄今为止所采取的对抗日益增多的艾滋病病毒感染和艾滋病这一流行病的步骤是不充分的。这既是政府的失误（以不作为的形式体现），也是政治介入的失误（以相对沉默的形式体现）。

十
印度的阶级[①]

上篇文章开宗明义就提到了贾瓦哈拉尔·尼赫鲁于1947年8月14日发表的关于"与命运之神的幽会"的演讲。他在该演讲中不仅谈到了摆脱英国统治之后的自由,而且谈到了他对独立后印度发展宏图的构想。[②] 尼赫鲁对于清除阶层分化(class stratification)的壁垒及其对经济、政治和社会等领域中的不平等和剥夺现象的深远影响尤其坚决。那是一幅激动人心的图景,堪与艾尔弗雷德·丁尼生的雄辩媲美:"我憧憬未来,目极千里,/观世界之远景,与所有行将发生的奇迹。"在自由印度即将诞生之际获悉,自己可能见证"所有行将发生的奇迹",自然是件好事。[1]

尼赫鲁的宏图在其有生之年未能成为现实。这并没有什么令人惊异之处,因为他的设想过于雄心勃勃。然而,更令人痛苦的是,我们在沿着贾瓦哈拉尔·尼赫鲁坚定地指出的方向前进时步履缓慢。但是,这还不是全部。令人不安的证据表明,印度针对阶级划分的战斗非常严重地弱化了。事实上,有迹象清楚地表明,在经济、社会和政治政策的不同层面,阶级不平等对国家活力的削弱作用现在几乎没有受到注意。此外,对巩固阶级壁垒的支持,

---

[①] 本文基于笔者2001年11月13日在新德里发表的"尼赫鲁讲座"演讲。

[②] 贾瓦哈拉尔·尼赫鲁在新德里立宪会议的演说收录于 Sarvepalli Gopal (ed.), *Jawaharlal Nehru: An Anthology*, Oxford and Delhi: Oxford University Press, 1983。

不仅来自旧的既得利益集团,而且来自新的特权阶层,这就使得任务的完成异常艰难。

多种悬殊现象

这是一个很难着手的论题,有两个明显的原因。第一,阶级并不是不平等的唯一根源,对阶级作为社会悬殊现象的一个根源的兴趣,须置于更大的背景之下,其中包括其他多种造成分裂的影响因素:性别、种姓、地域、社群等。例如,男女之间的不平等也是造成不公正的一个主要因素。甚至在数十年前,这一不平等的根源在印度也往往遭到相当广泛的忽视,而一心关注阶级问题对于造成这种忽视确实起了作用。实际上,大约30年前,即在20世纪70年代初期,当我最初试图研究印度的性别不平等时,甚至连极端同情社会弱势群体境况的人,也不愿认真关注性别歧视的罪恶,这个事实给我留下了深刻印象。这在很大程度上是因为已经牢牢确立的传统,即将阶级划分视为不平等的一个根源并几乎完全专注于此。那种单一思维如今不再处于主宰地位,人们日益认识到阶级划分之外造成社会悬殊现象的其他原因的重要性,这些原因之中就包括男女之间的不平等。我主张,尽管性别和导致不平等的其他因素仍然需要关注,但是印度公众议事的诸多功能和范围,已经得到相当程度的强化和拓展。

不过,还有一个值得注意的问题,该问题已经超越了对"是否"的追问,转向对"如何"的探询。这些造成不平等的不同根源,应当主要被视为"相辅相成"("存在阶级,也存在性别,此外还存在种姓，如此等等"），还是反而应当将它们视为一体，明确地为它们的广泛相互依存留出更多空间？这些造成脆弱现象的不同根源中的每一个都很重要，但同样重要的是，我们必须看到，它们由于具有互补性而能强化彼此的影响。

尤其是阶级，在社会不平等的形成和分布范围方面有一种非常特殊的作用，它还可以使导致悬殊现象的其他根源的影响（如性别不平等）变得鲜明得多。在拓宽我们对其他类型的不公正现象的理解时，知识的收获必须伴以对阶级与其他导致不公的原因结合起来的功能更为完整的理解。换言之，阶级不仅自身重要，而且可以放大导致不平等的其他因素的影响，从而增大由因素强加的惩罚。鉴于同时消除与阶级、性别、社群、种姓等有关的导致不平等的诸多根源的需要，以及阶级在导致不平等的其他每一种因素发挥效应的过程中的莫大作用，将阶级与一种已确立的对不公正的理解结合起来就至关重要。

复杂性的第二个根源在于这一事实：一些新的强化而不是弱化阶级划分的影响的社会壁垒——可以说——来自分界线的"友好的"一侧；它们事实上可以植根于意在矫正阶级划分问题的制度性设计之中。例如，公共干预方案能够保护脆弱的利益群体，因而在对以阶级为基础的不平等进行的战斗中起到一种良好工具的作用。然而，倘若战线划错，抑或矫正方案设计有误，那它们也能够造成倒退性后果。

事实上，军队所谓的"友军炮火"——一支军队因此遭到自己人的炮火打击，而不是被敌人的炮火命中——是一个不但在军事领域而且在社会领域也可能具有重要意义的概念。对辅助性公共机构和公共政策的实际影响，必须不断予以审视。作为反不平等设计内容而得以确立的机构和方案的有效影响，需要以一种无先入之见的——而不是以一种固定的、刻板的——方式进行穷根究底的考察。

我将依次探讨这两个问题：第一，需要完整理解阶级在不平等的多样根源的综合影响中的作用；第二，"友军炮火"的可能性，需要我们重新考虑旧的反不平等战线。新壁垒尤其关系重大，强烈暗示我们需要重新审查解决阶级不平等的方法和手段。

在本文中，我将试图确认两个需要考察的具体问题，以图理解阶级在印度的深远意义：第一，"整合问题"（不仅将阶级的影响视为累积性的，而且将其视为具有可变性的）；第二，"制度问题"，尤其是新旧制度特征在增进乃至强化阶级壁垒方面的作用。

阶级、性别、种姓与社群

看到非阶级的不平等根源的明显存在，是一项重要认识，而我们还得承认，在我们的生活中，几乎没有任何方面不受我们在阶级分化中地位的影响，而我们可以将这两方面的认识结合起来。在造成和加强不平等方面，阶级并不单独起作用，而造成不平等的其他任何根源也不是完全独立于阶级之外的。[2]

先考虑性别。南亚国家在性别不平等方面存在糟糕的记录，这一点从妇女非同寻常的发病率和死亡率方面可明显看出，与不那么严重忽视妇女保健和营养的地区所见情况形成对比。与此同时，相比在其他地区，在南亚上等阶层的妇女的地位往往更为显赫。实际上，印度、巴基斯坦、孟加拉国和斯里兰卡都曾有过或现在就有一些女总理——这是一种美国（以及法国、意大利、德国和日本）从未有过而且似乎在不远的将来也不会出现的情况（如果我还有一点判断资格的话）。

属于特权阶层有助于妇女逾越那些阻挡出身于不太显赫的阶层的妇女的壁垒。性别肯定是造成社会不平等的一个累加因素，但它并不在阶级之外独立起作用。实际上，阶级剥夺与性别歧视合二为一确实能够非常严重地毁灭较为贫穷的妇女的人生。剥夺的这两个特征——既出自低等阶层，又是女性——的交互存在，能够使出自没有什么特权的阶层的妇女一贫如洗。

再说种姓。同样，尽管身为低等种姓无疑是悬殊现象的一个独立原因，但当低等种姓家庭恰好也很贫穷时，低等种姓这一因素的影响就更大。在种姓或部落的苦难由于赤贫而进一步加重时，受压迫种姓*或来自其他弱势种姓的人们或表列部落成员遭受摧残的情况则尤为严重。甚至与种姓冲突联系在一起的暴力，也涉及单纯种姓之外的许多东西。

例如，比哈尔的兰维尔军**可能是一支私人军队，从高等种姓（就具体情况而言，这里是指"普米哈尔"种姓和"拉其普特"种

---

* Dalits，音译为"达利特"，即贱民。——译者注
** Ranveer Sena，意译为"胜利军"。——译者注

姓）获取生活资料，而暴行的受害者通常是低等的受压迫种姓，但如果我们不注意受压迫种姓的贫困和无地状况，或不将冲突置于广阔的社会与经济背景之下，我们就不能充分体会潜在的受害人的处境。这种认识并不意味着种姓是无足轻重的（恰恰相反），但确实使将与种姓有关的暴力置于更为广阔的背景之下变得必要，尤其是阶级，就属于这一大背景。基本的问题具有互补性和相关性，而不是不同的单独起作用的悬殊现象（就像夜间擦身而过的船只）在自行其是。鉴于阶级涉及广阔的范围并有普遍意义，与贫困和财富、拥有产权和一无所有、工作和就业等有关，所以阶级在大量别有由头和牵扯的冲突中往往崭露自己的丑恶头角，就不足为奇了。

事实上，还有相当的证据表明，有利于低等种姓的积极措施，往往帮了那些种姓中在经济上不太拮据的成员，而不是那些被极端贫困和低下的种姓地位联合形成的重负压倒的人的大忙。例如，"保留"职位往往落到弱势种姓中比较富裕的成员头上。任何旨在解决种姓障碍的积极措施，都不能在不考虑比较低等的种姓成员的阶级背景的情况下充分发挥效力。种姓的影响就像性别的影响一样，实质上是受阶级支配的。

我们再考虑由教派暴力产生的剥夺问题。少数教派的成员，甚至在他们属于富裕阶层时，也确有恐惧的理由。然而，在当事人不仅属于被定为攻击目标的社群，而且来自更为贫穷并拥有更少特权的家庭时，这些社群面临的严重危险无以复加。在印度独立与分治前后，印度教教徒—穆斯林骚乱受害者的阶层分布使这一点昭然若揭。被定为攻击目标的社群成员中，最容易遭到杀戮的就是那一不得不在毫无保护的情况下外出劳作的群体的成员；他们住在贫民窟中，以这种或那种方式过着一种极易受到侵害的生活。他们占教派骚乱受害者的绝大多数也就不足为奇了。

我在 11 岁时首次面对谋杀，事情就发生于我们在达卡的家外。我撞上了被印度教教徒暗杀者手刃的穆斯林零工卡德尔·米亚，只见他浑身血流如注（他在被家父送往医院后不治身亡）。他对我说的近乎临终遗言的话是，他知道自己来一个以印度教教徒为主的地区是在冒着严重的危险，可是他不得不这样做，为的就是找点活儿干挣点钱（他遇刺时正在前往该工作地点途中）。卡德尔·米亚是作为受害的穆斯林而死的，但他也是作为一名急于找点活儿挣点钱的失业劳工而死的。

那是在 1944 年。今天的骚乱在这一方面毫无二致。在 20 世纪 40 年代的印度教教徒—穆斯林骚乱中，印度教暴徒杀戮手无寸铁的穆斯林，而穆斯林恶棍则暗杀赤贫的印度教教徒受害人。尽管罹难者的教派身份大不相同（分别为印度教教徒和穆斯林），但他们所属的阶层身份却往往极其相似。甚至在报纸的报道中，由于单焦点报道专注于受害者的不同教派身份，而不是他们统一的阶级身份，所以教派暴力的阶级层面往往没有受到充分关注。

这一说法也适用于印度最近的教派屠杀和侵害，例如在英迪拉·甘地遇刺之后在德里组织的反锡克教徒的骚乱，伴随巴布里清真寺被拆毁之后那些可怕日子的反穆斯林暴行，如此等等。阶级是种族和教派暴力的一个始终存在的特征。

因此,我们需要的是对阶级的作用和范围的某种双重认识:既要考虑阶级的非唯一性,也要思量阶级的具有可变性的功能。我们必须同时认识到:

(1)除了阶级之外,悬殊现象还有许多根源:我们必须避免阶级包含不利与障碍的所有根源这一推定;

(2)不过,阶级悬殊本身不仅是重要的,而且往往会强化与其他形式的悬殊现象有关的不利因素。

阶级既不是唯一需要关注的问题,也不是其他形式的不平等的适当代表,但我们确实需要阶级分析,以弄清其他形式的不平等和差异的作用及范围。

不平等、共同作用和弱势群体

除了各种促成不平等的因素之外,还有不平等所能采取的形式这一重要问题。在这方面,可以认为,阶级众说纷纭,莫衷一是。这种认识不无道理,但在理解社会弱势群体的困境方面,又不可能削弱明显的阶级分隔的重大关系。我们必须同时看到不同之点和相关之处。

剥夺有许多不同的形式:经济贫困、不通文墨、无政治权、缺乏医疗,如此等等。不平等现象的这些不同侧面的影响并不完全一致。实际上,它们能够产生大不相同的社会等级。[3] 单纯从收入贫困的角度看待剥夺的倾向,往往是强烈的并能够起严重的误导作用。然而,在严重剥夺的表现方面,也有强烈的统一的特征。这在一定程度上是因为不同类型的障碍会相互强化,也是因为它们常有一同发展到极端的倾向,将一般的"富人"与广大的"穷人"分隔开来。不同类型的剥夺之间缺乏观念上的一致性,并不排除它们沿一条大分界线呈现出经验方面的相似性,而这正是古典阶级分析的一个主要特征。

在印度,一些人是富有的,但大多数人并非如此;一些人受到了非常良好的教育,另外一些人则目不识丁;一些人过着安逸的奢侈生活,另外一些人则辛苦劳作却几乎一无所获;一些人在政治上是强大的,另外一些人则无足轻重;一些人在人生历程中有大好机会,另外一些人则根本没有任何机会;一些人受到警察的礼遇,另外一些人则被警察视为粪土。存在不同种类的不平等,其中每一种均须认真关注。然而,情况往往是——而这正是体现阶级分析的重要性的中心问题——同一些人在收入和财富方面是贫穷的,遭受没有文化之苦,辛勤劳作却几乎得不到酬金,在政治上毫无影响力,缺乏社会和经济方面的机会,并且遭受警察野蛮的冷酷无情的对待。"富人"和"穷人"之间的分界线不仅是修辞方面的陈词滥调,而且是判断性分析的一个重要组成部分。这条呈现在我们面前的突出的分界线,深刻地贯穿于我们的社会、经济和政治理解之中。这种诸多剥夺现象的共同作用,增强了阶级作为不平等与贫富悬殊的一个根源的首要相关性。

在我开始论述我称之为"友军炮火"的问题时,这种在社会极端弱势群体的生活中明显的共同作用，将变得尤为关系重大。在印度和别的地方存在的许多分配制度的初衷，在于捍卫遭受一定剥夺（或处于一定弱势）但又无论如何并非处于社会绝对劣势的群体的利益。在与阶级分隔的战斗中将这些制度视为"友好的"制度，是有可以理解的依据的。然而，倘若这些制度还产生使处于社会底层的真正劣势群体应得待遇恶化的效应，那么它们的总体影响可能就是强化而不是弱化阶级分隔。从这一意义上讲，它们的效果就可以被视为"友军炮火"，恐怕在印度目前的公共政策中就有许多此类现象。

研究"友军炮火"问题极端重要，虽然这并不是因为它是促成印度阶级分隔的最大因素。传统因素，诸如财富和资产的严重不平等，在教育和其他社会机会方面的巨大差距等，对于我们理解阶级分隔的残酷力量仍是至关重要的。然而，这些传统的特征现在得到了新壁垒的补充，其中一些原本就是为了克服阶级影响的，但到头来却产生了相反的效应。

我可以用大量例证说明这一点。不过，我在本文中将仅仅集中论述两个范例，分别探讨粮食政策和初等学校教育，它们对于印度受剥夺最为严重的人即饥民与文盲的人生均有重大影响。

粮食政策与饥饿

奇怪的是，印度在抗击饥饿和饥荒方面的记录好坏参半。独立以来饥荒的迅速消灭是一项重大成就（最后一次真正的饥荒发生在独立前的1943年——当时距独立还有4年），这在与其他许多国家在防止饥荒方面的失败进行对比时尤为显著。无论一场饥荒何时构成威胁，民主程序中的防范预案都会立即启动，迅速制定保护性政策，包括安排临时公共就业，以使受到威胁的赤贫的人们有钱购买粮食。印度预防饥荒的机制，在我与让·德勒泽合著的《饥饿与公共行动》一书中已有所论述。[4] 我们认为，那是对一项伟大成就的记录。

然而，印度在消灭饥饿和营养不足方面的总体记录是十分糟糕的。不仅严重的饥饿在一些特定地区反复出现，而且在印度的许多地区也存在令人震惊的饥饿的广泛流行。实际上，印度在这一方面的情况甚至比非洲撒哈拉沙漠以南地区还要严重。[5] 对普遍的营养不足——有时被称为"蛋白质热能不足性营养不良"——的计算表明，印度的平均数值几乎高达非洲撒哈拉沙漠以南地区的两倍。令人惊讶的是，尽管饥荒时有发生，但非洲依然在常规营养方面设法确保了高于印度的水平。依据一定年龄体重增长迟缓的通常标准判断，非洲营养不足儿童的比例在20%～40%，而印度营养不足儿童的百分比却高达40%～60%。[6] 所有印度儿童中有大约半数似乎处于慢性营养不足的状态，而所有成年妇女中一半以上患有贫血症。在孕产妇营养不足和体重不足婴儿发生率方面，以及在人生后期罹患心血管疾病（如果在子宫内时营养即遭剥夺，婴儿成年后尤易罹患该病）的频数方面，印度属于世界上最糟糕的国家之列。[7]

这种令人震惊的情况挥之不去的一个显著特征，不仅在于有关局面继续存在，而且在于它几乎没有受到公众的关注，而它即便得到一定关注,也是众说纷纭,莫衷一是。① 实际上,有人认为,印度自独立以来业已勉力圆满解决了饥饿的挑战。听到对这一错误说法的不断重复,真是令人感到惊讶。这种说法是在极度混淆防止饥荒与避免普遍营养不足和饥饿的基础上产生的。防止饥荒是一项简单的成就,而避免普遍营养不足和饥饿则是一项复杂得多的任务。在后一方面,印度比世界上几乎每一个国家都做得差些。

在这一方面,尤其引人注目的是,印度已以中央政府储备粮的形式持续囤积了异常大量的库存粮食,而没有为它们找到良好用途。在1998年,库存粮食为1 800万吨左右,接近官方"缓冲储备"的标准。从那时起,这一数字一再攀升,在本文(2001年"尼赫鲁讲座"演讲之一)写作之时已稳定地超过6 200万吨。按照让·德勒泽的生动说法,倘若将所有粮袋排列起来,它们将绵亘达100余万公里,相当于我们往返月球两趟的行程。从另一个角度看,如果将库存粮食发放给贫困线以下的家庭,则户均一吨粮食还绰绰有余。

这一方面发展的历史的反直觉性——遑论不公——极其严重,以至于难以用单纯的麻木不仁——愈看愈像神志迷乱——这样的推断予以解释。人们业已意识到的这一切的逻辑依据可能是什么?

---

① 在我与德勒泽合著的《印度:经济发展与社会机会》(*India: Economic Development and Social Opportunity*, Delhi and Oxford: Oxford University Press, 1996)和《印度:发展和参与》(*India: Development and Participation*, Delhi and Oxford: Oxford University Press, 2002)中,我们论述了公众议事不足在错误的公共政策形成和持续中所起的作用。

对于最糟糕的营养不足与世界上最大的没有得到利用的粮食库存（这些库存还在不断以极其沉重的代价增加）的同时存在，该如何解释？

直接的解释不难找到。粮食库存的积累源于政府对粮食——尤其是小麦和大米——很高的最低支持性价格的承诺。然而，普遍的高价体系（尽管收购价与消费者零购价存在差距）既扩大了收购，也抑制了需求。粮食生产者与销售者的财源滚滚同粮食消费者的贫困匮乏形成了对照。由于对粮食的生物需要与对粮食（鉴于人们的经济状况和粮食价格，他们所能买得起的东西）的经济补贴不是同一回事，尽管全国营养不足四处蔓延，但已经形成的大量库存还是难于出手。造成粮食大量供应的价格体制本身，却使较为贫穷的消费者的手——和嘴——远离粮食。

然而，难道政府不通过比照收购价格来补贴粮食价格以自动纠正这一问题吗？这样做不是肯定会为消费者压低粮食价格吗？并非全然如此。有关问题在笔者与让·德勒泽合著的《印度：发展和参与》（2002）一书中已有较为充分的论述，但真相的一大部分简直就在于一个事实，即许多补贴实际上确乎用于支付维系大量粮食库存的成本，以及一个大而无当的粮食管理部门（包括印度粮食公司）。此外，由于价格补贴的利刃在于支持农场主多产多赚，而不在于以较低的价格将目前的库存卖给消费者（这种情况也有，但仅发生在有限的范围之内，并仅针对有限的群体），因而补贴的总体效果突出地表现为将金钱转移到有粮食出售的大中农场主手中，而不在于将粮食给予营养不足的消费者。

倘若还有什么实例可供激进的阶级分析之用，以让"左翼"能够借以强烈谴责"右翼"的话，人们会认为以上情况就是。在一定的程度上，我确实看到了这样的批评，但还不够。可以料到，从阶级分析角度出发的批评咆哮，犹如平素不叫的狗，不鸣则已，一鸣惊人。

为什么呢？这正是对"友军炮火"的判断变得举足轻重之处。当粮食采购政策得以推行而有利于以高价向农场主购买粮食的理由得以确立时，就可以预见到各种利益，而它们并非全然没有意义，亦并非对公平没有一定要求。首先，将粮食库存增至某一点对于粮食安全是有益的——甚至对防止饥荒也是必要的。这将会使拥有达到某一限度的粮食库存——按照今天的情况，也许甚至 2 000 万吨左右的库存即可——成为一件好事。有人认为，既然按需增加粮食库存是不错的，更多地增加库存就一定会更好。这种想法不但是错误的，而且会导致搬起石头砸自己的脚的结果。

我还必须考察为粮食高价辩护的第二条推理思路，那也是以一个不错的理念的面目出现的，但到头来却产生了相反的效果。遭受粮食低价之苦的，包括一些并不富裕的人，即销售自己部分收成的小农场主或小农。将这一群体的利益与大农场主的利益混为一谈，就产生了粮食政治的致命混乱。在享有特权的农场主们强有力的院外活动集团为争取更高的粮食采购价格而施加压力，并推动公共资金用于保持粮食价格居高不下时，同样受益于粮食高价的比较贫穷的农场主的利益，也得到代表这些非富裕受益人的政治集团的捍卫。这些人的苦况不仅在为粮食高价辩护方面起到有力的感染作用，而且在使许多追求公正的激进主义分子真诚相信这样做会有助于一些非常贫穷的人方面也起了巨大作用。情况会是这样，但是维持粮食高价当然会对富裕的农场主有益得多，同时也迎合了他们的压力集团，而数量大得多的购买粮食而非销售粮食的人们的利益则会遭到严重损害。

这些政策对不同阶层尤其是社会中处于极端劣势的人们的影响，还需要更为明确的分析。处于极端劣势的人们，除了在别的方面遭受剥夺之外（前面已有论述），显然也存在食物不够和营养不足的问题。至于临时工、贫民窟居民、城市贫穷雇员、流动工人、乡村工匠、乡村非农场工人乃至领取现金工资的农场工人，粮食高价对他们能吃什么产生了影响。粮食高价的总体效果就是极端严重地打击了许多更为贫穷的社会成员。粮食高价虽然确实有助于一些以农为本的穷人，但对分配的根本作用却是倒退性的。当然，存在来自农场主们的院外活动集团谋求粮食高价的无情政治压力，而略微有些模糊不清的有益于一些以农为本的穷人的情况，使得有关政策问题十分扑朔迷离，以致出现粮食高价系为穷人着想的糊涂认识，而粮食高价的总体效果却远非如此。据说，一知半解是一种危险的事情。令人遗憾的是，在捍卫对少数人的公正与对为数众多的人的严重不公重合时，一星半点的公正也是一种危险的事情。此外，这是"友军炮火"的一种情况，尽管富有农场主们的压力集团的参与使得有关情节更趋严重。

初等教育

我现在转向第二个例证，即印度的初等教育。它当然在蒙受着许多缺陷的侵害。[8] 财政资源的不足显然是一个主要问题：没有足够的学校，而在现存学校中可资利用的设施往往十分有限。然而，还存在其他几个问题。一个主要的难题在于印度许多地方的小学脆弱的制度结构。这些学校的经营管理往往缺乏效率。还有一个问题，该问题与学校教育安排方面的不公正有关，也与将第一代入学者纳入富于同情心的和公正的初等教育体系的挑战有关。[9]

我有幸于 1999 年用自己的诺贝尔奖收益资助建立了普拉蒂奇信托基金会。由于该机构就这一主题进行了一项小型研究，我因而有机会获得一份有关问题的样本。① 我们最初考察了西孟加拉三个县一些小学的运作情况（但在后来，该项研究扩展到西孟加拉的六个县和邻近的贾坎德邦的一个县）。从这些考察中了解到的总体情况令人非常沮丧。在我们事先未予通报即前往造访的那些日子，占相当比例的教师竟然不在学校。在学生主体来自表列种姓或表列部落家庭的学校里，教师无故缺课现象非常普遍；实际上，在我们的名单上的那些学校中有 75% 存在教师无故

---

① 本文援引的调查是由同我一道工作的库马尔·拉纳、阿卜杜勒·拉菲克和阿姆里塔·森古普塔进行的。我们的第一份教育报告《解救公共教育：西孟加拉考察报告》（*The Delivery of Public Education: A Study in West Bengal*, New Delhi: Pratichi Trust, 2002）描述了进行第一部分研究工作期间的主要发现。

缺课的严重问题——这一数字比学生来自不那么弱势的家庭的学校要大得多。很高比例的儿童依靠私人辅导来补充他们在学校所受教育的不足,而不这样做的儿童显然是为贫困所阻,而不是因为对他们在学校得到的教育感到满意。实际上,在我们能够予以测验的三四年级学生中,绝大多数没有得到私人辅导的学生甚至不会签名。

卓有成效的初等教育在全国许多地方实际上已不再是免费的,这当然是对基本权利的一种侵犯。这一切似乎由于教师与贫困家庭鲜明的阶层分隔而得以强化。然而,教师联合会——与各自的政党有关——有时在捍卫教师免受纪律责罚方面相互竞争。弱势家庭的家长在管理学校方面几乎没有发言权,而官方督察员似乎过分怯于惩处失职教师,特别是在家长来自社会底层时。当然,在教师过去工资低微并遭受极度剥削时,教师联合会在捍卫教师利益方面曾起过十分积极的作用。那时,教师联合会在大力维护公正方面发挥了制度性支持的重要作用。然而,如今在面对教师无故缺课现象和其他不负责任的行为时,这些维护公正的机构由于不作为或乱作为,似乎主要起了破坏公正的作用。

在某种程度上,这一问题由于下述事实而进一步恶化:学校教师现在工资相对较高,不再是少得可怜的剥削性工资的领取者。近来印度公务员工资的提高(将公务员所服务的人们如农业和工业劳工远远抛在了后面),导致全印度学校教师(属公务员系统)

酬金有了非常可观的上升。在我们进行研究的西孟加拉，小学教师现在的月收入一般在 5 000～10 000 卢比，形式为工资加津贴，与非传统学校*——被称为儿童教育中心（Sishu Siksha Kendra）——教师每月 1 000 卢比的全额工资形成对照。

正规学校教师的工资近年来急剧上升，甚至在依据物价变化予以矫正之后依然大幅上升。这在一个层面显然是个引人称颂的由头。[实际上，我记得自己在五十年前作为管区学院（Presidency College）学生曾参与闹事，要求提高学校教师普遍极低的工资。]然而，现在的形势已大不相同。近年来工资的大幅增加不仅使学校教育变得极其昂贵（使得向仍然被排除在外的人们提供正规学校教育难多了），而且往往使作为一个群体的学校教师脱离儿童的家庭，特别是来自弱势阶层的儿童的家庭。有大量证据表明，深重破坏向最贫困的社会成员提供学校教育的阶层壁垒，现在由于教师与贫穷（而且没有特权）学生之间在经济和社会方面距离的增大而得到进一步强化。

结　语

尼赫鲁所抱持的在国家的经济、社会和政治进步中克服阶层分隔的希望依然大多没有成为现实。进步的障碍不仅来自旧的分界线，而且来自一些新的分界线。有时，被创造出来以克

---

* 非传统学校（alternative school），指因对现存教育制度不满而在组织、目标、教学方法等方面采取非传统措施的小学和中学。——译者注

服差异和壁垒的制度本身,往往产生强化不公平的相反影响。有许多关于此类"友军炮火"的例证,我论述了其中两个特殊案例。

在印度,一方面粮食堆积如山,另一方面又拥有世界上最为庞大的营养不足的群体;我们看到的这两者的糟糕结合,就是这方面的一个例证。通过支持性高粮价和发放补贴以求得公平的正面希望,在很大程度上往往产生截然相反的效果。另一例证与履行初等教育义务的制度性特征有关。教师联合会在保护教师利益方面具有十分积极的作用,而且过去已经很好地履行了自己的职责,但如今往往成为一股势力,使对赤贫家庭儿童利益的漠视变本加厉。有证据表明,将新致富的教师与农村赤贫人口分离开来的阶层壁垒正在强化。

我不想以悲观主义的口吻结束本文。判断问题症结的要义,在于利用有关结论矫正业已发现的缺陷。在已经探讨过的两个案例中,不难看到可能的改革路线。对于后者,普拉蒂奇信托基金会的报告提出了一些政策建议,强调了在学校管理中提高家长发言权的必要性,特别是提高来自弱势阶层家长发言权的必要性。这就需要重构初等教育管理部门,为各个学校留出建立卓有成效的家长—教师委员会的余地,让它们具有法律认可的权威。最直接相关的利益集团——家长——的制衡力量的协助,能够使教师联合会的作用更加具有建设性。同样,在前一个问题上,通过适当关注社会最贫困成员的利益,粮山可被转化成财富,而不再是责任（如通过校餐予以利用）。①

　　这些以及其他政策变化亟须行动与考量。对实际的和可能的公共政策的确切效果的清晰分析，能够推动这一进程。针对印度阶层分隔造成的不平等现象，催生真有巨大效用的政策与防止"友军炮火"都是重要的。审视不同阶层和行业集团从每一项政策提案获取的利益和蒙受的损失是关键性的。阶层分隔无所不在的作用，以异常多样的方式影响社会安排，在制定印度的公共政策时，应当比以往更为充分地认识到这一点。在这方面，是有严重的问题值得理论一番的。

---

①　印度政府最近（2004年年末）关于在全国的学校中帮助提供烹制好的午餐的提议，是自笔者于2001年发表"尼赫鲁讲座"演说以来采取的一个非常积极的步骤。印度最高法院富于远见地决定，将这一权利纳入儿童应有权利的范畴之中。印度政府的这项提议遂应运而生。该提议对于同时解决儿童营养不良和无故旷课这两个密切相关的问题具有值得嘉许的潜力。这种做法在一些邦（如在泰米尔纳德邦）已沿用多年并大获成功，而且开始在刚刚采用该种做法的地方产生积极的效果。普拉蒂奇信托基金会派往西孟加拉邦的研究小组进行的调查，记录了学生的高出勤率和贫困家庭的高满意率。

十一
女人与男人[①]

性别不平等的诸多方面

女人与男人之间的不平等，可呈现许多不同的形式，涉及许多方面。[1]性别差异事实上不是一种苦楚，而是多种问题。有时，诸种不同的不对等现象之间实在互不相关。实际上，在一个领域可能没有显著的不平等，但在另一个领域却存在大量的不平等。例如，日本在营养、医疗或学校教育方面没有特殊的性别偏见，但男人在管理或商务领域获得高级领导职位方面，似乎确实具有很大的相对优势。

然而，在别的情况下，一种类型的性别不平等往往会激发并维系其他种类的性别不平等。于是，即使在大量普遍的性别关系范围之内，为了考察和审视性别不平等的不同方面怎样相互联系在一起，进行合乎逻辑的分析也是极其重要的。虽然性别不平等

[①] 本文系依据笔者于2001年11月14日在德里发表的"苏南达·班达莱纪念讲座"讲演的文稿《性别不平等的性质与后果》写成。苏南达·班达莱是印度一位杰出的法官，一位主要的社会和法律思想家，我十分荣幸能够参加对她的纪念活动。对于与比纳·阿加瓦尔、萨蒂什·阿格尼霍特里、让·德勒泽、德瓦基·贾殷及V.K.拉马钱德兰的有益讨论，我也不胜感激。

有许多方面,但它们却不是独立的(就像印度早期造像中梵天*苦修形象的多个面孔)。确切地说,它们互通声气,有时则相互促进。例如,当妇女在家庭中缺乏决定权时,就等同于剥夺了妇女有效的能动作用,这也可逆向影响她们自己的福祉。两种剥夺不仅可能相辅相成——呈"共变"状态——而且能够由于偶然的因缘而相互联系在一起。

福祉与能动作用

将本文的话题与人生的两个特征即"福祉"与"能动作用"之间的普遍性区别联系起来是有益的。我在别处业已探讨过这两个特征的区别。[2] 这一区别,对应于欧洲中世纪文献中使用很多的关于"被动者"与"主动者"的古老的二分法。这种区别不仅本身是重要的,而且对于导致性别关系的因缘具有实质性影响。[①]

能动作用方面意味着追求目标和指归。对于这样的目标和指归,一个人觉得有珍重和予以推进的道理,而不论它们是否与自己的福祉有关。人们可以自愿积极追求其他目标(即个人福祉之外的目标),这些目标很可能非常宏大,如自己国家的独立,消灭饥馑和流行病,或扫荡普遍的性别不平等(与本文论题有关)。尽

---

* Brahma,印度教创造之神,原有五头,后被印度教毁灭之神湿婆烧掉一头,遂得"四首"之雅号,因而他的画像或雕像一般都有四张面孔,分别朝着四个方向。四张脸或四个头颅都不是独立的,而是连在一起的。——译者注

[①] 除了福祉的作用之外,能动作用对于发展的进程也十分关键。我已尝试在《以自由看待发展》(*Development as Freedom*, New York: Knopf, and Oxford: Oxford University Press, 1999) 一书中对此予以论述。

管不同的指归之间可能会有一定交叠,不过一般而言,人们在捍卫这些宏大目标时,可能不会主要受这些总体目标影响自己的生活质量或福祉的程度左右。

"福祉"与"能动作用"之间的区别,在概念上是很丰富的,因为它们涉及从两种不同视角出发理解一个人的价值观、意图、抱负、自由和成就的两种不同方法。恰好,总的说来,在解释实际政策与活动方面,尤其是在理解包括世界上许多地方日益强大的"妇女运动"在内的社会运动优先事项方面,这种区别具有实质性的重要意义。

实际上,直到最近,这些运动中的一些活动,至少在很大程度上通常旨在努力实现妇女的良好待遇,尤其是更"公正的待遇"。这就要特别涉及对妇女福祉的专注。鉴于妇女的利益与福祉在过去受到漠视,甚至在今天依然受到漠视,选择这一关注点当然就有明显的逻辑依据。然而,在妇女运动演变进程中,其目标逐渐拓宽,从这种狭隘的"福利主义的"焦点转向妇女作为主动者在做事情、评估优先事项、审视价值观、制定政策及推进计划等方面的积极作用,将这些纳入妇女运动的目标并加以强调。

从这一拓宽的视角看,妇女并不是社会为提高福利而提供的帮助的消极接受者,而是社会变革的积极推动者和促进者。当然,这样的变革影响妇女的生活和福祉,但也影响男人和所有儿童——包括女孩和男孩——的生活和福祉。这是妇女运动范围的重大拓展。

相互关联与范围

就妇女自己的福祉而言，注意妇女生活中的能动方面与福祉方面二者之间广泛的相互关联也是重要的。显然，妇女积极的能动作用不能无视矫正许多破坏妇女福祉并使她们遭受各种剥夺的社会因素的急迫性。因此，能动作用还必须主要与妇女的福祉深切联系在一起。同样，从其他方向考虑这一联系，不仅有能动作用受到严重限制的妇女会因此在福祉方面也受到相应程度损害的情况，而且任何旨在提高妇女福祉的实际努力都不能无视妇女自身导致这一变化的能动作用。所以，妇女运动的福祉方面与能动方面不可避免地具有实质性的关联。

然而，尽管存在这些关联，但能动与福祉仍是两个大不相同的视角，因为一个人作为"主动者"的作用与同一个人作为"被动者"的作用是根本不同的。主动者可能至少在一定程度上亦将自己视为被动者当然不错。例如，古语"医生，将你自身之病治愈吧"，即要求医生既做主动者又做被动者。但是，这并不能改变与一个人的能动作用不可避免地联系在一起的追加的医疗步骤与责任。主动者在追求重要目标方面具有积极作用，虽然这些目标通常主要包括自己的福祉，但同时它们的涵盖范围可以是宽阔的和广泛的。因此，主动作用涉及的范围可比单纯促进自我福利广阔得多。

因此，妇女运动的焦点朝着发挥主动作用方面转变，是对这些运动的领域和范围的一种关键性拓宽，从而使它们昔日关注的事务增添了实质性内容（同时并不否认以前所关注的事务依然具有重要意义）。先前对妇女福祉的关注，或者更确切地说，系对妇女"苦难"与被剥夺情况的关注，当然不是愚蠢的或错误的。对妇女福祉的剥夺肯定是严重的——有时甚至是残忍的——而消除这些剥夺，对于社会公正显然是重要的。有极好的理由将这些对妇女福祉的剥夺暴露在光天化日之下，并为消除这些不公正现象而战斗。然而，基本用福祉一词来将妇女被剥夺的情况概念化并从而专注于妇女作为"被动者"这样一个方面，只能忽略妇女作为导致变化的积极行动者这一异常重要的方面。能动作用可以改变她们自己的生活及其他妇女的生活，实际上还能改变社会上每一个人——妇女、男人与儿童——的生活。在最近数十年来，妇女运动及女性文学数量的日益增加，均与这些运动的焦点的拓宽有关。因此，在使世界成为更适宜所有人生活的地方这一方面，新的议事日程往往超越将妇女视为被动的社会公平恳求者的看法，也超越了将妇女视为社会主要变革先驱的观点。本书对发言权问题的关注，尤其适用于性别关系中的能动作用方面。

性别不平等的不同面貌

福祉与能动作用之间的差别有若干值得注意的分析范围，我将在本文后面再次利用这种概念上的区别。但是，在此之前，我想论述性别不平等的不同"面貌"的广泛差异。[3]

我将依照下面的标题考察这些不同的现象：

（1）生存方面的不平等；

（2）出生方面的不平等；

（3）设施方面的不平等；

（4）所有权方面的不平等；

（5）分享家庭利益和分担家庭劳务方面的不平等；

（6）家庭暴力与人身伤害。

鉴于识别和了解头两个范畴的情况存在人口统计和社会方面的复杂性，我将专门对它们予以集中论述，而对其他范畴的情况则只是约略提及。

生存方面的不平等

在世界上的许多地区，性别不平等以妇女不同寻常的高死亡率和由此而来的男人在总人口中的数量优势这一野蛮形态出现。这与妇女在医疗和营养方面几乎没有或根本没有性别偏见的社会中可见的妇女数量优势形成了特别鲜明的对比。已经广泛观察到，在通常情况下，倘若医疗与营养状况相似，妇女在特定年龄组的死亡率往往低于男人。值得注意的是，甚至女性胎儿流产的可能性也往往低于男性胎儿。尽管在世界各地实际出生的男性婴儿多于女性婴儿（甚至在孕育之时男性胎儿的比例就高于女性胎儿），在男人和妇女得到相似医疗和照料的地方，男人的过剩逐渐趋于减少并在随后逆转。所以，欧洲和北美洲的人口中，每有100名男子就有约105名或更多的女子，而这一较高的女性—男性比率

十一　女人与男人

（约为 1.05 或 1.06），是不同年龄组的女性享有较大生存机会所造成的一个结果。

与这一模式相对，在世界上的许多地区，妇女得到的关照少于男人，有时甚至少得多，尤其是女童得到的照拂通常比男童少得多。由于这种在医疗服务和社会关照方面的性别偏见，女性死亡率与当地男性预期死亡率相比通常很高。实际上，女性死亡率竟然往往超过男性死亡率，与生物学上的预期及从欧洲和北美洲死亡率模式中实际观察到的情况全然不同。

主要由于与正常的女性—男性死亡比率相比不同寻常的高死亡率，许多妇女根本不复存在；"失踪妇女"这一概念，就是通过聚焦那些妇女来说明这一现象的残酷本质的。在这些国家，倘若生存性别比率类似世界上其他地区，即在与生存有关的医疗服务和其他社会因素方面不存在这样显著的反女性偏见的地区，那么我们研究时所采用的有关方法，就包括找到评估这些国家妇女实际数字与我们预期可以见到的数字之间量差的某种难免相当粗陋的办法。①

例如，如果我们以非洲撒哈拉沙漠以南地区妇女与男人的比率为标准（根据在于，在非洲撒哈拉沙漠以南地区，尽管男女两性的绝对死亡率均很高，但在医疗服务、社会地位和死亡率方面，

---

① 我已论述过评估失踪妇女数字所用方法及其主要结果，参见"Missing Women"，*British Medical Journal*，304，7 Mar. 1992, and "Missing Women Revisited"，*British Medical Journal*，327，6 Dec. 2003；Jean Drèze and Sen，*Hunger and Public Action*，Oxford：Clarendon Press，1989。

却相对来说几乎不存在对妇女的偏见),那么其女性与男性之间1.022的比率可被用来计算妇女短缺国家"失踪妇女"的数字。由于印度的女性—男性比率为0.93,在该比率与用来比较的标准比率即1.02(基于非洲撒哈拉沙漠以南地区的比率)之间,与印度男性人口相比,就存在达9%的妇女"相对赤字"。这导致印度的"失踪妇女"在1986年(我在该年首次进行这样的估算)即已达到3 700万。[4] 与此类似,采用同样的1.02的"标准"(基于非洲撒哈拉沙漠以南地区的比率)计算,就得到了某些国家在同一时间点的"失踪妇女"的数字。将这些国家1986年的"失踪妇女"的估算数字加在一起,很快即可发现,对整个世界而言,妇女短缺数量很容易就超过了一个亿(自1986年以来,这些数字已随着各国人口绝对规模的扩大而增加了)。[5] 也可采用其他标准和不同的人口统计程序,安斯利·科尔与斯蒂芬·克拉森就这样做了。虽然这些程序会得出多少有些不同的数字,但它们无一例外都是很大的数字。例如,克拉森关于早期情况的总数(如同科尔与笔者的估算数)是,约有8 000万名"失踪妇女"。近年来,按斯蒂芬·克拉森的方法得出的数字大于一个亿。[6] 在医疗服务和死亡率方面的反女性偏见,将深重的不利因素强加于人,影响了全世界妇女的生存。

出生方面的不平等与一条印度分界线

即使在人口统计领域,性别不平等本身也不仅表现为死亡率不对等这一旧形式,而且体现为旨在消除女性胎儿的以性别为取向的堕胎新形式。这种"出生方面的不平等"反映了这一事实：鉴于在许多男性主导的社会中普遍存在喜欢男孩的倾向，许多父母希望新生儿为男孩而不是女孩。确定胎儿性别的现代技术的可资利用，使这种根据性别进行选择性堕胎的做法变得可行而且轻而易举，这在许多社会已变得屡见不鲜。这种做法在东亚特别流行，但有证据表明，这种做法在新加坡也已出现并且达到了统计学上可以确认的程度。这种做法也开始在印度和南亚作为一种显著现象露出端倪。

这种"高技术性别歧视"在出生时就改变了——而且依然在改变着——女性—男性比率。与从生物学角度确定的标准比率相比，即与每 100 名男孩出生就有约 95 名女孩出生这一比率（这是我们在欧洲和北美洲观察到的比率，因为在那些地区并不存在显著的以性别为取向的堕胎现象）相比，新加坡出生的女孩为 92 名，韩国为 88 名。

鉴于印度出生登记不完备，得出精确的可用于比较的出生时女性—男性比率并不容易，但是儿童中女性—男性比率，尤可用作判断出生方面性别偏见的指南，尽管男性和女性儿童死亡率的差异也能影响这些统计数据。实际上，这两种现象（根据性别进行的选择性堕胎和女性在儿童死亡率方面的劣势）均反映了反女性的偏见，而且它们肯定能够一同发生作用。就印度的总体统计数字而言，尽管男童与女童的死亡率现在彼此非常接近，但是六岁以下人口中女性—男性比率却从 1991 年时的 94.5：100（与欧洲和北美洲的比率非常相似）下降到 2001 年时的 92.7：100。这种下降基本上反映了根据性别进行选择性堕胎的蔓延和在出生方面的不平等，而绝非女童相对于男童的死亡率在上升。

有一个值得注意的与印度这一新现象有关的地区性模式。事实上，在国内一些地区，主要在东部和南部，这一比率几乎没有（或根本没有）下降，但在其他地区，主要在印度北部和西部，这一比率却急剧下降了。例如，在旁遮普、哈里亚纳、古吉拉特和马哈拉施特拉诸邦，儿童中女性—男性比率出现了极端剧烈的下降，而在印度北部和西部其他大多数邦也能观察到显著的低比率。

由于对根据性别进行选择性堕胎可能在印度出现并成为印度传统反女性偏见新工具的合情合理的担心，印度议会在若干年前禁止对胎儿使用性别鉴定技术，只有在作为某种必要的医学研究的附带结果时除外。然而，这项法律的实施似乎遭到了广泛忽视。

甚至最近印度儿童中女性—男性比率（每有 100 个男孩就有 93 个女孩）这一事实，也可以让人感到宽慰。这一数字虽低于十年前，但仍比韩国儿童中女性—男性比率高得多，韩国每有 100 个男孩只有 88 个女孩。[7] 然而，还有另外的令人忧虑之处，需要我们超越当前全印度儿童中女性—男性比率平均数值看问题。首先，在印度范围内存在巨大的差异，而全印度平均数值掩盖了下述事实：在印度北部和西部数邦中，儿童中女性—男性比率比印度的平均数值低得多，甚至比中国和韩国的数字还低。其次，还应当问，现在是否只是"早期"——随着性别鉴定技术在全印度日益得到广泛利用，印度的这一比率是否还会继续下降，直至追平乃至变得低于韩国和中国的数字？

十一　女人与男人

现在似乎有一条依照出生和出生后死亡率的标尺形成的社会分界线恰好贯穿印度，并颇为有效地将国家连续不断地分裂为两半。由于生物学上的缘故，世界各地出生的男孩总是多于女孩，我们不可用1∶1，而是要用在发达的工业化国家（例如欧洲和北美洲的国家）能够观察到的比率作为我们的比较标准。在那些国家，根据性别进行选择性堕胎并非显著现象。0～5岁年龄组的女性—男性比率，在德国是94.8，在英国是95.0，在美国是95.7，而我们或许可以明智地选择德国的94.8这一比率作为"分界线"，凡在此分界线以下的国家，即可怀疑其存在显著的反女性干预情况。

这一分界线表明印度存在值得注意的地理上的分裂。在北部和西部，以旁遮普、哈里亚纳、德里和古吉拉特为首的诸邦之中，儿童的女性—男性比率大大低于基准数字（它们的比率在79.3∶100至87.8∶100之间）。这些地区其他邦的比率，也显著低于每有100个男孩就有94.8个女孩的分界线，诸如喜马偕尔邦、中央邦、拉贾斯坦邦、北方邦、马哈拉施特拉邦、查谟和克什米尔邦[*]及比哈尔邦等的情况便是如此。[8] 在分界线的另外一边，印度东部和南部诸邦的女性—男性比率往往高于基准线（即每有100个男孩就有94.8个女孩，亦即我们的分界标准）：在喀拉拉邦、安得拉邦、西孟加拉邦和阿萨姆邦，女性—男性比率在96.3∶100至

---

[*] 查谟和克什米尔邦是印度与巴基斯坦均声称拥有主权的地区，双方各控制了它的一部分。——译者注

96.6∶100之间，奥里萨邦、卡纳塔克邦和孟加拉国东面的印度东北部诸邦（梅加拉亚邦、米佐拉姆邦、曼尼普尔邦、那加兰邦等）的情况亦复如是。国家似乎在中部分裂了，断然分为两个部分。[9]

这一醒目的双部地区分裂模式的一个局部例外是南部的泰米尔纳德邦，那里的女性—男性比率仅低于94。恰好，泰米尔纳德邦的女童比率仍然高于北部和西部组成"赤字名单"的任何一邦，不过泰米尔纳德邦的比率多少还是低于德国的这一分界线。然而，惊人的发现不在于某一特定的邦似乎成为一个边际性的异类，而在于印度的绝大多数邦竟然明确分为连续不断的两半，大体上以北部和西部为一边，以南部和东部为另一边。实际上，在北部和西部的每一个邦[10]，儿童中的女性—男性比率均绝对低于南部和东部的每一个邦（甚至泰米尔纳德邦也适用于这种分类），毫无疑问国家对比鲜明地分裂了——这是十分引人注目的。

还可以再问，儿童死亡率中女性—男性比率是否亦呈现类似分布。其间存在统计上的联系，不过儿童数字（受以性别为取向的堕胎的影响）中的女性—男性比率的模式，呈现出比儿童死亡率中女性—男性比率鲜明得多的地区分类，尽管两者也是相当强烈地关联在一起。儿童死亡率中女性—男性比率也不相同，在南部和东部以西孟加拉邦的0.91和喀拉拉邦的0.93（有利于女孩）为一端，在北部和西部地区以旁遮普邦、哈里亚纳邦和北方邦的1.3及古吉拉特邦、比哈尔邦和拉贾斯坦邦的高比率（不利于女孩）为另一端。

来自实际经验的对比使我们难以避免下述结论：北部和西部具有抱持反女性偏见的明确特点，从而影响了儿童的性别构成，而这样的情况在东部和南部的大多数地区还基本不存在——至少目前如此。此外，不能以鉴定胎儿性别的医学资源的可利用性来说明以性别为取向的堕胎的发生率，即不能认为在出现较多根据性别进行选择性堕胎情况的邦，医学设施较为发达，从而可以服务于这一用途。例如，列于非赤字名单的喀拉拉邦和西孟加拉邦，其儿童中女性—男性比率均为96.3∶100（高于94.8∶100的基准分界线并绰绰有余），但它们至少拥有同中央邦或拉贾斯坦邦等低女性比率的邦同样多的医学设施。因此，恰恰相反，医学机会的可利用性无从提供充分的解释，我们必须考察医学技术供应之外的因素。倘若专门用于性别鉴定和接踵而来的堕胎设施，在一些邦比在其他邦更为发达而且分布更为广泛，那就必须大体从需求方而不是从医学机会的普遍发展情况中寻找答案。

　　此外，有关对比似乎没有任何直接的和明晰的经济方面的联系。具有强烈反女性偏见的邦，既有穷邦（中央邦和北方邦），也有富邦（旁遮普邦和哈里亚纳邦）；既有迅速发展的邦（古吉拉特邦和马哈拉施特拉邦），也有发展失利的邦（比哈尔邦和北方邦）。因此，很清楚，我们必须超越物质繁荣、经济成功或国民生产总值增长的范畴，来宽泛地了解文化与社会方面的各种影响因素。

　　这里必须考虑各种潜在的联系，也需要进行新的研究，以说明这些人口统计方面的特点与社会人类学的及文化研究的题材之间的联系。[11]当然，还有过去进行的大量实质性的社会人类学方面的研究，已经考察了印度不同地区之间的对比。[12]虽然这些研究尚有待深入，但肯定可以证明它们是有益的，特别是因为，从出生方面的不平等这一新角度看问题，印度的地区差异似乎颇为不同。实际上，以北部和西部为一方而以东部和南部为另一方，双方之间的分界线基本不同于众所周知的传统分界线，即将北部和南部宽泛地分为两个广阔地区的传统分界线。这一点至少从伊拉瓦提·卡尔维的开创性著作《印度的血亲组织》问世以来，即已在印度社会人类学领域得到诸多关注。

然而，在我结束本文这一节之前，我还必须提出两条告诫，均事关不要受诱惑，将可观察的地区对比模式看得大于也重于不难想见的最终可以证明的实际情况。第一，东部和南部对不利于女孩的选择性堕胎的任何文化抵抗，可能都不会是永远不变的，而我们必须至少考虑到下述可能性：虽然东部和南部目前在这一方面似乎更强烈地主张平等主义，但是新的习俗可能逐渐传播——比在北部和西部慢些，但终会成为类似的普遍现象。当然存在真正悲观的担忧，但重要的是，即使就出生不对等而言，也应当避免对印度东部和南部两个地区性别公平的未来感到沾沾自喜。如果采用对抗性措施，那么即使对印度那些此刻似乎比较安全的地区，也必须考虑予以实施。

然而，在上述一点之外，从性别的角度，注意已观察到的地区性差异，即包括北部和西部的一边与包括东部和南部的另一边之间的差异，肯定是适宜的。导致这种差异的原因无疑值得注意和研究。虽然不够精确，但与北部和西部相比，这大体上也与东部和南部女童与男童的相对死亡率较低是一致的。正如前面所指出的，儿童死亡率中的女性—男性比率是不相同的，西孟加拉邦的0.91和喀拉拉邦的0.93这样的低比率为一方，旁遮普邦、哈里亚纳邦和北方邦的1.30这样的高比率为另一方。

第二，即使在总体女性—男性比率仍在欧洲范围之内的东部和南部各邦，也出现了城市中心的比率一般比农村地区或多或少偏低的迹象。例如，在奥里萨邦的城市中，儿童中女性—男性比率是93.7∶100，而在农村这一比率就成为95.4∶100。卡纳塔克邦城市中的这一比率是93.9∶100，与其农村地区的95.4∶100形成对比。西孟加拉邦城市中的这一比率是94.8∶100，与德国的分界线相同，但仍然低于其农村地区96.7∶100的比率。在东部和南部的城市地区，也可能有一些根据性别进行选择性堕胎的证据，尽管这样的事例似乎远不如北部和西部那样频仍。实际上，虽然东部和南部城市儿童中女性—男性比率（如奥里萨邦的93.7∶100、喀拉拉邦的93.9∶100和西孟加拉邦的94.8∶100）通常低于农村地区的相应比率，但依然接近乃至类似国际基准尺度（94.8∶100），大大高于北部和西部城市的比率，如德里中央直辖区的86.6∶100、昌迪加尔直辖区的84.4∶100、古吉拉特邦的82.7∶100、哈里亚纳邦的80.9∶100和旁遮普邦的78.9∶100。

没有进一步的仔细观察，就不容易断定这些地区性的或文化上的影响有多深。但是，就儿童中女性—男性比率而言，印度在地理上已经分为引人注目的两半（反映了根据性别进行选择性堕胎和出生后存在差异的死亡率所导致的不平等的综合影响），确实需要予以承认和深入分析。同样极端重要的是，要密切观察东部和南部诸邦根据性别进行选择性堕胎的发生率是否显著增加，而这种做法目前在那些地区还比较罕见。

设施方面的不平等

出生方面的不平等和生存方面的差异均有人口统计学方面的重要特征。这就意味着，是否存在性别偏见，可以根据人口统计数据予以确定。然而，甚至在有关出生与死亡的统计数据并未表明有太多或任何反女性偏见时，也还存在妇女在其他方面受到不够公平的待遇的情况。例如，在亚洲和非洲的许多国家，还有拉丁美洲的一些国家，女童享有学校教育的机会比男童要少得多。在印度大部分地区，情况肯定也是如此，在巴基斯坦则有过之而无不及，而孟加拉国虽然仍有十分不平等的现象，但局面却似乎在相当迅速地发生着变化。学校教育方面的不平等不仅会对社会结构造成深远影响，还能深刻影响性别不平等的许多方面及妇女和男人受剥夺的总体情况（目前对妇女的剥夺更多）。

还存在其他基本设施经常不对等分配的情况。例如，参政或从商的机会对于妇女可能就特别严苛。在社会参与方面也存在不平等现象，特别是当妇女被禁锢在各自家中并囿于传统家庭生活时。这些不平等现象能给妇女的福祉和能动作用平添重大的障碍。我将很快说明，这些不平等现象还能产生深远的社会后果——远远超出它们所直接反映的当下对妇女的剥夺。此外，即使在包括学校教育在内的基本设施方面相对几乎没有区别，接触诸如高等教育或技术培训一类特殊设施的机会，对于年轻妇女而言，也可能比年轻男子少得多。

在传统上，这种类型的不对等一直与男人和妇女各自的"领域"有别这样平庸甚至肤浅的观念有关。许多个世纪以来，这一命题一直得到不同形式的辩护，并有许多含蓄的和明确的随声附和之说。在英格兰，詹姆斯·福代斯牧师在其《对年轻女子布道集》（1766）中特别直截了当地提出了该论点，而正如玛丽·沃斯通克拉夫特在其《妇女正当权利的证明》（1792）中所指出的，该书"长期以来一直是妇女文库的组成部分"。福代斯警告听他布道的年轻女子，要注意"那些吁请你们与我们一道分享她们的全部领域的像煞男子的女人"，认定男人的领域不仅包括"战争"，而且包括"商业、政治、体现力量与灵活性的运动、抽象的哲学及所有比较深奥的科学"[13]。

尽管这种关于男人和妇女的"领域"的明确看法如今颇为罕见（或至少表达这样的看法已变得十分不合时宜），广泛的性别不对等现象，甚至在例如欧洲与北美洲的发达工业国家，仍可在教育、培训和专业工作等许多领域看到。如果说印度在基础教育方面存在某种程度的性别不平等，而欧洲或北美洲不存在这种现象，那么后者也并未完全消除总体教育设施不平等的问题。

职业不平等的情况与此类似。在就业和各种工作及行业中的职务晋升方面，妇女常面临比男人多得多的障碍。这即便在西方也依然是个问题。实际上，如果我稍微沉浸于个人回忆中，那么就会发现，在我相继于德里大学、牛津大学和哈佛大学工作期间，在我的拥有终身职位的同事中，妇女的比例一直在稳步下降。

由于本文的大量篇幅基于详细探索性别不平等的基本表现，如死亡率和出生率方面的不对称，许多发展中国家（包括印度）在这些方面做得很差但并不影响经济发达国家的生活，因此记住某种性别不平等现象的阙如并不能保证其他类型的性别不平等也不存在就特别重要。像日本这样一个国家，从人口统计和基本设施方面看可能是十分平等的，甚至其高等教育在很大程度上亦复如是，但有证据表明，日本妇女在就业和工作方面向高级水平攀升，要比日本男人艰难得多。

在本文中，我特别注意次大陆尤其是印度的可以观察到的性别不平等现象，但我必须提个醒，虽然在次大陆可以轻易观察到一些性别不平等的经验证据，而在美国、西欧或日本则难以发现同样形态的东西，但不要仅仅因为这一点就倾向于认为，这些经济发达的社会总的来说没有性别偏见。

事实上，情况有时可能恰恰相反。例如，印度、孟加拉国、巴基斯坦与斯里兰卡均有或曾有女性政府首脑，而美国还未尝有过女性政府首脑（依我之见，在切近的未来似乎也不大可能有）。①实际上，就孟加拉国的情况而言，总理和反对党领袖均为女子，

---

① 此外，本书第一篇文章已经论述，在印度争取独立的斗争中，处于领导岗位的妇女，要多于苏联或中国革命运动中处于领导岗位的妇女，国民大会党女性主席的问世比英国任何主要政党都早五十年。另外，印度议会中妇女议员的比例目下显著低于英国。印度已经出现一种强劲动向，即寻找途径，以确保三分之一的议员为妇女，但对于如何实现这一目标还有许多不同意见。

人们可能由此开始纳罕，在不远的将来，是否会有任何孟加拉国男人可望上升到该国最高政治领袖的位置。鉴于性别不平等存在许多种面貌，这一问题在很大程度上取决于我们愿意观察哪一方面。

所有权方面的不平等

现在转向一种不同类型的差异。财产所有权方面的不平等是社会不平等的一个经典范畴。这当然是阶级分隔背后的主要因素。虽然阶级之间所有权的差异及其深远含义已经得到相当注意（例如马克思，他特别关注"生产资料"所有权方面以阶级为基础的不平等），但在所有权方面的性别界限也能成为许多社会不平等现象的一个根源。在许多社会中，财产所有权，甚至基本财产所有权（如房屋和土地），在男人与妇女之间往往是非常不对等地划分的。财产诉求的阙如，不仅能够削弱妇女的发言权，而且能够使妇女更难参与商务、经济和社会活动并取得成功。比纳·阿加瓦尔对许多社会中妇女无地导致的权利剥夺效应进行了意义深远的调查研究。[14]

妇女与男人之间所有权的不平等，并非一种新出现的不平等，如与出生方面的不平等相对照即是如此。它已在世界大多数地方存在了很长时间。然而，在这种不平等的普遍存在程度方面，也有重要的地区差异。例如，尽管传统的财产权在印度的大多数地方往往有利于男人而非妇女，不过在喀拉拉邦，在一个很长的历史时期内，社群的一个很有影响的部分一直实行母系继承制，其中最值得注意的就是纳亚尔人①。他们构成喀拉拉邦总人口的约五分之一,长期以来一直对喀拉拉邦的治理和政治颇有影响。在喀拉拉邦社会成就的独特性质中,妇女拥有较大的发言权似乎是一个重要因素,而在这一因素中,社会的一个有影响力的部分实行母系继承制的悠久传统起了显著作用。

分享家庭利益和分担家庭劳务方面的不平等

由于世界许多地区共同的家庭传统,男人往往拥有家庭大量财产。这一传统也能成为家庭内部权力不平等的一个重要因素。然而,家庭不平等还有其他原因,而这是一个直到最近才开始受到应有注意的重要问题。家庭内部常常存在性别关系方面的基本的不平等现象,它们能以许多不同的形式出现,其中包括我已经论述过的各种可变因素,如医疗与营养照护或接受学校教育及后续教育的机会。

甚至在没有赤裸裸的反女性偏见——如以生存不平等的形式出现的偏见——的明显迹象的情况下,就分担家务和照料子女而言,家庭安排仍然可能十分不平等。例如,许多社会中一种屡见不鲜的现象是,人们理所当然地认为,男人自然在家庭之外工作,因此妇女除了自己不可避免的——也是不平等地分担的——家庭责任之外,只有承担操持家务和看护子女的负担

---

① Nayars,一译纳耶尔人。——译者注

才是可取的。① 这有时被称为"劳动分工",不过将其视为妇女"劳动积累"可能更为客观。

这种劳动"分工"的顽固传统,对认识和了解职业界不同类型的工作亦具有意义深远的作用。我记得,在20世纪70年代我最初开始研究性别不平等问题时,一部常用的《人类营养需求手册》讲述不同类别的人的"卡路里需求",有意将家务劳动分类为几乎不需要利用热能的"坐姿活动",这一事实给我们留下了深刻印象。[15]这部颇有影响力的手册是以世界卫生组织(WHO)和联合国粮食及农业组织(FAO)联合任命的一个高级专家委员会的报告为基础写成的。很难不认为,那个体面的委员会的高贵成员缺乏家务劳动体验,可能对将家务劳动分类为"坐姿活动"这一妙不可言的判断的产生起了作用。

家庭暴力与人身伤害

性别不平等最赤裸裸的特征之一表现为对妇女的人身暴力。这种暴力的发生率高得离谱,不仅在较为贫穷和不够发达的经济体中如此,而且在富有而现代化的社会中也是如此。实际上,甚至在最富有也最发达的经济体中,殴打妇女的频率也高得惊人。

---

① 我已在以下文章中尝试论述过这一问题:"Gender and Cooperative Conflict", in Irene Tinker (ed.), *Persistent Inequalities*, New York: Oxford University Press, 1990;亦参见该书援引的关于家庭不平等现象的大量文献。还可参见 Nancy Folbre, "Hearts and Spades: Paradigms of Household Economics", *World Development*, 14 (1986), and Marianne A. Ferber and Julie A. Nelson (eds.), *Beyond Economic Man*, Chicago: Chicago University Press, 1993。

一些研究表明，仅在美国，一年就有多达 150 万件强奸和肉体袭击妇女的案例。

现在转向印度，必须首先承认对妇女的人身侵犯频率在这个国家是很高的。除了对这一糟糕的总体情况的承认之外，还应看到与独特的社会特征如嫁妆及经济纠纷有关的暴力的特殊作用。尽管与暴力导致的死亡有关的数字，在由于忽视医疗服务和社会照护而殒命的更大数字面前相形见绌，但是这种形态的性别不平等的粗野而残忍的实质，使之成为对妇女剥夺的一种特别严重的表现。

一些评论家将这种不平等现象归结于妇女与男人在体能上的不对等，认为男人在总的体能方面具有更大的爆发力量。无疑，这种不对等对于这种严重事态的流行和存续确有重要作用，在妇女处于特殊情况或脆弱状态的时期，如怀孕时期及产后初期，情况就更为严重。然而，除了造成这种不平等的体力方面的因素之外，态度方面的因素必然起主要作用。只有在人身暴力在实际上被明确或含蓄地认可时，这种行为才可能发生（以解决争端或获得优势）。在体能差异可被缩减到有限程度时（在这方面，防身训练自然受到注意），任何旨在解决针对妇女的人身暴力的社会改革方案，均可更为广泛地以态度因素为目标。在这种变革中，教育、文化和政治诸方面的运动也需要发挥作用。

自由的能动作用与谨慎审察的作用

我现在转向前面提出的一个话题，即妇女的能动作用问题，以及关乎妇女不利地位的"能动作用"方面与"福祉"方面的相互依存。也许,聚焦妇女能动作用的最直接的论点恰恰就是,能动作用在消除导致妇女福祉减少的不公正现象方面能起的作用。最近的以观察为依据的研究工作非常明确地揭示,妇女在独立赚取收入、在家庭之外找到就业机会、掌握所有权、识文断字及作为家庭内外决策的有教养的参与者等方面的能力这些可变因素,对于妇女福祉受到相对尊重和眷顾是怎样强烈地发挥影响作用的。实际上,随着在这些能动作用方面取得的进步,在发展中国家,即使妇女在生存方面与男人相较而言的不利条件,似乎也在急剧减少,甚至可能已经消失。

乍一看,诸如妇女的赚钱能力、在家庭之外的经济作用、文化和教育、财产权等显著特征之间的差异,似乎无法比较,互不相关。然而,它们的共同点是:它们通过使妇女更加独立和更有自主权,从而在为妇女的能动作用增加力量方面分别做出了积极的贡献。例如,以观察为依据的研究已经揭示,妇女在家庭之外工作和赚取独立收入,往往对提高妇女地位和在家庭内部及扩大的社会中的决策权和发言权具有强大影响。[16]家庭女性成员对家庭繁荣兴旺所做的贡献,在妇女的工作——通常很苦——是在家庭内部时,就往往遭到漠视,而当妇女在家庭之外工作时,就很难遭到忽视。因此,妇女由于地位提高,也由于在经济上减少了对男人的依赖,就往往拥有更多的"话语权"。此外,在家庭之外就业常常会产生有益的"教育"作用,使妇女的能动作用更富含知识,也更加有效。同样,女性教育增强了妇女的能动作用,也往往使之有更好的知识基础，在发挥效用方面更加有力。财产所有权也能增加妇女在家庭内外决策中的影响和权力。

因此，多种提高妇女社会能力和影响的可变因素，具有单独及联合赋予权力的作用。它们的协同效用，一定与理解下述事实有关：妇女的权力——经济独立与社会参与——对于制约家庭内部权利与劳务分配的力量和组织原则，能产生意义深远的作用，尤其能影响妇女已被明确认可的"应有权利"。从人身暴力的赤裸裸的野蛮到漠视健康的复杂机制，对妇女的剥夺最终不仅与妇女的地位较低有关，而且与妇女往往缺乏影响社会其他成员行为及社会机构运作的权力这一事实有关。

在这一方面，重要的是，在给妇女的能动作用赋予独立性和权力，以颠覆罪恶而顽固的习俗，及常被视为"天然秩序"的组成部分而予以接受的社会安排方面，不仅要理解信息和知识的建设性作用，而且要理解以不同方式思维的勇气和胆略的建设性作用。例如，在中国和韩国，赋予妇女权力的标准路径，如提高女性读写能力和促进女性经济独立（在这两个方面，韩国和中国均取得了重大成就，而它们对这两个国家消灭一些标准形态的性别不平等，例如生存不对等，做出了很大贡献），未能阻挡在出生方面的不平等现象的出现。出生方面的不平等，通过专门针对女性胎儿的以性别为取向的堕胎而发生作用。在印度，甚至在妇女权力增加因而对降低过高的女性死亡率做出贡献时，利用新技术堕掉女性胎儿的倾向，还是在全国许多地方有所发展。

实际上，有些证据表明，对以性别为依据的选择性堕胎做出

十一　女人与男人

决定的直接能动作用,常常是母亲自身的能动作用。① 这就提出了一些重要问题,如怎样诠释妇女的能动作用及其社会影响。重要的是,要看到能动作用观念已经延伸到对决定的直接"把握"之外。"能动作用"的更为充分的意义,尤需包括质疑已经确立的价值观和传统优先事项的自由。②

能动作用的自由,事实上必须包括不受拘束地思考的自由,不被强加的陈规或对世界流行习俗与当地可观察到的习俗的不同蒙然无知所严重控制。例如,在矫正出生歧视的严重偏见方面,特别关键的因素是妇女明智而独立的能动作用,包括妇女战胜不加质疑即予继承的价值观和态度的能力。在解决这种性别差异的新的——和"高技术"的——问题方面,可以真正起作用的是以批判的态度重新评估公认而顽固的规范所占统治地位的意愿、能力和勇气。在活跃的反女性偏见反映对传统的男权主义价值观的执着时,在连母亲本身也不可能免受其影响时,起关键作用的不仅有行动的自由,而且有思想的自由。[17]明智的和批判的能动作用,在与各种不平等现象进行战斗时是重要的,在与性别不平等现象进行战斗时也绝不例外。

---

① 西莉亚·达格尔在其刊于 2001 年《纽约时报》的关于印度的具有远见卓识的报告中指出,负责实施胎儿性别鉴定禁令的官员频繁提到,母亲常常明确要求利用此类技术,而由于她们不愿提供相关证据,起诉存在诸多困难。
② 在这一方面,参见 Sen, "Well-being, Agency and Freedom: The Dewey Lecture 1984", *Journal of Philosophy*, 83 (Apr. 1985); "Open and Closed Impartiality", *Journal of Philosophy*, 99 (Sept. 2002); and *Rationality and Freedom*, Cambridge, Mass.: Harvard University Press, 2002。

家庭内不平等系合作性冲突

这种相互依存特别强烈而明显的一个独特领域,同家庭内男人与妇女之间的不平等有关。为了更充分地了解这一进程,我们可以先指出一个事实:妇女与男人的利益既有一致之处,也有相互抵触之时,从而对家庭生活造成影响。由于存在广泛的利益一致的领域,家庭决策往往呈现追求合作的状态,对于相互抵触的方面,也有某种一致同意的——通常是含蓄的——解决方案。倘若合作破裂,每一方均会遭受很大损失,不过却有各种备选"合作解决方案",对于双方而言,每一种方案都比根本不合作要好,但它们分别给予双方不同——很可能极端不同——的相对收益。

这种类型的既有部分利益一致又有实质性冲突的关系的形式本质,由数学家约翰·纳什在《讨价还价问题》(The Bargaining Problem)这篇经典论文中予以了概括(虽然他并不特别关注家庭安排)。① 问题的本质是非常普遍的,也出现在其他许多真实的环境中,包括贸易讨价还价、劳动关系、政治论著,甚至出现在对当代全球化的得与失的本质的理解中。② 纳什的表述及有关表述也有助于基本理解什么与评估家庭分配劳务和利益的公平性有关。合作与冲突的同时存在,确系家庭安排的一个主要特征,而家庭

---

① 发表于1950年号《计量经济学》(Econometrica)。这是瑞典皇家科学院授予纳什1994年诺贝尔经济学奖时引证的论文之一。

② 关于最后一点,参见 Sen, "How to Judge Globalism", American Prospect, Jan. 2002。

十一 女人与男人

安排需要具有远见的和符合规范的审视,尽管如我在别处所说,对于这一问题中的伦理和政治的观察,必须采取稍微不同于纳什本人所特有的方式。①

确切地说,一个互动关系问题怎么会既包括合作又包括冲突呢?双方均对于有某种合作方案而不是没有合作方案有强烈兴趣,但他们以十分不同的方式——实际上,通常是以相左的方式——提出不同的合作方案。例如,在甲乙两种合作方案之间(前者更有利于第一人,而后者更有利于第二人),无论甲方案还是乙方案,对于各方均比根本没有合作要好,虽然甲方案比乙方案更符合第一人的利益,但是乙方案却比甲方案显著有益于第二人。第一人由于自私的缘故努力让双方共同接受甲方案,而第二人出于类似原因力图让双方均接受乙方案。因此,在这种类型的关系中,就同时存在合作与冲突。

家庭安排本质上是这种合作性冲突的例证。从多种备选方案中选择一种合作安排,导致共同利益的一次特殊分配。其中一些分配特别不利于妇女,而如果合作是通过这样一种分配安排的,就能产生极其严重的性别不平等。"合作性冲突"的结构是许多群体关系的一个普遍特征,而更好地理解合作性冲突的性质和影响,有助于确认影响妇女在家庭分配中所得"待遇"的支配力量。[18]家庭生计范围之内偏于一方的不同利益之间的冲突,通常是通过默

---

① 关于这一点,参见 Sen, *Collective Choice and Social Welfare*, San Francisco: Holden-Day, 1970; repr. Amsterdam: North-Holland, 1979, chs. 8 and 8*,以及 Sen, "Gender and Cooperative Conflict", in Tinker (ed.), *Persistent Inequalities*。

认的行为模式予以解决的,而这些行为模式可能体现特殊的平等主义,也可能并非如此。家庭生活的特殊性质——共同生活,分享家庭——要求,不能直言不讳地强调诸种冲突要素。实际上,念念不忘冲突而非家庭"团结",往往被视为反常行为。有时,被剥夺的妇女可能不仅沉默无言,甚至可能没有对自己所遭受的相对剥夺的程度进行明确估量。

对于谁在从事多少"生产性"工作或谁在为家庭的富足做出多少"贡献"的看法,在这一方面可以有很大影响,尽管有关如何评估"贡献"和"生产能力"的基本"理论"可能很少被人明确讨论。[19]对妇女和男人各自的贡献和恰当的赋权的诠释,在男人与妇女之间共有利益的分配中起主要作用。因此,影响这些对贡献和恰当赋权(诸如妇女赚取独立收入、在家外工作、接受教育、拥有财产的能力)的看法的环境,能对这些分配产生关键性影响。所以,妇女的较大权力赋予和独立的能动作用的影响,包括对各种侵害妇女生活与福祉的相对于男人而言的不公正行为的矫正。妇女通过更强有力的能动作用所维护的生活,肯定包括她们自己的生活。

妇女的能动作用与儿童的幸存

迄今为止,我一直非常关注妇女的能动作用对妇女自身的福祉和自由的影响。然而,这并非全部情况。其他人的生活——男人的和子女的——亦包括在内。所以,在所有形式的性别不平等之外,还必须考虑性别不平等的后果。例如,特别重要的一点是,

十一　女人与男人

要看到妇女的能动作用对降低儿童死亡率和限制人口出生率的效力。两者均与发展进程中的头等大事有关，虽然它们也确实明显影响妇女的福祉，但它们的意义无疑非常广泛。

最近的基于实际观察的研究工作已经揭示了妇女的能动作用和对妇女的赋权对降低儿童死亡率的影响。这种影响是通过众多渠道起作用的，但或许最直接的是，这种影响由于母亲通常重视自己子女的福利而起作用，而在她们的能动作用受到尊重并被赋予权力时，也通过她们拥有的在这一方面影响家庭决定的机会而起作用。在对印度进行的以观察为依据的研究中，这一直是一个特别引人关注的问题。[20]

然而，在借以增强妇女能动作用的不同渠道之间，存在值得注意的差异，如妇女作为劳动力的有报酬的工作与妇女的文化及教育之间的区别即是如此。自然可以预期，女性的文化和教育的影响必定全然是正面的，而这正是人们所观察到的情况。然而，就妇女参与劳动力大军的情况而言，存在朝不同方向发挥作用的诸多因素。第一，参加有报酬的工作对妇女的能动作用有许多正面影响，而这反过来可以保证增强对子女的照护，也使妇女在家庭共同决定中获得更强的强调儿童利益的能力。第二，由于男人通常很不情愿分担家务，所以在妇女承担家务与外出工作的"双重重负"时，侧重优先照护子女的想法（源于妇女在家庭决策中拥有较大发言权）可能不易实行。因此，最终效果可能是正面的，也可能是负面的。所以，毫不奇怪，在由马姆塔·穆尔蒂、安妮-凯瑟琳·吉奥与让·德勒泽对印度县际数据所进行的重要比较中，关于妇女就业对儿童死亡率的影响，无论是正面的还是负面的，我们均无从得到明确的和在统计上有意义的结果。[21]

相对而言，人们发现，女性的文化与教育对于降低五岁以下儿童的死亡率，甚至在核减男性文化的功效之后，依然具有毫不含糊的有力的和在统计上有意义的影响。这与其他许多国家在女性识字与儿童存活之间的密切关系方面发现的日益增多的证据是一致的。[22]

在这一方面，考察这些能动作用的变量对儿童存活（相对于儿童总死亡率和存活率）问题中的性别偏见的影响也是有趣的。由于这一特殊的变量，结果证明：女性劳动力参与和女性识字对于减轻儿童存活问题中对女性不利的程度具有十分强烈的影响，所以女性劳动力参与和女性识字的较高水平，同儿童存活问题中对女性不利的程度较低，是强有力地联系在一起的。相对而言，在这些统计研究中，与经济发展和现代化的普遍水平有关的变量，最终证明对影响儿童存活的性别偏见没有显著影响，而且有时——在不伴以对妇女赋权时——甚至能够加强而不是削弱影响儿童存活的性别偏见。这主要与城市化、男性识字、医疗设施的利用及贫困水平（有时，较低的贫困水平与较低的女性—男性比率有关）有关。[23]在印度，就发展水平的提高与影响存活的性别偏见的减弱之间确乎存在一种正向关系而言，它似乎主要通过与诸如女性读写能力和女性劳动力参与等与妇女能动作用直接有关的变量起作用。

解放、能动作用与出生率的下降

为了考察另一因果关系,我们可以审视妇女在降低出生率方面的能动作用。很高的出生率的不利影响,包括持续生儿育女使妇女做其他事情的自由遭到剥夺,这是如家常便饭一般强加于亚洲和非洲许多妇女的命运。因此,出生率的下降常伴随妇女地位和权力的提升也就不足为奇。年轻妇女的生活因为过于频繁地生儿育女而受到严重制约,而任何增加她们对生育决定的话语权和影响力的社会变化,预期都可以产生降低生育频率的效果。

这一预期实际上在对印度总人口出生率的县际差异的考察中得到了确认。事实上,在德勒泽、吉奥和穆尔蒂提出的以观察为据的比较分析包括的所有可变因素中,仅有的在降低出生率方面有统计方面显著效果的可变因素,不过就是女性的读写能力和女性的劳动力参与。此外,从这一分析中可以看出,特别是与总体经济进步相较而言,如与作用于人均实际收入上升的变量的微弱效果相较而言,妇女能动作用的重要性强有力地体现出来了。

女性识字率与人口出生率之间的关系是特别清楚的。这种关联在其他国家也已被广泛观察到,那么这种联系在印度出现也就不足为奇了。受过教育的妇女不愿被持续生儿育女所累,这一点在导致这一变化方面显然起了作用。教育还有助于拓宽视野,并有助于广泛传播计划生育知识。当然,受过教育的妇女在家庭决策上,包括在是否怀孕和是否生产等问题上,往往享有发挥其能动作用的更大自由。

在社会方面最进步的喀拉拉邦的情况也值得注意,因为喀拉拉邦在依靠妇女的能动作用降低出生率方面尤为成功。虽然印度全国总出生率依然高达3.0,但是喀拉拉邦的出生率现已下降到远低于2.1的"世代更替替水平",为1.7。女性的能动作用和识字率在降低人口死亡率方面也是重要的,而这是另外一条——更为直接的——重要途径,妇女的能动作用(包括女性识字率)可借以帮助降低出生率,因为有些证据表明,死亡率的降低,特别是儿童死亡率的降低,往往有助于出生率的降低。喀拉拉邦在妇女的权利赋予和能动作用方面还有另外一些值得赞许的特点,其中包括社会的一个重大而有影响力的群体对妇女财产权的充分承认。①

最近,对于降低世界出生率的迫切需要,一直有大量讨论。这一问题在印度尤为突出,而且已有人预言,在数十年内,印度在人口规模方面将超过中国。要想通过采取相当严厉的措施在短期内取得降低出生率的成就,就得付出很大的社会代价,包括一个直接代价,即人民——尤其是妇女——在就显然相当个人化的问题做出决定时实际上失去自由。

印度一些成功的邦出生率的下降,一直与对妇女的赋权,尤

---

① 关于这些问题及相关的一般问题,参见 Sen, "Population: Delusion and Reality", *New York Review of Books*, 22 Sept. 1994; "Fertility and Coercion", *University of Chicago Law Review*, 63 (Summer 1996); *Development and Freedom*, chs. 6, 8, and 9。

其是通过女性教育、经济独立和参与家庭外有偿工作而来的赋权密切相关。

事实上,中国在社会和经济方面也已发生了许多变化,增强了妇女的权力(例如,通过提高妇女识字率和扩大妇女劳动力参与率),而这些变化为通过自愿渠道降低人口出生率创造了更为有利的条件。这些因素本身会降低出生率(例如,远低于印度的平均出生率)。妇女识字率排序与出生率排序毫无二致这一事实,也与表明两者之间存在密切关系的其他证据是一致的。存在一种"德性循环"(virtuous circle),值得予以更多关注。

性别不平等与成人疾病

最后,我转向性别不平等的一个只是现在才开始得到认真关注的"外在"后果。根据英国资料,戴维·巴克及在类似行业工作的其他人业已发现,低出生体重往往与一些成人疾病——包括高血压症、葡萄糖不耐受性及其他心血管障碍——在数十年后较高的发病率密切相关。[24]如果得到进一步确认,"巴克命题"将提供一种验明以观察为依据的不同规律性现象的可能性,在南亚已观察到多种显著的与健康有关的规律性现象:

(1)孕妇营养不足比率高;
(2)婴儿出生体重不足发生率高;
(3)营养不足儿童广泛存在;
(4)心血管疾病发生率高。

巴克命题如果得到进一步确认（目前关于这一问题的辩论十分激烈），那么它将弥补一根因果关系链条中"缺失的环节"，因而对印度甚至南亚就具有很大的政策方面的意义。实际上，在理解上面(1)～(4)中的不同的——而且是表面上互不相干的——来自实际经验的观察结果时，必须对社会的与医学的关系一道予以考察，而且要将它们联系起来。[25] 很可能应当这样理解一种因果模式：对妇女营养的漠视导致孕妇营养不足，由此导致胎儿发育迟缓和婴儿体重不足，随后出现更严重的儿童营养不足现象，而由于巴克提出的因果关系，在成人生活的后期导致心血管疾病较高的发生率。以忽视妇女利益为始的问题，以造成所有人——甚至在高龄之时——在健康和生存方面的苦难告终。

在一个层面上，这一发现不足为奇。鉴于妇女在生育过程中的独特作用，可以想象，妇女所遭受的剥夺会对由"女人生的"[《约伯书》* 如是描述每一个人的来历，并非特别鲁莽]所有人类的一生产生一定的不利影响。十分耐人寻味的是，由于男人罹患心血管疾病的比例远高于妇女，妇女的苦难（尤其是以孕妇营养不足为形式的苦难）最终对男人的打击（通过心脏病和过早死亡）甚至比对妇女的打击还要重。忽视妇女利益引发的广泛惩罚，似乎以一种报复的形式让男人自食其果。

从这些生物学联系的角度可以清楚地看到，忽视妇女利益的后果远远超出了妇女福祉自身的范围。然而，生物学并非唯一重

---

* 《圣经》篇名。——译者注

十一 女人与男人

大的联系,还有其他的非生物学的联系在通过妇女自觉的能动作用产生影响。妇女能力的发展不仅能增强妇女自身的自由和福祉,而且对所有人的生活都有许多别的作用。① 在许多情况下,妇女积极的能动作用可以对所有人——妇女与男人,儿童与成人——的生活做出实质性贡献。实际上,前面已经论述过的妇女解放对儿童死亡率和出生率的影响,已经说明这些更为广泛——的多于自觉而少于生物学上的——联系。

还有新的证据表明,妇女在其他领域的作用,包括在经济和政治领域的作用,能使社会结果迥然不同。妇女的能动作用与社会成就之间的实质性联系,在许多不同的国家已引起注意。例如,有许多证据表明,凡是在社会和经济安排背离男性所有权这一金科玉律时,妇女就能非常成功地掌握商务和经济的主动权。同样明确的是,妇女参与的结果不仅在于为妇女创收,而且在于提供其他许多由于妇女的地位提高,事业心和独立精神增强而产生的社会利益。像乡村银行(Grameen Bank)与孟加拉国农村发展委员会(BRAC)一类组织,专为增强妇女的经济与社会作用而服务,在孟加拉国取得了非凡的成功。这一事实说明了妇女的能动作用能够推动全人类的生活发生变化。实际上,在孟加拉国逐渐变革为一个经济与社会均取得显著成功并颇有前途的国家的过程中,妇女的能动角色发挥着十分重要的作用,而该国在不久

---

① 关于妇女的广泛作用和能力范围,尤须参见 Martha Nussbaum, *Women and Human Development: The Capabilities Approach*, Cambridge: Cambridge University Press, 2000。

之前还被认为"毫无起色"（basket case）。孟加拉国的总和生育率在 20 年的进程中从 6.1 陡然下降到 2.9（或许是世界上下降速度最快的），不过是妇女能动作用的强大及随之而来的两性平等相辅相成的一个例证。

结　语

在维多利亚女王致函西奥多·马丁爵士，抱怨"'女权'这一疯狂、邪恶的愚蠢念头"时，她可能低估了那一"邪恶的愚蠢念头"的波及范围。它实际上能够影响妇女、男人和儿童亦即所有人的生活。然而，我可以冒昧地说，维多利亚本人不可能没有意识到这一事实：妇女——实际上，甚至一个女人——就可以影响许多人的生活。自从这位令人生畏的女王—女皇*（于 1870 年）对女权表示谴责以来，虽然对女权的敌意实质上业已减轻，但是妇女合理的能动作用对所有人的生活均有深远影响这一事实，应当得到比以往更为广泛的承认，甚至在今天也应如此。尽管印度妇女取得了各种各样的成就，但对这一基本点予以普遍承认的要求依然十分强烈。

最后，我想以两个要点结束本文，它们均以已经提出的基于概念和实际考察的论述为本。第一，妇女的能动作用与话语权的重要性本身，反映在社会生活的几乎每一个领域。尽管妇女的教

---

* 原文为 queen-empress。维多利亚女王于 1876 年成为英属印度帝国的女皇，一身而兼二任，故有此称。——译者注

育、就业和土地所有权这些单纯的指标颇有适合许多目的的预示功效,但更为广泛的影响妇女能动作用的因素也需要予以考虑。例如,全国一些广泛实行以性别为取向的堕胎的地方,就包括一些妇女教育与就业等单纯特征曲线并不格外低的区域。在有的社会和文化氛围中,母亲自身就可能宁愿要儿子而不是女儿。这样的氛围,可能需要比单纯的学校教育和外出就业所能提供的(尽管它们也能在有限程度上促成变革)更为彻底的改变。能动作用问题必须予以拓宽,以专门聚焦于具有审议权的能动作用。能够起关键性作用的社会与政治理解,需要广泛的公众议事和在知情基础上的鼓动。争鸣路线能够有所贡献,但确实需要非常广泛的参与。

第二,有必要拓宽关注焦点,使之从妇女自身的福祉转向妇女的能动作用(主要与妇女的福祉有关,但与此同时也涉及社会的其他很多方面)。我们需要更充分地认识妇女得到启迪的和具有建设性的能动作用所蕴藏的力量和可波及的范围,也需要适当重视妇女的权力与主动性能够提升全人类——妇女、男人与儿童——的生活这一事实。性别不平等,是一种影响深远的社会伤害,不仅仅是一种对妇女的特殊剥夺。这样的社会理解,既是重要的,也是紧迫的。

十二
印度与原子弹[①]

大规模杀伤性武器有一种独特的迷人之处。它们能引发有关实力与权势的强烈喜悦,却又能谨慎摆脱野蛮暴行和种族灭绝的恶名,而这些武器的威力又在于具备这样的功能。从《伊利亚特》和《罗摩衍那》到《卡勒瓦拉》* 和《尼贝龙根之歌》,伟大的史诗惊心动魄地描述了一些特殊武器的威力;这些武器不但本身威力无穷,而且能赋予其拥有者非凡的力量。当印度同巴基斯坦一同踏上开发核武器的道路时,对于可感威力的能够想见的辐射就很难视而不见。

道义问题与需要慎重考虑的问题

感觉能够骗人。必须问一问,是否可以指望一般的强大武器与特殊的核军备——始终乃至通常——都能增强和赋予其拥有者力量。这里涉及一个重要的须慎重考虑的问题。当然,还有道德方面的问题,尤其是一项核政策正确抑或错误的问题。这一重要

[①] 本文以笔者于2000年8月8日在英格兰剑桥市举行的年度帕格沃什会议(Annual Pugwash Conference,正式名称为"科学和世界事务会议"——译者注)发表的第一篇"多萝西·霍奇金讲座"演说为基础写成。对于让·德勒泽、艾莎·贾拉勒、V. K. 拉马钱德兰和埃玛·罗思柴尔德的有益评论,我不胜感激。本文的一个简短的删节本曾在2000年9月25日发表于《新共和》周刊。

* *Kalevala*,一译《英雄国》。——译者注

十二 印度与原子弹

问题可与一个国家从某一政策中实际获益或受损的问题区别开来。我们有充分的根据关注这两个问题——需要慎重考虑的问题和涉及道德准则的问题，但也有足够的理由认为这两个问题并非迥然不同且全然互不相干。我们彼此之间的行为不能脱离对彼此所追求目标的道德含义的理解，因此道德的理由也需要予以慎重考虑。① 我想从这一角度考察整个次大陆尤其是印度的核政策所提出的挑战。

强大的武器是否或在什么程度上赋予一个国家力量并不是一个新问题。实际上，远在核军备时代开始之前，罗宾德罗纳特·泰戈尔就大体对军事力量是否具有增强一个国家实力的功效表示怀疑。泰戈尔在1917年就认为，倘若一个国家出于"其对权势的渴望"，"不惜以灵魂为代价增加自己的武器，那么它面临的危险就要比自己的敌人大得多"②。泰戈尔并不是像圣雄甘地一样的矢志不移的和平主义者，他对通过更多更大的武器获得的所谓实力之危险的警告，与需要从道德的角度审视这些武器的功能及它们被安排的确切用途有关，也与其他国家切实的重大反应和对抗行动有关。泰戈尔提到的"灵魂"，如同他所解释的那样，包括对人性及国际关系中谅解的需要。

泰戈尔考虑了一个国家追求军事力量会引发的其他国家的反

---

① 我在"Rational Fools: A Critique of the Behavioral Foundations of Economic Theory", *Philosophy and Public Affairs*, 6 (1977) 和 *Economics* (Oxford: Blackwell, 1987) 中分析经济问题时曾试图探索这两类问题之间的联系。
② Rabindranath Tagore, *Nationalism* (London: Macmillan, 1917; new edn. with an Introduction by E. P. Thompson, 1991).

应，提出的不但是一个道德观点，而且是一个具有重要实际意义的观点。他在以上引文中直接关注的是日本及其迈向彻底的民族主义的举动。泰戈尔十分赞赏日本和日本人，但对于日本从经济和社会发展转向意在对外侵略的军事化感到非常不安。日本后来由于军事失败和核蹂躏而被迫蒙受的巨大牺牲，泰戈尔未能活着看到（他于 1941 年逝世），但倘若泰戈尔看到这样的牺牲，也只会使他的强烈痛苦有增无减。然而，他所提出的军事力量有使自身衰弱的功效这一难题，一直活跃地闪现于当代日本作家的作品中，其中最引人注目的或许是大江健三郎。[1]

科学、政治与民族主义

印度弹道导弹计划的主要设计师和核武器发展中的一个关键人物是阿卜杜勒·卡拉姆博士，一位大名鼎鼎的科学家。[2] 卡拉姆博士出身于一户穆斯林家庭，是一位有很大成就的研究工作者，非常坚定地忠于印度民族主义。他还是一位极其和蔼可亲的人。（1990 年，我有幸在他的陪同下出席位于加尔各答的贾达夫普尔大学举行的一次名誉学位授予仪式。就在那时，我发现了这一点。）卡拉姆非常关注慈善事业，他对与福利有关的事业的帮助，如对印度精神受损儿童慈善工作的帮助，是有案可查的。

---

[1] Kenzaburo Oe, *Japan, the Ambiguous, and Myself*, Tokyo and New York: Kodansha International, 1995.

[2] 补充说明：自从为 2000 年帕格沃什会议撰写本文时起，卡拉姆博士即被选举为印度共和国总统。

十二 印度与原子弹

1988年5月,卡拉姆在观看位于拉贾斯坦邦的塔尔沙漠边缘博克兰进行的印度核爆炸时,将自己的自豪感记录下来:"我听见我们脚下的大地发出雷鸣般的声音,并看见大地在我们前方令人惊恐地隆起。那是一片壮丽的景象。"[1] 颇不寻常的是,甚至在这么一个心地善良的人的反应中,对于纯粹力量的赞赏居然如此强烈,但是民族主义的力量,再加上强大的武器通常似乎会生发的魅力,在这里或许都起了作用。卡拉姆坚定的民族主义激情可能被他的温文尔雅的风度完全掩盖,但这种激情在他于数次爆炸之后发表的言论中显而易见("2 500年来,印度从未侵略过任何人"),不亚于他对印度所取得的成就的喜悦之情("印度科学技术的一次胜利")。

事实上,这是在博克兰同一地点进行的第二轮核爆炸。第一轮核爆炸发生于1974年英迪拉·甘地任总理职务时。但在当时,整个事件被蒙上一层神秘的面纱,这在一定程度上与政府对印度核武器化是否正当这一问题含糊其词是一致的。虽然中国研制和发展核武器显然对甘地政府开发自己的核潜力的决定具有强烈影响,但甘地政府冠冕堂皇的立场却是:1974年博克兰核爆炸完全是为了"和平目的",印度仍然承诺不生产核武器。因此,博克兰首轮核试验之后,接踵而来的是多次对印度弃绝核道路的确认,而非明确揭示核能的毁灭性力量。

在现被称为"博克兰—II"(Pokhran-II)的事件之后,情况在1998年夏季已大不相同。那时,有来自各地的强烈支持,其中当然包括印度人民党。该党将发展核武器纳入自己的竞选宣言中,并在1998年2月大选之后领导执掌国柄的政治联盟。虽然以前的数届印度政府采取了步骤，意在使新的核爆炸较易接续1974年的核爆炸，但是它们均在进行新的核爆炸之前猝然停止，然而新的——奉行更为强烈的民族主义的——政府突破禁忌，在其执政不到三个月时即发生了博克兰—Ⅱ系列核爆炸。近年来，印度人民党通过控制和在很大程度上煽动印度教民族主义逐步增强了自己的基础，但在大选中却仅赢得为数不算太多的仍属少数印度教教徒的选票，而其份额在这个多宗教国家的全部选票中无疑更属少数（印度的穆斯林与巴基斯坦几乎一样多，比孟加拉国多出不少，此外它当然还拥有锡克教教徒、基督教教徒、耆那教教徒、帕西人及其他社群）。然而，尽管印度人民党在议会的席位为少数（在543名当选议员席位中，仅占182席），但它却能够领导一个联盟——一个权宜联盟。这一由许多不同的政治派别组成的联盟，从纯粹的地区性政党（如泰米尔纳德邦的全印安纳德拉维达进步联盟、无产人民党与马鲁马拉奇德拉维达进步联盟，哈里亚纳邦的哈里亚纳人民党与哈里亚纳维卡斯党，奥里萨邦的比朱人民党，西孟加拉邦的基层大会党），到以特定社群为基础的政党（包括锡克教民族主义政党阿卡利党），以及一些从其他政党分裂出去的党派，应有尽有。作为联盟之内最大的集团，印度人民党是1998年印度政府的主导力量（在1999年大选之后再度如此），这就赋予它远非一个少数党在印度政治中所能望其项背的巨大权威。

印度人民党对以进一步的核试验和在事实上发展核武器来接续1974年核爆炸的兴趣，获得了一个活跃的主张发展核武器的议会院外活动集团的强烈支持，而该集团包括许多印度科学家。[2] 科学家与防务专家的提倡，在使关于一个核印度的理念至少对许多人而言貌似有理方面十分重要，即使这一理念作为印度思维中反映性均势成分还不足以被人们十分充分地接受。正如普拉富尔·比德瓦伊与阿钦·瓦奈克在其研究透彻而说理充分的书中所指出的："核武器最热忱的倡导者，一直企图赋予这些武器一种宗教似的权威和重要地位——着力强调敬畏感与奇迹感，而不是厌恶感与恐怖感，以使它们在我们时代的大众流行文化中获得公认的和可敬的地位。"[3]

威力的震撼

作为对武器力量的一种反应，卡拉姆因核爆炸威力而萌生的兴奋之情当然并不异乎寻常。撇开有关潜在的种族灭绝的任何暗示，毁灭性威力激发的兴奋之情是世界历史上一种得到充分观察的心理状态。甚至世界首次核爆炸的主要设计师、素常泰然自若的J. 罗伯特·奥本海默，在观察到第一颗原子弹于1945年7月16日在美国毗邻奥斯库罗（Oscuro）村的一片沙漠里的大气层爆炸时，也激动得援引了流传达2 000年之久的《薄伽梵歌》（奥本海默熟谙梵文，对《薄伽梵歌》的理解是正确的）："一千个太阳的辐射……顿时涌向苍穹。"[4]

我在本书第一篇文章中已经讲述，奥本海默接着进一步引用《薄伽梵歌》中的诗句："我已成为死神，三界的毁灭者。"翌月，这种形象的死神就在广岛和长崎露出了自己不加掩饰的残酷无情的面孔（大江健三郎称之为"潜伏在广岛的黑暗之中的最令人毛骨悚然的恶魔"[5]）。随着奥本海默对核武器化的后果愈加明了，他开始持续不断地参加反对核武器的运动，尤其热衷于反对氢弹。但是，在1945年7月，在美国沙漠的名为"Jornala del Muerto"（可译为"死亡地带"）的实验站，只存在绝对超然于任何实际杀戮的净化了的抽象概念。

一千个太阳现已还家，来到次大陆栖息。印度于1998年5月11日和13日在博克兰先后进行五次核爆炸，巴基斯坦迅速跟进，于翌月在贾盖丘陵进行了六次核爆炸。巴基斯坦政府陶醉了。它的反应是："整座山都变白了。"次大陆现在处于明显的核对抗之中，两国一面各自进一步增强自己的实力，一面参加假面舞会。

这些事态发展已受到国外的一致谴责，但在印度和巴基斯坦国内却颇受赞赏，不过我们应当谨防夸大国内实际的支持程度。在核爆炸两周之后，潘卡杰·米什拉确有足够的理由得出结论："核试验非常得人心，尤其是在城市中产阶级中。"[6]然而，要看到对印度舆论的长期影响尚为时过早。此外，欢庆者的热情比怀疑者的深重疑虑更容易成为电视图像。实际上，在核爆炸之后，电视图像所立即表现的印度街头兴高采烈的情景，只是集中到了确实在庆祝并愿意外出表达欣喜之情的人们的反应上而已。随之而来的是许许多多人的怀疑与指摘，他们没有参加欢庆活动，没有出现在早先的电视图像中，而随着时间的推移，他们的疑虑与反对日益得以酣畅淋漓地表述出来。长篇小说作家阿米塔夫·高希在其就印度公众对原子弹的反应为《纽约客》撰写的广泛评论中指出："这些试验已比以往任何时候都更为深刻地分裂了国家。"[7]

同样一清二楚的是，宁愿让印度的核冒险逐步升级的主要政党（即印度人民党）并未从博克兰核爆炸获得任何实质性的选举利益。事实恰恰相反，对1998年核爆炸以来地方投票的分析往往都说明了这一点。到1999年9月印度再度选举时，印度人民党也已十分充分地汲取了教训，在其争取投票人的竞选活动中不再吹嘘核试验。此外，正如N.拉姆（政治评论家兼《前线》杂志主编）在其反核的《骑核老虎》一书中所提出的令人折服的主张那样，我们"千万不要以为，既然印度教右派未能从博克兰—II核爆炸中捞到好处，我们在这一问题上就算赢得了决定性胜利，从而犯下错误"[8]。

印度对核武器化的态度不仅具有模棱两可和道德疑虑的特征，而且对于利用这些武器以图有所收获会牵涉到什么具有不清不楚的特征。正如数次民意测验所指出的，情况可能是：与巴基斯坦的舆论相比，印度认为核武器终究会在实际上被用于次大陆的一场战争中的舆论倾向要弱得多。[9] 然而，由于这些武器的效用最终取决于在某些局势下使用它们的意愿，这里有一个必须解决的思想一致问题。无论含蓄抑或明晰，倘若想从核武器的拥有和部署中获取某些利益，那么实际使用的终极结局就必须置于各种可能发生的应予慎重考虑的局面中。核武器有用但绝不能使用的看法缺乏说服力，确实可被视为阿伦达蒂·罗伊（《微物之神》的作者）所谓"想象力的终结"这一奇怪现象的一个组成部分。[10]

罗伊已非常明晰地揭示，一场实际的全面核战争的性质与后果，是几乎不可能以有根有据的方式予以想象的。阿伦达蒂·罗伊如是摹绘了一个很可能出现的局面：

我们的城市与森林，我们的田野与村庄，将持续燃烧多日。 河流将变成毒流。 空气将变成烈火。 风将使火焰四散开来。 当一切可燃之物均已烧尽而火已熄灭之时，浓烟将会升起并遮天蔽日。[11]

很难认为，这样一种可能出现的终极结局，能够成为明智的国家自卫政策的组成部分。

已经确立的核大国与次大陆的不满情绪

可以察觉，在印度，对于任何令人皆大欢喜，因而有助于明白无误地走上坚定不移的非核道路（与令人恐怖的核路线相对），从而促成放弃核武器的备选政策，普遍存在一种若有所失之感，由此导致正本清源方面的一个问题。这或许是不满与厌恶两种感觉之间差距最大之处，西方就是以厌恶之情看待次大陆的核冒险及印度国内对这一问题的暧昧态度的（遑论还有来自政府、印度人民党和主张印度发展核武器的院外活动集团的支持）。如果不将次大陆真正置于全球背景之下，就很难理解正在发生的情况。

南亚的核战略家，往往对国际上在没有注意整个世界核局势的情况下对印度和巴基斯坦的政策与决定进行谴责深表愤懑。他们的这种愤懑当然不无道理，而他们质疑西方评论家对次大陆核冒险的苛评也是正确的，因为西方评论家没有充分考察他们自己的核政策——包括维持已经确立的但极不平等的核霸权,很少致力于实现全球非核化——是否道德。印度国防部部长乔治·费尔南德斯告诉阿米塔夫·高希:"为什么五个拥有核武器的国家就可以教训我们如何行事,以及我们应当拥有什么武器呢?"与此相辅相成的是伊斯兰促进会(Jamaat-e-Islami,巴基斯坦主要宗教政党)领袖卡齐·侯赛因·艾哈迈德对高希说的一番话:"对于五个国家应当拥有核武器而其他国家则不应当拥有核武器,我们不予认可。我们要说,'让这五个国家也进行核裁军'。"[12]

探究全球背景也确有道理,然而我们必须考察的是:将次大陆的次局势置于全球大局势的总框架之内,是否真能改变我们对正在印度和巴基斯坦发生的事态所做出的合理评估?尤其是,力主它们的核政策是严重错误的,并不需要我们消除次大陆对全球主导秩序之自鸣得意的广泛愤懑。这些怨艾即便完全在理并且极其重要,也不会使一项能急剧增加次大陆内的不确定性,而又不能取得任何成就以使每个国家更加安全的核政策,体现出敏锐的洞察力。实际上,孟加拉国现在很可能是次大陆最为安全的可以栖止的国家。

道义的愤懑与精明的错误

我认为,有两个不同性质的问题需要予以细致区别。第一,世界核秩序极不平衡,并有绝好理由对主要大国尤其是垄断了联合国安全理事会常任理事国席位及法定核地位的五个国家的军事政策表示怨怼。第二个问题与五大国之外的其他国家面临的选择有关，必须予以适当审视，而不是听凭对寡头垄断威慑力量的愤懑之情的挟持。包括印度和巴基斯坦在内的其他国家有足够根据对世界秩序的实质表示不满，已经确立的核大国倡议并支持这一秩序，但对非核化却未做任何认真的承诺。但是，这一事实并未赋予它们奉行核政策的任何理由，那只能恶化自己的安全环境并可能增加骇人的大屠杀的机会。道义的愤懑并不足以证明精明的错误有理。

我迄此尚未对核武器化的经济与社会代价及总的资源分配问题予以评论。这一问题当然是重要的，尽管难于弄清核计划的确切代价。此类计划的开支在两国均秘而不宣。尽管对印度的必要信息的估计或许较为容易（鉴于印度政体对披露信息有更高要求），但估计数字必然十分粗略。

最近，著名评论家 C. 拉马诺哈尔·雷迪估计，核武器化的代价为每年国内生产总值的 0.5％左右。这似乎不算太多，但如果我们考虑到将这些资源另作他用，那么这一数字还是够大的。[13] 例如，据估计，为全国各地每个孩子提供就近上学接受初等教育机会的附加费用，就大致需要消耗同样数量的资金。① 印度成人人口中的文盲比例依然在 40％左右，而这一比例在巴基斯坦大约是 55％。此外，还有其他代价与损失，如印度科学人才离开创造经济价值

---

① 所谓 PROBE（下文报告名称的首字母缩写，其意义恰好相当于"探索"——译者注）报告，引用了分别由两个政府委员会提供的两个不同的估计数字，它们大体相同；参见 *Public Report on Basic Education in India*，Delhi：Oxford University Press，1999。

十二 印度与原子弹

的研究行业及实际经济生产，转向与军事有关的研究。人们讳莫如深的军事活动的普遍存在，还限制了议会的公开讨论，并且往往会破坏民主与言论自由的传统。

尽管存在这一切问题，但反对核武器化的主要理由，归根结底却不是经济方面的。毋宁说，人的生命面临的不安全因素的加重，成了次大陆核冒险的最大损失。这一问题需要深入审视。

核威慑起作用吗？

怎样看待核威慑使印度与巴基斯坦之间的战争不大可能发生这一论点？被认为使世界保持和平的所谓业已得到证明的核均势能力，为什么在次大陆并不行之有效？我认为，可以从四个不同角度回答这一问题。

首先，即使印度与巴基斯坦的核武器化真的降低了两国之间发生战争的可能性，常规战争机会的减少也会换来一定的核武器大屠杀的机会。任何明智的决策都不会仅专注于发生战争的可能性，而不注意战争一旦爆发所造成的损失的规模。实际上，阿伦达蒂·罗伊在谈到"想象力的终结"时所描述局面的任何不可忽略的可能性，所占分量几乎不能不重于即使造成损失也会比较轻微的常规战争的更大的可能性。

其次，没有任何迹象表明，常规战争的可能性事实上已由于印度与巴基斯坦的核武器化而降低。实际上，核爆炸之后旋踵之间，两国在克什米尔的卡尔吉尔地区确实经历了一场重大军事对抗。在印度与巴基斯坦核爆炸不到一年间出现的卡尔吉尔冲突，事实上是近三十年来两国之间的第一次军事冲突。许多印度评论家力主，这次对抗是由从巴基斯坦跨越控制线而来的分离主义游击队员（按照他们的看法，其中有陆军常备兵）挑起的，而巴基斯坦认为，印度因为畏惧一场核武器大屠杀，所以不会利用常规部队的巨大优势发动一场更大的战争予以报复，这样的理解也促成了那场对抗。无论这一分析是否正确，下面这种一般的推理都显然是有根据的：敌人对核毁灭的畏惧可以成为支持军事冒险主义的理由，因为预料敌人不致放胆报复。即令如此，布丁好赖，非尝莫知。无论如何解释，核武器化都显然没有防止印度与巴基斯坦之间的非核武器冲突。

再次，在次大陆，意外核战争的危险比在冷战时期大得多。这不仅是因为检查与控制现在宽松多了，而且是因为印度与巴基斯坦之间的有关距离太小，以至于在一场危机出现并畏惧第一次打击时，几乎没有时间进行任何对话。此外，人们已经充分讨论，宗教激进主义分子在巴基斯坦武装部队内部的操纵和民主控制的阙如，加重了对猝然出现的战争爆发点的恐惧。

最后，也有必要评估，在全球冷战期间，世界由于核威慑的存在而享有和平，是否在事实上是可预见的和在道理上是站得住脚的。长期以来，赞成恐怖均势的论点一直十分明晰，该论点是由温斯顿·丘吉尔于 1955 年 3 月 1 日在对下议院发表的最后一次演说中最为雄辩地提出来的。丘吉尔关于这一问题的有力话语（"安全将是恐怖的健壮孩子，幸存将是毁灭的孪生兄弟"）有一种迷人的魅力，但他在谈到威慑逻辑"并不适于精神状态与发现自己处于穷途末路的希特勒一样的狂人或独裁者"时，他本人也认为自己揭示的规律确有例外。①

独裁者都会举世闻名（甚至在次大陆也会闻名），而根据某些雄辩的评论家就核问题本身似乎能写的东西判断，至少在两国可以不时发现半狂人。然而，或许更为重要的是，我们有理由指出，在理智与清醒方面具有无懈可击的明证的人也会冒险。仅举一例（相当出名的一例），在面对所谓古巴导弹危机选择对抗道路时，肯尼迪总统显然代表人类冒了相当大的毁灭风险。实际上，肯尼迪总统的特别顾问西奥多·S. 索伦森（在一段总的说来令人称赏的文字中）讲述的事实是这样的：

对于战争抑或投降会给整个人类带来什么后果，约翰·肯尼迪从未视而不见。他派驻联合国的使团在准备通过谈判谋求和平，他的参谋长联席会议在准备进行战争，而他意在将两者均掌控在自己手中。……他不能草率或犹豫，也不能鲁莽或畏惧。他后来说，在他看来，苏联人悍然发动战争的可能性，当时"在三分之一至对半之间"②。

啊，当毁灭的机会在三分之一与一半之间时，代表人类做出

---

① *Winston S. Churchill: His Complete Speeches 1897—1963*, ed. Robert Rhodes James (New York: R. R. Bowker, 1974), pp. 8 629-30.

② Theodore C. Sorenson, *Kennedy* (London: Hodder and Stoughton, 1965), p. 705. "肯尼迪录音磁带"也揭示出世界离一场核毁灭有多近。

决定绝非易事。

我认为,我们必须认识到,冷战中核对抗下的和平,在一定程度上是出于侥幸,而不可能是命中注定的。在核领域或实际上其他任何领域,在制定未来政策时,认为出现在后的情况是出现在前的现象的必然结果,是一种代价可能十分高昂的奢侈。我们不仅必须考虑这一事实,即与全球冷战时核对抗期间所获得的东西相比,次大陆的情况已颇不相同,而且要考虑到,世界甚至在冷战期间犹能逃脱毁灭,实际上是相当幸运的。灭绝的危险不仅来自狂人或独裁者。

所以,本节的结论是,次大陆对抗的核武器化,未必能够降低战争危险(无论在理论上抑或在实践中),但能够使战争的苦难遽然升级。世界军事均势的不公正性质,并不能改变这一关键的审慎的认识。

对印度政府的目标大有助益吗?

我现在转向一个不太有意思的问题,但这一问题常有人问起,尤其是向印度发问。即使次大陆由于针锋相对的核试验而变得不够安全得到公认,情况也依然可能是:由于印度人民党领导的政府的核政策,印度的自身利益得以很好地实现。有人认为,对于自己作为世界上最大的国家之一没有受到应有的认真对待,印度有理由表示不满。同样不满的是,在过去,一些国家,当然包括美国,试图在印度与巴基斯坦之间实现某种"均势",而印度的幅员几乎是巴基斯坦的七倍,两者不可同日而语。确切地说,印度

十二 印度与原子弹

的核成就可望为此——再加上其他原因，如让印度获得联合国安全理事会常任理事国席位——做出贡献。次大陆由于核武器发展可能变得不够安全，但是有人认为，印度确实从中获得了一些好处。此类论点在多大程度上是合理的呢？

我难于认同此类说法。尽管我是印度公民，但我并不真的认为，我能够合理地仅仅探究印度独自可能从某项政策获得的好处，而对同样受到影响的其他国家的利益不予考虑。然而，有可能根据印度政府的既定目标审视某项政策的结果（包括提高印度的国际地位及对巴基斯坦的战略优势），也有可能相当冷静地质疑印度最近的核政策是否很好地导致了那些目标的实现这一"科学上的"问题。我们不必非得赞同这些目标才可以考察它们是否在实际上得到了较好的促进。

有充分的理由怀疑这些目标会由于博克兰和贾盖的续发事件而在实际上更易于实现。第一，在常规军事力量方面，印度在过去具有——现在也具有——对巴基斯坦的巨大优势。这一战略优势由于新的核均势而变得颇不重要。实际上，由于巴基斯坦明确拒绝接受"不首先使用"的协定，印度现在指望常规优势的能力在很大程度上已不够有效（同时提高了两国不安全的水平）。在卡尔吉尔对抗中，印度甚至无以利用其能力越界进入巴基斯坦掌管的克什米尔从后方攻击入侵者，而军事战术家似乎认为，这比试图从印度一侧攀上陡峭的高山与处于顶峰的占领者作战从而打击入侵者要明智得多。这不仅使印度的反应不够有效和迅速，而且导致了印度军人的更多伤亡（据印度政府估计为 1 300 人，而据巴基斯坦估计为 1 750 人），并极大地增加了从不利位置进行战争的费用（直接支出为 25 亿美元）。[14] 鉴于核战争爆发的危险，印度政府做出的不逆向穿越控制线报复的决定显然是正确的，但考虑到它自身帮助造成的战略困境，它在这一方面也确实别无选择。

第二，印度能够制造核武器的事实，在当前针锋相对的核试验进行之前就已得到确认。1974 年的博克兰—Ⅰ核爆炸已确认了这一点，尽管印度官方声明力图对四分之一个世纪之前的那次核爆炸的军事用途轻描淡写。在 1998 年的核试验之后，印度与巴基斯坦的地位，至少在国际公众的观念中，似乎变得均衡得多。恰好，巴基斯坦的回应十分有节。我记得自己在 1998 年 5 月中旬曾经想到，在印度的核试验之后，巴基斯坦定会接着爆炸数量上比印度的五枚要多的原子弹。印度政府虽然对任何与巴基斯坦对等的看法可能均深恶痛绝，但在实际上会倾其全力将公认的不对等那样一种有利的局势转化为可以感知的势均力敌这样一种局势。

第三，除了观念之外，就试验的科学需要而言，巴基斯坦在 1998 年之前从未进行过核试验，因而显然有更充分的试验理由。这与印度 1974 年博克兰—Ⅰ核爆炸过程形成了对照。此外，鉴于人数少得多的核科学家团体和研发不够全面的计算机对可能情况的模拟，巴基斯坦在科学上对一场实际试验的需要可能要比印度强烈得多。就在巴基斯坦对自己倘若单独进行试验有可能遭到国际社会谴责而有所顾虑时，印度在 1998 年 5 月的核爆炸中创造了一个巴基斯坦可借以沿着同一方向前进的局势，却不会因为启动任何核冒险而受到指责。埃里克·阿尔内特对这一问题的表述如下：

与其印度对手相对照，巴基斯坦的政治精英对核威慑的需要就不那么局促不安。对巴基斯坦的核能力不被印度看重的军事上的担忧，与对随冷战终结而被美国抛弃之后日益加重的军事劣势的感觉结合起来，使得进行1998年5月之前仅因制裁威胁就被迫按捺下来的试验势在必行。印度的试验创造了一种局势，巴基斯坦领导人由此察觉自己更加强烈地需要进行试验，并看到证明自己的试验作为在政治上和战略上均可理解的回应因而有理的可能机遇。[15]

1998年夏季之前，印度主张发展核武器的议会院外活动集团经常阐述的命题，即印度处于来自巴基斯坦的第一次打击的更大危险之中，缺乏政治上的及科学上的可信性。

第四，核爆炸并没有推进使印度获得联合国安全理事会常任理事国席位的事业。倘若一个国家能够凭借核爆炸一径进入联合国安全理事会，那就会刺激其他国家如法炮制。此外，在博克兰—Ⅱ与贾盖丘陵核爆炸之后印度与巴基斯坦之间确立的新的对等关系，也对那条通往联合国安全理事会常任理事国席位的路线的可能性产生了不利影响，而这一点本来也是可以非常充分地预料到的。我个人并不明白，印度获得联合国安全理事会常任理事国席位何以会如此重要（鉴于印度的幅员和日益增长的经济实力，如果印度如愿以偿倒可能有益于其他国家，但那是一个全然不同的问题）。然而，对于显然重视这种可能性的印度政府而言，尽管自1974年以来即已证明自己有能力发展核武器，却强调自己在这一方面的克制，同时利用1998年之前与巴基斯坦的不对等——与后来发展起来的对等形成对照——本来定会更为明智，但在印度政府自己采取积极行动之后，在博克兰—Ⅱ与贾盖丘陵核爆炸之后，印度与巴基斯坦变得对等起来。

印度是一个大国，一个民主政体的国家，一个丰富多彩的多宗教的文明国家，拥有坚实的科学技术（包括信息技术的尖端优势）传统，以及迅速增长的经济，而且只要稍加努力，其经济还能增长得更快，但从对印度官方观念的审视中看到的值得注意的侧面情况之一，却是政府对印度的重要性的低估程度。对原子弹的说服力的高估，是由对国家政治、文化、科学和经济等方面实力的低估所导致的。对克林顿总统访问印度的成功，以及印度在那次访问中得到的相对于巴基斯坦的不对等优待，官场可能欣欣然有喜色，但将那种不对等归功于印度的核冒险，而非印度的辽阔幅员、民主政治及其正在不断发展的经济和技术的倾向，是难于理解的。

关于将两个问题分离开来

总之，区分两个对次大陆的核政策均有影响的不同问题，是极其重要的。第一，武器方面的世界秩序需要改变，尤其需要有效而迅速的裁军，特别是核武库的裁军。第二，不能由于世界秩序的不公正就认为印度与巴基斯坦的核冒险有理，因为这些冒险导致人们，主要是次大陆居民本身的生命不再安全。对他人愚钝的愤慨，不是搬起石头砸自己的脚的正当理由。

这当然并不意味着，印度或巴基斯坦有理由对国际均势感到高兴。无论有无进一步的事态发展，诸如美国的未遂"核盾"的发展，世界权势集团似乎都热衷于维护这种均势。实际上，还必须指出，西方没有充分意识到五大国的作用在包括次大陆在内的第三世界所引起的怀疑与愤懑的程度。这不仅与对核军备的垄断有关，而且与在世界武器市场上"推销"常规非核军备有关。

例如，正如在巴基斯坦目光远大的经济学家马赫布卜·哈克领导之下准备的《1994年人类发展报告》所指出的，不但世界前五大武器出口国恰好是联合国安全理事会五个常任理事国，而且它们还要共同为1988—1992年出口的所有常规武器的86％负责。[16] 毫不奇怪，安全理事会一直未能主动采取任何严肃的真正制约军火商的行动。不难理解印度与巴基斯坦及别的国家对公认的核大国的责任感和领导地位的怀疑态度。

就印度而言，可以同时推进核限制与要求改变世界秩序这两项政策。核限制只会加强而不会削弱印度的发言权。要求重新界定《全面禁止核试验条约》，将带有明确日期的非核化计划纳入其中，也完全可以成为可讨论的备选方案之一。但是，制造核炸弹，遑论部署它们，将稀有资源用于导弹和被婉称为"运载工具"的东西，却几乎难以被视为一项明智的政策。次大陆的核武器化总会有助于实现世界核裁军的想法，是一种荒诞的梦想，只能是一场噩梦的前兆。这些政策在道义上的愚蠢是不折不扣的，但已经犯下的精明的错误也是一清二楚的。由于罗宾德罗纳特·泰戈尔大约100年前论述过的那些原因,在一个相互联系导致相互影响的世界上,道义问题与需要审慎对待的问题事实上是相当切近的。

最后,再谈一个更为具体的问题,即巴基斯坦成为一个繁荣的和文官治下的民主国家,对于任何国家都不像对于印度那样利益攸关。尽管纳瓦兹·谢里夫政府在许多方面是明显腐败的,但是破坏巴基斯坦的文官统治,代之以激进的军方领导人,完全不符合印度的利益。此外,印度指控巴基斯坦鼓励越界恐怖主义,但巴基斯坦的经济繁荣和文官政治有可能抑制而不会鼓励越界恐怖主义。在这一背景之下,特别重要的一点是,指出在印度经常听到的一种论点的危险性。这种论点认为,鉴于巴基斯坦较小的幅员和相对停滞的经济,它比印度更难以承受公共支出的重负。实际情况可能完全如此,但在目前严重不安全的局势下,一个贫困而绝望的巴基斯坦落到印度身上的苦果,可能具有很大的灾难性。对于印度而言,加强巴基斯坦的稳定性与增进其福祉,除了具有明显的道德意义之外,还具有深谋远虑的重要性。必须刻不容缓地抓住道义与慎思之间的主要联系。

第四编　理性与认同

十三
理性的范畴[①]

W. B. 叶芝在其手头一部《道德体系论》的页边写道:"尼采何以认为夜晚没有星辰,而只有蝙蝠和鸥鹀以及令人疯狂的月亮?"就在上一世纪开始之前——尼采逝世于1900年——他提纲挈领地讲述了自己对人性抱持的怀疑主义,并描述了他对未来令人胆寒的想象。随之而来的一个世纪中的事件,包括世界大战、大屠杀、种族灭绝及其他伴随有计划有步骤的暴行而发生的种种罪恶,使我们有足够的理由担忧,尼采对人性的怀疑观点是否可能并不正确。

本能与人性

牛津哲学家乔纳森·格洛弗在其非常耐人寻味的近著《二十世纪道德史》中力主,我们不但必须反思上一世纪发生的事情,而且"需要无情地清醒地审视我们内心的一些恶魔",并考虑"囚禁和驯服它们"的途径与手段。[1] 一个世纪的终结,同时也是一个千纪的终结,当然是进行此类审慎考察的良好时机。实际上,在

[①] 本文此前于2000年7月20日发表于《纽约书评》。西塞拉·博克、穆扎法尔·基齐勒巴什、埃玛·罗思柴尔德与托马斯·斯坎伦均提出了富有教益的建议,我对他们不胜感激。

伊斯兰教希吉拉历一千纪（一千个太阴年，比太阳年短，始于穆罕默德于公元622年从麦加迁移到麦地那的壮举之后）于1591—1592年终结之时，印度莫卧儿王朝皇帝阿克巴就在进行这样一种意义深远的审视。他特别注意诸多宗教社群之间的关系，以及已呈多元文化之态的印度对和平共存的需要。

在注意到印度人教派的多样性（包括印度教教徒、穆斯林、基督教教徒、耆那教教徒、锡克教教徒、琐罗亚斯德教教徒、犹太教教徒等）之后，他为国家奠定了世俗主义和宗教中立的基础，坚持国家必须保证"任何人均不应由于宗教原因而受到干涉，任何人均可皈依令其心悦之宗教"[2]。阿克巴关于"追求理性"而非"依赖传统"是处理社会难题的方法的见解，对于今天的世界变得更加重要。[3]

在世界范围内最近的庆祝活动期间，对已过去的一个千纪的经验的严谨评价明显少而又少。[4] 在20世纪与格列高利历①二千纪终结之时，对于格洛弗以振聋发聩的笔力描述的种种令人恐怖的事件的记忆，似乎对人们并没有多少触动；而对于格洛弗提出的具有挑战性的问题，人们也没有表现出太多可以察觉到的兴趣。隆重庆祝的辉煌灯火不但淹没了群星，而且淹没了蝙蝠和鸱鸮以及令人疯狂的月亮。

尼采对道德理喻的怀疑主义和他对即将到来的困难的预期，与对道德权威消亡的含糊其词的赞许结合起来。在他的笔下，道

---

① 通称公历。——译者注

德权威是"最糟糕的,最可质疑的,而且最有可能丑态百出"。格洛弗认为,我们必须回应"尼采的挑战":"问题是如何接受[尼采]对宗教道德权威的怀疑主义,同时又规避他的惊世骇俗的结论。"这一问题与阿克巴关于道德可由严谨的推理引导的命题有关。阿克巴主张:在进行道德判断时,我们一定不可让推理顺从宗教控制,亦不可依赖"传统之沼泽地"。

对此类问题的兴趣,在启蒙运动期间特别强烈,而启蒙运动对理性影响的范围是乐观的。近年来,启蒙运动的视角受到严厉攻击,而格洛弗以自己有力的声音加入了这种呵责。[5] 他认为,"启蒙运动对人类心理学的观点"已日显"浅陋而机械","启蒙运动对通过传播人道主义和科学观推动社会进步的希望",现在看来似乎相当"幼稚"。格洛弗追随一种日益常见的倾向,进而将20世纪的许多令人恐怖的事物归咎于启蒙运动的影响。他将现代暴政与那一视角联系起来,指出不仅"斯大林与其继承人受启蒙运动的束缚",而且波尔布特也"间接受到启蒙运动的影响"。然而,由于格洛弗不愿通过宗教或传统的权威寻求解决办法(在这一方面,他指出,"我们无从逃脱启蒙运动"),他于是将自己的火力集中到其他目标上,诸如对坚定不移的信仰的依赖。他认为,"斯大林主义的粗陋",就"源于[斯大林持有的]信仰"。这种主张貌似十分有理,格洛弗对"意识形态在斯大林主义中的作用"的提及亦复如此。

然而,这何以就是对启蒙运动视角的批评呢?将独裁者的盲目信仰归咎于启蒙运动的传统似乎有些不公,因为与启蒙运动有关的许许多多的作家均坚持认为，合乎理性的选择高于任何对盲目信仰的依赖。通过合理展示承诺与实践之间的鸿沟，通过揭示其残酷性——一种当局不得不借助严格的审查制度予以掩盖的残酷性——确实可以对"斯大林主义的粗陋"提出反对意见，它实际上也确实遭到过反对。实际上，赞成理性的主要观点之一是，它有助于我们超越意识形态和盲目信仰。事实上，理性并不是波尔布特的主要盟友。他和自己的追随者帮派，受疯狂的和违背理性的信仰驱动，对他们的行动不容任何质疑或审视。鉴于格洛弗的其他论点令人折服，他愿意加入攻击启蒙运动的时髦合唱，就有了令人深感困惑之处。

然而，在格洛弗对这一话题的论述中，还出现了一个重要问题。当我们由于自己的批判性思维存在一些难于清除的障碍而不能清晰推理时，我们难道不是被苦心劝说依靠自己的直觉吗？格洛弗对一位不像斯大林或波尔布特那样残酷的人物即尼古拉·布哈林的评论，绝妙地说明了这一问题。格洛弗指出，他根本没有"逃避责任"的倾向。格洛弗写道，布哈林"不得不生活在人的直觉与他所捍卫的刻板信仰之间的紧张状态之中"。布哈林受到体制行动的排斥，但是周围的政治气候，连同他自己的刻板思维，妨碍他对它们进行十分清晰的推理。格洛弗写道，这就使他在自己的"人的直觉"与自己的"刻板信仰"之间踌躇不决，"哪一边都没有分明的胜利"。布哈林倘若由其直觉导引本来可以做得更好这一想法吸引了格洛弗，这似乎不无道理。无论我们是否将此视为一个一般规律的基础，格洛弗在这里都向我们提出了一个耐人寻味的关于需要考虑推理情境的论点——这一论点值得注意（无论我们怎样理解启蒙运动的所谓犯罪倾向）。

理性与启蒙运动

在一个由于骇人听闻的行径而黯然失色的世界，讲理的可能性是希望与信心的强大源泉。何以如此，不难理解。甚至在我们发现某些事情直截了当地令人心烦或恼火时，我们都可以自由质疑那种回应，并询问它是不是一种恰当的反应，以及我们是否真的应当受它导引。我们能够就感知和对待其他人、其他文化、其他诉求的正确方法进行推理，并考察尊重和宽容的不同根据。我们也能对自己的错误进行推理，并努力吸取教训以不再重复同样的错误。例如，日本长篇小说作家和具有远见的社会理论家大江健三郎就有力地主张，日本民族受益于对自己的"领土侵略历史"的了解，有足够的理由恪守"民主理念与永远不再发动战争的决断"[6]。

此外，我们需要理智的探索，以识别并不明显有害却具有此种作用的行动和政策。例如，由于错误推断饥荒无从凭借即时公共政策得以避免，它们就会肆无忌惮地蔓延开来。饥荒中饿死人的现象，主要由一部分人的粮食购买能力严重下降所致，他们因失业、市场萎缩、农业活动中断或其他经济灾难业已陷入赤贫。无论是否同时存在总体粮食供给减少的问题，经济方面的受害者都要被迫陷入饥饿。通过启动能够帮助他们与社会中的其他人分享国家粮食供应的应急公共方案，以较低工资向他们提供就业机会，就能立即制止对此类人的不平等的剥夺。

饥荒，犹如魔鬼，专门吞噬落在最后面的人（5％以上的人口遭殃的情况即属罕见——至于10％以上的人口遭殃的情况则几乎从未发生过），而通过增加赤贫人口的收入减少对他们的相对剥夺，则可迅速而显著地减少对他们所能获得的粮食数量的绝对剥夺。通过鼓励评论界公开讨论这些问题，民主制度和新闻自由在防止饥荒方面可谓极其重要。否则，没有道理的悲观主义，就会假扮成基于现实主义和常识的镇定自若，起到为造成灾难的不作为和放弃公共责任的行为"辩解"的作用。①

同样，环境恶化并非频繁起因于任何要破坏这个世界的欲望，而是常常出于不为他人着想和缺乏合理的行动——单独的或联合的行动——而这一切到头来可能会产生可怕的后果。[7] 为了防止由人类的疏忽、愚钝或冷酷造成的灾难，我们既需要同情与奉献，也需要实践理性。

最近对基于理性的道德的攻击，来自几个不同方向。除了"启蒙运动对人类心理的观点"忽略了人的许多回应之说（格洛弗持此论调）外，我们也听到了主要依靠人类行为道德方面的推理

---

① 我已在《贫困与饥馑：论赋权与剥夺》（*Poverty and Famines: An Essay on Entitlement and Deprivation*, Oxford: Oxford University Press, 1981）一书中及与让·德勒泽合著的《饥饿与公共行动》（*Hunger and Public Action*, Oxford: Clarendon Press, 1989）一书中尝试论述饥荒的起因和饥荒预防的政策需求，预防饥荒需要采取多种政策，其中创收政策（例如，通过公共工程计划安排紧急就业）则具有直接的和关键的重要性；然而，特别是从长期的角度看，这些政策还包括总的生产规模尤其是粮食生产规模的扩大。

会导致忽略文化对价值观和行为的特有影响之说。按照这一说法，人们的思想和认同，是由与生俱来的传统和文化决定的，而不是由分析性推理相当广泛地决定的。分析性推理有时被视为"西方的"通常做法。我们必须考察，推理的范围是否真的受到人的心理的无疑强有力的作用或文化多样性的普遍影响的侵害。我们对未来的希望和生活在一个差强人意的世界的方式和手段，可能极大地取决于我们如何评估这些批评意见。

乔纳森·格洛弗关于需要一种"新人类心理学"的论点，考虑到了政治与心理学相互影响的方式。如果人们出于天性反对种种暴行，那就确实可以预期他们会抵制政治落后状态。无论没有人性的暴行何时出现，我们都必须能够自发地做出反应和抵抗。倘若想让这种局面出现，那就必须扩大个人和社会发展在应用道德想象力方面的机会。我们确实拥有道德资源，其中包括格洛弗所写的"我们自己的道德认同感"。然而，为了"起到遏制暴行的作用，道德认同感尤须立足于人的回应"。格洛弗认为，两种回应特别重要："以某种程度的尊重回应他人的倾向"与"对他人的苦和幸福表示关切的同情心"。未来的希望在于养成这样的回应习惯，这条推理思路导致格洛弗得出结论："我们现在应当求助于心理学。"

实际上，应当充分认识本能心理和同情回应的重要性，而格洛弗的看法——我们未来的希望，应在很大程度上取决于我们对发生于他人身上的事情做出反应时所表示的同情与尊重——也是正确的。因此，对于格洛弗而言，"以更为复杂的东西，以更为贴近现实的东西",取代"启蒙运动时期浅陋而机械的心理",是极其重要的。

在赞许这种方法的建设性特点的同时,我们还必须问一问格洛弗对启蒙运动是否十分公允(甚至波尔布特及有关罪人也没有影响我们的看法)。格洛弗没有提及亚当·斯密,但作为《道德情操论》的作者,亚当·斯密事实上会非常欢迎格洛弗对情感与心理回应的极端重要性的判断。虽然在现代经济学中,将除冷静算计狭隘界定的个人利益外对一切均漠不关心这样一种人类行为观归到斯密名下已变得时髦起来,但凡是读过他的基本著作的人都知道,这并不是他的看法。[8] 实际上,格洛弗所论述的人类心理中的许多问题(系"人性"需求的组成部分),亦曾由斯密探讨过。然而,斯密同狄德罗、孔多塞或康德一样,是个不折不扣的"启蒙运动的鼓吹者",他的论点与分析深刻地影响了同时代人的思想。[9]

在断言"理性与情感出现在几乎所有道德决定和结论中"[10]这一方面,斯密可能不如启蒙运动的另外一位领袖大卫·休谟走得那么远,但是两人均将推理和感觉视为相互深切关联的活动。事实上,休谟(对于他,格洛弗亦未提及)认为激情先于理性,因而也常被视为确实怀有相反的偏见。实际上,正如托马斯·内格尔在其颇受争议的对理性的辩护中所说:

休谟深信,因为一种不受理性评估的"激情"一定潜在于每种动机之后,那就不可能有特别讲求实践的理性或特别注重道德的理性这类

十三　理性的范畴

东西。[11]

关键的问题并非情感与态度是否被认为重要（我们通常认为属于启蒙运动组成部分的大多数作家，显然认为它们是重要的），而是这些情感与态度是否——以及在多大程度上——会由于推理而受到影响和陶冶。[12]亚当·斯密认为，我们关于是非的"最初的观念"，"不会是理性之对象，而是即时的意识与感觉之对象"。然而，他认为，即便是这些对特定行为的本能反应，也必须依赖——即使不言明——我们对"大量各种例证"中行为与结果之间因缘联系的合理理解。此外，我们最初的观念也可能会在回应严谨的审察中发生变化，例如注重实际经验的考察可能揭示，某一"客体其实是达到别的目标的手段"，那么最初的观念就会据此变化。[13]

启蒙运动思想的两大支柱，即诉诸理性的力量和人性的可臻完善，有时被错误地融为一体或一同受到批评。尽管它们在很多启蒙运动发起者的著述中是密切联系在一起的，但它们事实上是大不相同的诉求，对一方的损害并不意味着对另外一方的破除。例如，可以主张：人性能够趋于完善，但这种过程并非主要依靠推理。如其不然，情况也可能是，就任何能够起作用的东西而言，推理可以算数，但可能没有接近人性完善标准的希望。对人性做了富有特点的说明的格洛弗，并不认为人性可臻完善，但他自己的富于建设性的希望显然将借助"社会与个人养成道德想象力"进行推理当作一种影响心理的因素。至少就启蒙运动的某些文献——尤其是亚当·斯密的著述——而言,格洛弗与它们的共同点多于人们从他对启蒙运动的尖锐批评中揣摩到的不同点。

文化方面的观点

应当怎样看待推理范围受文化差异限制这一怀疑论观点?最近,两个相关而又有别的特殊难题受到强调。第一,有一种看法认为,在处理社会问题方面,依靠推理和理性是"西方"特有的一种方法。该看法还认为,非西方文明的成员并不认同包括自由或宽容在内的一些价值观,而这些价值观对于西方社会是至关重要的,亦是从伊曼纽尔·康德至约翰·罗尔斯为止的西方哲学家们所发展起来的公正理念的基础。对于这些价值观的重要性没有争议。实际上,期待已久的罗尔斯的《论文全集》的出版,使我们能以一种不同寻常的完整方式看到,在我们这个时代最杰出的道德哲学家的伦理与政治分析中,"宽容原则与良心自由"是多么重要和关键。① 既然有人声称,许多非西方社会有几乎不看重自由或宽容的价值观(最近受到捍卫的"亚洲价值观"即被说成这样),那就有必要解决这一问题。诸如宽容、自由和相敬这样的价值观,被说成是某种"文化特有的",基本局限于西方文明。我将这种说法称为"文化界限论"。

第二个难题与在不同的文化背景中成长起来的人们可能往往

---

① John Rawls, *Collected Papers*, ed. Samuel Freeman (Cambridge, Mass.: Harvard University Press, 1999)。

缺乏基本的相互同情和尊重有关。他们甚至不可能相互理解，不可能一道说理。这种说法可被称为"文化失谐论"。由于暴行和种族灭绝通常是由一个社群的成员强加于另一个社群的成员，因此不同社群之间相互理解的重要性无论怎么说都不为过。然而，倘若几种文化彼此根本不同并很可能发生冲突，那就很难达成这样的理解。塞尔维亚人与阿尔巴尼亚人能够消弭他们"在文化上的敌意"吗？胡图人与图西人，或印度教教徒与穆斯林，或以色列的犹太人与阿拉伯人，在这一方面又能怎样呢？甚至提出这些悲观主义的问题也似乎是对人性和人类理解范围的怀疑；但是我们不能无视这些疑虑，因为近来关于文化特殊性的著述（无论是在大众新闻舆论自称的"现实主义"之中，还是在学术界对"普适主义"之愚蠢的批评之中）业已赋予它们这样重要的地位。

文化失谐问题在许多文化与政治考察报告中非常引人注目，它们似乎常常是由分别忠于各方的战地记者撰写的来自战场的报告：我们听到了"文明的冲突"，与西方文化帝国主义"战斗"的必要性，"亚洲价值观"势不可挡的胜利，其他文化的好战精神对西方文明提出的挑战，如此等等。全球性的对抗在国家疆域之内亦有所反映，因为大多数社会现在都有多种多样的文化，对于有些人而言似乎具有很大的威胁性。塞缪尔·亨廷顿主张："维护美国和西方，需要振兴西方认同。"[14]

理论中的壁垒

"理性的范畴"这一话题，与人类学文献中一直十分重要的另外一个主题有关。我想提及克利福德·格尔茨所说的"文化战争"（culture war），而对1779年库克船长惨死于挥舞着棍棒和刀剑的夏威夷人之手这一事件聚讼纷纭，莫衷一是，就很好地说明了这一"战争"[15]。格尔茨在其文章中对比了两位最重要的人类学家的理论。马歇尔·萨林斯认为，"存在不同的文化，而每一种文化均有一种'总体关乎人的行为的文化体系'，只能依照结构主义的思路理解这些文化"。格尔茨写道，萨林斯是"这一观点不折不扣的倡导者"。另一位人类学家加那纳特·奥贝塞克则认为："人们的行为与信仰在其生活中具有特殊的、实际的功能，应依照心理学的思路理解那些功能与信仰。"格尔茨写道，奥贝塞克是"这一观点不折不扣的倡导者"。

然而，无论我们认为什么观点具有说服力，我们仍应提出一个问题，即受一种文化影响的人们，是否必然始终恪守其传统的思想与行为模式（文化决定论者作如是观）。萨林斯或奥贝塞克的方法均不排除不同文化之间的交流，尽管这在我们依从萨林斯诠释的条件下可能是一项更为艰难的任务。但是，我们必须问一问，每一种文化的成员能够利用什么样的推理以得到更好的理解乃至同情与尊重。实际上，这是格洛弗在倡导以道德想象力作为解决不同群体之间以残酷无情相待这一问题的方法时提出的诸多问题之一。他希望，道德想象力得以通过互敬、宽容与同情养成。

这里首要的问题不是不同的社会相互之间可能有何等不同，而是一个社会的成员拥有——或能够发展——什么样的能力与机会，以欣赏和理解其他社会怎样运行。这当然不可能是解决此类

十三 理性的范畴

冲突的一种立竿见影的方法。杀害库克船长的人，不可能立刻修正他们囿于自身文化而形成的对他的看法，而库克船长也不可能当即萌生必要的理解或敏锐，以控制自己的手枪而不是开火。确切地说，希望就是，经缜密分析而导致的理解与知识的养成，最终会克服此种冲动行为。

这里不得不面对的问题是：这样的推理运用可能需要一些文化中所没有的价值观。这便是"文化界限"成为首要问题之处。例如，一直有人反复宣称，非西方文明通常缺乏分析性和怀疑性推理的传统，因而远离有时被称为"西方的理性观点"的东西。对于"西方的自由主义"、"西方的权利和公正理念"以及广泛的"西方的价值观"，已经有了类似的评论。实际上，"公正"、"权利"、"理性"和"博爱"等理念是"占主导地位的乃至独一无二的西方价值观"这一说法（由格特鲁德·希默尔法布以令人赞赏的明晰态度提出）有许多支持者。[16]

这一观点以及类似看法在很多讨论中，乃至在倡导者怯于这么明快地陈述它们时，以含蓄的方式显现出来。为了更好地理解和欣赏其他民族和其他社会，需要养成想象力、尊重感和同情心，而在这一方面，如果能够有所助益的推理和价值观念从根本上讲是"西方的"，那么悲观主义就确有足够的根据。然而，它们是这样的吗？

事实上，如果看不到当代西方文化对我们的观念和看法的支配地位，就很难考察此类问题。最近的迎接新千纪的庆祝活动，绝妙地说明了这种支配的力量。全球都因一个格列高利千纪的终结而定格，仿佛那是世界上唯一的真正的历法，尽管在非西方世界（在中国、印度、伊朗、埃及以及别的地方）有许多盛行且比格列高利历法古老许多的历法。① 当然，我们能够拥有一部共同的历法，对世界在技术、商业乃至文化方面的相互关系而言，是极其有益的。然而，倘若那种显而易见的支配地位反映了一种无言的臆断，即格列高利历法是唯一"国际可用的"历法，那么那种支配地位就成为重大误解的起源，因为其他数种历法如像格列高利历法那样被共同接纳，那么它们也会以大致相同的方式得到利用。

西方的支配地位对于理解非西方文明的其他方面也有类似作用。例如，我们可以考虑"个人自由"这一理念，它常被视为"西方文明"的一个不可或缺的组成部分。近现代的欧洲和美洲，包括欧洲启蒙运动，当然在自由观念及其许多形式的演变中发挥了决定性作用。这些理念在西方范围内，从一个国家传播到另一个国家，而且传播到了其他地区的国家，而其传播方式多少类似于工业组织和现代技术的传播。在这一有限的和大致准确的意义上，将自由论者的理念视为"西方的"当然并不影响它们在其他地区为人所接受。例如，承认印度民主的形式以英国模式为本绝不会对它有任何损害。相形之下，认为这些理念和价值观本质上是"西方的"东西，与欧洲历史有独特关系，则会对它们在其他

---

① 拙文《透过历法看印度》["India through Its Calendars", *Little Magazine*, (May 2000)] 亦即本书后面的第十五篇文章，论述了不同的印度历法（既有对印度历法的单纯论述，也有通过它们对印度历史和传统做出的解释）。

地方的利用产生抑制效应。

然而，这一历史主张是正确的吗？"西方早在现代化之前就是西方"之说真的可靠（如塞缪尔·亨廷顿即声称如是）吗？[17]此类主张的证据还远不够清楚。在今天对文明进行分类时，个人自由常被用作分类标尺，并被视为西方世界古代遗产的组成部分，而且独此一家，别无分店。当然，在西方古典著述中，找到对某些方面的个人自由的提倡，是十分容易的。例如，自由与宽容均得到亚里士多德的支持（尽管只是对自由人而言，妇女与奴隶则被排除在外）。然而，我们也可以在非西方作者的著述中发现对宽容与自由的捍卫。一个典范是印度皇帝阿育王，他在公元前3世纪以镌刻在石碑上的铭文就何谓懿行明政广泛昭告天下，其中包括要求所有人均能享有基本自由——实际上，他还不像亚里士多德那样，不曾将妇女和奴隶排除在外；他甚至坚持让生活在远离印度城市的尚未进入农业社会的"林民"也享有这些权利。[18]在当代世界，阿育王对宽容与自由的捍卫可能根本不算广为人知，但这与全球都不熟悉格列高利历之外的历法毫无二致。

无疑，印度还有别样的古典作家，他们强调戒律与秩序，而非宽容与自由，公元前4世纪时的憍底利耶即是一例（在其《利论》一书中有所体现）。但是，西方古典作家如柏拉图和圣奥古斯丁亦优先考虑社会纪律。鉴于每个国家内部的多样性，在事关自由与宽容时，将亚里士多德与阿育王划作一类，将柏拉图、圣奥古斯丁与憍底利耶划为另一类，可能是合情合理的。这种基于理念实质的分类，当然与基于文化或宗教的分类迥然不同。

即使在被视为属于"西方的"信仰与态度大体上反映了今天欧洲与北美的境况时，也还有一种将它们诠释为"西方传统"或"西方文明"的古老特征的倾向——这种倾向往往是含蓄的。西方主宰今日世界的结果之一是：其他文化与传统的识别与界定，往往是通过它们与当代西方文化的对比而完成的。

于是，对不同文化的诠释方式就增强了一种政治信念，即西方文明不知怎么就是理性主义的与自由的理念——其中包括批判性审视、公开辩论、政治宽容及求同存异——的主要源泉，乃至唯一源泉。实际上，西方被认为独家拥有作为其理性与推理、科学与实证、自由与宽容、权利与公正（这是理所当然的）之基础的价值观。

西方的这种观点被认为与他方处于对抗状态，因而一经确立即往往要为自身辩护。由于每一种文明均包含多种多样的要素，因而对于一种非西方文明的特点的归纳，即可通过提及其与"西方的"传统及价值观至为不同的倾向而得以实现。这些被选择出来的要素，遂被认为比其他要素更为"货真价实"或更为"真正土生土长"，而所谓其他要素与在西方亦能发现的一些要素比较相似。

例如，《薄伽梵歌》或密宗经典一类印度宗教文献，被确认为不同于"西方的"世俗著述，而它们在西方所引发的兴趣，比印度的其他作品，包括印度异端思想的悠久历史，所能引发的兴趣要大得多。梵文与巴利文拥有的无神论和不可知论方面的文献，比存在于其他任何古典传统中的同类文献都要多。对印度的非宗教主题的著述，从数学、认识论与自然科学到经济学与语言学，存在类似的漠视。（我以为，《欲经》是个例外，西方读者已勉力养成对该书的兴趣。）如此一来，也可通过有所选择地突出揭示其他文明与西方文明的差异，用异质词语重新界定这些文明，于是它们可以是奇特而迷人的，或怪诞而可怖的，或干脆就是离奇并吸引人的。当其他文明的特性就这样"通过对比予以界定"时，它们与西方的差异就变得至为重要。

例如，"亚洲价值观"就经常被用于与"西方价值观"进行对比。由于许多不同的价值体系与许多不同的推理方式兴盛于亚洲，那就可能以许多不同的方法归纳"亚洲价值观"的特点，而每一种方法都有充足的例证（可充分引经据典）。通过对孔子的有选择性的引证，通过对亚洲其他许多作者的有选择性的忽略，那种有关亚洲价值观强调纪律与秩序——而不是像在西方那样，强调自由与自治——的看法，显然披上了貌似有理的外衣。如同我在别的地方所论述过的[19]，当人们实际比较各自的文献时，这种对照就难以成立。

这里存在一种耐人寻味的辩证法。通过聚焦于亚洲众多传统中的威权主义成分，许多西方作者能够构成一幅似乎简明的亚洲与"西方自由主义"对比的图画。为了回应西方对自由价值观独有专利权的主张，而不是对之表示异议，一些亚洲人以冷峻的自负回答道："是的，我们大相径庭，这倒也是一件好事！"西方试图确立其独占权利,亚洲以牙还牙,也企图确立自己相对的独占权利。由于两者的推动,通过对比赋予特性的做法由是兴起。展示世界其他地区与西方如何不同,可能会十分有效,并可支撑人为的区分。于是,乔答摩佛①、老子、阿育王,或者甘地、孙中山,倒不是真正的亚洲人了,让我们觉得有些诧异。

同样,在这种通过对比找特性的情况下,西方的伊斯兰教诋毁者与伊斯兰教遗产的新捍卫者,对伊斯兰教的宽容传统就几乎无话可说,而该传统在历史上至少与伊斯兰教不容异说的记录同样重要。迈蒙尼德于12世纪逃脱西班牙对犹太人的迫害,前往萨拉丁皇帝治下的埃及避难。我们对于究竟什么原因导致了他的抉择感到诧异。萨拉丁曾在数次十字军东侵中为伊斯兰教英勇作战,而迈蒙尼德何以会在这位穆斯林皇帝的宫廷获得事实上的支持和要职?

尽管最近在非洲出现了由不宽容导致的暴乱,我们仍然可以想起,在1526年,在刚果国王与葡萄牙国王之间相互失礼时,是前者而非后者力主奴隶制不可容忍。恩津加·姆贝巴国王致函葡萄牙国王,表示奴隶贸易必须停止,"因为在这些刚果王国中,我们的意志是,既不应当有任何奴隶贸易,也不应当有任何奴隶市场"[20]。

当然,我并非主张,所有与推理应用有关的主张社会和谐与

---

① 一译觉者乔答摩,均系释迦牟尼称号。——译者注

人性的不同理念，都同样盛行于世界上的所有文明之中。这不仅是不真实的，而且是一种机械统一的愚蠢说法。然而，我们一旦认识到，许多被认为实质上属于西方的理念，亦同样盛行于其他文明之中，那么我们也会看到，这些理念并不像一些人有时所声称的那样，是某种文化特有的。对于世界上合理的人道主义的前程，至少根据以上理由，我们不必以悲观主义为始。

宽容与理性

值得回想的是，在阿克巴于 400 年前发布的国家需要对宗教保持中立的宣言中，我们能够确认一个非教派的世俗国家的基础，当时这样的国家在印度或其他任何地方均尚未诞生。于是，阿克巴的在 1591 年和 1592 年期间成为法典的合理结论，就具有普遍意义。当时，欧洲就像印度一样，有同样充分的理由听取这一启示。宗教法庭①依然在运行，而正当阿克巴于 1592 年在阿格拉撰写以宗教宽容为主题的法令时，焦尔达诺·布鲁诺却因信奉异端思想之罪而被捕，并最终于 1600 年在罗马的百花广场被活活烧死在火刑柱上。

尤其是对印度而言，世俗主义传统可以追溯至远在阿克巴之前的宽容与多元的思潮。例如，该思潮在 14 世纪时阿米尔·胡斯劳的著述中，以及在伽比尔、那纳克、阁多尼耶等人非教派的虔

---

① 一译异端裁判所。——译者注

信诗歌中，业已开始扎根。然而，那一传统却是从阿克巴皇帝本人那里获得官方最为坚定的支持的。他还实践了自己所宣扬的东西——废除早先强加于非穆斯林的歧视性赋税，延请许多印度教知识分子与艺术家进入宫廷（包括大音乐家檀生），乃至敢于让信奉印度教的将军曼·辛格统辖其武装部队。

在距阿克巴将近两千纪之前，印度皇帝阿育王扼要阐明了国家对宗教保持中立的必要性。我在前面已提到过他的理念。在某些方面，阿克巴恰恰是在将这种必要性编入法典并使之得到巩固。虽然阿育王是在很久以前执政，但就阿克巴的情况而言，将他的理念与法典编制同今日印度联系在一起的法律知识及公众记忆，却存在一种连续性。

在20世纪得到甘地、尼赫鲁、泰戈尔等人的强烈捍卫的印度世俗主义，常被认为是一种反映西方理念的东西（尽管事实是：英国不大可能成为世俗主义出类拔萃的先导）。相形之下，有充分理由将现代印度的这一方面，包括其宪法规定的世俗主义和得到司法保证的多元文化主义（与伊斯兰教在巴基斯坦伊斯兰共和国宪法中的特权地位形成对照），与早期印度著述尤其是400年前的这位穆斯林皇帝的理念联系起来。

阿克巴在捍卫宽容的多元文化主义时所提出的最重要的观点，或许与推理的作用有关。理性必须是至高无上的，因为即使在为理性的有效性争论时，我们也必须提出理由。传统主义者赞成伊斯兰教传统中的直觉信仰。阿克巴在受到他们攻击时，告诉自己

十三　理性的范畴

的友人和受到信任的副官阿布勒·法兹勒（一位令人钦仰的阿拉伯语、波斯语及梵语大学者）：

追求理性与弃绝传统主义的道理显而易见，无须论辩。倘若传统主义是得当的，那么先知只是追随其前辈（不必发出新的启示）即可。[21]

在确信自己必须认真关注印度的非穆斯林宗教与文化时，阿克巴安排了数场讨论会，不仅涉及印度教教徒与穆斯林中的主流哲学家（什叶派、逊尼派以及苏非派），而且包括基督教教徒、犹太人、帕西人、耆那教教徒，而按照阿布勒·法兹勒的说法，甚至还有斫婆迦派——印度无神论思想学派之一，其根源可以追溯至公元前6世纪左右——的信徒。[22]阿育王*不但不对信仰持毫不让步的绝对观点，而且愿意就每一种具有多个方面的宗教的特殊成分进行推理。例如，在与耆那教教徒争论时，阿克巴虽然对他们的仪轨抱怀疑态度，却对他们主张素食主义的论点表示折服，并最终强烈反对食用所有肉类。

这一切激起宁愿将宗教信仰基于信念而非推理之人的怒火。正统穆斯林对阿克巴数度发难，阿克巴的长子萨利姆王子亦曾参加一次反叛，而阿克巴后来与萨利姆王子实现和解。但是，他恪守自己所说的"理性之路"（rahi aql），并坚持公开对话与自由抉

---

*　原文如此，当为阿克巴。——译者注

择的必要性。在一个阶段，阿克巴甚至不很成功地试图创立一种名为圣教的新宗教，将他所认为的不同信仰中的精华结合起来。在他于 1605 年谢世后，伊斯兰教神学家阿卜杜勒·哈克相当满意地盖棺定论，尽管阿克巴有上述"革新"，他却一直是个优秀的穆斯林。[23]确实如此，但阿克巴也许会说，他的宗教信仰来自自己的理性与抉择，而非出于"盲信"，亦非出于"传统之沼泽地"。

阿克巴的理念至今依然关系重大，而且不仅在次大陆是如此。它们对于西方当前的许多辩论也有影响。它们提示，有必要审视对多元文化主义的畏惧（如亨廷顿认为"国内的多元文化主义威胁着美国与西方"的论点）。同样，在处理美国大学中关于将核心读物限定为西方世界的"巨著"而进行的论战时，阿克巴的诉诸理性的路线会暗示：这一提议的关键缺陷，与其说在于来自其他背景的学生（如非洲裔美国人或中国人）不必阅读西方经典著作，毋宁说在于将人们的阅读内容仅仅局限于单一文明的书籍，会减少他们了解世界上的不同文化并从中选择理念的自由。[24]而将西方巨著从具有其他背景的学生的阅读书目中剔除的逆向要求同样大谬不然，因为那也会减少学习、推理和选择的自由。

认为人的认同在于"发现"而非选择的"公有村社主义"的立场，同样也有意义。迈克尔·桑德尔提出了下面这一社群概念（他简述的几个可供选择的概念之一）："社群不仅决定作为同样的公民的他们拥有什么，而且决定他们做什么，不是一种由他们选择的关系（如在一个自愿参加的协会中那样），而是由他们发现的一种依附关系,不单纯是他们身份认同的属性,而且是这一身份认同的成分。"[25]这种关于个人身份认同系由本人发现而非由本人决定的观点,是会受到阿克巴的抵制的,根据在于我们对于自己的信仰、关系和态度确有选择的权利,并必须为我们实际选择的东西承担责任(只要是无保留的选择)。

我们"发现"自己的身份认同这一观念,不仅在认识论上是有限制性的(我们当然可以努力找出我们实际拥有的多种选择权——可能还十分广泛),而且对于我们的行为举止应当如何也可能有灾难性的意义(乔纳森·格洛弗对于毫无疑问的绝对忠诚与信仰在促成暴行与恐怖方面的作用的阐述很好地说明了这一点)。我们之中的许多人,对于1947年即将独立之际在印度分治前的骚乱中所发生的一切依然记忆犹新。当时,一月份还十分宽容的次大陆人,到六月份就迅速而决绝地成为无情的印度教教徒或凶悍的穆斯林。[26]随之而来的大屠杀,与所谓"发现"自己的"真正"身份,从而摆脱了合情合理的人性制约有很大关系。

阿克巴对社会问题的分析说明了,在一个显然处于近代之前的社会中,公开的说理与选择所拥有的力量。希林·穆斯维的资料异常丰富的书《阿克巴生平事件:当代人的记录与回忆》饶有趣味地记述了阿克巴如何通过推理做出社会决定——其中许多决定是对传统的挑战。[27]

例如,阿克巴反对童婚——当时一种屡见不鲜的陋俗。他认为,婚姻"企望之目标""尚十分迢遥,遂存即刻造成伤害之可能"。他继而评论道:"在一种禁止嫠妇再醮之宗教[印度教]中,苦难尤为深重。"在财产分割问题上,他指出:"在穆斯林之宗教中,可将较小份额遗产给予女儿,尽管彼以体弱故,当得较大份额之遗产。"阿克巴次子穆拉德知道父亲反对所有宗教仪轨,但在他请示父亲是否应当禁止这些仪轨时,阿克巴立即表示反对,理由是"制止那些视肉体修炼为神圣礼拜的麻木不仁的愚人自行其是,无异于令其[全然]忘记真主"。在谈到做善事之动机问题(一个至今依然常被问及的问题)时,阿克巴批评"印度圣贤"关于"造作'善业'以求来世善果"的提法:"对朕而言,似乎在追求美德之时,不宜想身后之事,人则既无所期盼,亦无所忧惧,所以践行懿德,唯因其善也。"他于1582年决意释放"帝国所有奴隶",因为"恃'力'以获益,既不公正,亦非善行"。

值得顺便一提的是,特别是在面临无常事物时,理性不可能永无差池这一事实,也可由阿克巴对新出现的吸烟习俗的看法予以充分说明。他的御医哈基姆·阿里反对享用烟草:"我们不必效法欧罗巴人,接受一种外来习俗,我们自己的哲人对之未予认可,亦未经实验抑或尝试。"阿克巴对这一说法置之不理,依据是"我们绝不能仅仅因为我们在自家典籍中无从查到佐证,即排斥已为天下之人所接受之事物;不然,我们将何以进步?"怀着这样的想法,阿克巴尝试吸烟,但幸运的是,他当即对之表示嫌恶,并再未吸烟。就此事而言,本能所起的作用大于理性(在与格洛弗所描述的布哈林案例颇为不同的情况下)。然而,理性通常行之有效。

千纪感悟

阿克巴坚持认为，千纪之交不仅要有欢乐与庆典（在希吉拉历一个千纪于1591—1592年圆满终结之际，德里与阿格拉举办了许多庆祝活动），而且要认真思虑我们所栖居的这个世界的喜悦、恐惧与面临的挑战。这种看法不乏真知灼见。阿克巴强调理性与审视，从而提醒人们，"文化界限"并不像有时所说的那样（如先前所讨论的一种看法，即"公正"、"权利"、"理性"与"博爱"，"主要乃至全然是西方价值观"）是限制性的。实际上，欧洲启蒙运动的许多特征可以与先前提出的一些问题联系起来——不仅在欧洲，而且在全世界。

在格列高利历二千纪伊始，伊朗人阿尔比鲁尼这位学者旅行家造访印度。他于973年生于中亚，用阿拉伯文写作。作为一名数学家，阿尔比鲁尼的主要兴趣在于印度数学（除了其他著作之外，他还将婆罗门笈多在6世纪用梵文撰写的一部关于天文学和数学的论著译为阿拉伯文，该译本相比8世纪第一个阿拉伯文译本有所提高）。同时，他还研究了印度关于科学、哲学、文学、语言学、宗教及其他学科的著述，并撰写了一部有关印度的资料极其丰富的书——《印度记》。在解释自己为什么写作该书时，阿尔比鲁尼表明，对于一个国家的人来说，了解其他地方的人如何生活，他们如何思考及想些什么，是非常重要的。恶行（伽色尼王朝苏丹马茂德数次野蛮劫掠印度。阿尔比鲁尼目睹了自己的这位前保护人大量灭绝人性的暴行。）会由于缺乏对他人的了解与熟悉而滋生：

在所有礼仪和用语方面，[印度人]均与我们大不相同，以至于他们会拿我们、我们的服装及我们的癖性和风俗来吓唬自己的孩子，宣称我们是魔鬼种族，我们的所作所为与所有的良好行为背道而驰。为了公正起见，我们早晚得承认，类似的对外国人的贬斥，不仅在我辈和[印度人]之中盛行，而且也是所有民族看待彼此时通常抱持的态度。[28]

这种萌生于上一千纪初期的真知灼见，在1000年之后依然切中肯綮。

在试图超出亚当·斯密所称的我们"最初的观念"这一范围时，我们需要超越阿克巴所理解的不予质疑的传统与不假思索的响应这样的"沼泽地"。理性有其范畴——既不会被本能心理学的炙手可热危及，也不会由于世界上文化多样性的存在而受损。在养成道德想象力方面，理性有一种待发挥的特殊而重要的作用。我们尤其需要理性，以直面蝙蝠、鸱鸮以及令人疯狂的月亮。

十四
世俗主义与不满因素①

在印度于半个多世纪之前获得独立时,其世俗主义得到大力强调,对于这一优先考虑几乎没有人表示异议。相形之下,现在则不断出现深入批评印度世俗主义的意见,各种攻讦来自大不相同的地区。许多对印度世俗主义的尖刻攻击,来自参加印度教特性运动的激进主义分子,包括印度人民党。印度人民党被说成是"选举舞台上代表印度教民族主义意识形态的主要政党"②。

然而,对于世俗主义的唯理智论持怀疑态度的,并不局限于那些积极参政的人们。实际上,对于这种怀疑态度的雄辩表达,还能在关于印度文化与社会的偏激理论中找到。[1] 许多此类攻击与印度人民党及其他印度教民族主义官方机构没有多大关系。在处理印度世俗主义问题时,重要的是注意这些评论的力

---

① 本文最初收录于 Kaushik Basu and Subrahmanyam (eds.), *Unravelling the Nation: Sectarian Conflict and India's Secular Identity*, Delhi: Penguin, 1996, 现略加修订收录于此。我与考希克·巴苏、萨布亚撒奇·巴塔查里亚、阿基尔·比尔格拉米、苏加塔·鲍斯、埃玛·罗思柴尔德和桑贾伊·苏布拉马尼亚姆进行了有益的探讨,现谨对他们表示谢忱。

② Ashutosh Varshney, "Contested Meanings: Indian National Unity, Hindu Nationalism, and the Politics of Anxiety", Daedalus, 122 (1993), p. 231; *Ethnic Conflict and Civic Life: Hindus and Muslims in India*, New Haven: Yale University Press, 2002. 印度教特性运动的各种成分已在本书前面的第二篇文章中予以描述。

度与范围，而且要注意它们出自不同地区并利用了大不相同的论据这一事实。虽然今天"作为多宗教的印度在意识形态方面的支柱的世俗主义，显得暗淡无光和软弱无力"（阿舒托什·瓦尔什内作如是描述），但倘若只是从印度教教派主义政治角度看世俗主义，那么世俗主义的这种困境的实质就会被错定，而且会被略微低估。虽然对世俗主义的攻击经常恰恰出自印度教教派主义，但还存在其他成分参与其中，因而对这一问题需要进行更为广泛的分析与回应。

尽管面临这种广泛而有力的挑战，但印度世俗主义知识分子往往不愿就这一相当乏味的问题展开辩论。他们通常反而绝对依赖业已确立的毫无疑义的传统，即将世俗主义视为一个多元民主国家的优秀而牢靠的政治道德传统。作为一名不曾自新的世俗主义者，我本人理解并在一定程度上同样具有这种不情愿的心态，但同时认为应对这些批评意见是重要的。之所以如此，不仅是因为各种对世俗主义的谴责与当代印度政治的和理性的生活关系密切，而且是因为世俗主义者坦率直面这些问题，审视并重新考察已在习惯上接受的一些优先事项，以及它们背后的推理，是十分有益的。尤其是在实践理性与政治哲学领域，对信仰的自省非常必要。① 因此，笔者试图论述一些已被强力提出的关于世俗主义的重大问题。

---

① 在这一方面，亦请参见 Charles Taylor et al., *Multiculturalism and "The Politics of Recognition"*, Princeton：Princeton University Press, 1993。

不完整性与补充的必要性

作为一项原则的世俗主义，需要一定的审视，也需要一定的澄清。我认为，在世俗主义论题之下考虑的一些选择，在其直接范围之外。政治——与教会相对——意义上的世俗主义，要求国家与任何特定宗教团体分离。这至少可用两种不同的方式予以诠释。第一种观点认为，世俗主义要求，国家应与所有宗教保持等距离——拒绝偏袒任何一方，对它们均持中立态度。第二种——较为严厉的——观点坚持，国家绝不能与任何宗教有任何关系。于是，这种等距离必须采取完全疏远每种宗教的形式。

在两种诠释中，世俗主义反对在国家活动中给予任何宗教特权地位。然而，在（第一种观点）较为宽泛的解释中，并没有提出国家必须规避与任何宗教事务的任何联系这样的要求。确切地说，就国家必须与不同宗教和不同宗教派别的成员交往而言，所需要的就是确保对各方的待遇基本对等。按照这一观点，国家保护每一个人所自愿享有的礼拜权利并不违反世俗主义，尽管国家在这样做时须与不同的宗教社群一道工作，而且是在为它们服务。在不存在重视程度不对等（如保护某一宗教社群的礼拜权利，而不保护其他宗教社群的同一权利）的情况下，致力于宗教自由并不会破坏世俗主义原则。

这里需要指出的要点是，对等待遇的要求，仍使这种对等应取什么形式这一问题悬而未决。可举一例说明，如国家可能决定，绝不向与任何宗教有联系的任何医院提供财政或其他方面的支持。如其不然，则国家可以向所有医院提供支持，而绝不歧视它们各自的宗教联系（或无此种联系）。从表面上看，虽然前一做法似乎"更为世俗"（从"联系"的——次级——意义看，情况确乎如此，因为国家全然回避了宗教联系），但从国家在这种情况下不问是否存在任何宗教联系（倘若存在，那也无可奈何）就资助医院这一角度看，后一做法在政治上也是十分世俗的，而由于保持这一中立地位，国家也就保持了政教的截然分离。

较为开明的观点，一直是对待印度世俗主义的主流态度。[①] 但是，必须承认，这一说法还不全面。世俗主义排除了一些选择（如相对有利于某些宗教的选择）自由，但仍然容许保留数种与不明确的距离有关的选择权，而国家在这方面则应一视同仁地与所有宗教保持距离。于是，在事关宗教和宗教社群时，就有必要接手处理世俗主义"之外"的问题。虽然本文旨在审视对作为一种政治要求的世俗主义的攻击，但世俗主义之外的组织问题的特点亦须论及。[②] 在分析印度世俗主义的作用时，必须注意

[①] 对世俗主义的这一诠释与历史的联系，以及这种更为开明的态度的某些意蕴，已在本书第一篇文章中题为"理解世俗主义"的一节中予以论述。

[②] 这里提出的一些论点，利用了一篇以前的论文（笔者于1993年2月5日在剑桥大学三一学院发表的"尼赫鲁讲座"演说）。该文以"对印度世俗主义的威胁"为题发表于1993年4月8日的《纽约书评》。亦请参见 A Keel Bilgrami, "Two Concepts of Secularism", *Yale Journal of Criticism*, 7 (1994)。

其固有的"不完整性",包括这种不完整性所提供的机遇及其导致的问题。

批判性论点

对于印度世俗主义的怀疑态度有许多不同的形式。我将特别考虑六种不同的论辩思路。这对于一篇文章而言可能已经足够,但我认为,这里考虑到的几个论点并未涵盖所有反世俗主义的攻击性言论。

(一)"不存在"论

对于印度世俗主义的怀疑态度的最简单的说法,也许出自那些视而不见或至少没有见到任何具有实际意义的东西的人们。例如,西方记者常常认为印度世俗主义实质上并不存在,他们的语言中往往将"印度教徒的印度"(或"以印度教徒为主的印度")与"穆斯林的巴基斯坦"(或"以穆斯林为主的巴基斯坦")进行对比。肯定地说,印度世俗主义在西方的开明观念中从来不是一种吸引人的想法,而近来政治上激进的印度教教徒在阿约提亚拆毁一座古清真寺的事态也无助于改变这些观念。印度对世俗主义的声明,在西方常被视为伪善的废话——在关于国际事务的重要讲话中和在制定对外政策时,很难得到(主宰当代国际政界的强大而负责任的西方国家的)认真对待。

（二）"偏袒"论

第二种攻击路数认为，在世俗主义的幌子下，印度宪法与政治及法律传统实际上偏袒穆斯林少数教派，给予他们一种印度教多数教派并不享有的特权地位。这种"偏袒"论风行于印度教激进主义政党的许多领袖与支持者中。此种攻击的辞令有所不同，从要求"弃绝"世俗主义到反对所谓"伪世俗主义"（"偏袒穆斯林"）均有。

（三）"优先认同"论

第三种批评路数相比前两种较为理智。它认为作为一名印度教教徒或一位穆斯林或一个锡克教教徒的身份认同，在政治上应当"优先"于作为印度人的身份认同。印度人的身份认同是由各自不同的身份认同构成要素"集结"而成的。这种身份认同论的一种说法主张，鉴于印度教教徒在国内占多数，印度的任何民族身份认同大体上都只能是印度教教徒的身份认同的这种或那种形式的变异。另一种说法有所发展，谋求以均一身份认同为民族身份认同的必要基础（与"色拉钵并不产生凝聚力，熔炉才有这样的能力"这样生动的类比一致[2]），并从这一命题出发，进而主张唯有共同的文化观才能产生这样一种凝聚力，而在印度，共同的文化观大体上只能是印度教教徒的文化观。有人主张，甚至印度的团结，亦源于印度教的"凝聚力"。

(四)"穆斯林教派主义"论

在另外一种路数的批评中,拟议中的印度教教徒身份认同在"印度特性"(Indianness)中的优势并不诉诸数字方面的逻辑,而被认为是由于穆斯林"未能"首先将其自身视为印度人而"强加于印度教教徒的"。这种形式的论点充分利用印度穆斯林统治者在历史上的失误,认为他们未能与国内其他民族融为一体,总将穆斯林视为一个单独的和更为可取的群体。也有人声称,穆斯林国王只要有机会就会系统摧毁印度教的神庙和宗教遗迹。

真纳在印度独立之前系统阐述的"两个民族"理论(在历史上,对印度分治起了重要作用),被认为是穆斯林明显拒绝与其他印度人融为一体的继续。有人认为,虽然印度分治为次大陆的穆斯林提供了一个"家园",但留在印度的穆斯林离心离德,基本上不"忠于"印度。因此,这种路数的批评中"作为证据的"成分,应当包括对印度历史的独特解读以及对当代印度穆斯林不忠的怀疑。

(五)"反现代主义"论

当代的理性倾向,主要是在西方,同时也在印度(多少带有派生性),为讨伐所谓"现代主义"提供了充分的余地。第五种路数的批评,将世俗主义攻击为"现代主义"愚念的一个成分,从而与此种讨伐合力。虽然后现代主义对世俗主义的批评可以采取许多不同的形式,但在印度视"世俗主义为现代主义"而予以更加有效的讨伐,目下已将一般的反现代主义与对印度过去的独特向往结合起来。过去在这一方面(尤其是在不同宗教和平共存方面)似乎没有这么多问题。此种理解中的要素,往往成为一些当代社会问题分析家理性批评中不可或缺的组成部分。

阿希斯·南迪指出,"随着印度实现现代化,宗教暴力在不断增加",他表达了对"许多个世纪以来形成宽容这样的内政原则的传统生活方式"的赞赏。沿着这一推理路线而来的对世俗主义的谴责,充分体现在南迪的尖刻结论中:"接受世俗主义的意识形态,就是接受进步和现代化这一类意识形态,使之成为主宰一切的新借口,就是认可利用暴力以成就和维系意识形态,使之成为大众的新麻醉剂。"[3]

(六)"文化"论

我将考虑的第六种同时也是最后一种批评论调,秉持一种狂妄的"基础性"观点,即印度实质上是一个"印度教国家",因此将印度教仅仅当作印度诸多宗教之一,在文化上是十分错误的。按照这种观点,是印度教成就了今天的印度,要求印度奉行世俗主义,坚持以对等方式对待各种宗教,必然会将一个认识方面的谬误变成一个政治大错。

这一路数的批评往往利用同正式的基督教国家如英国一类国家的类比。而在英国,其独特的历史及"自己的宗教"的特殊作用得到"充分认可",例如,坎特伯雷大主教主持国家最高级别的政治典礼("那里可没有关于世俗主义的胡言乱语")。同样,英国制裁亵渎神圣言行的法律,明确保护基督教,而非其他宗教(正如在巴基斯坦,反亵渎神圣法的适用范围仅限于惩罚对伊斯兰教的"污辱")。于是有论者抱怨道,印度不向其"自己的"传统即占主导地位的印度教遗产提供任何类似特权地位一类的东西,从而否定了自己承担的对固有文化的义务。

我将依次考虑这六种批评论调。如前所述,其他主张弃绝世俗主义的理由也被提了出来。这些批评论调的一部分涉及细微的概念成分和可以想见的令人费解的语言,并不十分容易参透(即使一方面有一部旧词新义词典,另一方面又有可嘉的勇气)。我本人将仅限于探讨这六种路数的对世俗主义的批评,而不妄称自己是在评述所有业已实际提出的反世俗主义论调。

关于"不存在"论

"不存在"论得到认真对待了吗?许多印度知识分子往往相当鄙视这种意见,颇为不屑于回应他们所认为的体现了西方观察家之顽固不化(或有过之而无不及)的论调。这种态度有时与一种普遍的看法——"其他国家"认为印度怎样实在无关紧要(这至多是该印度驻外使馆操心的事)——结合起来。这种蓄意不回应不仅是褊狭的(无视得到国际理解在当今世界的重要性),而且忽略了历史上外部观念对印度人自己的身份认同曾经多么举足轻重。① 甚至关于印度教是一种宗教的综合概念，也包含了局外人对印度的宗教信仰与习俗在类别上具有一致性这种看法的影响。

最近还有一种现象，即出自次大陆的富有侨民向锡克教教徒、穆斯林及印度教教徒以教派为基础的政治运动提供资助。由于他们所解读并做出反应的东西关系重大，我们绝不会将外国对印度的报道看得"无足轻重"——甚至对当前印度国内政治中的问题亦当如此。

对"不存在"论当然必须予以应对（即使较有见识的读者在遇到这样的论述时也会决定不再往下看）。印度真的是与巴基斯坦对应的印度教国家吗？当英属印度被分割时，巴基斯坦情愿成为一个伊斯兰共和国，而印度则选择了一部世俗宪法。② 这种区别意义重大吗？诚然，在标准的西方新闻报道中，这种对比几乎没有意义，而印度希望国家放弃世俗主义的人们，则经常援引西方心目中的这一"强制对等"作为充分证据，以图说明在全球政治的新主人们甚至无从判断人们在印度究竟试图做什么时，印度即致力于世俗主义，其中当有某种令人相当绝望的东西。

然而，从法律角度看，一个世俗共和国与一个以宗教为本的

---

① 我在拙文《印度与西方》（"India and the West"，*New Republic*，7 June 1993）中已触及这一问题。本书前面的第七篇文章亦论及了这一问题。

② 在穆罕默德·阿里·真纳的领导下，巴基斯坦作为一个"伊斯兰国家"问世具有复杂的——以及环境上十分偶然的——历史，对此尤可参见 Ayesha Jalal，*The Sole Spokesman：Jinnah*，*The Muslim League and the Demand for Pakistan*，Cambridge：Cambridge University Press，1985。

国家之间的区别实在是相当重要的,而其政治含义也是十分广泛的。这适用于不同层次的社会安排,包括法院的运作,直到国家领导权力。例如,与宪法要求国家元首为一名穆斯林的巴基斯坦不同,印度并不强加任何可比性要求,国家于是就有非印度教教徒(包括穆斯林和锡克教教徒)担任总统、政府其他显赫而有权柄的部门及司法系统(包括最高法院)的首长。①

再举一例。同样,由于印度的世俗主义宪法,就不可能如在巴基斯坦那样,仅有适用于一种宗教的不对等的反亵渎神圣法。在巴基斯坦赋予伊斯兰教的法律地位(在一个"伊斯兰共和国"必须如此)与印度教在印度缺乏可比法律地位之间,存在一种差异。毫不奇怪,"不存在"论在国外的公开亮相比在国内频繁得多,并且常取含蓄推测的形式——歪曲西方对次大陆的分析——而非明确断言。这种根深蒂固的信念开始忽视印度宪法与政体全面的重要特征。

然而,这里应当介绍两个先决条件。第一,绝不能将"不存在"论与常由坚定的世俗主义者提出的主张——尽管存在法律对等方面的诸多要素,印度教教徒依然在许多领域拥有相对于穆斯林的实质性优势——相混淆。这通常会是一种赞成在印度"更充分地"实行世俗主义的理由,而非主张摈弃已在印度存在的世俗

---

① 由于本文最初撰写于1995年,在十年后又收入本书重新发表,因此也许值得指出,印度在此期间有一位穆斯林担任总统,一位锡克教教徒出任总理,还有一位基督教徒就任执政党魁首。

主义的论调。第二，弃绝"不存在"论并不等于认同存在于印度的世俗主义的确切形式（当然也不等于主张那种具体的世俗主义形式的"优越性"一类东西）。实际上，如前所论，接受世俗主义之后，依然留下了许多有关国家对不同宗教的态度方面的问题有待回答。即使在保持不同宗教社群的政治和法律待遇对等的基本需求得到认可时，我们仍然必须对这种对等应当采取的形式，以及这种对等的确切领域与范围可能是什么做出决定。

例如，在有关反亵渎神圣法方面的对等，可以通过不同方案——从使之适用于所有宗教，至使之不适用于任何宗教——得以实现。虽然后一种选择直接适于国家秉持世俗主义退出宗教事务，但前一种选择以一种不特别偏袒任何宗教的方式追求不同宗教之间的对等。正如一个世俗国家能够保护所有公民随心所欲进行礼拜的自由（或不礼拜的自由），而不问其宗教信仰如何（如前面所分析过的，这不能被视为违反世俗主义），世俗主义可以在原则上采取"捍卫"每一宗教社群不受其所严肃认定的任何亵渎这一形式。我当然并不推崇这种"普适的反亵渎神圣法"——实际上，我倒非常坚定地反对一般的反亵渎神圣法。然而，我弃绝"普适的反亵渎神圣法"，并非由于将这些法律视为反世俗性的，而是基于世俗主义范畴之外的其他原因：尤其是防止宗教不宽容与迫害的需要，以及使反亵渎神圣法真正"普适"以涵盖印度的所有宗教（包括构成印度一种少数弱势群体的各种部落社群的宗教）缺乏现实可行性。在不同的世俗形式之间做出抉择的必要性依然存在，但这一主张却与有关印度世俗主义的要求无足轻重的说法，即它是"非实体的"这一说法，是大不相同的。

关于"偏袒"论

"偏袒"论热衷于诠释和强调各种社群之间在法律方面的一些差异。这些差异近来在印度教激进主义的政治文献中已有许多论述。"属人法"的差异尤其一直处于焦点位置。

例如，有人指出，虽然一名印度教教徒会由于实行一夫多妻制而被起诉，但一位穆斯林男子却可依据人们所认可的伊斯兰法定地位拥有多达四个妻子（虽然实际上印度穆斯林极少出现这种情况）。注意力还被引向其他差异，如在离婚时有关妻子权利规定的差异，穆斯林妇女（按照对伊斯兰教法的某种解读）得到的保障就不如印度其他妇女——一个在最高法院判决著名的"沙阿·巴诺案件"这一背景之下逐渐变得相当闻名的话题（涉及离异穆斯林妇女从其业已分居并且富有的前夫那儿获得赡养费的权利）。印度教政治激进主义分子一次又一次地援引这些差异的存在，从而声称作为多数社群的印度教教徒在印度受到歧视，而穆斯林却被准许拥有自己的"属人法"与"特权"。

这种推理路数有许多问题。第一，倘若这些例证表明，在赋予"特权"方面，在对不同社群的待遇方面，存在任何"偏袒"，那么这或许也不是对穆斯林整体的一种偏袒。这里存在的任何不公，与其说是对男性印度教教徒的一种不公，毋宁说是对穆斯林妇女的一种不公。一种狭隘的"男性"——实际上，是性别歧视——观点，在这种政治上的不满所常取的特殊形式中是相当明显的。

第二，情况并不是印度教教徒的属人法在独立之后的印度已被以某种统一的民法这一方式予以废除，印度教属人法的独立地位总的说来得以幸存。必须将统一的民法这一问题与下述事实区别开来：独立后，尤其是在 1955—1956 年期间，印度教法律得到改革，而且几乎没有遭到反对（实际上，印度教法律是在印度教社群内部的政治运动中产生的）。一夫多妻的可能性被印度教法律的改革明确排除。这并不是某些"统一的"民法被强加于印度教教徒而非穆斯林所产生的结果。这也没有使得印度教属人法无效，事实恰恰相反。其他数条规定在印度教法自身范围之内被采用，但印度教属人法的领域依然十分可观。

印度宪法的制定者确曾表示相当希望实现"包括民法和刑法在内的基本法的统一"，B. R. 安贝卡博士（制定印度宪法的团队的领导人）即认为这对于维护国家统一是很重要的。[4] 然而，这样的统一性最终没有被纳入后来问世的宪法之中，而对统一性的推崇仅被作为一条"国家政策指导原则"包括在内，没有可实施性。获得通过的原则要求，"国家将致力于确保在印度的全部领土上公民有一部统一的民法"。如同印度宪法中阐明的所有"指导原则"一样，这条原则被视为"治理国家的基本"原则，而宪法还说明，这条原则的"应用将成为国家的基本责任"，但与此同时，这条原则（如同其他"指导"原则一样）"将不是任何法院可以强制执行的"[5]。

当然，要在多大程度上符合指导原则，取决于法院的理解。在涉及一位穆斯林妇女于离婚之时获得较大财产分配权利的"沙阿·巴诺审判"这一聚讼纷纭的案件中，印度最高法院确实向着统一性迈出了一步。[6] 该法院还透露出对政府未能依照"宪法理想"朝着建立一部统一民法的方向前进相当失望（并指出这一宪法规定"依然是一纸空文"）。事实上，正如一位观察家所指出的，"穆斯林对于最高法院对那一案件的判决的反应之强烈，在一定程度上可以说是由于这一原则被包括在宪法之中，以及由于最高法院本身可以负责处理政府未能成就之事这一暗示"[7]。然而，"穆斯林的反应"绝不是统一的，该社群的不同阶层对于最高法院的判决既有批评，也有支持。[8] 拉吉夫·甘地的国大党政府最终"让步"，进行新的立法，进一步支持"分离主义"的观点，而不是屈从于最高法院的压力，朝着使民法更统一的方向前进。

不对等待遇这一总的问题确系一个重要问题，而追求使一套统一的民法规定不偏不倚地适用于所有社群的个人这样一种可能性，当然不存在任何非世俗的东西。另外，本文前面已经论述，世俗主义原则也会允许做出一种安排，以使独立的属人法一直延续到未来（只要不同的宗教社群得到对等待遇）。在主张反对后一选择时，也完全可能提出对公正问题的考量，不但要求在对待不同宗教社群的方式方面相当对等，而且要求在超越其他类别界限（例如，不同阶层之间，妇女与男人之间，穷人与富人之间，"精英"与"下属"之间，如此等等）厉行公平的方式方面同样如此。

对这两种选择——以及一些中间选择——的取舍依然悬而未决，而且当然不能单凭世俗主义的要求即终止或做出倾向于此或倾向于彼的抉择。指出这一点并不是承认世俗主义的失败，相反倒是对其限定领域的确认，以及对超越世俗主义的必要性——连同其他公平与公正原则——的肯定，以确认具体的法律和社会改革。虽然指责有益于穆斯林的"偏袒"没有多少根据，而且肯定不能依从那一路数的推理编造反对世俗主义的理由，但将对世俗主义的讨论与这一范畴之外的原则——如公正原则——结合起来却是有益的。

我们尤须区分追求不同宗教社群之间对等的必要性（一种世俗主义的考量）与这种对等应当采取什么形式这两个问题，后者须与其他公正原则结合起来，使我们远远超越世俗主义，一方面认识到可以重视宗教社群的群体自治，另一方面理解依照非宗教范畴如阶层与性别划分的不同印度人群体之间的公平这一不容忽视的问题。

关于"优先认同"论

政治与宗教认同提出了一种相当不同的问题。几乎毫无疑问，许多印度人——实际上，是大多数印度人——有这种或那种宗教信仰，并认为这些信仰在其个人生活中是重要的。在政治背景下，这种所谓身份认同的优先性所提出的问题，并非宗教信仰在个人乃至社会行为中一般的重要性，而是这种身份认同在政治事务（与国家有关或无关）中独特的相关性。

在这方面，回忆独立前印度政治领袖们的宗教虔诚与他们各自对世俗身份认同的信念之间的对比是有益的。"两个民族"理论的主要倡导者与巴基斯坦伊斯兰共和国国父真纳，绝不是一位虔诚的穆斯林，而印度国民大会党主席兼印度联邦主要领导人阿卜杜勒·卡拉姆·阿扎德大毛拉，却是一名非常虔诚的穆斯林。[9]

同样，如与圣雄甘地相比，印度教大会领导人夏马·普拉萨德·穆克帕德亚伊仅有很少的印度教习俗，而圣雄甘地在个人生活和社会实践中均十分虔诚（例如，他定期举行对公众开放的祈祷会），同时在政治上又坚定不移地奉行世俗主义（坚持在政治上同等对待不同的宗教和实行有效的政教分离）。圣雄甘地被一个极端主义的印度教政客谋杀了，那位凶手之所以对他不满，并不是因为他在个人生活或社会活动中没有依从印度教，而是因为他在政治问题上对穆斯林非常"软弱"，没有适当优先考虑印度教教徒的利益。

宗教认同十分重要，但必须使之脱离与政治背景的关联。因此，要求印度人必须首先"省视"自己的宗教认同，然后再主张自己的印度特性，是离奇的，而坚持印度人的身份认同，必须"建立"在不同宗教认同的合成基础之上，则更不合理。这种宗教优先的主张不仅出于教派主义者（近年来，尤其是所谓"印度教民族主义者"），而且来自那些一直特别担忧国家（相对于社群而言）侵权以及实施暴力的人们。

在这一方面，我认为，民族认同问题常被与"民族国家"哲学混为一谈，从而使任何超越宗教社群以及其他社会部门的政治统一这一概念出现一种不可避免的"中央集权"定向。诚然，在政治统一诞生或巩固期间，民族国家完全可能起重要的推动作用，但是国家对这种统一的观念基础而言未必是首要的，亦不规定其建设性起源从何而来。例如，认为1947年以前的印度民族包括所谓"土邦"（如特拉凡哥尔）居民，以及非英属殖民地领土（如果阿）居民，并不是一个"范畴错误"，尽管它们当时根本不"属于"同一个国家。认为国家理念的形成需要一个民族国家的先期存在，是一个严重错误。

第二个问题与利用这一路数得出拟议中的印度教教徒对印度的看法有关。即使宗教认同总是先于作为一名印度人的政治认同，人们也绝不可能单凭这一理由即形成印度教教徒的印度这一看法。非印度教社群，尤其是穆斯林，同时还有基督教教徒、锡克教教徒、耆那教教徒、琐罗亚斯德教教徒等，即使就其在印度的数量而言，也绝没有到"临界"地步。

印度有超过1.4亿的穆斯林，比巴基斯坦少不了多少，比孟加拉国多出不少。单在这一事实面前，将印度仅视为一个印度教国家，就是一个相当怪诞的想法，遑论印度教教徒与穆斯林在印度的社会和文化生活（在文学、音乐、绘画等方面）中业已浑然一体。此外，印度宗教的多元性远远超出印度教教徒—穆斯林这一界限。印度存在庞大而抢眼的锡克教教徒人口，以及数量可观的基督教教徒，他们建立聚落的时间至少可以追溯至公元4世纪。犹太教教徒在印度的聚落也已存在了近2 000年。琐罗亚斯德教教徒在1 200年之前开始徙居印度，以逃避不那么宽容的伊朗。此外，我们还得加上数百万耆那教教徒，以及数百万佛教修习者，佛教曾长期作为印度许多皇帝（包括公元前3世纪时伟大的阿育王，他曾统治次大陆历史上最大的帝国）的官方宗教。

此外，秉持无神论或不可知论的印度人（贾瓦哈拉尔·尼赫鲁本人即是）的数量亦很庞大，而印度的这一传统完全可以追溯至古代（直至斫婆迦派与顺世论，以及其他无神论或不可知论学派）。① 印度社会统计学在分类方面的常规，往往拒不承认此类异端信仰，因为所用范畴代表印度的所谓"教派"，而并不登记实际宗教信仰（例如，一名出生于印度教家庭的无神论者被分类为印度教教徒，从而反映了所谓"教派背景"）。

制定印度宪法的人们想要适当承认印度人民广泛存在的宗教多元主义，不愿意专门从任何特定的宗教认同推导出关于印度特性的概念。正如印度制宪会议领导人安贝卡博士所说："如果印度穆斯林是一个单独的民族，那么印度当然就不是一个民族。"[10] 鉴于

---

① 印度传统中怀疑论的重要性，已在本书第一篇文章中予以论述。

印度与印度人的多样化,除了确保一定的基本对等和使国家与每一特定宗教有效分离之外,根本不存在其他真正的政治选择余地。[11]

凭借印度教特性推导印度特性的方案于是遭遇了来自两个不同方向的问题:第一,该方案不能充分区别(1)个人及社会同宗教的关系与(2)在政治上对这种关系的优先考虑(不是同等对待不同宗教);第二,它未能认识到印度巨大的宗教多样性的含义。

事实上,宗教多样性问题并不仅仅牵涉印度教教徒与其他宗教信仰的追随者(或无信仰者)之间的关系。这一问题还与印度教本身内部的诸多歧异有关。当然,这些分立现象确实包括基于种姓的差别,而当代印度政治的本质以不容忽视的力量在不同层面反映了这一点。然而,作为印度教特征的种种差异不仅与种姓有关,它们还包括不同的信仰、不同的风俗与不同的宗教思想流派。

甚至印度古代对"六派哲学"的分类也承认十分多样的信仰与推理方式。后来,在14世纪,在印度教权威学者摩陀婆阿阇梨(迈索尔领地斯灵盖里修道院教团首脑)撰写其梵文名著《各派哲学体系纲要》时,其有关论述明确揭示了印度教信仰中不同体系的多样性所达到的程度。①

事实上,将印度教视为统一的宗教,是一种比较晚近出现的

---

① 本书第一篇文章业已论述这一文献。

情况。"Hindu"* 一词传统上主要用于表示地方和国家，而不是用于表示任何具有相同性质的宗教信仰。该词源于"印度河"（Indus 或 Sindhu，从公元前 3000 年左右开始兴盛的印度河流域文明的摇篮）一词，而且该河之名也是"India"（印度）一词本身的来源。波斯人与希腊人视印度为印度河周边及印度河以远的国家，而"印度人"（Hindus）则是那个国家土生土长的人民。来自印度的穆斯林在阿拉伯语及波斯语中一度被称为"Hindavi"（印度的）穆斯林，而在英国早期文献中则大量提及"Hindoo Muslims"（印度穆斯林）和"Hindoo Christians"（印度基督教教徒），以将他们分别与来自印度域外的穆斯林及基督教教徒区别开来。

宗教信仰与传统普遍的多元性系印度教这一宗教的特征。对罗摩的态度可以说明这一点，当前的印度教政治激进主义即在由一些人以罗摩的名义倾力唤起（包括拆毁在阿约提亚的巴布里清真寺，该处被宣称为"罗摩的出生地"）。视罗摩为神在印度的北部和西部十分普遍，但在别的地方（如在我的故乡孟加拉），罗摩主要是史诗《罗摩衍那》中英勇的国王，而不是大神的化身。作为一部史诗，《罗摩衍那》本身当然广泛流行于印度各地，而且在印度之外同样如此，例如在泰国和印度尼西亚（甚至泰国历史上

---

* 作为形容词，有"印度的"和"印度教的"等义项；作为名词，则有"印度人"和"印度教教徒"等义项。在现代英语中，无论作为形容词还是名词，均以后一义项为主。——译者注

的古都 Ayutthaya*，也与 Ayodhya** 是同源词）。但是，史诗《罗摩衍那》——一项令人惊叹的文学成就——的活力和影响，须与罗摩的神性这一特殊问题区别开来。

在印度各地，还有别的公认的神性人物，有人声称他们为出类拔萃之神，对于此种说法亦可进行类似观察。倘若我们必须利用前面业已提到的"熔炉"和"色拉钵"这样的类比，那么印度教传统则无论在何种意义上都不成其为熔炉。这当然未必妨碍印度教教徒非常和谐而又互相宽容地生活在一起，而对一个由印度教教徒、穆斯林、基督教教徒、锡克教教徒、耆那教教徒、佛教教徒、琐罗亚斯德教教徒、犹太教教徒及不信仰任何宗教的人们所组成的社群而言，情况同样如此。

关于"穆斯林教派主义"论

我现在转向所谓穆斯林不忠于印度这一问题。围绕这一话题的火爆传闻多如牛毛，从所谓印度穆斯林频繁为巴基斯坦充当间谍，到据说他们表现出为决赛中的巴基斯坦板球队喝彩的倾向，如此等等。[12]

事实上，不存在支撑有关印度穆斯林在政治上不忠于国家这一猜测的重要证据。许许多多的穆斯林做出待在他们认为的自己所属之地的慎重决定，继续留在分治之后的印度（而不是前往巴

---

* 音译为"阿育他亚府"，即"大城府"。——译者注
** 旧译"阿逾陀"，今一般译为"阿约提亚"。——译者注

基斯坦)。在印度的武装部队、外交服务和行政管理等部门,穆斯林忠于印度的记录与印度教教徒及其他印度人的有关记录毫无二致。没有重要的出自实践经验的证据可以证实此种论调,而这种似是而非的推理路数的不公,又很难被击败。①

对于穆斯林教派主义的指控,有时与对印度历史的某种解读有关(尽管"解读"一词用在这里可能完全错误)。据称,诸多穆斯林国王一直疏远自己身为印度教教徒的臣民并虐待他们。由于我已在本书其他地方(尤其是在第三篇文章中)论述了此种指控带有偏见的实质,我在这里就不再度探讨这一具体问题。然而,我会对一个方法论的而非实际历史的问题加以评论。在捍卫世俗主义在当代印度的重要地位这一背景之下,就过去的穆斯林皇帝如何行事——无论他们是搞教派主义抑或主张兼收并蓄,是暴虐成性抑或主张宽容——提出无论任何说法,都绝无任何实质意义。例如,在捍卫印度的世俗主义时,要求必须对莫卧儿人过去做了什么或未做什么表态,就实在没有道理。穆斯林国王即便身负"罪责",也无须将它们"转嫁"到今天生活在印度的 1.4 亿穆斯林头上。此外,我们绝不能通过查核穆斯林国王在许多个世纪以前可能做过什么或可能未做什么,来形成对当代印度穆斯林的政

---

① 克什米尔的情况当然在几个方面均有所不同,这些方面包括其独立的历史与其加入印度这种独特的政治行动及其余波。相当一部分克什米尔穆斯林人口明显不忠,与存在于那里的非常特殊的政治环境以及他们所受到的分别来自印度与巴基斯坦双方的待遇有关。克什米尔问题本身当然需要政治关注(我在这里不想论及这个棘手的问题),但是影响 400 万克什米尔穆斯林的观点的特殊环境,绝不能被用来质疑印度多于 1.4 亿的穆斯林整体在民族忠诚和团结方面的良好记录。

治承诺或政治忠诚的看法。

关于"反现代主义"论

现在转向有关世俗主义是"反现代主义的"这一评论。"随着印度实现现代化，宗教暴力在不断增加"（阿希斯·南迪作如是说），情况果真如此吗？在历史上当然有一些时期，在该时期所发生的情况确乎如此。例如，几乎可以肯定，1947年英属印度分治前夕教派骚乱所夺去的生命，远多于该世纪此前时期不同社群之间的任何暴力。然而，随着国家此后不断前进（我认为自那时以来印度的"现代性"没有减少），暴力的总体水平已从20世纪40年代的巅峰回落——实际上，倘若与半个世纪之前发生的情况相比，暴力事件的数量一直十分微小。

然而，我们诠释阿希斯·南迪的说法不可过分拘泥于字面。所提出的这一命题涉及一种推测出来的长期之内的转化，即从"传统生活方式"得以"于许多世纪之间发展了对内宽容原则"的前现代状况推测而来的一种转化。这样一种判断无疑貌似颇为有理——有相当的证据表明，教派暴力水平在殖民统治时期确曾提高。另外，甚至在印度的前殖民时期，亦曾有过一些阶段，在这些阶段，一般暴力，特别是教派武装部队的暴力急遽升级，然后又消退。南迪说，由于不同背景的人们安顿下来比邻而居，总的说来，"宽容原则"往往会最终发展起来，他的断言是正确的。我认为，对于南迪的命题而言，查核教派暴力是否有不断与时俱进

十四 世俗主义与不满因素

的趋势并非至关重要,而将近年来被杀害者人数与过去屠戮的人数相比亦非特别有意思(无论如何,人口绝对规模的大幅增加会使得那些比较出现偏差)。相反,要点在于这一命题:宽容原则在多社群的社会里确实会发展起来,除非这些原则被相反的行动中断,而南迪即视"现代主义"的发展为这样一种行动。

然而,能够如此中断宽容进程的"现代主义"究竟是什么?尽管许多后现代主义者似乎与现代主义者持有相同的轻松看法,认为现代主义的本质是易于表述的,但现代性这一概念并不是一个易于确认的概念。我们可能拒不接受完成寻觅"现代主义的真正意义"这一差事,反倒宁愿专注于有关"世俗主义即现代主义"的具体描述,而这对南迪的命题而言是至关重要的。那么,出发点就是南迪有力地提出的论点(上文已经引用):"接受世俗主义的意识形态,就是接受进步和现代性一类意识形态,使之成为主宰一切的新借口,就是认可利用暴力以成就和维系意识形态,使之成为大众的新麻醉剂。"这是一种十分清晰的——实际上,是令人恐惧的——景象,但这似乎是对世俗主义的一种相当离奇的描述。按照在印度得到认可的较为开明的诠释,世俗主义的原则要求(上文已经论述)在政治上和国家事务上以对等方式对待不同的宗教社群。令人难于理解的是:为什么这样的对等待遇总是一定会导致不可忽视的暴力,以成就和维系意识形态,使之成为大众的新麻醉剂?

我意识到,民族国家近来受到大肆攻击,我还知道,民族国家在这种攻击中被视为一个不断的施暴者。我也愿意承认，现代世界的国家一直对许多暴力事件负有责任（未必多于过去，但数量相当可观）。我又意识到，在一种大受青睐的当代理论中，民族国家试图"以纯一而谋霸权"。然而，认为每当国家停止偏袒某一宗教社群时，就会看到此类暴行发生的说法，似乎充其量不过是纯理论的。

因此，难于避免这种怀疑：在所引述的判断结论中出了离奇的错误。同样令人难于理解的是，为什么世俗性对等只是"现代性"的一个特征。实际上，甚至像阿育王似的或阿克巴似的帝王治理的古代国家，也经历了漫漫长途才仅仅找到这样一种对等性处事方法，但没有证据表明，历史上的这些对世俗性对等的尝试增加了而不是减少了教派暴力。

从这样刻板到离奇地步的角度看待世俗主义与现代主义实在无益。实际上，南迪依傍的"宽容原则"，并非真的与对其他社群秉持对等看法有那么大的差距，而将政治世俗主义描述成南迪指控的那种情形也不够公平。世俗态度和世俗政治的发展，一定能成为那种宽容机制的一个组成部分，而不是与之发生冲撞，除非我们宁愿以某种格外离奇的方式界定世俗主义。

此外，"现代性"这一理念，总的说来极成问题。阿育王或阿克巴，比奥朗则布更为"现代"还是不如其"现代"呢？这里提出的问题，或许可用另外一个涉及同时代人之间分歧的历史例证予以说明。在11世纪，伽色尼王朝的马茂德苏丹造成的教派破坏,与阿拉伯裔伊朗旅行家(兼著名的穆斯林数学家)阿尔比鲁尼的反应形成对比。阿尔比鲁尼陪同马茂德前往印度,对自己目睹的暴力感到厌恶:"马茂德全然毁灭了该国的繁荣,并在那里行惊人之举,印度教教徒因此像尘埃一样四散而去。"[13]他进而暗示——或许有点过于笼统——印度教教徒因此"当然对所有穆斯林均有深重的厌恶之感"。幸运的是,那种"厌恶"不足以阻止阿尔比鲁尼结交大量信奉印度教的友人与合作者,他在他们的帮助下掌握了梵语,研究了印度当时数学、天文学、雕刻、哲学与宗教方面的论著。①

然而,阿尔比鲁尼并未就此止步,而是进而提出一种分析,探究何以一种背景的人往往怀疑出自其他背景的人,并确认需要平衡地理解这些问题(本书第十三篇文章已对此予以论述):"对外国人的贬斥,不仅在我们和印度人之中盛行,而且是所有民族看待彼此时通常抱持的态度。"[14]那些喜欢"现代主义"的人,很可能宁愿将阿尔比鲁尼视为一位优异的"现代知识分子"(尽管他活跃于11世纪)。然而——无论在赞扬中,还是在谴责中——当我们邂逅智慧时,我们根本无须抬出现代主义以对之表示认可。

关于"文化"论

最后,我转向"文化"论,转向有关实在应当从文化的角度

---

① 事实上,阿尔比鲁尼的著作及其对印度数学与天文学论著的译本,在延续阿拉伯人对印度科学与数学的研究(至8世纪时确立)方面产生了巨大的影响,印度的数学与科学成就从而经由阿拉伯人传入欧洲。

将印度视为"印度教国家"的建议。据称,这对印度世俗主义产生了不利影响,因为世俗主义否定这种所谓的基本认识。

这里需要提出两个问题。第一,即便视印度文化实质上为"印度教文化"是正确的,根据这一理由阻挠少数派在政治与法律上享有平等待遇的权利(包括1.4亿或更多印度穆斯林的政治地位与权利)也是非常离奇的。即便某一传统在文化上占优势地位的情况确实存在,它又何以竟会减少来自其他传统的人们的政治资格与权利呢?何以竟会取消他们作为平等公民的权利呢?

这一命题的第二个问题是,它对印度历史与文化的解读是极其肤浅的。当代印度在文化上的遗产,将伊斯兰教的影响与印度教传统以及其他传统结合起来,不同宗教社群成员之间互动的丰富成果,可见于文学、音乐、绘画、建筑及其他许多领域。要点不仅在于印度文化的这些不同领域里的很多主要贡献来自伊斯兰教的作家、音乐家、画家等,而且在于他们的作品已与其他人的作品完全融合在一起。

实际上,甚至印度教教徒的宗教信仰与习俗的实质,也由于同伊斯兰教理念及价值观的接触而受到重大影响。[①] 伊斯兰教苏非派思想的影响,在部分当代印度教文学中是可以轻而易举地识别出来的。此外,伽比尔或达杜一类宗教诗人虽然生为穆斯林,却

---

① 关于这一点,参见 Kshiti Mohan Sen, *Hinduism*, Harmondsworth: Penguin Books, 1961, 2005。他在自己撰写的孟加拉文书《印度教教徒与穆斯林在印度的共同成就》(*Bharate Hindu Mushalmaner Jukto Sadhana*, Calcutta: Visva-Bharati, 1949)中更为详尽地论述了这种相互关系。

超越了教派界限。[伽比尔的一首诗歌宣称:"伽比尔是安拉与罗摩之子:他是我的古鲁,他是我的辟尔。"¹⁵]* 他们都受到印度教虔信诗的强烈影响,反过来也对之产生了深刻影响。事实上,在印度的文学艺术中,根本就没有划过将穆斯林与印度教教徒分成两方的教派界限。①

"印度文化即印度教文化"这种狭隘解读的另一个严重问题,是对印度文明中许多重大成就的根深蒂固的忽视,而这些成就与宗教思想根本没有太多关系。聚焦于明显的印度教传统,实际上就遗漏了印度理性主义的与非宗教的科研事业成就。这是一种严重的疏忽,尤其是对印度这样一个国家而言,因为代数、几何与天文学在这里迈出了若干具有决定性意义的步子,十进制在这里出现,古典哲学在这里广泛涉及认识论与逻辑学及世俗伦理学,人们在这里发明了国际象棋这一类游戏,此外,这里还成为性教育的先驱,并首创了系统的政治经济学及正规的语言学。

毫无疑问,詹姆士·穆勒在其于1817年出版的名著《英属印度史》中所详尽阐述的对印度的看法就是如此,那是一个理性破产却充满宗教观念的印度(遑论穆勒提出的有关野蛮社会风俗的

---

* 伽比尔此诗中的第一个"他"指安拉,第二个"他"指罗摩。"古鲁"为梵文语词"Guru"的音译,意为"师尊""导师""精神领袖"等,与英文中"Mentor"一词含义相近。"辟尔"为波斯文"Pir"的音译,原意为"长者",后成为对伊斯兰教苏非派某些教团宗教导师的尊称。——译者注

① 本书第三篇文章已在更为广阔的背景下论述了这一问题。

标志)。① 穆勒的"历史"是在未曾造访印度或学习任何印度语言的情况下撰写的,可能在某些方面完全适合培训英国准备漂洋过海前来统治一个臣服国家的年轻军官们使用,但将其作为了解印度文化实质的基础则远远不够。

近来大量蛊惑人心的反世俗言论涌现,有充分的理由抵制它们。我们的不满之冬,目前还不可能转变为"灿烂之夏",但在政治上放弃世俗主义,则会使印度比当前寒冷得多。

---

① 关于詹姆士·穆勒解读印度文化的性质与影响,参见本书第四篇及第七篇文章。

十五
透过历法看印度[①]

著名科学家与印度历法改革领导人梅格纳德·萨哈认为:"历法是现代文明生活的一个不可或缺的必需品。"他本来可以说得更为深刻。远在现代之前,对于历法的需要,即已被人们强烈地感觉到,而且被充分理解。这种或那种形式的历法,很长时间以来确实是文明生活的一个不可或缺的必需品。这说明了何以那么多历法是那么古老,也说明了何以在历史上大多数文明国家都产生了自己同一的或较为独特的历法。一个国家之内或一种(宽泛界定的)文化内部历法的多样性,往往与在一个国家共存的不同群体相去甚远的先入之见有关。

作为社会与文化线索的历法

对历法与其历史、用法及社会联系的研究,可卓有成效地提供对一个国家及其文化的重要方面的了解。例如,由于历法通常具有宗教作用,地区宗教与国内历法之间有时存在明晰的联系。实际上,甚至世界上的全球性历法,亦常被分类为"基督教历""伊斯兰教历""佛历"等。然而,历法与文化之间的关系,远远

[①] 本文最初发表于 *Little Magazine*,1(May 2000)。

超越了这种初级联系。由于制定历法需要利用天文学以及数学，由于历法的执行和利用与文化的复杂性和城市性有关，历法进步的历史可以告诉我们有关出现这些发展的社会的许多情况。

此外，鉴于地方时间随一国之内每一地方的确切位置而有所差异这一事实，共有时间与共同历法的使用就要求确定一个参照位置（如格林尼治之于英国）和一条主子午线（就英国而言，为穿过格林尼治的那条子午线，它向我们提供了格林尼治平时，即 GMT）。毫无疑问，一个参照位置和一条主子午线的确立，也是一种政治决定，要求全国的意见协调一致。当格林尼治平时被作为国家基准而于 19 世纪后期在英国强制推行时（严格的法令于 1880 年颁行），对于该决定并非没有争议：表示反对的包括皇家天文台台长，还有一些珍视自己的独立性及其各自地方时间"精确性"的自信的机构。牛津基督堂的大钟一度增加一根指针，既显示格林尼治平时，亦显示当地时——比格林尼治平时晚五分钟——而学院的传统允许人们认为："一个人晚于约定时间五分钟不算迟到，只有既晚于格林尼治平时亦晚于牛津太阳平时才算迟到。"[1] 1884 年，在于哥伦比亚特区华盛顿召开的国际子午线会议上，穿过格林尼治的子午线被赋予"所有国家本初子午线"的地位（格林尼治平时亦由此获得正式国际地位），当时英国在世界事务中的主宰地位当然起了重要的政治作用。

由于这些因缘，历法在一个特定社会的性质、形式和用法，可以就其科学和数学及其政治、文化和宗教对我们教益良多。这一点甚至适用于印度这样一个多样化的国家，而正是在这一意义上，本文拟尝试透过历法而对印度有所了解。

千纪机缘与阿克巴的要务

在格列高利历二千纪行将终结之时，本文正在写作之中。人们以两种不同的方式解释那一新旧交替的时刻。按照一种计算体制，格列高利历二千纪于2000年12月31日终结，然而1999年12月31日业已出现的光彩夺目的庆祝活动表明，另外一种观点——按照该观点，我们现已身处三千纪——亦有其忠诚的支持者，至少在那些爱寻欢作乐的世界人口中是如此。

尽管任何特定历法提出的时间划分都是十分随意的并纯粹取决于惯例，但是一种社会设定的庆祝活动在时间方面的爆发点，却可成为反思我们所栖居的这个世界的实质的恰当机缘。观察印度的不同方式——从纯粹以印度教为中心的观点到强烈的世俗主义诠释——在相互竞争，以图引起关注。历法与不同的宗教及风俗有关。

在这一方面，值得回顾的是，400余年前，当伊斯兰教希吉拉历一千纪终结时（希吉拉纪元的第1 000年从1591年10月9日延续至1592年9月27日），在穆斯林处于主宰地位，同时还拥有极多宗教的印度，皇帝阿克巴在忙于类似但盛大得多的演练。阿克巴对宗教宽容的捍卫当然是非常闻名的，而且被恰如其分地认为提供了印度世俗主义的重大构成要素之一。然而，除此之外，阿克巴的行动和政策，也与他对印度的探索和诠释密切相关，而历法体系在他的调研中占有重要地位。

实际上，阿克巴试图了解印度已知并使用的不同历法，还试图同时研究印度所信奉的不同宗教。他在那一千纪的最后十年（事实上，是在对应于公元1584年的希吉拉历992年），进而为全国提出一部综合性历法——"圣历"（Tarikh-ilahi），正如他还利用存在于印度的不同宗教提出"圣教"这一折中性宗教那样。这两项革新无一幸存下来，但这两项举措背后的动机——尽管它们是相互关联的——诸多世纪以来一直受到关注，而且至今依然很有意义。目前这个千纪交替的机会，完全可以成为一个重提阿克巴在一个不同的千纪之末提出的问题与要务的恰当时刻。

对此，我将在本文末尾回头再谈。然而，我首先应当考察支配印度人生活的主要历法，并试图利用有关资料尽可能了解印度的诸多方面。这一视角可以为印度的文化与习俗及科学与社会的许多不同方面提供线索。

印度的诸多历法

印度可以提供种类多得惊人的历法体系，而它们各有绵延逾数千年之久的历史。在1952年（印度独立后不久）任命的官方历法改革委员会（由梅格纳德·萨哈本人任主席）发现了在全国得到系统使用的三十余种高度完善的历法。[2] 这些不同的历法与在印度共存的诸多社群、地域、传统及宗教有关。倘若有人想要确认

十五　透过历法看印度

印度无所不在的多元性，那么印度历法即可提供这一方面的良好证据。

权威的《惠特克历书》(Whitaker's Almanack)将这一冗长的名单删减至七种主要"印度纪元"。此书还将格列高利历 2000 年转换为这些遴选的主要历法的对应年份并插入其中。然而，在不同历法中，年的起始出现在不同的时间和不同的季节（例如，在印度使用最为广泛的本土历法塞种纪元始于春季 4 月中旬），因此这些转换当被视为实质上的重叠而非全然一致。《惠特克历书》将格列高利历公元 2000 年分别对应于：

争斗时历*中的 6001 年；

佛陀涅槃历**中的 2544 年；

超日王历中的 2057 年；

塞种历***中的 1922 年；

---

　*　印度教描绘的宇宙图景中的时间单位之一"大时"进而分为四时：圆满时、三分时、二分时和争斗时(Kaliyuga)。圆满时，人生而有德，财物公有，取予自便。三分时，人的道德开始沦落，不过尚知禁欲，懂得虔敬。二分时，人变得无知，耽于追逐财利。争斗时，人彻底堕落，利欲熏心，金钱至上，自私无情，寡廉鲜耻，欺诈公行。——译者注

　**　通常简称为佛历，以南传佛教认定的佛陀涅槃之年即公元前 544 年（此说为世界大多数佛教徒认可）为起点。——译者注

　***　塞种历(Śaka calendar)，亦名印度国历，一种基于塞种纪元的历法。塞种人亦称塞人，为古代中亚游牧部落。公元前 165 年前后，部分塞种人南迁，于是"塞王南君罽宾。塞种分散，往往为数国。自疏勒以西北，休循、捐毒之属，皆故塞种也。"（《汉书·西域传》）1 世纪初塞人向东扩张，逐渐深入印度内地。388 年前后，印度西部塞人政权灭亡，塞人逐渐皈依印度教，最终融入印度民族之中。塞种纪元起源不详，有学者认为系贵霜君主迦腻色伽所创建。——译者注

吠陀支天文历（以五年为一周期）中的 1921 年；

孟加拉历中的 1407 年；

俱蓝历*中的 1176 年。

对这份一览表，我们当然可以添加其他广泛使用于印度的主要历法，包括与耆那教有关的古老的大雄涅槃历（已使用了大约与佛陀涅槃历同样长的时间），以及后来新增的一些历法，如伊斯兰教的希吉拉历法、琐罗亚斯德教历法和属于各种基督教日期体系的历法（还有犹太教历法，自从犹太人于耶路撒冷陷落之后不久抵达印度以来，即一直用于喀拉拉地区）。

古印度及其历法

从《惠特克历书》中的印度历法表可以清楚地看到，争斗时历显然比其他现存的古老历法还要古老得多，而且与它们格格不入。它由于关系到以数学般——纵然数字大得令人难以想象——的精确从宗教角度描述世界的历史，因而地位多少有点特殊。（争斗时是四个时代中最后也最短的一个，被认为长达 432 000 年。之前分别为其他三个时代，随着时间往前推移，它们的长度分别为争斗时的两倍、三倍和四倍，累计总长度为 4 320 000 年。）当然，超日王历与塞种历有时确实亦被称为"印度教历"，而且几乎总是

---

* 俱蓝历（Kollam calendar），亦名马拉雅拉姆历。俱蓝（一译故临），系中国古籍中对今印度喀拉拉邦城市奎隆（Quilon）的称呼，为此历法的诞生地。——译者注

十五　透过历法看印度

被一成不变地列在那一标题之下，例如在《牛津年度手册》中即是如此。然而，它们主要还是世俗性的历法体系，由恰好身为印度教教徒的人们设计和利用——适于多种用途，包括宗教用途。相形之下，争斗时历被赋予一种正统的和原始的地位。此外，由于对印度教的悠远历史不存疑问，也因为古代印度常被视为主要是印度教教徒的印度，争斗时历在时间方面的古老资格使其自身获得了一种政治上的重要性，在诠释作为一个国家和一种文明的印度方面具有一定影响。

非常值得注意的是，按照《惠特克历书》的说法，争斗时历同格列高利历一样，亦处于一个千纪即其六千纪之末。这种"双千纪"同时告终的契机，似乎提供了狂欢的理由（如此巧合并不大常见），遑论这是印度人借以表现廉价沙文主义的机会，因为在与傲慢的欧洲人赞赏其区区第二千纪终结大致相同的时间，印度人却在庆祝其第六千纪的落幕。

《惠特克历书》对争斗时历年代的确定可靠到什么程度？《惠特克历书》清楚地报出的争斗时历的正式年代，是十分正确的。实际上，这一年代的确定得到了十分广泛的利用，连印度历法改革委员会也通报了同一成例（指出公元1954年即争斗时历的5055年，这倒与公元2000年即争斗时历6001年精确对应）。然而，这种计数方面的准则，提出了两个值得审视的问题：第一，正式的争斗时历的年代与该历法中的分析体系的"零点"相对应吗？第二，争斗时历的零点反映其实际历史时代吗？

恐怕我不得不成为煞风景的人，传来一条令人倍感扫兴的信息。第一，争斗时历的零点不是6001年前，而是5101年前（对应于公元前3101—3102年）。第二，这个零点（5101年前）极不可能是这部历法的实际起源年代。

第一点不存在任何争议，争斗时历卓越地位的捍卫者鲜有否定零点即公元前3102年者。根据5世纪出生的印度大数学家和天文学家阿利耶毗陀的一项说明，可以轻而易举地将零点计算出来。阿利耶毗陀在天文学和数学领域，尤其是三角学领域，做了奠基性工作，同时提出了地球周日自转的学说（及一种相应的重力学说——后由6世纪时的婆罗门笈多予以阐述——以解释何以物体在地球转动时不被抛出）。他指出，在他年交23之时（是年，这位早慧的天才写出了自己的权威数学论著），争斗时历恰好过了整整3 600年。[3] 那一年是塞种历的421年，与公元499年重叠。由此可以轻而易举地算出，公元2000年对应于争斗时历的5101年。这也与印度历法改革委员会根据其所掌握的所有证据而承认的情况相符。这就褫夺了我们庆祝双千纪——格列高利历第二千纪与争斗时历第六千纪——终结的机缘，但依然让争斗时历比格列高利历更为古老这一点全然不受影响，因为5101年确实够长（至少对沙文主义用途而言是如此）。

然而，注意历法的历史起源与其作为量度标尺的零点之间常被忽视的差异是很重要的。为了说明这种差异，可以指出，基督教历法中的零点显然是后来确定的，而不是在耶稣基督诞生之时。

争斗时历的零点是够清楚的，但其本身并没有告诉我们，这一历法体系，包括其零点，是在何时被采用的。

有人认为，争斗时历的起源（或零年）是通过公元前3102年在印度的实际天文观察中确定的。不仅印度的传统主义者这样讲，而且在18世纪，这一说法还得到了法国著名天文学家让-西尔万·巴伊这样一位计算哈雷彗星轨道的重量级权威的认可和支持。但是，大科学家和数学家拉普拉斯表示，这一假说不大可能是正确的。在所谓天文观察（被称为确定零年的观察）与公元前3102年太空应当看见的天象之间存在明显的不一致之处。得益于当代天文学，拉普拉斯十分精确地进行了这方面的计算。拉普拉斯认为，这一旧历法尽管无疑是古老的，却不可被视为对某种实际天文观察的纪念。

印度诸表显示了一种远为精确的天文学的存在，但所有一切均表明它并非一种距今极端久远的古代产物……印度诸表有两个主要时代，一个时代可以追溯到公元前3102年，另一个时代可以追溯到公元前1491年……尽管他[让-西尔万·巴伊]熟知如何赋予最艰深的东西一些话题，满怀这样的兴趣提出所有那些论点，但我仍然认为，这一时期[从公元前3102年至公元前1491年]是为了让在黄道带的所有天体运行有一个共同的起源这一目的而杜撰的。[4]

让我在此暂停片刻，以指出两个一般人都会有些兴趣的要点。

第一，拉普拉斯此处是在就——人们经常提出的——有关公元前3102年实际观察到了什么的天文学主张表示异议，因此有关评论是针对（争斗时历的）历史和（关乎在何时观察到什么的）应用天文学两者的。第二，拉普拉斯并不将公元前3102年这一年代的确定视为纯粹臆断，而是赋予其一种分析的或数学的地位，一种有别于天文学的地位。逆向推断虽然可能是研究历史的一种拙劣方法，但本身却是一项能引发一定分析兴趣的活动。

实际上，拉普拉斯可以被认为给这一观点增加了力量，该观点还能获得其他证据的支持，即印度古代知识分子倾向于最大限度地专注于数学而非观察科学。从《阿闼婆吠陀》中的算术难题和两大史诗中对数字的醉心，到波你尼的语法表和伐蹉衍那[①]关于性姿势的计数，古印度存在一种对列举和计算的非同寻常的迷恋。印度历法的过剩以及对它们的想象出来的历史的分析性构建，完全符合这种对印度知识传统的解读。

再回头谈争斗时历。在一般认为问世于公元前二千纪的诸吠陀经典中，没有使用争斗时历的佐证，这一事实或许还有一定的重要性。事实上，在诸吠陀经典中有大量关于历法的论述，以及对一种历法体系的清晰讲解，表明在该体系中，一年由十二个三十天月组成，每五年增加一个十三（闰）月。诸吠陀经典中最古老的《梨俱吠陀》概述了将太阳年主要分为月份与季节（四季，

[①] 一译犊子氏。——译者注

每季九十天）的情况，而更为精确的计算，包括对闰月的计算，则可在《阿闼婆吠陀》中找到。[5] 然而，在争斗时历的计算中使用的精确的算法体系，在诸吠陀经典中渺无踪影，至少在那些流传到我们手中的版本中无法找到。在《罗摩衍那》或《摩诃婆罗多》中，似乎也不曾明里或暗里提及争斗时历。对这一证据以及其他证据的考量甚至促使梅格纳德·萨哈及其在历法改革委员会的合作者们暗示，争斗时历可能恰恰就诞生于阿利耶毗陀时代，在公元499年具备其现在的形式。实际上，他们推测，争斗时历的分析体系是"一种纯天文虚构，所以创制为的是便于印度教的天文计算，而且被设计得仅对公元499年而言是正确的"。

这可能是千真万确的，亦可能并非如此，但是很难避免下述结论，即争斗时历即便使用时间长些，也不会比印度的其他古老历法长得太多。在北印度和古吉拉特十分广泛地使用的超日王历，被追溯至超日王统治时期，以公元前57年为其零点。但是，对伟大的超日王的许多记述，笼罩着神秘的迷雾，而有关超日王历在早期使用的确凿证据少到几乎没有的程度，以致很难厘清超日王历的确切历史。不过，相形之下，我们确切地知道，以公元78年为零点（未必系其在历史上的起源）的塞种历，至公元499年时已得到充分使用。实际上，我们从阿利耶毗陀自己依照塞种纪元（塞种历421年）来确定争斗时历的年代这一事实获悉，至少在那时，塞种历已是众所周知的，并得到了充分使用。虽然仅有很少的有关塞种历（或其他任何古老历法）使用情况的书面证据幸存下来，但值得指出的是，一条问世于塞种纪元 465 年（即公元 543 年）的著名记录（巴达米铭文），确乎证实了塞种纪元的使用（在阿利耶毗陀的塞种历 421 年即公元 499 年的说明之后不算太久）。

很难反对下述结论，即争斗时历不像《惠特克历书》中的列表所示那样，并非其他所有现存历法孤独的先河。事实上，在幸存至今的历法之中，佛陀涅槃历（以公元前 544 年为零点）甚至可能在实际上明显比争斗时历古老得多。耆那教教徒的大雄涅槃历（以公元前 527 年为零点）很可能亦复如是。虽然这些历法的最初使用情况难于认定，但有确凿证据表明，从公元前 1 世纪起，佛陀涅槃历便在斯里兰卡得到使用，比确切说明争斗时历使用情况的任何证据都早。

对作为印度一部古老历法的争斗时历享有优先地位的主张，我一直持强烈批评态度，因此我应当就此讲述两条意见，以正视听，以防误解。第一，我的目的不在于否定争斗时历可能拥有非常古老的世系。有许多证据表明，争斗时历利用了更为古老的印度历法，包括在吠陀经典中探讨过的那些历法。然而，印度的这笔古代遗产，亦为佛陀涅槃历与大雄涅槃历所分享。我们必须记住，古代印度不只是印度教的印度，存在一脉由数种起源于或兴盛于印度的不同宗教所分享的世系。印度在伊斯兰教传入之前是个"印度教国家"这一经常被人重复的看法当然纯属幻想，而有关历法的情况与我们从印度历史其他领域所了解到的情况完全相符。

第二，尽管与格列高利历第二个千纪的告终相比，庆祝印度第六个千纪圆满结束所带来的感觉上的快乐，可能为印度的沙文主义者所难以体味，但显然在基督教的滥觞时期，有数种历法在次大陆争相引人注目。现以基督教历而知名的数种历法，当然直到很晚才取得那种形式，但即便是基督教历法（包括格列高利历）所利用的罗马历法，在公元前一千纪期间亦经历了若干形成阶段，而印度数种古老历法的遗产当时亦恰在整理过程中。在这一时期，几个较为古老的文明之间确乎存在大量的交流，因而很难将在次大陆——或别的任何地方——通过本土进程而出现的东西，与通过一种文化向另一种文化学习得来的东西区别开来。

有证据表明，就像罗马人那样，印度人的不少理念是从希腊人那里获得的（在数种历数书中，有几处相当明确地承认了这一点），但即便在那时，希腊人也坚持说，他们从印度人的著作中获得了许多理念。正如叙利亚主教塞韦鲁斯·塞博克特于公元622年（在一个不同的国家，在一种不同的背景之下）所说："他人亦有所知。"如果争斗时历经审慎考察而失去其卓越地位，那么民族沙文主义的诱惑力就会基本失灵（而印度教沙文主义则会更加不济）。

差异与同一

印度成体系历法巨大的多样性，展示了这个国家的一个重要方面，尤其是它在文化与地域方面的差异。不过，这绝非全部情况，因为尽管存在这种高度的差异，但国家作为一个整体的观念还是穿越历史幸存下来。一种被人经常重复的说法认为，印度以前不过是一大片由众多小到中块的碎片组合而成的领土，后来才由英国统治的凝聚力联合起来。可以肯定地说，以上说法中所要否定的东西，正是这一整体观念的存在。

英国人常常认为自己"造就"了印度，而这种对虚构性创造的主张，与温斯顿·丘吉尔关于印度同赤道一样一片散漫的看法（本书前面曾经引用）完全吻合。然而，具有相当意义的是，甚至那些看不到英国人到来前印度的统一性之人，在概括作为一个民族的印度人的特征之时，也不会面临很大困难（甚至丘吉尔也不禁讲出自己的看法，即印度人是"世界上最令人厌恶的人，还不如德国人"）。对印度人的概括判断，从亚历山大大帝与提亚纳的阿波罗尼奥斯（一位早期的"印度事务专家"）所在的古代，一直延续到阿拉伯和伊朗访客（他们对于印度的风土人情大书特书）所在的"中世纪"，再延续到赫尔德、施莱格尔、谢林和叔本华所处的近代初期。同样值得指出的是，一位雄心勃勃的皇帝，无论是月护王*，或阿育王，或阿拉-乌德-丁，还是阿克巴，都往往认为只有全国的绝大部分都处于其统治之下，其帝国才是完整的。显然，我们不会期望在历史上看到一个现代意义上的先存的"印度民族"，在焦急地等待着一跃而成为一个民族国家，但印度各地在社会和文化方面的联系与认同，可以充当一个民族国家的基础，

---

* 月护王（Candragupta Maurya，公元前321—前298年在位），音译旃陀罗笈多，孔雀王朝的创立者，阿育王之祖父。暮年放弃财富与权力，皈依耆那教。——译者注

十五 透过历法看印度

对此很难视而不见。

我们可以发问：历法视角能为这一聚讼纷纭的问题带来什么？不仅由各自的宗教联系而且亦由地域的多样性分立的诸多历法之纷繁歧异，似乎对任何有关印度统一性的看法均极为不利。不过，在这方面必须指出，这些历法之中的许多种，在月份方面，以及年的开端方面，拥有极多的相似之处。例如，争斗时历、超日王历、塞种历、孟加拉历以及其他数种印度历法，均次第始于四月中旬。有证据表明，它们各自的开端通常固定于同一点，即春分点，它们在过去的两个千纪中，就这样以此点为始运行了漫长的时间。在此期间，以日计算的年的长度整数值的"矫正"，一直略显不够充分，依然遵循大体相同的方法。

一年365天这一整数值只是一个近似值这一事实，当然为制定历法的印度数学家所知。为了对此进行补偿，在许多印度历法中作为标准使用的周期性调整，采取增加一个闰月的形式，以使实践符合计算规定。但矫正的准确性取决于对年的长度的精确把握，而以各种历法处于草创或改革时期的仪器及理解水平，是难于做到这一点的。实际上，6世纪数学家伐罗诃密希罗提出，年的真正长度为365.258 75天，这一数值虽然逼近实际情况，但仍然略有错误，因为恒星年的长度是365.256 36天，而回归年的长度是365.242 20天。这些错误使北印度的不同历法背离了预定点，诸如春分点，但它们往往一同移动，相互之间相当一致。

这种轻微错误中的统一性的彰显当然有其例外，因为南印度的历法（如俱蓝历）以及阴历或阴阳历（如佛陀涅槃历）遵循不同的规则。实际上，难于指望印度范围内历法方面或文化方面的差异获得一种起主导作用的统一性，人们必须寻找的东西是不同历法的各种使用者往往对彼此惯例怀有的兴趣。我在后面会提出，这种共同的兴趣还延伸到伊斯兰教传入印度后印度穆斯林所使用的历法。

已经论述过的对历法方面是否存在统一视角的考验之一，是对一条主子午线和一个参照点（如格林尼治之于英国）的确认。印度的几个印度教王朝的首都（以及公元一千纪期间许多文学与文化活动的策源地）古城优禅尼（今名乌贾因）作为印度许多主要历法参照点的地位历久不衰。超日王历（以公元前 57 年为零点）显然起源于这座古代都城。然而，它还是塞种历（以公元 78 年为零点）及印度的其他大量历法的地理位置基准。实际上，甚至在今天，乌贾因的位置还被用作确定印度时钟的参考点（在这一方面，所起作用如同印度的格林尼治）。制约我们生活的印度标准时依然密切接近优禅尼时——领先格林尼治平时 5 小时 30 分。

一位前来这座非常朴素而又恬静的城市的当代游客，在注意到下述事实时可能觉得饶有趣味：近两个千纪前，先于权威的《阿利耶毗陀论》问世的知名天文学著作《普利沙历数书》，集中关注世界上三个地方，即乌贾因、贝拿勒斯和亚历山大的经度。乌贾因可以充分提醒人们注意历法与文化之间的关系。我们在印度文学中，尤其是在 5 世纪迦梨陀娑的作品中，有对优禅尼的绝妙描绘,而迦梨陀娑或许堪称梵语古典文学中最伟大的诗人与剧作家。

迦梨陀娑笔下的优禅尼的典雅与瑰丽,甚至促使 E. M. 福斯特*于1914 年前往该城旅行。福斯特想在自己的心中再现乌贾因在迦梨陀娑充满深情地摹绘过的那个时代的样子。他回忆迦梨陀娑的诗歌篇章,包括他对夜晚的令人振奋的描绘:女郎们穿越"针尖才能刺破的黑暗","偷偷前去与自己的恋人幽会"。然而,他不能让那里的古老废墟透露很多东西,也无从使当地人对他的历史与文学探索产生哪怕一点兴趣。迦梨陀娑极其浪漫地描述过的希波罗河,水深仅及踝部,福斯特于是放弃自己的寻觅,并接受了流行的智慧:"老建筑是建筑,废墟则是废墟。"[6] 我将不会思辨,是否在放弃对历史的真实面貌的搜寻方面,存在某种统一的东西(或许甚至可以由业已论述的争斗时历在事实上的不确定性来说明,尽管该历法在数学方面显示了精确性)。然而,乌贾因在印度时间计量方面的主宰地位的恒久不变,肯定有某种十分不同寻常的东西,尽管政治权力中心和文学及文化的卓越地位在很久以前即已离乌贾因而去。

互动与整合

印度不同历法之间的对比之一,同它们各自的宗教联系有关。

---

* E. M. 福斯特(Edward Morgan Forster),英国小说家,因长篇小说《印度之行》(1924)而享有盛誉。——译者注

我已经论述过，这对于富有创见的多元文化主义者阿克巴而言，是一个特别有趣的问题。他特别关注这一事实，即作为一名穆斯林，他在统治着一个拥有众多不同宗教信仰的国家。对于这种独特的关注，我会很快回头再谈，但我想说明，甚至在伊斯兰教传入印度之前，印度实质上就是一个多文化与多宗教的国家。实际上，几乎所有的世界主要宗教（印度教、基督教、佛教、耆那教、犹太教），在穆斯林征服发生之前很久即已存在于印度。印度文明不仅产生了佛教和耆那教（还有后来的锡克教），而且印度因拥有犹太人而获益在时间上比欧洲早得多，在英国还没有任何基督教社群之前即已成为规模可观的基督教社群的东道国，并从宗教迫害在伊朗甫一开始之际起即为帕西人*提供了一个家园。事实上，犹太人在耶路撒冷陷落不久即已到来，基督教教徒至少早在4世纪即已出现，而帕西人在8世纪开始抵达。与这些宗教——佛教、耆那教、犹太教、基督教、琐罗亚斯德教——相关的不同历法，在穆斯林对北部的征服导致希吉拉历的影响出现之时，已同印度教历法一道兴盛于印度。伊斯兰教的传入则进一步丰富了印度在宗教与历法方面的多样性。

阿克巴的具有首创精神的多元文化主义，包括其对这些群体的每一种宗教与文化的兴趣。在其"礼拜堂"（Ibadat Khana）中，被鼓励前来礼拜的来自多种宗教的人们，不仅包括——如阿布

---

* 琐罗亚斯德教教徒。——译者注

勒·法兹勒所指出的那样——主流印度教与伊斯兰教哲学家（属不同教派），而且包括基督教教徒、犹太教教徒、琐罗亚斯德教教徒、耆那教教徒乃至秉持无神论的斫婆迦派成员。

阿克巴致力于推行一种综合性历法，这与其对传播圣教这一综合性宗教的兴趣并行不悖。在立法战线上，阿克巴可能只是始于对各种历法（印度教、琐罗亚斯德教、耆那教、基督教等宗教的历法）的关注，但他随后进一步采取过激步骤，试图设计一种新的综合宗教。在希吉拉历992年（格列高利历基督教纪元1584年），就在希吉拉历的千纪行将终结之时，他居然颁布了一部崭新的历法，即圣历。这部圣历的零年对应于基督教纪元1556年（阿克巴于该年践祚），但那并不是圣历的起始之年，1584年才是。圣历被设计为一部阳历（就像这一地区的印度教历及伊朗/琐罗亚斯德教历一样），但亦有希吉拉历的一些特点，还带有一个人的印记，此人了解基督教历、耆那教历及在阿克巴时代的印度地方上使用的其他历法所代表的历法多样性。圣历成为官方历法，印度执政的莫卧儿皇帝的诏书（farmans）从此带有综合性圣历与伊斯兰教希吉拉历两个日期，偶或仅带有圣历日期。[7]

尽管圣历是出于开阔的眼界而得以推行的，但在莫卧儿宫廷之外，对这部历法的接受却相当有限，次大陆继续使用更为古老的印度历法及希吉拉历。虽然阿克巴的富于建设性的历法在他本人逝世之后不久即告销声匿迹，但他的旨在进行综合的各种努力却在印度历史上留下了持久的印记。然而，尤其是阿克巴致力于综合诸家之长而形成的历法，是否已经消失得无迹可寻了呢？

并非如此。一部幸存至今的历法，即孟加拉纪元历法，显然受到圣历的影响，而且现在依然有表明整合倾向的证据，这一倾向极其丰富地存在于印度文化与其他许多传统领域（如音乐、绘画、建筑等）。今年是孟加拉纪元 1407 年（我在基督教纪元 2000 年写作本文）。1407 年代表什么呢？在阿克巴的圣历的激励之下，孟加拉历于 16 世纪后期在年的计数方面亦有所"调整"。事实上，如果使用圣历的零年，即基督纪元 1556 年（对应于希吉拉历的 963 年），那么有一个与塞种阳历体系非常相似的测算程序的孟加拉阳历，就被"调整"到采用希吉拉阴历之数，但并不采用其阴历计数体系。换言之，在新设计的孟加拉历中，这一阳历的"钟"被倒拨，可以说从塞种历 1478 年倒回希吉拉历 963 年。不过，由于孟加拉历（就像塞种历一样）仍旧是阳历，所以希吉拉历由于是阴历（每年的平均长度为 354 天 8 小时 48 分），就赶到了孟加拉纪元的前面，而孟加拉纪元——刚到 1407 年——也就落在了希吉拉历的后面。

同夭折的圣历一样，较为成功的孟加拉历也是大胆的整合努力的结果，而其起源明显与圣历的综合性实验（因而间接与阿克巴的多元文化哲学）有关。当一位孟加拉的印度教教徒按照当地历法举行宗教仪式时，他或她不可能十分清楚，历法中与印度教习俗联系在一起的日期，被协调到与纪念穆罕默德从麦加行至麦地那的日期合拍的程度，尽管这是以阴阳混合历的形式来体现的。

在印度的世俗主义正在不时受到不宽容的新势力与政治上养成的这种或那种形式的狂热精神挑战时，在印度历史的这一时刻，印度多元文化主义的传统尤其值得回忆。受到攻击的东西，不仅是在启蒙运动之后的欧洲产生并发育起来的一些"现代"世俗主义观念，或由英国人带到印度的某种实质上属于"西方"的理念，而且是一种能够协调并整合不同文化的悠久传统。这一传统在印度的历史中已有许多明确表现——印度历法史亦可在一定程度上说明这一点。

在今天的印度，相互冲突的势力试图以不同方式诠释印度的文明与社会，所以尽管我们处于困境之中，但我依然认为，历法视角提供了一些相关并有力的真知灼见。这些历法事实上揭示了大量东西，而不只是月份与年代。

十六
印度认同[1]

殖民主义与认同

我为应邀发表"多拉布·塔塔纪念讲座"演说而感到十分荣幸。我之所以感激这次机会是由于几个不同的原因。首先，能有这个机会举行纪念多拉布（或多拉布吉·塔塔）这位杰出的工业领导人、非凡的慈善家和富于远见的人的活动，实在令人快慰。第二个原因是这件盛事的性质，具体一些就是塔塔集团的成就史（鉴于他们与印度未来的深厚关联，再加上对整个世界非常广泛的兴趣），提供了一个考察印度与世界之间关系的时机。与我们对这一关系的解读密切相关的，是印度认同的实质这一在迅速变化的世界上具有特殊挑战性的难题。这将成为我探讨的主要焦点。

我欢迎这一时机的第三个原因是颇为个人化的。塔塔的各项产业，特别是钢铁与棉纺的发展，是现代印度历史的一个不

---

[1] 本文基于2001年2月我在印度发表的"多拉布·塔塔纪念讲座"演说（第一篇发表于孟买，第二篇发表于新德里）。我应当承认，成为这些演说的组成部分的一些材料此前已用于本书的导论性文章（第一至第四篇）之中。那些论述在此大多节略，仅留下为使本文条理清楚而必须扼要重述的部分内容。本文利用了以下两篇演说。

可或缺的组成部分,是一部吸引我并让我着迷了很长时间的历史。① 一个必须予以解决的值得关注的问题是,印度企业家,尤其是最有名的塔塔家族,是否愿意并有能力涉足诸如钢铁与棉纺一类英国企业大半规避的领域。我想更好地了解,在由经济可行性与商业盈利性构成的一般行为准则之外,价值观和认同对经济行为的影响。我尤其热衷于考察,对国家需要的洞悉与明确的印度认同及联系,在激发产业想象力与革新行动方面所起的作用。另外,我对英国之于经济变化的社会焦虑氛围也感兴趣,那些变化被认为正在威胁英国在印度的既得利益。

作为一个经济学家,我认为,我无须被告知利润与商业可行性是重要的(尽管朋友们与一些好心人纳罕我是否已充分注意到严酷的世界现实,因而不时就这一问题对我提出告诫)。然而,在可行性与合理利润的界限之内,存在需要做出的实质性抉择,而人的目光与认同对于这些抉择可能是重要的。一个值得关注的问题,关乎英国人的大量集中到茶叶、咖啡、铁路、矿业、商业单位乃至新生的黄麻业的投资,何以在英国工业界的支柱产业即棉

---

① 实际上,塔塔家族企业家们的历史,是我在40多年前写的一篇论文的主要关注内容之一。"The Commodity Pattern of British Enterprise in Early Indian Industrialization 1854—1914", in the *Proceedings of the Second International Conference of Economic History*, Paris, 1965. 其节略本为 "The Pattern of British Enterprise in India 1854—1914: A Causal Analysis", in B. Singh and V. B. Singh (eds.), *Social and Economic Change*, Bombay, Allied Publishers, 1867. 由于一个小小的印刷错误,该节略本被弄得有些令人好奇——该论文的题目变得轻率,让人以为我提出了"随意的"("casual")分析。

纺与钢铁领域极为踌躇。有个难题,尤其关乎一种可能的观念,即这些领域存在与英国老牌产业(在曼彻斯特及其他地方)的竞争,并与它们的利益相左。有大量从观察中得来的证据表明,这样的想法已出现在英国很多负责任的人的头脑之中,但我们仍然必须发问,这些观念是否业已构成一种意义重大的经济与社会现象,以及它们在多大程度上影响了英国在印度的投资模式。

问题并不完全在于,英国投资者及英国总督是否可能已被来自英国的既得利益集团的抗议直接动摇(例如,被曼彻斯特商会于1871年提交负责印度事务的国务大臣的备忘录动摇,该备忘录措辞强烈,要求对印度棉纺织品进行关税调整),或被英国既得利益集团专门委托进行的实地研究所推出的危言耸听的报告动摇(例如,19世纪70年代富于经验的纺纱工约翰·罗伯逊关于印度棉纺织品的增长及其对英国经济可能的破坏性意义的报告)。

更为确切地说,已知社会认同与优先事项在一般的经济决定中起相当大的作用,因此问题在于对社会认同与优先事项的一般意识是否既通过公共政策又通过私人选择,对英国在印度的投资模式产生重大影响。令人十分钦佩并卓有成效的英国行政官员约翰·斯特雷奇爵士,对于英国殖民统治有丰富的经验,在其1877年3月28日发表的预算讲话中非常清楚地提出了至关重要之点:

我没有因为在印度度过了自己的大半生,并已成为印度政府的一员,就不再是一个英国人。愚人嗤之以鼻的曼彻斯特利益,不仅是直接从事

棉花贸易的大量聪明人的利益,而且是数千万英国人的利益。¹

认同、民族主义与投资

与英国人可能存在的忧虑相对,这些投资机会之于印度社会领域的诸多方面,显得与分界线另一端迥然不同,乃至诱人。正如 J. R. D. 塔塔在为弗兰克·哈里斯的贾姆塞特吉·塔塔传记撰写的前言中所说,贾姆塞特吉不仅理解"工业革命在西方的全部意义以及这场革命对自己祖国的可能影响",而且"梦想一个工业化的繁荣昌盛的印度"[2]。我们甚至能够看到,民族主义思想随后逐渐立足,贾姆塞特吉的第一家名为"女皇纱厂"的棉纺厂由是于1877年建成(就在维多利亚女王被宣布为印度女皇之时),不久之后,1886年建立的新的"斯瓦德希纱厂"接踵而来。① 实际上,在前一年,即1885年,贾姆塞特吉出席在孟买召开的印度国民大会党成立大会,并为这一事业慷慨解囊。[3] 在塔塔家族早期企业参与的各种经济决定中,表现出与民族主义的各种方式的和不同程度的联系。贾姆塞特吉决定在孟买建立一家世界顶级饭店,与民族主义的联系或许在这一逸闻中表现得最为有声有色。下面的传说显然包含实情:1903年,贾姆塞特吉带一位外国友人前往派克名

---

① 梵语词"svadeshi"的字面意义是"出于自己国家的",因此"斯瓦德希纱厂"之名自身未必传达这些纱厂系作为"本国"厂家而设计之外的其他意思。但是,该词在印度民族主义政治中已变得具有巨大的冲击力。实际上,塔塔家族的工业企业家们很快得到迅速发展的"斯瓦德希"运动的捍卫,成为一个相当引人自豪的目标。"斯瓦德希"运动还促使印度人购买"斯瓦德希"货物(即国货——译者注)。

下的阿波罗饭店用餐；他在那里被告知，那位朋友可以进入该饭店（"仅对欧洲人开放"），而他——贾姆塞特吉——则不受欢迎；他随后决定修造规划得尽显勃勃雄心的泰姬饭店（孟买第一座用电照明的建筑，很快就成为一个吸引名流的去处，从萨默塞特·毛姆到格雷戈里·佩克等名人纷至沓来）。[4] 这一轶事使我们对贾姆塞特吉的认同意识和优先项目的理解变得生动起来，但从其他许多决定看，基本情况还是十分清楚的。

贾姆塞特吉关于让印度拥有兴盛的钢铁工业的决定显然符合这一模式。更早的时候还有过一些不成功的尝试，包括一位名叫乔赛亚·马歇尔·希思的非凡的英国人在19世纪30年代进行的一次努力（他的不幸历史被查尔斯·狄更斯记录下来，发表在1853年的《家常话》上）。[5] 此外，一家小铁厂于1875年在巴拉卡尔建成，后于1889年成为新组建的孟加拉钢铁公司的组成部分，并有一段相当曲折的历史。然而，我们看不到英国投资者对印度钢铁工业有多大兴趣。19世纪80年代，贾姆塞特吉发展大规模钢铁生产的努力在最初受到挫折，尤其是因为英国殖民政府不愿合作，具体说来就是在运输方面的安排——对于拟议中的钢铁厂来说至关重要的基础设施方面的要求。

然而，在世纪之交，贾姆塞特吉得到了印度新任总督寇松勋爵的支持，运输安排与工业生产的协调从此容易多了。寇松甚至提供帮助，修建了一条45英里长的铁路，将探明的铁矿山与拟议中的工厂连接起来。寇松的个性在政府政策的这一转变方面无疑是重要的，但同样值得指出的是，印度与英国的贸易关系在这一时期正在经历十分重大的变化。尤其重要的是，英国在对印度钢出口方面的半垄断地位正在被取代，同时在铁出口方面也在节节失利。在19世纪80年代中期，英国还是印度进口钢的主要来源（提供进口总额的90％多），但至寇松于1899年抵达印度时，比利时业已超过英国，成为对印度的最大钢出口国，而德国也成为印度进口钢的一个重要来源。[6]

没有发生变化的是塔塔家族在印度建立大钢铁工业的决心。仍然存在官僚主义与筹措资金方面的障碍需要克服，而在贾姆塞特吉于1904年谢世之时，这一工程依然有待成为现实。到1906年，事务已取得充分进展，多拉布吉已可向伦敦寻求资金。然而，伦敦金融市场并不热情，尽管多拉布吉付出了旷日持久的努力，却没有多少收获。

十分值得关注的是，作为塔塔家族动力的组成部分，与印度认同以及民族主义的联系在那时起了救急作用。在有关拟议中的钢铁厂的计划书于1907年8月发表时，对"斯瓦德希"运动的呼吁响亮而清晰。回应是即时的。一名细致的观察者（阿克塞尔·萨林先生）后来在英格兰发表的一次讲话中报告：

从清早到深夜，塔塔在孟买的办事处都被热切的本土投资者组成的人群包围着。他们不分老少，不分贫富，不分男女，前来献上自己的微薄金钱；在三个星期结束之时，建设所需的全部资本……到手，每一分钱都是由大约 8 000 名土生土长的印度人捐献的。[7]

工程建设始于 1908 年，十分宝贵的钢铁产品从 1911 年 12 月起开始滚滚涌出。

民族主义与全球联系

这一简短的历史之所以值得回顾，不仅是因为要向我在这里讲述的事件中的领袖之一致敬，而且是因为这段历史说明，我们的认同意识与社会动机在决定我们的行为，包括经济行为方面，确实能起主要作用。表明此种联系的证据出自不同方面，其中包括贾姆塞特吉、多拉布吉以及其他人目光远大的以印度未来工业发展为诉求的决定、受到鼓舞的印度公众自发提供的支持、英国投资者的选择性缄默以及英属印度政府变化不定的态度。此刻还不是深入探讨这些联系的时机，但这些联系强烈暗示了认同与价值观在经济行为中的重大作用，这一点应当得到重视，使之超出主流经济分析通常所给予的关注。[8]

还有一些一般性的问题，是根据这一历史经历提出的，对印度与世界的关系具有重大意义。区别认同的包容作用与分离主义的排斥力尤为重要。想要为国家的利益做些事情，与想让国家疏离世界或与世隔绝不是一回事。认同意识完全听凭人们对恰当的行动和政策这一问题进行审视与选择。这一方面适用于科学技术，另一方面适用于经济、社会及文化关系。印度与世界的关系可能要求有效利用印度认同,但这些关系也需要对特定目标和特殊方法及手段予以严谨审视。通过这些方法和手段,可以恰当推进印度与世界的关系。由于认同政治与教派推理常有滋育和促成分离主义的作用,掌握这种区别是重要的。

我在一开始讲的工业史话也十分清楚地说明了这一点。尽管制铁业在印度有悠久的历史(制铁业历史学家罗瓦特·弗雷泽说,坐落在德里顾突卜塔(Kutub Minar)院外开阔场地的存世已两千余年的大铁柱,全然没有生锈与磨损,是"一个比金字塔的建造还大的谜"[9]),但是倘若没有外国专业技术的帮助,塔塔家族建立现代钢铁业的努力仍将付诸东流。他们需要国外的技术知识,并进而获得这些技术知识,查尔斯·佩奇·佩林的关键作用以及他从匹兹堡带回的专业技术充分说明了这一点。[10] 总的来说,寻求有时被称为"西方科学技术"的东西,对于印度的工业和经济发展是至关重要的。塔塔家族忠于自己的教育与研究议程,于1911年率先建立印度科学研究所,该研究所转而激励了国内别的一些科学研究所的发展。这一事实充分说明,塔塔家族赋予了现代科学教育优先地位。

关于注意利用贸易与交流领域内相互依存的必要性,我持类似看法。对认同的考量可能表明,在做出经济决定时应当注意国家重大利益(高于目下商业利润),但我们仍须发问:怎样才能尽善尽美地符合这些利益?实际上,往往可以通过与世界进行更多的经济接触而不是规避与全球的联系来做到完全符合这些利益。

这是一个实际的经济评估问题，不是通过采纳或此或彼的简单口号（或崇拜市场，或鄙视其作用）即可决定的，那些口号只会困扰对贸易和全球化一类问题的缜密审视。

对于这种决定，可能需要予以一定说明。新企业的发展往往涉及取代现存进口商品这一问题，因为供国内消费的商品在国内尚未生产之时，显然必须从国外进口。这里并没有什么奥秘。因此，在一个经济相互联系的世界上，进口替代通常是工业扩张的初期形态；这是一个重要却一点也不令人惊讶的事实。然而，这丝毫也不意味着进口替代或出口促进孰更可取。[11]经济上倾向于此或倾向于彼的观点，必须依据有关企业（包括雇主及雇员）与一般公众是否能够获得经济收益而得出。世界上很多国家的经验，最初是日本的经验，而后还有别的一些规模可观的经济体如韩国和中国台湾的经验，表明存在一种堪称典型的壮观情况，即从进口替代阶段迅速转向积极的出口促进阶段，还表明这一发展战略与倡导及提升强烈的民族认同是完全一致的。这在特定情况下是否真是正确的政策，当然是一个需要缜密审视的问题，不能根据这种或那种经常受到倡导的简单准则做出决定——那些准则或总体赞成没有限制的贸易，或主张完全规避贸易。

分享全球机会

这一标题使我有机会转向全球化的利弊这个较为一般的问题。对全球化功过的辩论近年来一直十分活跃，不仅表现在各国内部

（尤其是在印度），而且表现在全球的抗议运动中，如在西雅图、布拉格或哥伦比亚特区华盛顿的抗议运动。这些抗议运动吸引了世界各地的抗议者。从这一意义上讲，对全球化的抗议本身构成了一个全球化现象，而且应当被视为如此。全球化的政治抵制倾向于与已确立的全球化的经济关系模式对抗。

我在别的地方曾尝试主张，这些抗议运动常常在许多方面是十分具有建设性的，表现在它有力地吸引了对世界上不平等问题的关注。① 实际上，对于全球化的真正辩论，归根结底不是关于市场效率的，也不是关于现代技术的重要性的。恰恰相反，这种辩论是关于权力严重不对等现象的，如今对这种现象的容忍度已比第二次世界大战末期低多了。今天，可能存在也可能不存在严重得多的经济不平等，有时有人强烈断言这一现象存在，有人则同样坚决对此表示否认（这方面的证据是相互冲突的，取决于我们所采用的指标），但绝对清晰的是，人们远不再像1944年时那样愿意接受严重的不平等现象，而那时，布雷顿森林协议导致了国际货币基金组织、世界银行及其他机构的建立，为现在的国际金融与商务架构铺平了道路。全球性的疑虑在一定程度上反映了这种新的情绪，而且在很大程度上是国内抗议不平等活动的全球性翻版，而我们相当长期以来对此一直熟悉。

---

① 2000年6月，我在哈佛大学学位授予典礼致辞《全球的疑虑》（"Global Doubts"）中提出了这一主要论点，后在"How to Judge Globalism"（*American Prospect*, 13 Jan, 2002）一文中进行了较为详尽的阐述。

针对往往出现在全球抗议运动中的招贴和标语牌上的许多批评言论，提出否定它们的论点毫不为难。然而，尽管全球性经济无疑能为世界的繁荣做出巨大贡献，但我们也必须面对全球性不平等与不公正的影响深远的诸多表现形式，承认这一点是一个基本要求。事实上，决心抵抗全球性不平等和不公正，与同时理解并促成整个世界上业已全球化的经济、社会及文化关系的积极贡献，两者之间并不存在真正的冲突。

实际上，抵制全球性不平等现象需要全球性的主动行动，也需要国家性的和地方性的主动行动。在全球层面上，需要各种政策。在20世纪40年代布雷顿森林协议签订之时，半个世界处于殖民统治之下，对民主与人权的要求尚未得到广泛承认，全球性经济增长的远大前景还未被充分理解，对全球性不平等与分裂的容忍度非常高，所以这些问题未被看得十分清楚。为了形成一个更具反应性的国际架构（包括增强联合国对资金的掌握和经济权力），为了形成更好的专利法（注意它们对一些极其重要的产品，包括治疗严重疾病的药品，以及技术利用的实际作用），为了对较富裕国家施加更大压力以减少贸易限制（而不是仅要求较为贫穷和处于较为不利地位的国家如此行事），为了对在全世界捍卫人类安全与基本人权（不是仅满足于促进国际贸易）做出更为有效的制度安排，如此等等，是需要全球性的主动行动的，需要一个不同寻常的全球性议程。

争取全球性实力的国内政策

然而,健康的全球性经济关系也需要恰当的国内政策。例如,有效的全球参与的可能性是与人力资源和人的能力(例如,通过教育扩张予以培养)及基础设施的发展密切联系在一起的。十分值得关注的是,塔塔家族的历史可以充分说明这两者的重要性。实际上,如我先前所提到的,贾姆塞特吉发展大规模钢铁生产的努力,就因为欠发达的运输设施障碍这一基础设施方面的关键性不利因素,而在初始阶段遭到制约。这与今日印度在基础设施方面的欠发达状态所强加的诸多限制有明白无误的类似之处。例如,在公共通信与电力方面,停电与电话不通令人感到无能为力乃至狂怒,就充分说明了这一点。在很多领域,基础设施方面的问题对于当代印度经济,依然如同对于一个世纪之前的贾姆塞特吉时代的印度那样至关重要。

教育的重要性是贾姆塞特吉坚定地予以确认的因素之一。事实上,这是他创立科学研究所的动因。他认为工业竞争领域与教育竞争领域是一致的。在赞扬与该研究所有联系的学者时,贾姆塞特吉不禁颇为自豪地评论道,印度学生"不仅能够在欧洲最佳对手的领地上与后者抗衡,而且能够远远胜过他们"[12]。这不仅是一个民族自豪问题,而且是印度在国际舞台上进行富有成效并富有力量的互动的能力问题。这种联系今天依然非常重要。

印度对中小学教育的忽视与高等教育的大规模扩张形成了引人注目的反差,其所造成的影响深远的后果,在今天已经出现并在继续发展，而教育的中心作用也使这种后果变得十分显眼。塔塔家族属于发展印度高等教育与技术教育的先驱之列。尼赫鲁亦将高等教育与技术教育列为优先项目，这一点特别体现在扩展印度理工学院一类机构的规划中。这些学院在他的倡导下得以创办，对于近年来印度信息技术产业的兴盛与相关产业的发展一直至关重要。这已同印度管理学院的良好业绩一道产生了很大效益，并肯定有助于以一种有力的方式为得其所的印度人打开各种可能的机遇之门。他们在印度业已取得令人惊叹的良好业绩，而其中许多人在国外也取得了引人注目的巨大成就。在我于 2001 年 1 月前往加利福尼亚州斯坦福大学发表数场演讲之时，我（在由印度企业家组织安排的一场给人以深刻印象的会议上）应邀对一群大约 800 名所谓"硅谷印度人"讲话，十分明显，印度社会的一部分已能抓住一个由与他们所成长的文化与社会大不相同的文化与社会所提供的机会。即使在印度，技术产品（包括计算机软件）扩展的规模与速度也一直非同寻常。

然而，印度中小学体系的欠发达状况，特别是在农村的社会落后地区，而且尤其是在弱势群体之中，也同样一直非同寻常。这既是严重的不讲效率，也是惊人的不公正。机灵的少男或聪明的少女被剥夺了接受学校教育的机会，或上了一所设施令人感到悲凉的学校（遑论教师的高缺勤率），不仅失去了他或她本来可以获得的机会，而且使作为我国一个特点的严重人才浪费雪上加霜。倘若说我们尚未能以出现在日本、韩国、中国及东亚其他国家——遑论西方——的方式抓住简单产品制造的经济机会，那么印度对基础教育的忽视，对造成这种不利局面即有决定性作用。①

全球经济关系有许多不同的方面，需要不同类型的政策创意，但许多与竞争更为激烈的全球经济有关的问题和困难，在很大程度上表现在我们自己的国内公共政策，如基础教育、医疗保健、小额信贷或基础设施规划等政策的局限性上。印度在世界上的地位取决于国外因素，也同样取决于印度国内的因素。

全球关系与有关历史

我现在转向一些与全球相互联系和人类进步有关的基础性问题。全球化是一种复杂的现象。人们对全球化表达的一些畏惧意见，使之听来如同一只动物——类似《大白鲨》（Jaws）中的巨鲨——以一种阴险而神秘的方式吞噬着毫无防备的无辜者。我们应当仔细看看这头所谓猛兽，而不要仅仅学着躲避它。

全球化究竟是什么？一批形形色色的全球互动意见，都被置于这一宽泛的标题之下，跨越文化影响的界限，扩张到经济与商务关系，并在全世界扩大，不一而足。常有人认为，全球化是一种新的愚行。这是一种看来有理的判断吗？我认为，从全球化的基本形式看，它既非特别新颖，而且一般说来亦非一种愚行。通过思想、人员、货物和技术的全球流动，世界不同地区总的说来往往受益于发生在其他地区的进步与发展。思想在地区之间流动

---

① 日本 20 世纪初业已明显的示范表明，学校教育能为经济发展做出巨大贡献。这一点过去基本遭到忽视。

的方向在历史上变化不定,认识这些方向变化是很重要的,因为思想的全球流动,有时仅被视为西方的意识形态帝国主义——一种只是反映权力不对等的因而需要予以抵制的单向流动。

事实上,如果不是在我们刚刚送走的那一千纪之末,而是在前一千纪之末沉思世界的实质,那可能是富于教益的。基督教纪元1000年前后,科学、技术和数学的全球化正在改变着旧世界的实质,尽管那时主要的知识传播潮流的方向,通常恰与我们今天所看到的情况截然相反。

例如,1000年时世界上的高技术,包括造纸与印刷术、弩弓与火药、独轮车与旋转扇、钟与铁索吊桥、风筝与磁罗盘。在一个千纪之前的世界上,这些"高技术"知识领域中的每一项,均已在中国大获成功,而在同一时间实际上却不为其他地方所知。是全球化将它们传遍世界,包括欧洲。

同样,我们可以考虑东方对西方数学的影响。在2—6世纪,十进制在印度出现并变得十分发达,不久之后亦为阿拉伯数学家所广泛使用。这些成就主要在10世纪的最后25年传入欧洲,而它们的重大作用在上一千纪初年即被感觉到了。数学以及科学和工程学的全球化,在思想革命和社会组织方面起了重要作用,从而有助于使欧洲变革得具备现代模样。倘若欧洲在那时抵制数学、科学和技术的全球化,它就会比现在贫穷得多,而在今天如果采取逆向行动,情况亦将会在很大程度上雷同。将思想在全球的传播这一现象视为意识形态帝国主义是一个严重错误,多少类似于上一千纪初期欧洲对东方影响的任何抵制所可能会呈现的样式。

像其他许多国家一样,印度在我们的全球持续互动的世界上,一直既是思想的出口国,也是思想的进口国。对这种双向过程认识不足,有时会导致相当大量的论争与冲突。例如,近来有人写了大量东西,谈论对数学而言十分关键的概念零是在何处发展起来的。早先常提到的零系印度对世界的贡献的说法,在最近的一些赋予巴比伦优先权的著述中受到强烈挑战。[①] 实际上,存在相当多的证据表明,零的概念作为一个思想产物曾出现于不同文化之中,而这些文化可能有联系,也可能没有联系。然而,还有证据支持下述想法:在全世界,包括在印度,均已采纳的零的特定符号,很可能由希腊人从巴比伦传入印度,尽管印度的以"空"(śūnya)为形式的关于零的思想在那一时间之前即已出现。然而,同样一清二楚的是,零与十进位制的结合是一种特别富有成效的组合,而在探索这一整合——对于十进制的采用至关重要——的实质和含义方面,印度数学家似乎在一千纪早期及中期起了非同寻常的决定性作用。我们可以考虑其他很多此类将给予与拿来结合起来的例证,它们使全球知识互动的进程变得丰富多彩。[②]

[①] 尤须参见 Robert Kaplan, *The Nothing That Is: A Natural History of Zero*, Oxford: Oxford University Press, 1999, and Charles Seife, *Zero: The Biography of a Dangerous Idea*, New York: Penguin Books, 2000。

[②] 在最初的演讲中,我从此处入手论述了关于思想多向流动的其他例证,如印度佛教对中国、朝鲜和日本的印刷术发展的影响,以及印度自身对该项成就的最终利用,还论述了国际交流导致数学与科学的创新。这种交流在西面发生在印度与阿拉伯人及欧洲人之间,在东面发生在中国与东亚其他国家之间。这些事例在别的地方亦曾论及,尤其是在本书第一篇和第六篇至第八篇这几篇文章中,故在此予以节略。

全球化既非新颖，而且概言之亦非一种愚行。通过货物、人员、技术和思想的持续不断的流动，全球化影响了世界历史。印度在互动的极致意义上，一直是世界的一个不可或缺的组成部分。如同在别的地方那样，意识形态分离主义的势力目前在印度可能很强，但这些势力不仅会对整体世界历史造成不利影响，而且会对印度自己的遗产产生不利作用。

承认这一点当然不能削弱对弱势群体和下层社会的困境予以特别关注的莫大需要，而且这确实是在为当代世界制定良好的经济政策时应当考虑的一个重要方面。全球经济互动，带来了普遍的利益，但由于国内政策方面的缺陷及全球安排方面的不足，亦能给许多人造成问题。重要的是，这些问题应当引起注意。但是，与此同时，我们必须小心，不要将自己排除在数千年来使世界变得丰富多彩的全球互动之外。

多元主义与兼收并蓄

印度认同的实质，提出了对外和对内两种关系方面的问题。我迄此为止一直在集中论述抵制与世隔绝状态的必要性。然而，是促成国内社群分离的驱动力量在近年来对印度认同的完整性提出了最为强烈的挑战。在过去的十年或二十年间，印度的政治发展产生了一种效应，那就是以数种不同方式向兼容并包并令人向往的印度认同观念发起有力挑战。印度认同观念出现在独立运动时期，曾有助于界定印度民族概念。如果我们认为，在这一遗产中存在有价值的东西，那么我们就需要确切了解它何以有价值，还需要考察这种认识怎样才能被充分表达出来。

印度认同概念出现于独立运动期间,成为一种民族共识。很难认为,如今还存在与之毫无二致的同样性质的印度认同概念,也很难认为,圣雄甘地与泰戈尔看待印度特性的方式没有差异(要考虑到这两种主要的而且多少有些不同的意见,它们曾有助于教诲我们弄清自己是何许人)。对博大而包容的印度认同观念,甘地与泰戈尔有相同看法,但两人在对这一总体观念进行诠释时,重点却有所不同,而独立运动的其他理论家和知识领袖,在界定印度认同时则存在别的分歧。

在许多方面,例如在诠释科学、伦理学和分析推理在印度的过去和未来的各自作用方面,这些区别曾经是重要的,而且现在依然是重要的。[①] 然而,这些不同的诠义,均对印度认同有一种包容性的解读,认为这一理念意味着容忍、保护并确实乐见一个多元主义的印度所呈现的多样性。这些不同的诠释也反映了对印度过去的一种理解,即不同社群的成员均参与了对印度的共同建设。泰戈尔与甘地在其各自的文化倾向、宗教信仰以及个人习惯方面均大不相同。然而,在诠释印度和印度认同方面,他们一致拒绝偏袒任何一种局限以至狭隘的观点(如排他性宗教态度,具体来说即印度教观点)。

最近数十年来,对内的多元主义与对外的兼收并蓄的结合,主要受到分离主义观点的挑战,一方面是教派主义的排外及咄咄

[①] 本书第五篇文章论及了甘地与泰戈尔之间的一些分歧。

逼人的褊狭心态，另一方面是文化上的疏离与自我孤立的民族主义。这些挑战及其实际表现，使对印度认同理念的审慎考察与评估变得相当紧迫。

认同与决定

罗宾德罗纳特·泰戈尔在1921年致C.F.安德鲁斯的一封信中提出了一个不同凡响的主张，即"印度理念"本身"不利于将自己的民族与其他民族区别开来的强烈分离意识"（一种在本文集前面亦曾引用过的富于远见的说法），回忆他的这一主张是有益的。[13]请注意，这一主张有两种不同的含义。第一，内向而言，它反对将印度视为由互不相干、彼此疏离的多种文化与因宗教、种姓、阶层、性别、语言或地域而明显不同的社群组成的一个混合体这样一种观念。第二，外向而言（即在同世界的关系方面），泰戈尔的主张反对视印度人与身在别处的其他人没有关系这样一种强烈意识。如我们从泰戈尔的其他著述中所了解到的那样，他还拒不接受一种似是而非的说法，即认为印度文化弱不禁风，倘若其他文化与之接触，便会分崩离析，因此必须与世隔绝，从而使之免受外来影响。

所以，泰戈尔的主张包含一种综合性启示——在对内和对外两个方面——并为印度认同这一理念提出了一种兼容并包的形式。这种综合性观念近来受到挑战，其对内与对外两方面的主张都受到苛责。挑战一方面来自印度国内（尤其是相对于其他社群和其他文化传统享有特权的一个社群和一种文化传统）的分离主义，另一方面来自针对世界的分离主义（主张弃绝我们与地球上其他民族的建设性关系）。在评估这些攻讦时，我们须细致考察有关一般认同的观念。

实际上，弄清所谓认同原则的要求，是非常重要的。[①] 我们尤其必须抵制两种没有根据却常被无保留地援引的设想：（1）关于我们必须怀抱一种单———或至少一种主要的和主导的——认同的臆断；（2）关于我们在没有任何选择余地的条件下"发现"自我认同的揣测。

先谈前一个问题。尽管认同往往被（通常是毫无保留地）认为具有排他性，但这种主张事实上是荒谬的。我们每一个人在全然不同的背景下会产生各种各样的认同。同一个人可以是印度裔、帕西人、法国公民、美国侨民、女人、诗人、素食者、人类学家、大学教授、基督教教徒、观鸟者和热衷于相信存在外星生物并倾向于相信外星人乘坐多彩飞碟遨游宇宙的人。此人属于所有这些群体，而其中每个群体都赋予他或她一种独特的身份认同。这些认同均可依环境而具有重要意义。尽管这些认同中哪个居上一定和当前问题有关（例如，素食者的认同在赴晚宴时就可能比去领事馆时更为重要，法国公民的身份在去领事馆时就比赴晚宴时更为显著），但这里并不存在冲突。

[①] 下面的论述利用了1998年我在牛津大学举行"罗马尼斯讲座"演讲时提出的概念分析，有关演讲结集为《理性先于身份》（*Reason before Identity*，Oxford：Oxford University Press，1999）出版，也利用了我在2000年所做的不列颠研究院年度讲演《其他人》，不列颠研究院后来刊印此文，2000年12月18日出版的《新共和》周刊则登载了一个略有删节的文本。

第二个虚妄的步骤——或我所认为的虚妄步骤——是认为一个人的认同是个发现问题,而不是选择问题。有人经常对此断言,尤其是在教派主义哲学中。正如迈克尔·桑德尔教授对这一主张(诸多教派主义主张之一)所做的诠释:"社群不仅决定他们作为同类公民拥有什么,而且决定他们隶属什么,不是一种他们选择的关系(如在一个自愿参加的协会中),而是一种他们发现的依附关系,不单是他们身份认同的一种属性,而且是这种认同的一个成分。"[14]按照这种观点,认同领先于推理与选择。

然而,这一主张是难以维系的,因为我们确有机会决定我们愿意赋予自己的不同认同的相对分量。例如,一位印度裔澳大利亚公民在两国之间的一场板球决赛中,不得不决定是为澳大利亚加油还是为印度喝彩;他不能在任何明显的意义上径直"发现"自己选择的结果。

也许,促成"发现"观点的混乱源于以下事实,即我们所能做出的选择受到可行性的限制,而有时这些限制是非常严格的。可行性将肯定取决于境况。例如,在考虑我们能在多大程度上说服他人将我们看得不同于他们的想象时,诸多限制可能尤为严格。一位身在纳粹德国的犹太裔人士可能无以如愿改变那一身份。一位非裔美国人在面临一群实施私刑的暴民时,或一位在诸如北比哈尔邦的低等种姓的农业劳工受到高级种姓激进分子所雇枪手的威胁时,也无从改变自己的身份。就他人看待我们的方式而言,我们选择自己的身份认同的自由有时会异常有限。

甚至一般而言,无论我们是否认为自己的身份认同就是我们自己所理解的那样，或是他人所理解的那样，我们都在特定的限制范围内做出选择。然而，这并不是一个令人惊异的事实——它事实上是完全不值得注意的。各种各样的选择总是在特定的限制之内做出的，而这或许是任何选择的最基本的方面。例如，甚至任何基础经济学学生都知道，消费者选择理论并不否认预算的存在，而预算当然是一项限制。预算限制的存在并不意味着不存在需要做出的选择，只是选择必须在预算范围之内做出。争论点并非是否任何认同均可选择（这是一个荒唐的主张），而是我们对各种可供选择的身份或身份组合是否有选择余地，而或许更为重要的是，我们在决定对我们可能同时拥有的各种不同身份予以优先考虑方面是否有一定自由。人们的选择权可能受到诸如他们是犹太教教徒或穆斯林这样的认识的制约，但他们可能还有其他认同（例如，与他们的政治信念、民族意识、人道主义承诺或对专业的忠诚有关的认同），因此仍需做出一项决定，即相对于其他认同，他们赋予某一特定认同多大的重要性。

因此，认同实质上是一个多元概念，不同的认同在不同的背景下的重要性是有区别的。而最重要的是，我们对赋予自己的各种身份认同的重要性是有选择权的。正因为业已诉诸认同概念，所以根本不可能避免推理。对认同的选择确实与诸多限制及联系有关，但现存的选择与必须做出的选择都是真实的，不是虚幻的。各种认同之间的优先选择，包括对这些认同各自要求的相对重视程度，尤其不可能只是一个"发现"问题而已。各种认同必然是需要做出决定的，并且要求理性，而不只是认识而已。

宗教、异端与理性

多元性问题与选择问题，对于理解和分析印度认同观念至关重要。在主张印度认同具有兼容并包的形态时，泰戈尔与甘地并不否认其他认同的存在和可能的重要性。确切地说，就政治凝聚、社会生活和文化互动而言，两人均强调印度认同不可在印度范围内偏袒任何特定群体这一事实。

泰戈尔与甘地不同，对自己的印度教认同秉持一种不太符合传统的观点，而且实际上在《人的宗教》①中指出其家族系"印度教、伊斯兰教和英国这三种文化合流"的产物。[15] 甘地先生的印度教认同则较为坚定，他基本以印度教形式举行定期祈祷会（尽管他也会援引其他宗教）。然而，同泰戈尔一样，在政治和社会问题上，他也绝不让自己的印度教认同压倒自己对印度认同的不二忠贞。实际上，甘地先生为世俗主义和追求公正的事业献出了自己的生命，死在一个持有印度认同等于印度教认同的较为简单看法的人士手下。

主张印度认同必须在一定程度上源于印度教认同的人们指出，印度教教徒构成了印度人的绝大多数，而且在历史上，印度教一直是印度文明的支柱。这些说法可在相当大的程度上被认为是真实的。然而，它们丝毫也不表明，印度认同必须基本源于印

---

① 《人的宗教》(*The Religion of Man*)，由泰戈尔于1930年5月在牛津大学曼彻斯特学院发表的系列演讲辑录而成。中文译本（刘建译）被收入《泰戈尔全集》（河北教育出版社，2000年）。

度教认同，或印度认同必须赋予印度教认同超越其他认同的特权。①

也许，对于与我试图为之辩护的态度有关的三个不同问题的作用，我应当予以简短评论。第一，认同不是将对历史的发现看得重于对现实的发现这样一个问题，只能通过推理予以选择。即便印度历史大体上是印度教的历史之说堪称事实（当然情况并非如此），我们仍须确定一个多元化和多宗教的人口群体，何以能够在并不信奉同一宗教的前提下共同秉持印度认同。这当然是印度世俗主义的基础，而我们在应对一些关于印度认同的相互对立的概念时，对于究竟何者应当居先的推理则无须倚傍历史。美国在为其以基督教教徒为主的人口采纳一部大体属于世俗性的宪法时充分认识到了这一点，印度宪法的制定者也充分认识到了这一点。在需要推理与抉择时，不能单凭对历史的观察，这一点与我在别处业已为之辩护过的一个更具有普遍性的主张——虽然我们不能生存在历史之外，但我们亦无须生活在历史之内——有关。②

第二点是偏历史性的。如在本书第一至四篇文章中所论述的那样，印度很长时期以来一直是一个多宗教国家，犹太教教徒、

---

① 这一问题在本书第三篇文章中业已论述。
② 参见拙著《论对印度过去的诠释》（*On Interpreting India's Past*，Calcutta：The Asiatic Society，1996）；此书亦被苏加塔·鲍斯与艾莎·贾拉勒主编的《民族主义、民主与发展：重新评价南亚国家与印度政治》（*Nationalism, Democracy and Development: Reappraising South Asian States and Politics in India*，Delhi：Oxford University Press，1999）刊行。

基督教教徒、琐罗亚斯德教教徒和穆斯林商人，在一千纪期间即已来到印度并定居下来。锡克教与佛教起源于印度，耆那教以相同方式诞生于印度。即便是前穆斯林时代的印度，亦并非像人们有时所宣称的那样，主要是一个印度教国家，因为佛教在千余年间曾是印度首要宗教，而耆那教亦有同样悠久的历史，并且事实上在今天依然广泛存在。由于目前对印度教教徒皈依其他任何宗教均存在政治引发的极大敌意，或许阿育王（可以被认为是印度最伟大的皇帝）从当时形态的印度教皈依佛教并派遣使者到其他许多国家弘扬佛教是值得记起的。①

实际上，甚至就诸吠陀与奥义书的诸多贡献而言，佛教和耆那教也与后来形态的印度教平分秋色，是该传统同样的继承者。印度因之享有卓著声誉的一所大学，即那烂陀大学，曾吸引了中国和其他地方的诸多学者，在存世数百年之后，在牛津大学和剑桥大学创建（13世纪）前后遭到毁灭，而这所大学恰好就是一所佛教大学。

我现在谈谈反对让印度认同依附于印度教认同的第三条理由。印度教教徒是以两种大不相同的方法界定的。在计算印度教教徒人数时，在绝大多数印度人事实上是印度教教徒这一点得到确认时，这并不是一种对宗教信仰的考量，而实质上是对族群背景的

---

① 佛教从印度传播到近半个世界是全球历史的伟大事件之一。对于那一非凡进程的卓异记述，可参见 H. 比彻特和理查德·冈布里奇的《佛教世界》（*The World of Buddhism*, New York: Thames and Hudson, 1987）。亦请参见理查德·冈布里奇的《小乘佛教》（*Theravada Buddhism*, London and New York: Routledge and Kegan Paul, 1988）。

考量。然而，在对诸如罗摩的神性或《罗摩衍那》的神圣地位做出判断时，则须根据人们的信仰。通过同时使用这两种方法，一幅数字图得以构成，而据此可以推断，绝大多数印度人相信罗摩的神性和《罗摩衍那》的神圣地位。然而，对于大部分印度人来说，这样的归因是错误的，因为在第一种意义上被界定为印度教教徒的数以亿计的人，实际上并不同样秉持那些对第二种方法而言至关重要的看法。

实际上，印度教的政治斗士通过进行这样的归因，暗中破坏了丰富的异端传统，而这一传统对印度教文化史而言是至关重要的。如前面所论述的那样，在无神论和不可知论的传统这一方面，梵语（包括其变体巴利语及俗语）所拥有文献的规模，大于存在于其他任何古典语言（希腊语、罗马语、希伯来语或阿拉伯语）中的文献的规模。在 14 世纪，摩陀婆阇梨的非凡著作《各派哲学体系纲要》对印度教信仰的主要流派均设一章予以论述，而其第一章则完全用于介绍赞成无神论立场的论点。那一传统的历史至少可以回溯至 2 500 年前，直至基督教纪元前 6 世纪，那时顺世论派和斫婆迦派亦在佛教与耆那教诞生的异端氛围中一并兴起。①

对于所谓印度教徒的文化态度，亦可说一些类似的话。我并不怀疑，如同报纸上最近报道的那样，一些印度教徒确确实实觉

---

① 参见本书第一篇文章对甚至可以追溯到《梨俱吠陀》时代贯穿全部印度历史的异端的存在情况的论述。

得，甚至情人节贺卡也由于所谓在性方面的直白而令人作呕——一些在政治上激进的印度教徒非常有力地提出的一种看法。然而，印度教徒对待此类问题的态度并不相同，卡朱拉侯（Khajuraho）神庙群的雕刻家们即可轻而易举地说明这一点。* 我斗胆推测，最伟大的梵语诗人迦梨陀娑，虽对其故乡优禅尼城希波罗河中沐浴的女性形体之美赞不绝口，却也会认为情人节贺卡令人深为失望。Hindu 一词显然可以依从两种可供选择的形式中的任意一种使用，分别表示一个社群的成员身份，或对特定宗教观点与文化态度的秉持，但被安排得有利于审查之用的印度教教徒人数，则是通过混淆两种不同概念而获得的。

结　语

我想对一个不同的问题提出最后一个观点，该问题与一般宗教和社群（并非特指印度教）作为印度认同途径时的作用有关。印度认同是否应被视为一个"联盟"概念，囊括各种各样的宗教社群，或许甚至应当包括"文化同盟"成分单上列出的诸多非宗教信仰？在英国，拉尼米德信托基金会推出了一份题为《英国多种族前景委员会报告》的重要文件，提出了一个非常相似的问题。该报告对一种将当代英国视为"一个由利益和爱心及集体生存意识的共同纽带维系在一起的较为松散的文化同盟"的联盟观点给

---

* 位于印度中央邦的卡朱拉侯以其中世纪神庙群外壁高浮雕嵌板带有百态千姿的性爱雕刻而著称。不过，有的印度美术史专家认为，这些性爱雕刻可能是密宗的神秘主义隐喻和象征，旨在通过世俗爱情来表现宗教虔诚。——译者注

予了一定的和有保留的支持。[16]

这是一种表述非常清晰的态度,拉尼米德信托基金会委员会为之提供了看似有理的论点(并不排除其他诠释)。不过,我认为,这样一种"联盟"观点,对于英国及印度都是一个巨大错误。该问题与我已经论述过的认同多元性及认同决定的选择范围直接相关。人们与英国或印度的关系,并不需要由可能生育他们的家族的"文化"或家族的宗教施加影响。人们可以自愿认同这些既定文化中的数种,或可同样似乎有理地一种也不认同。人们亦可自由地断定,他们的文化或宗教认同对于他们而言,不如他们的政治信念、他们的文学流派或他们的职业承诺那样重要。无论他们在"文化同盟"中的地位如何,这都是他们需要做出的抉择。

总之,印度认同的兼容并包观,是我们所继承的,也是我试图为之辩护的。印度认同不仅不依从或偏袒印度教认同,也不会是诸如印度教教徒、穆斯林、锡克教教徒、基督教教徒、耆那教教徒、琐罗亚斯德教教徒等印度不同宗教社群的一种组合。印度认同无须由其他群体认同以一种同盟方式施加影响。实际上,按照这一观点,印度显然甚至不被视为由不同社群构成的一个同盟组合。

我在前面援引过属于积极民族主义者类型的贾姆塞特吉·塔塔的一种说法。他在论及印度青年通过教育所能达到的优异程度时说道,印度学生"不仅能够在欧洲最佳对手的领地上与后者抗衡,而且能够远远胜过他们"。那种溢于言表的自豪——乃至傲慢——并非一个恰好身为印度人的琐罗亚斯德教教徒的自豪,而是一位恰好身为琐罗亚斯德教教徒的印度人的自豪。这两者是有区别的,而我认为,现在对此有所理解既是重要的,也是必要的。

注 释

一 爱争鸣的印度人

1. 阿周那当以无奈认输告终:"我因澄清疑虑而立场坚定。我将按照你的话采取行动。"(Sarvepalli Radhakrishnan, *The Bhagavadgita*, New Delhi: HarperCollins, 1993, p. 381)

2. 与斯瓦米·普拉巴瓦南达合作完成(Madras: Sri Ramakrishna Math, 1989)。

3. 贾瓦哈拉尔·尼赫鲁曾引用洪堡此语。然而,他确实指出,"每一种思想与哲学流派……均以其自己的方式诠释[《薄伽梵歌》]。"(*The Discovery of India*, Calcutta: The Signet Press, 1946; repr. Delhi: Oxford University Press, 1981, pp. 108-9)

4. T. S. Eliot, "The Dry Salvages", in *Four Quartets* (London: Faber & Faber, 1944), pp. 29-31.

5. 对《摩诃婆罗多》中另外一些有趣争论的精彩论述,参见 Bimal Matilal, *Moral Dilemmas in the Mahabharata* (Shimla: Indian Institute of Advanced Study, and Delhi: Motilal Banarasidass, 1989)。亦请参见其论文集 *The Collected Essays of Bimal Krishna Matilal*, vol. ii: *Ethics and Epics* (edited by Jonardan Ganeri, Delhi and Oxford: Oxford University Press, 2002)。Shashi Tharoor 在其改编的故事书 *The Great Indian Novel* (Harmondsworth: Penguin, 1990) 中卓越地传达了《摩诃婆罗多》中的主要故事及从属故事所提供的令人兴奋的情节。

6. 参见 Len Giovannitti and Fred Freed, *The Decision to Drop the Bomb* (London: Methuen, 1957)。

7. 参见 *In the Matter of J. Robert Oppenheimer: USAEC Transcript of the Hearing before Personnel Security Board* (Washington, DC: Government Publishing Office, 1954)。亦请参见 Heinar Kipphardt 根据这些听证会撰写的剧本 *In the Matter of J. Robert Oppenheimer*, trans. Ruth Speirs (London: Methuen, 1967)。

8. 这一关于伽尔吉与祭言辩论的引文及随后的其他引文,均出于 *Brihadāranyaka Upaniṣad*, sections 3.8.10 to 3.8.12。它们对应于 Sri Ramkrishna Math 出版的该奥义书英文译本(Madras, 1951)第 242～253 页,以及 Advaita Ashrama 出版的该书(Calcutta, 1965)第 512～529 页,但本书提供的英文译文系由笔者根据梵文原本对这些早期译文略加修改而成。

9. 参见 Antonia Fraser, *Boadicea's Chariot: The Warrior Queens* (London: Weidenfeld and Nicolson, 1988)。至于这位早年即成为孀妇,后起而成为日益发展的反抗英国统治斗争中的一位主要领袖并在战场英勇捐躯的女王的其他传记,参见 Joyce Lebra-Chapman, *The Rani of Jhansi: A Study of Female Heroism in India* (Honolulu: University of Hawaii Press, 1986), and Mahasweta Devi, *The Queen of Jhansi*, translated from Bengali by Mandira and Sagaree Sengupta (Calcutta: Seagull Books, 2000)。

10. *Brihadāranyaka Upanisad*, sections 2.4.2 and 2.4.3; in the Advaita Ashrama translation, pp. 352-4。

11. 黑公主事实上与般度五兄弟全都结为伉俪,其中坚战年齿最长:这是印度两大史诗中鲜见的一妻多夫的例证之一。

12. Trans. Indira Viswanathan Peterson, *Design and Rhetoric in a Sanskrit Court Epic* (New York: State University of New York Press, 2003),

pp. 191-4.

13. 关于这些引文及随后的论述，参见 Kshiti Mohan Sen, *Hinduism* (Harmondsworth: Penguin Books, 1961, 2005), pp. 27-31。

14. 削弱民主保障的提议来自印度总理英迪拉·甘地这样一位政治家。世界上最贫穷的选民队伍之一以坚定不移的态度否决了拟议中的迈向威权主义的做法。这种态度对于阻止其他朝着这一方向的试探行动起了警示作用。在落选下野之后，英迪拉·甘地改弦更张，强烈重申自己早先对民主的承诺，终在1980年的大选中重获总理职位。

15. 除了欧洲之外，来自亚洲和非洲各地历史中的例证和对这一总的联系的论述，参见 Sen, "Democracy and Its Global Roots", *New Republic*, Nov. 2003。

16. 参见 John Rawls, *A Theory of Justice* (Cambridge, Mass.: Harvard University Press, 1971)。实际上，罗尔斯认为"公众理性的演练"是民主至关重要的特征，参见其 *Justice as Fairness: A Restatement*, ed. Erin Kelly (Cambridge, Mass.: Harvard University Press, 2001), p. 50。又见 Juergen Habermas, *Towards a Rational Society* (Boston: Beacon Press, 1971), 以及 *The Theory of Communicative Action* (Boston: Beacon Press, 1987)。

17. James M. Buchanan, "Social Choice, Democracy, and Free Markets", *Journal of Political Economy*, 62 (1954), p. 120.

18. 参见笔者的《民主及其全球性根源》（"Democracy and Its Global Roots"）一文。

19. 如在本书序中所解释的那样，我已斗胆将 Aśoka 拼写为 Ashoka，因为印度之外的人们对于以后一种拼写形式出现的该名更为熟悉。

20. *Robert's Rules of Order: Simplified and Applied*, Webster's New World (New York: Simon and Schuster Macmillan, 1999).

21. 参见 Irfan Habib (ed.), *Akbar and His India* (Delhi and New York: Oxford University Press, 1997), 其中一系列优秀论文考察了阿克巴的信仰与政策以及导致其异端立场的理性影响因素。该论文集中的两篇论文 ("Secularism and Its Discontents" 与 "India through Its Calendars") 包含对阿克巴时代不同宗教间交流的理性意义的论述。Shirin Moosvi, *Episodes in the Life of Akbar: Contemporary Records and Reminiscences* (New Delhi: National Book Trust, 1994) 以生动而丰富的资料描述了阿克巴如何通过推理做出社会决定。

22. 作为皇帝，阿克巴显然不必依从他所安排的讨论会中出现的一些意见（它们仅起咨询作用）。只要愿意，他随时可以停止在他的召集下举行的那些评议会。由于与会者实际享有的发表其各自观点的自由以阿克巴能够接受为条件，所以从"共和主义"的角度（由 Philip Pettit 提出，见 *Republicanism: A Theory of Freedom and Government*, Oxford: Clarendon Press, 1997）或依据"新罗马人"的自由理论（由 Quentin Skinner 提出，见 *Liberty before Liberalism*, Cambridge: Cambridge University Press, 1998）进行评估的话，这就不能算"真正的自由"。

23. 关于世俗主义的不同概念，参见 Rajeev Bhargava (ed.), *Secularism and Its Critics* (Delhi: Oxford university Press, 1998)。

24. 有关历史参见 Shalva Weil (ed.), *India's Jewish Heritage* (Mumbai: Marg Publications, 2002) 以及其中援引的文献。

25. 从基督教纪元前 2 世纪起，在印度西北部也存在基督教产生之前即有的希腊人定居点。至于印度、希腊和罗马之间的早期关系，参见约翰·米切纳的富于明确启发性的论文《印度、希腊和罗马：古典时代的东—西联系》("India, Greece and Rome: East-West Contacts in Classical Times", mimeographed, 2003)，以及其中援引的大量文献。

26. 阿育王的这些说法出现在 Edict XII（on "toleration"）at Erragudi 之中；我在此处采用的译文是由 Vincent A. Smith 在 *Asoka*：*The Buddhist Emperor of India*（Oxford：Clarendon Press，1909）中提供的，我只是根据梵文原本做了一些非常小的修订。

27. 译文出自 Vincent A. Smith，*Akbar*：*The Great Mogul*（Oxford：Clarendon Press，1917），p. 257。

28. 参见 Iqtidar Alam Khan，"Akbar's Personality Traits and World Outlook：A Critical Reappraisal"，in Habib（ed.），*Akbar and His India*，p. 78。

29. 阿克巴的主要顾问阿布勒·法兹勒是一位通晓阿拉伯文、波斯文和梵文的大学者。阿克巴军队中的将军之一拉希姆（亦名阿卜杜拉希姆·坎卡纳）本人是一位穆斯林，却主要利用梵语文学和印度教哲学创作了相当优美的诗歌。

30. 参见 Kshiti Mohan Sen，*Medieval Mysticism of India*，罗宾德罗纳特·泰戈尔为之撰写了前言（1930）；*Hinduism*（1961，2005）。

31. Edict XII. in Vincent A. Smith，*Asoka*，p. 171.

32. A. C. Bouquet，*Comparative Religion*，Harmondsworth：Penguin，5th edn.，1956），p. 112. 印度哲学评注大家萨尔维帕利·拉达克里希南甚至有过之而无不及，认为"总的来说，印度哲学的主要特征是其对精神问题的专注"(S. Radhakrishnan and S. A. Moore，*A Sourcebook in Indian Philosophy*，Princeton：Princeton University Press，1957，p. XXiii）。(恰好继拉达克里希南担任牛津大学东亚宗教和伦理学斯波尔丁讲座教授的）比玛尔·玛蒂拉（Bimal Matilal）以文献证据对这一观点提出异议，参见 *Perception*：*An Essay on Classical Indian Theories of Knowledge*（Oxford：Clarendon Press，1986）。

33. 参见 Debiprasad Chattopadhyaya，*Lokayata*：*A Study of Ancient Indian Materialism*（New Delhi：People's Publishing House，1959），and *Indi-*

an Atheism（Calcutta，Manisha，1959）。

34. Sukumari Bhattacharji 近来用孟加拉文撰写的一系列有关古代印度的论文（包括 2000 年发表的一篇有关"吠陀文献中的怀疑精神与无神论"的论文），极大地丰富了我们对这一异端学说的性质与范畴的理解。甚至前面提到的被女对话人伽尔吉视为最见多识广的神学家祭言，也对神的存在与作用提出了一些包含严肃怀疑态度的证据。Sukumari Bhattacharji 的早期英文论著包括：*The Indian Theology*（Cambridge：Cambridge University Press，1970；London：Penguin，2000）；*Literature in the Vedic Age*，2 vols.（Calcutta，K. P. Bagchi，1984，1986）；*Classical Sanskrit Literature*（Calcutta：Orient Longman，1990）。

35. D. N. Jha，*Ancient India*（New Delhi：Manohar，1977，rev. edn.，1998，pp. 69-70。

36. *The Sarva-Darsana-Samgraha or Review of Different Systems of Hindu Philosophy by Madhava Acharya*，trans. E. B. Cowell and A. E. Gough（London：Trübner，1882；repr. New Delhi：Cosmo Publications，1976）.

37. 同上书，第 2 页。

38. 同上书，第 2～3 页。

39. 同上书，第 10 页。

40. *Arthaśāstra* 可意译为："物质富足之学"。英文译本见 R. P. Kangle，*Kautilya's Arthasastra*（Bombay：University of Bombay，1970）。憍底利耶对经济学及政治学的态度受一种结果决定论的制约。笔者在 *Money and Value：On the Ethics and Economics of Finance*，The First Baffi Lecture，（Rome：Bank of Italy，1991），repr. in *Economics and Philosophy*，9（1993）中着重论述了这一点。

41. 关于这一点，参见笔者于 2001 年在印度历史大会上的开幕词："History and the Enterprise of Knowledge"，文本由大会散发；再度刊印于 *New Humanist*，116（2001 年 6 月 2 日）。

42. 关于这一点，尤请参见 Matilal, *Perception*。

43. Trans. Makhanlal Sen, *Ramayana: From the Original Valmiki* (Calcutta: Rupa, 1989), pp. 174-5.

44. *Sarva-Darsana-Samgraha*, trans. Cowell and Gough, p. 6.

45. 同上。

46. 同上。关于本文及有关文本论述的有关认识论的问题，亦请参见 Matilal, *Perception*。

47. 参见 Debiprasad Chattopadhyaya, *Lokayata*, pp. 2-3；及 Ramendranath Ghosh 用孟加拉语撰写的有关"斫婆迦派唯物主义"的论文，载于 Dipak Bhattacharya, Moinul Hassan and Kumkum Ray ed., *India and Indology: Professor Sukumari Bhattacharji Felicitation Volume* (Kolkata [Calcutta]: National Book Agency, 2004), p. 242。

48. Repr. in B. H. G. Wormald, *Francis Bacon: History, Politics and Science, 1561—1626* (Cambridge: Cambridge University Press, 1993), pp. 356-7.

49. *Alberuni's India*, trans. E. C. Sachau, ed. A. T. Embree (New York: Norton, 1971), p. 111. 在笔者的论文 "History and the Enterprise of Knowledge"中，有对这场论战的深入论述。

50. Nelson Mandela, *Long Walk to Freedom* (Boston: Little, Brown & Co., 1994), p. 21.

51. 在面对多样的和相互依存的因素时，我们决定强调哪个因素当取决于所着重的特征。半个世纪之前，在面对英国历史背景下一场不同的谋求平衡的行动时，埃里克·霍布斯鲍姆论述了为何马克思主义史学家（他就是作为马克思主义史学家而写作的）揭示"理想、热情与运动"的作用（日益受到正统史学家的忽视）是重要的，以及不可主要专注于马克思主义分析的传统焦点——物质条件："在纳米尔之前的时代，马克思主义史学家将引起人们对政治之物质基础的关注作为自己的主要历史责任之一。……然而，由于资产阶级史学家业已接受了一种独特形式的庸俗唯物主义，马克思主义史学家不得不提醒他们，历史是对人们的物质环境的反映，也是人们为理念而进行的斗争"（"Where Are British Historians Going?", *Marxist Quarterly*, 2 Jan. 1955, p. 22)。

52. Rabindranath Tagore, *The Religion of Man* (London: Unwin; 1931, 2nd edn., 1961), p. 105.

53. 引自《吉檀迦利》。亦请参见本书第五篇文章。

二 不平等、不稳定与不平之鸣

1. 参见 Louis Dumont, *Homo Hierarchicus: The Caste System and Its Implications* (Chicago: University of Chicago Press, 1980)。至于针对迪蒙有关印度社会分层及相关命题的解读的严谨评估，参见 André Béteille, *The Idea of Natural Inequality and Other Essays* (Delhi: Oxford University Press, 1983); Arjun Appadurai, "Is Homo Hierarchicus?", *American Anthropologist*, 13 (1986); Dipankar Gupta (ed.), *Social Stratification* (Delhi: Oxford University Press, 1991); Nicholas Dirks, "Castes of Mind", *Representations*, 37 (1992), and *Castes of Mind: Colonialism and the Making of Modern India* (Princeton: Princeton University Press, 2001)。

2. 参见如 Charles Taylor, *Philosophy and the Human Sciences: Philo-*

sophical Papers (Cambridge: Cambridge University Press, 1986); Nancy Fraser and Axel Honneth, *Redistribution or Recognition? A Political-Philosophical Exchange* (London: Verso Books, 2003)。埃玛·罗思柴尔德也论述了"承认"这一理念之中潜在的问题,参见"Dignity or Meanness", *Adam Smith Review*, 1 (2004)。

3. 安贝卡本人在纳入印度共和国宪法的有利于弱势社会群体 ("表列种姓"和"表列部落")的赞助性行动政策的制定过程中发挥了重要作用。然而,他自己的日益加重的社会悲观主义的意识,导致他最终在一次引起强烈反响的公开的改宗仪式上接纳了佛教的平等主义。参见 *The Essential Writings of B.R.Ambedkar*, ed. Valerian Rodrigues (Delhi: Oxford University Press, 2002)。

4. 这些关系在让·德勒泽和笔者合著的《饥饿与公共行动》(*Hunger and Public Action*, Oxford: Clarendon Press, 1989)及《印度:发展和参与》(*India: Development and Participation*, Delhi and Oxford: Oxford University Press, 2002)中均有所论述。从自助组织到通过会议及出版物 (Madhu Kishwar 主编的具有先锋性质的女性期刊 *Manushi*)参与公开讨论,以这些不同的形式为妇女的权利和公平而奋斗的激进主义运动,在改变印度政治与社会变革议程方面取得了相当的成功。对于其中某些事态发展的引人入胜的记述,可见于 Radha Kumar 的典雅的著述 *The History of Doing: An Illustrated Account of Movements for Women's Rights and Feminism in India* (New Delhi: Kali for Women, 2nd ed., 1997)。妇女运动必须参与解决的各种问题,包括相对遭到忽视的一般的所有权尤其是土地所有权这一领域的问题,在这一方面可参见阿格瓦的经典论著 (Bina Agarwal, *A Field of One's Own*, Cambridge: Cambridge University Press, 1994)。Anees Jung 优美地描述了与"隐身妇女"的新开端相关的社会事物,参见其 *Beyond the Court-*

yard: *A Sequel of Unveiling India*（New Delhi: Penguin Books, 2003）。

5. 还存在一些重要的治理问题，尤其是马克·图利和吉莉安·莱特所谓"印度独有的莠政形式"方面的问题（Mark Tully and Gillian Wright, *India in Slow Motion*, London: Penguin Books, 2003, p. xv）。然而，正如 Tully 和 Wright 所指出的，印度改善治理的前景最终是与其民主实践的活力联系在一起的。在这一方面，亦请参见德勒泽与笔者合著的《印度：发展和参与》的第十章。

6. 对于这些以及相关观点，参见本书第一篇文章，以及 Kshiti Mohan Sen, *Hinduism*（1961, 2005）。

7. Yi Jing（义净）, *A Record of the Buddhist Religions as Practised in India and Malay Archipelago*（《南海寄归内法传》）, trans. J. Takakusu（高楠）, Oxford: Oxford University Press, 1896, p. 136.

8. 实际上，甚至英属印度帝国时代之前来自英国的旅行家亦往往将印度视为一个国家。例如，这一点就明显与在 16 世纪漫游印度的坚毅的英国旅行家拉尔夫·菲奇（Ralph Fitch）相适。参见 William Foster（ed.）, *Early Travels in India*（Oxford: Oxford University Press, 1921）。

9. E. M. Forster, "Nine Gems of Ujjain", in *Abinger Harvest*（Harmondsworth: Penguin Books, 1936, 1974）, pp. 324-7.

10. Trans. from Barbara Stoler Miller, *The Plays of Kalidasa*（Delhi: Motilal Banarasidass, 1999）, pp. 5-6.

11. 分治的历史已成为重要的评析对象。尤请参见 Ayesha Jalal, *The Sole Spokesman: Jinnah, the Muslim League and the Demand for Pakistan*（Cambridge: Cambridge University Press, 1985）。亦可参见贾南德拉·潘迪对分治过程中暴力的起因、强度和持久影响的分析（Gyanendra Pandey, *Remembering Partition: Violence, Nationalism and History in India*, Cam-

bridge: Cambridge University Press, 2001)。

12. 拉赫曼·索班富于启发性地论述了公民社会在南亚共同体的发展中的作用，参见 Rehman Sobhan, *Rediscovering a South Asian Community: Civil Society in Search of Its Future* (Colombo: International Centre for Ethnic Studies, 1997)。

三 印度：大与小

1. Kshiti Mohan Sen, *Hinduism* (Harmondsworth: Penguin, 1961), pp. 39-40.

2. 译文引自 Makhanlal Sen, *Ramayana: From the Original Valmiki* (Calcutta: Rupa, 1989), p.174，笔者据梵文原本略有修订。

3. 关于这些主张的性质和用途，参见 Sunil Khilnani, *The Idea of India* (London: Penguin Books, extended edn., 2003), pp. 150-2。

4. Tapan Raychaudhuri 的关于殖民地时期与后殖民地时期的内容广泛的论文集 *Perceptions, Emotions, Sensibilities: Essays on India's Colonial and Post-Colonial Experiences* (New Delhi and Oxford: Oxford University Press, 1999) 中的数篇论文，对博大的传统与当代政治性印度教的狭隘进行了对比。

5. 除了印度教民族主义在独立斗争期间发挥的联合作用之外，它还确有其他社会特点，包括一些令人不够愉快的特点。主要参见 Bipan Chandra, Amales Tripathi and Barun De, *Freedom Struggle* (New Delhi: National Book Trust, 1972); Ayesha Jalal, *The Sole Spokesman: Jinnah, the Muslim League and the Demand for Pakistan* (Cambridge: Cambridge University Press, 1985); and Barun De, *Nationalism as a Binding Force: The Dialectics of the Historical Course of Nationalism* (Calcutta: Centre for Studies in

Social Sciences, 1987)。

6. 此处的论述利用了笔者一篇早期文章"What Is the Indian Nation?", *Taj Magazine* (2003)。

7. 本书最初出版时以"A Maratha"(一个马拉塔人)为笔名(*Hindutva*, Nagpur: V. V. Kelkar, 1923),后用 Savarkar (萨瓦尔卡)的本名再度印行,有多种版本,包括 *Hindutva* (Bombay: Veer Savarkar Prakashan, 6th edn., 1989)。

8. 实际上,萨瓦尔卡本人曾因被控共谋杀害甘地而受审,后因某些法律依据而获释。A. G. 努拉尼 (A. G. Noorani) 在其 *Savarkar and Hindutva* (Delhi: Leftword Books, 2002) 一书中颇为详细地论述了这段历史。2004年,根据(印度人民党领导之下的)在新德里履职的联合政府的提议,"英勇的"萨瓦尔卡的一幅肖像被悬挂在印度议会的中央大厅之中,成为时代巨变的一个标志,尽管许多议员抵制这一事件。

9. 关于印度教教派的冲突和对世俗主义的挑战的不同方面,参见 Veena Das (ed.), *Mirrors of Violence* (Delhi: Oxford University Press, 1990),特别是其中 Ashis Nandy 的论文 "The Politics of Secularism and the Recovery of Religious Tolerance",及以下主要论著: K. M. Panikkar (ed.), *Communalism in India: History, Politics and Culture* (New Delhi: Manohar, 1991); Upendra Baxi and Bhikhu Parekh (eds.), *Crisis and Change in Contemporary India* (New Delhi: Sage, 1995); Rafiq Zakaria, *Widening Divide: An Insight into Hindu-Muslin Relations* (London: Viking, 1995); Kaushik Basu and Sanjay Subrahmanyam (eds.), *Unravelling the Nation: Sectarian Conflict and India's Secular Identity* (Delhi: Penguin, 1996); Sugata Bose and Ayesha Jalal (ed.), *Nationalism, Democracy and Development: State and Politics in India* (Delhi: Oxford University Press, 1997); Achin Vanaik,

The Furies of Indian Communalism (London: Verso, 1997); Rajeev Bhargava, *Secularism and Its Crisis* (1998); Neera Chandoke, *Beyond Secularism: The Rights of Religious Minorities* (Delhi and Oxford: Oxford University Press, 1999); A. G. Noorani, *The RSS and the BJP* (Delhi: Manohar Publishers, 2001); Ashutosh Varshney, *Ethnic Conflict and Civic Life: Hindus and Muslims in India* (New Haven: Yale University Press, 2002)。

10. 执政的国民大会党政府未能防止甚至未能充分调查英迪拉·甘地1984年遇刺后导致大量锡克教教徒丧生的骚乱，也严重损害了国民大会党的政治记录。

11. Samuel Huntington, *The Clash of Civilizations and the Remaking of World Order* (New York: Simon and Schuster, 1996).

12. *Alberuni's India*, trans. E. C. Sachau, ed. A. T. Embree (New York: Norton, 1971), p. 22.

13. Rabindranath Tagore, "The Message of Indian History", *Visva-Bharati Quarterly*, 22 (1902), p. 105. Sunil Khilnani 在其富于真知灼见的书 *The Idea of India* (London: Penguin Books, extended edn., 2003, pp. 166-70) 中论述了这种判断的性质。

14. Dinesh Chandra Sen, *History of Bengali Language and Literature* (Delhi: Gian Publishing House, 1986), pp. 10-12.

15. 印度人民党利用其官方地位 依照其路线从根本上改写印度历史，往往与众所周知的印度过去的特征发生直接冲突。对于这一做法的惊讶之感与反对，也产生了不利于印度人民党的政治影响，使许多以前骑墙的印度知识分子与之疏远。这对于其他政党也是一个教训，即不要通过糟改儿童必读的历史而获取一时的政治力量。亦请参见拉马钱德拉·古哈关于左翼早先亦曾利用其官方地位为印度历史研究指示特定方向的论点（"The Absent Liber-

al: An Essay on Politics and Intellectual Life", *Economic and Political Weekly*, 15 Dec. 2001)。尽管对事件的判断受到质疑，但古哈关于在推出教科书和官方在其他场合记述历史时要努力追求客观性并避免党派偏见的要求却肯定十分重要。

16. 改组后的印度历史研究理事会的最初步骤之一即雪藏该理事会先前——在其改组前——委托撰写的一部关于印度独立斗争（被称为"走向自由"）的历史论著。该项决定显然与一种可能十分正确的估计有关，即负责这一论著的身为著名历史学家的两位作者（K. M. Panikkar 与 Sumit Sarkar），可能涉及印度教政治激进主义分子在印度争取民族独立斗争期间所起的分裂作用。

17. *Hindusthan Times*, 5 Oct. 2002.

18. "Inventing History", *Hindu*, 14 Oct. 2002.

19. 新德里一所学校的一位历史教师琦特拉·斯里尼瓦斯应邀就教科书发表评论，但她的忠告（同其他许多历史教师的忠告一样）被广泛忽视。她后来评论道，教科书的宗旨似乎是让人产生这样的感觉，即"我们的自由斗争基本上是一场针对基督教传教士和穆斯林教派主义者的宗教斗争"。本身有印度教背景的斯里尼瓦斯遗憾地说："问题是我热爱印度，并极为赞赏其拥有多元文化的社会。……我不能接受在撰写印度历史时对事实的歪曲，那与她的存在的精神本身背道而驰。"（"Whither Teaching of History?", in *Saffronised and Substandard*, New Delhi: SAHMAT, 2002, pp. 69-71.）

20. 参见 Mortimer Wheeler, *Indus Civilization* (Cambridge: Cambridge University Press, 1953); John Mitchener, *Studies in the Indus Valley Inscriptions* (New Delhi: Oxford University Press, 1978); B. B. Lal and S. P. Gupta (eds.), *Frontiers of the Indus Civilization* (New Delhi: Books & Books and Indian Archaeological Society, 1984); Bridget and Raymond

Allchin, *Origins of a Civilization: The Prehistory and Early Archaeology of South Asia* (New Delhi: Viking, 1997); D. N. Jha, *Ancient India: In Historical Outline* (New Delhi: Manohar, 1998)。

21. 除了科学史上这些张冠李戴的具体事实之外，还存在一种方法论方面的问题。米拉·南达在她高度引人入胜的书中论述了这一问题，参见 *Prophets Facing Backward: Postmodern Critiques and Hindu Nationalism in India* (New Brunswick, NJ: Rutgers University Press, 2003)。南达认为，在印度教特性意识形态的中心，存在"一种后现代臆断：每一社会均有其自身的理性、逻辑范式、举证规则和真理观念"。她对这一臆断及她所认为的印度教特性运动对这一臆断的利用均提出了有力的批评。

22. 例如，国家教育研究和培训理事会为六年级学生编定的科学教科书，将阿利耶毗陀 5 世纪时对地球周日自转的阐明——与太阳绕地球运行的学说相反——归到吠陀时期，提早了 2 000 年。参见 *Saffronised and Substandard* 第 31 页引文。

23. Natwar Jha and N. S. Rajaram, *The Deciphered Indus Script* (New Delhi: Aditya Prakashan, 2000).

24. "Horseplay in Harappa", *Frontline*, 17 (13 Oct. 2000).

25. 参见 R. E. Latham (ed.), *The Travels of Marco Polo* (Harmondsworth: Penguin Books, 1958), pp. 250-1。

26. 正如 Aijaz Ahmad 在评论导致印度分治的历史进程中的暴力时所主张的，"无论是属于高级种姓的印度教教徒，还是文雅、有产的穆斯林，无论是我们具有现代性的可导致灾难的教派形态，还是我们在反殖民改革运动中的排外主义做法"，均无从完全免予养成"身份政治的暴行"(*Lineages of the Present: Ideology and Politics in Contemporary South Asia*, London: Verso, 2000, pp. xi-xii)。

27. 引自泰戈尔1921年3月13日致C.F.安德鲁斯的一封信，后来这些信件集合成《致友人书》（*Letters to a Friend*，London：Allen & Unwin，1928）出版。亦请参见本书第五篇文章。

四 移民社群与世界

1. Samuel P. Huntington, *The Clash of Civilizations and the Remaking of World Order* (New York：Simon and Schuster, 1996), p. 71.

2. Trans. Vincent A. Smith, *Akbar：The Great Mogul* (Oxford：Clarendon Press, 1917), p. 257.

3. 参见 M. Athar Ali,"The Perception of India in Akbar and Abu'l Fazl", in Irfan Habib (ed.), *Akbar and His India* (Delhi and New York：Oxford University Press, 1997), p. 220, 以及笔者的论文"The Reach of Reason：East and West", *New York Review of Books*, 47 (20 July 2000), 后者被收入本书，为第十三篇。

4. 印度的一些著名历史学家就殖民主义对印度思想情感的多方面影响的其他特征进行了研究。例如，可以参见 Tapan Raychaudhuri, *Perceptions, Emotions, Sensibilities：Essays on India's Colonial and Post-Colonial Experiences* (New Delhi and Oxford：Oxford University Press, 1999), 以及 Sumit Sarkar, *A Critique of Colonial India* (Calcutta：Papyrus Publishing House, 2000)。在英国统治期间，C. A. Bayly 就次大陆民族起源这一重要问题进行了调研，参见其 *Origins of Nationality in South Asia：Patriotism and Ethnical Government in the Making of Modern India* (Delhi and Oxford：Oxford University Press, 1998)。

5. T. B. Macaulay, "Indian Education：Minute of the 2nd February,

1835", rept. in G. M. Young (ed.), *Macaulay: Prose and Poetry* (Cambridge, Mass.: Harvard University Press, 1952), p. 722.

6. William Dalrymple 在其长篇小说杰作《白莫卧儿人》(*White Mughals*, London: Flamingo, 2002) 中讲述了 18 世纪印度的一个扣人心弦的爱情故事。当时，在印度的男性英国人中有三分之一与印度妇女一道生活，他们的爱情成为早期英属印度帝国的一个明显现象。随着英国殖民统治在随后一个世纪里得到巩固，及关于英国与印度两国人民差距论（詹姆士·穆勒是拥护这一思想路线的主要理论家）的问世，社会关系的主流急剧变化，尽管许多有关个人之间亲密关系的独立例证一直存续于 19 和 20 两个世纪。

7. Ranajit Guha, *Dominance without Hegemony* (Cambridge, Mass.: Harvard University Press, 1997).

8. Max Müller, *Sacred Books of the East*, 50 vols. (Oxford: Clarendon Press, 1879—1910).

9. James Mill, *The History of British India* (London, 1817; repr. Chicago: University of Chicago Press, 1975), pp. 223-4.

10. 引文出处同上书，Introduction by John Clive, pp. viii。

11. 正如罗米拉·塔帕（Romila Thapar, 一译罗米拉·塔帕尔）所指出的，詹姆士·穆勒对印度的解读迅速广为流行，至 19 世纪中叶时已几成英国"了解印度社会与政治"的"圭臬"，相当充分地"适应了帝国的需要"（参见她 *Interpreting Early India*, Delhi: Oxford University Press, 1982, pp. 5-6, 33-4）。

12. *Alberuni's India*, trans. E. C. Sachau, ed. A. T. Embree (New York: Norton, 1971), pp. 276-7.

13. Mill, *The History of British India*, pp. 225-6.

14. 同上书，第 247 页。

15. 关于"第三者视角"对"身份"在面临权力不对称之时的发展这一问题的重要性，参见 Akeel Bilgrami, "What Is a Muslim?", in Anthony Appiah and Henry L. Louis Gates (eds.), *Identities* (Chicago: Chicago University Press, 1995)。亦请参见 Ayesha Jalal, *Self and Sovereignty: Individual and Community in South Asian Islam since 1850* (London: Routledge, 2000)。

16. Partha Chatterjee, *The Nation and Its Fragments* (Princeton: Princeton University Press, 1993), p. 6.

17. Jawaharlal Nehru, *The Discovery of India* (《印度的发现》, Calcutta: Signet Press, 1946; centenary edn., Delhi: Oxford University Press, 1989).

18. 参见 *The Essential Writings of B. R. Ambedkar*, ed. Valerian Rodrigues (Delhi: Oxford University Press, 2002), 特别是其中第三十二篇文章（"Basic Features of the Indian Constitution"）。

19. 可以对古代印度两位政治思想巨子即憍底利耶和阿育王的理念进行有趣的比较。布鲁斯·里奇引人入胜地考察了他们各自的观点历久不衰的重要性并对二者进行了对比，参见其 *To Uphold the World: The Message of Ashoka and Kautilya for the 21st Century*。

20. *Nihongi: Chronicles of Japan from the Earliest Times to A. D. 697*, trans. W. G. Aston (Tokyo: Tuttle, 1972), pp. 128-33.

21. Nakamura Hajime, "Basic Features of the Legal, Political, and Economic Thought of Japan", in Charles A. Moore (ed.), *The Japanese Mind: Essentials of Japanese Philosophy and Culture* (Tokyo: Tuttle, 1973), p. 144.

22. 事实上，《金刚经》曾被多次——甚至可能有十余次——译成中文。然而，鸠摩罗什于基督教纪元 402 年推出的这一梵语文献的中文译本后来得以印刷,从而成为世界上第一部标有印刷日期的书。关于这一点,参见本书后面第八篇文章。

23. 这一卷轴是由考古学家马克·奥里尔·斯坦因爵士于 1907 年在中国西北部的"千佛洞"之一中发现的。上面提供的印刷日期经转换即为格列高利历 868 年 5 月 11 日。

24. 参见 Thomas McEvilley, *The Shape of Ancient Thought*: *Comparative Studies in Greek and Indian Philosophies* (New York: Allworth Press, 2002), pp. 368-70。总的来看,McEvilley 对希腊人与印度人在古代世界的交互影响提供了令人称赏的富于启发意义的阐释。

25. *Alberuni's India*, p. 20。那时用于指称印度教教徒或印度人的阿拉伯语词是同一个,我在本节中用"Indian"替换了扎豪选择的英文词"Hindu",因为本节提到的是印度国土之上的居民。

五 泰戈尔与他的印度

1. Rabindranath Tagore, *The Religion of Man* (London: Unwin, 1931, 2nd edn., 1961), p. 105。克希提·莫汉·森在《印度教教徒与穆斯林在印度的共同成就》(*Bharate Hindu Mushalmaner Jukto Sadhana*, Calcutta: Visva-Bharati, 1949; extended edn., 1990) 和《印度教》(*Hinduism*, Harmondsworth: Penguin, 1961, 2005) 两书中,论述了属于印度文化的组成部分的印度教教徒文化与穆斯林文化之间(在宗教信仰、民事法典、绘画、雕刻、文学、音乐和天文学领域)的广泛互动。

2. 罗宾德罗纳特·泰戈尔的父亲戴本德罗纳特事实上参加了一个宗教改革社团梵社。该社团废弃了当时许多背离古代印度教典籍的陋俗。

3. *Selected Letters of Rabindranath Tagore*, ed. Krishna Dutta and An-

drew Robinson (Cambridge: Cambridge University Press, 1997). 本文利用了笔者为该书信集撰写的前言。关于罗宾德罗纳特·泰戈尔的重要背景资料以及他在西方的接受情况,亦请参见以上两位编者的 *Rabindranath Tagore: The Myriad-Minded Man* (New York: St Martin's Press, 1995),以及 *Rabindranath Tagore: An Anthology* (New York: Picador, 1997)。

4. 参见 *Romain Rolland and Gandhi Correspondence* (New Delhi: Government of India, 1976), pp. 12-13, 里面附有贾瓦哈拉尔·尼赫鲁撰写的前言。

5. 关于达廷顿庄园、学校及埃尔姆赫斯特伉俪的情况,参见 Michael Young, *The Elmhirsts of Dartington: The Creation of an Utopian Community* (London: Routledge, 1982)。

6. Yasunari Kawabata, *The Existence and Discovery of Beauty*, trans. V. H. Viglielmo (Tokyo: Mainichi Newspapers, 1969), pp. 56-7.

7. W. B. 叶芝为罗宾德罗纳特·泰戈尔的《吉檀迦利》(*Gitanjali*, London: Macmillan, 1913) 撰写的导论。

8. 泰戈尔诗歌中的朦胧与留白描写的重要性,为威廉·拉迪斯(泰戈尔作品的主要英文译者之一)的引人注目的论文提供了发表一些深刻见解的契机。拉迪斯认为:"他将诗歌与散文融为一体,却由于留白而更显得真实。"(Introduction to his *Rabindranath Tagore: Selected Short Stories*, Harmondsworth: Penguin, 1991, p. 28.)

9. Reported in Amita Sen, *Anando Sharbokaje* (in Bengali) (Calcutta: Tagore Research Institute, 2nd edn., 1996), p. 132.

10. B. R. Nanda, *Mahatma Gandhi* (Delhi: Oxford University Press, 1958; paperback, 1989), p. 149.

11. 笔者在 *Choice of Techniques* (Oxford: Blackwell, 1960),附录 D 中

论述了这些经济问题。

12. 莫汉达斯·甘地语，为 Krishna Kripalani 在其 *Tagore：A Life* (New Delhi：Orient Longman, 1961, 2nd edn., 1971, pp.171-2) 中所引用。

13. 对于有关事件的更为详尽的记述，参见 Dutta and Robinson, *Rabindranath Tagore：The Myriad-Minded Man*, ch.25, and Ketaki Kushari Dyson, *In Your Blossoming Flower-Garden：Rabindranath Tagore and Victoria Ocampo* (New Delhi：Sahitya Akademi, 1988)。

14. 英文译本刊布于 *Rabindranath Tagore：A Centenary Volume, 1861—1961* (New Delhi：Sahitya Akademi, 1961), 该纪念集附有一篇贾瓦哈拉尔·尼赫鲁为之撰写的导论。

15. 英文译诗引自 Kripalani, *Tagore：A Life*, p.185。

16. "Einstein and Tagore Plumb the Truth", *New York Times Magazine*, 10 Aug.1930; repr. Dutta and Robinson, *Selected Letters of Rabindranath Tagore*。

17. Hilary Putnam, *The Many Faces of Realism* (La Salle, Ill.：Open Court, 1987). 对于有关问题，亦请参见 Thomas Nagel, *The View from Nowhere* (New York：Oxford University Press, 1986)。

18. Isaiah Berlin, "Rabindranath Tagore and the Consciousness of Nationality", 参见其 *The Sense of Reality：Studies in Ideas and Their History* (Boston：Farrar, Straus and Giroux, 1997, p.265)。

19. E. P. Thompson 为泰戈尔的《民族主义》(*Nationalism*, London：Macmillan, 1991, p.10) 撰写的导论。

20. 对于苏巴斯·钱德拉·鲍斯及其兄萨拉特在印度政治中的作用的透彻而富于见识的分析，参见 Leonard A. Gordon, *Brothers against the Raj：A*

Biography of Indian Nationalists Sarat and Subhas Chandra Bose（New York: Columbia University Press, 1990)。

21. 川端康成大量利用了泰戈尔的思想，甚至根据泰戈尔的命题得出结论："一个陌生人更易于了解［日本］对全人类来说真正有价值的东西是什么。"(*The Existence and Discovery of Beauty*, pp. 55-8)。

22. Rabindranath Tagore, *Letters from Russia*, trans. from Bengali by Sasadhar Sinha (Calcutta: Visva-Bharati, 1960, p. 108)。

23. 参见 Satyajit Ray, *Our Films Their Films* (Calcutta: Disha Book/Orient Longman, 3rd edn., 1993)。我已尝试在自己的"萨蒂亚吉特·拉伊纪念讲座"演讲中论述了这些问题，该演讲收入本书，为第六篇文章。亦请参见 Andrew Robinson, *Satyajit Ray: The Inner Eye* (London: André Deutsch, 1989)。

24. *Guardian*, 1 Aug. 1991。

25. Shashi Tharoor, *India: From Midnight to the Millennium* (New York: Arcade Publishing), p. 1.

26. 关于这一问题及相关问题，参见让·德勒泽与笔者合著的《印度：经济发展与社会机会》*India: Economic Development and Social Opportunity*, Delhi and Oxford: Oxford University Press, 1996)，特别是其中第六章，以及让·德勒泽与笔者合编的《印度的发展：选择的区域视角》(*Indian Development: Selected Regional Perspectives*, Delhi and Oxford: Oxford University Press, 1996)。

27. Edward Thompson, *Rabindranath Tagore, Poet and Dramatist* (Oxford: Oxford University Press, 1926).

28. 转引自 Tharoor, *India*, p. 9。

六　我们的文化，他们的文化

1. Satyajit Ray, *Our Films Their Films* (Calcutta: Disha Book/Orient Longman, 3rd edn., 1993, p. 154).

2. 对于与文化互动及其结果有关的不同进程的富于见地的分析，可见于 Homi Bhabha, *The Location of Culture* (London: Routledge, 1994)。

3. 尤请参见 Partha Chatterjee, *The Nation and Its Fragments* (Princeton: Princeton University Press, 1993)。

4. 参见 W. S. Wong, "The Real World of Human Rights", mimeographed, Vienna, 1993。

5. Repr. in *Our Films Their Films*, pp. 42-3.

6. 同上书，第12页。

7. 同上书，第160页。

8. 同上书，第5页。

9. Ray, *My Years with Apu: A Memoir* (New Delhi: Viking, 1994), p. 4.

10. 除了萨蒂亚吉特·拉伊在《我们的电影，他们的电影》(*Our Films Their Films*)及《我与阿普在一起的岁月》(*My Years with Apu*)中的自传性记述之外，安德鲁·罗宾逊在 *Satyajit Ray: The Inner Eye* (London: André Deutsch, 1989)中相当细致地论述了他与来自许多不同地方的文化中的思想和艺术的关系。

11. Ray, *Our Films Their Films*, p. 9.

12. Chatterjee, *The Nation and Its Fragments*, p. 5.

13. 这里提及的"去年夏季"是1996年夏季，在笔者于1996年12月发表"萨蒂亚吉特·拉伊纪念讲座"演讲之前。在这次"萨蒂亚吉特·拉伊纪念讲座"演讲的原初文本中,我还论述了数学思想及术语流出和流入印度,往往形成一个周而复始的圆圈的有关情况。在本次重新刊印之时,有关论述被删除,因为类似观点在本书的其他文章中业已提出。

14. Isaiah Berlin, *Four Essays on Liberty* (Oxford: Oxford University Press, 1969), p. XI.

15. Orlando Patterson, *Freedom*, vol. i: *Freedom in the Making of Western Culture* (New York: Basic Books, 1991).

16. 我于1995年6月在日本箱根的一次会议上发表的演讲"Is Coercion a Part of Asian Values?"中论述了这一问题。1997年5月1日,我在卡内基伦理学与国际事务理事会举办的"摩根索纪念讲座"发表演讲,形成了这篇论文后来的文本。该理事会以小册子的形式刊行了这篇论文,该文还以《人权与亚洲价值观》为题刊布于1997年7月14日和21日出版的《新共和》(*New Republic*) 这一周刊上。

七 印度的传统与西方的想象

1. Edward W. Said, *Orientalism* (New York: Random House, 1978; Vintage Books, 1979), p. 5.

2. 同上书,第5页。

3. 在本文所利用的笔者较早的一篇文章《印度与西方》中,这里的属于第三范畴的态度,被称为"调研者的态度",而非"文化保护人的态度";后者更为具体,我认为似乎更为恰如其分。

4. 参见 *Alberuni's India*, trans. E. C. Sachau, ed. A. T. Embree (New York: Norton, 1971)。

5. 参见 Wilhelm Halbfass, *India and Europe: An Essay in Understand-*

ing (New York: State University of New York Press, 1988, Ch. 2)

6. *Alberuni's India*, p. 246. 在阿尔比鲁尼时代，同一阿拉伯语词通常被用于兼指"Hindu"（印度教教徒）和"Indian"（印度人）。虽然英文译者此处选择使用"Hindus"，我却鉴于语境需要（即阿尔比鲁尼所观察的是印度本土居民）而以"Indians"取而代之。在本文总主题的背景之下，这是一个相当有趣的问题，因为这里英文译本所使用的提及印度居民的语言，无疑强调了他们的地域归属。

7. 同上书，第20页。

8. William Jones, "Objects of Enquiry During My Residence in Asia", in *The Collected Works of Sir William Jones*, 13 vols. (London: J. Stockdale, 1807; repr. New York: New York University Press, 1993).

9. 我曾论述过，"立场"的客观属性取决于观察者和分析者同被研究对象的相对位置，参见 "On Interpreting India's Past", in Sugata Bose and Ayesha Jalal (eds.), *Nationalism, Democracy and Development: State and Politics in India* (Delhi: Oxford University Press, 1997).

10. 转引自 Eric Stokes, *The English Utilitarians and India* (Oxford: Clarendon Press, 1959), p. 250。

11. James Mill, *The History of British India*, London: 1817; repr. Chicago: University of Chicago Press, 1975, pp. 225-6.

12. 同上书，第248页。

13. 同上书，第247页。

14. *Alberuni's India*, pp. 174-5.

15. 关于此项数学发展的复杂历史的现代诠释，参见 Georges Ifrah, *From One to Zero* (New York: Viking, 1985).

16. James Mill, *The History of British India*, pp. 219-20.

17. 穆勒发现，在威廉·琼斯对印度早期数学和天文学成就的看法之中，存在"幼稚轻信的证据，而印度教教徒们的社会状况亦曾被以此种态度看待"，他对于琼斯"以一种信任的态度"将这些成就归功于印度人尤其不以为然（James Mill, *The History of British India*, pp. 223-224）。实际上，穆勒合并了下面三项不同的主张：(1) 引力原理；(2) 地球周日自转；(3) 地球绕日公转。阿利耶毗陀与婆罗门笈多所关注的主要是前两项，并提出了具体论断，这是与他们对第三项主张所进行的研究有所不同的。

18. James Mill, *The History of British India*, pp. 223-4.

19. *Alberuni's India*, pp. 276-7.

20. 同上书，第 277 页。

21. 参见 Harold Isaacs, *Scratches on Our Minds* (Cambridge, Mass.: MIT Press, 1958); repr. as *Images of Asia: American Views of India and China* (New York: Capricorn Books, 1958)。亦请参见 Sulochana Glazer and Nathan Glazer (eds.), *Conflicting Images: India and the United States* (Glen Dale, Md.: Riverdale, 1990) 一书导论部分对这一问题的论述。

22. Lloyd I. Rudolph, "Gandhi in the Mind of America", in Glazer and Glazer (eds.), *Conflicting Images*, p. 166.

23. Ashis Nandy, *Traditions, Tyranny, and Utopias: Essays in the Politics of Awareness* (Delhi: Oxford University Press, 1987), p. 8.

24. 关于这一点，参见 Glazer and Glazer (eds.), *Conflicting Images*。官方解读对美国人的印度形象构成的影响，近年来由于人们对甘地的生平与思想的政治兴趣、各种有关印度的敏感著述（从 Erik Erikson 到 John Kenneth Galbraith）及若干印度英语小说家在西方的成功而多少受到一定程度的抵消。从本文写作之时的 20 世纪 90 年代初期起，印度科学技术的成功，特别是在信息技术领域的成功，使美国人在论及印度时多了一个重新评价的维度。

25. 转引自 John Drew, *India and the Romantic Imagination* (Delhi and New York: Oxford University Press, 1987, p. 95)。

26. J. G. Herder, *Auch eine Philosophie der Geschichte*, in *Samtliche Werke*; trans. Halbfass, *India and Europe*, p. 70.

27. Trans. Halbfass, *India and Europe*, pp. 74-5. 针对欧洲人对印度人思想的这些诠释，哈尔布法斯进行了广泛研究，并提供了对这些诠释的反应和逆反应方面的情况。

28. A. Schopenhauer, *Parerga und Paralipomena*; trans. Halbfass, *India and Europe*, p. 112.

29. 参见 John H. Muirhead, *Coleridge as a Philosopher* (London: G. Allen & Unwin, 1930), pp. 283-4, and Drew, *India and the Romantic Imagination*, Ch. 6。

30. 猎奇解读的性质通常有一种强烈的"印度教的"特色。这种情况甚至存在于威廉·琼斯旨在进行文化保护的调研活动的某些方面（尽管他本人是一位熟谙阿拉伯语及波斯语的学者），但他在一定程度上试图矫正对产生于以往诸多时期的梵语经典著作的相对忽视这一问题（尽管琼斯最初读到的奥义书文本是莫卧儿皇帝阿克巴之孙达拉·希库王子准备的波斯文译本）。另外，欧洲浪漫派往往将印度与印度教宗教思想的变种等同起来。

31. William Davis, *The Rich* (London: Sidgwick and Jackson, 1982), p. 99.

32. 关于这一问题，参见 Bimal Matilal, *Perceptions: An Essay on Classical Indian Theories of Knowledge* (Oxford: Clarendon Press, 1986)。亦请参见 Ronald Inden, *Imagining India* (Oxford: Blackwell, 1990)。

33. 关于这一问题的一般情况及在自我知觉中秉持"明显的第三者视角"，参见 Akeel Bilgrami, "What Is a Muslim? Fundamental Commitment and

Cultural Identity", *Critical Inquiry*, 18 (4), 1992。

34. Jawaharlal Nehru, *The Discovery of India* (Calcutta: Signet Press, 1946; centenary edn., Delhi: Oxford University Press, 1989), p. 158。

35. 虽然独立以来印度宪法一直是自觉的、世俗性的,但视印度为印度教教徒之国的倾向依然十分强烈。"世俗主义者"与"教派主义者"之间的对抗一直是当代印度的一个重要特征,而主要依据印度教来认识印度文化在这一方面也起了一定作用。虽然人们当然可能同时既是世俗的又属于一定教派 [Rajeev Bhargava 在 "Giving Secularism Its Due" (*Economic and Political Weekly*, 9 July 1994) 一文中业已指出这一点],印度的当代裂痕却往往使得人们的宗教身份与种族身份基本不利于印度对世俗主义的承诺(Bhargava 也指出了这一点)。我已尝试探讨这些问题,参见我的论文 "Secularism and Its Discontents", in Kaushik Basu and Sanjay Subrahmanyam (eds.) *Unravelling the Nation: Sectarian Conflict and India's Secular Identity* (Delhi: Penguin, 1996);本书第十六篇文章。亦请参见该文集中的其他论文以及收入 Bose 与 Jalal 合编的 *Nationalism, Democracy and Development* 一书中的文章。

36. Partha Chatterjee, *The Nation and Its Fragments* (Princeton: Princeton University Press, 1993), p. 6。

37. 朝着那一方向的最卓有成效的行动是在 Ranajit Guha 的领导之下出现的;参见其在 *Subaltern Studies I: Writings on South Asian History and Society*, ed. Ranajit Guha (Delhi: Oxford University Press, 1982) 中的导论。亦请参见 Ranajit Guha 和 Gayatri Chakravorty Spivak 合编的 *Selected Subaltern Studies* (New York: Oxford University Press, 1988) 中有关"下属"的一辑文章。

38. *Alberuni's India*, p. 32。

39. 我已尝试探讨这一总的问题，参见拙文 "Description as Choice"，*Oxford Economic Papers*，32（1980），repr. in *Choice, Welfare and Measurement*（Oxford: Blackwell; Cambridge, Mass.: MIT Press, 1982; repr. Cambridge, Mass.: Harvard University Press, 1997），and in "Positional Objectivity"，*Philosophy and Public Affairs*，22（1993）。

40. 在笔者与 Martha Nussbaum 合写的论文 "Internal Criticism and Indian Rationalist Traditions"，in Michael Krausz（ed.），*Relativism: Interpretation and Confrontation*（Notre Dame, Ind.: University of Notre Dame Press, 1989）中，我们论述了这一对比。

41. 例如，14世纪时，摩陀婆阿阇梨（其人系属于毗湿奴派的善良的印度教教徒）之书《各派哲学体系纲要》第一章认真介绍了无神论各派的论点。

42. Trans. H. P. Shastri, *The Ramayana of Valmiki*（London: Shanti Sadan, 1959），p. 389.

43. Ifrah, *From One to Zero*, p. 434.

44. Voltaire, *Les Œuvres complètes*, vol. 124；引文系哈尔布法斯所译，参见 *India and Europe*, p. 59.

八　中国与印度

1. 义净所问的确切问题是："体人像物，号曰神州。五天之内，谁不加尚？"参见高楠对义净的《南海寄归内法传》的英文译本 *A Record of the Buddhist Religions as Practised in India and Malay Archipelago*（Oxford, 1896, p. 136）。义净的名字（汉语拼音为 Yi Jing，为目下的标准拼法）亦拼写为 I-tsing 和 I-Ching，系早期拼法中最主要者。

2. 在英文中，法显（Faxian）的名字亦被拼写为 Fa-Hsien 和 Fa-hsien，

而玄奘（Xuanzang）的名字则被拼写为 Hiuan-tsang 和 Yuang Chwang（还有一些别的变体）。本文援引的许多文献使用这些早期拼法，而非这里使用的汉语拼音样式。

3. 参见 Prabodh C. Bagchi（师觉月，音译普拉博德·巴格奇），*India and China: A Thousand Years of Cultural Relations* （Tansen Sen, Calcutta: Saraswat Library, revised edn., 1981）, p.7。张骞在该书及别的一些早期著作中被拼写为 Chang Ch'ien。

4. Tansen Sen, *Buddhism, Diplomacy, and Trade: The Realignment of Sino-Indian Relations, 600-1400* （Honolulu: University of Hawaii Press, 2003）, p.184。

5. 沈丹森（Tansen Sen）在其经过深入研究的著作《佛教、外交与贸易》中表明，中印贸易关系的规模与连续性常被低估。例如，与两国之间的贸易在基督教纪元二千纪逐渐止息的通常推测相对，沈丹森认为，中印交流在11—14世纪非常广泛。此外，沈丹森还提出证据并因此得出结论：在二千纪早期，佛教亦同时在宋代中国与东印度两地呈现繁荣状态。

6. 参见 Prabodh C. Bagchi, *India and China: A Thousand Years of Cultural Relations*, pp.197-8; Lokesh Chandra, "India and China: Beyond and the Within", ignca.nic.in/ks_41023.htm.

7. 佛教信仰在中国的衰微有时被归因于9世纪唐武宗对佛教教徒的迫害。这些迫害行为具有重要作用，但正如沈丹森在《佛教、外交与贸易》中所主张的，在随后的诸世纪中，佛教在中国依然保持了充足的生命力。然而，在那时，中国佛教的形态正在转变得更加本土化，而对印度佛教的依赖业已减轻。

8. 此书（见上面本章注1）之后，义净还写了一部专著《大唐西域求法高僧传》（*Records of the High Monks Who Went Out to Seek for the Books of*

the Law in the Tang Time）接踵问世，备细记述了作者的许多想法。

9. 有 James Legge, *The Travels of Fa-Hien or Record of Buddhist Kingdoms*（New York：Dover, 1965；Patna：Eastern Book House, 1993）。还有 Mark A. Kishlansky 据该书编的一部有益的摘要 *Sources of World History*, vol. ⅰ（New York：HarperCollins, 1995）, pp.154-8。

10. 参见 Samuel Beal, *Life of Hieun Tsang*（London：Kegan Paul, 1914）, and Sally Hovey Wriggins, *Xuanzang：A Buddhist Pilgrim on the Silk Road*（Boulder, Colo.：Westview Press, 1996）。还有两部在观念上属于最近的书，利用了玄奘的西域之行及其持续至今的意义：Richard Bernstein, *Ultimate Journey：Retracing the Path of an Ancient Buddhist Monk Who Crossed Asia in Search of Enlightenment*（New York：Knopf, 2001）, 以及孙书云的《万里无云》（*Ten Thousand Miles Without a Cloud*, London：Harper Collins, 2003）。

11. 最重要的是，玄奘注意到戒日王盛赞中国当时的统治者唐太宗。沈丹森在其《佛教、外交与贸易》一书中质疑玄奘记载的真实性，主要根据是戒日王将唐太宗说成"圣主"显然似乎有误（他是通过残杀自己的兄长夺得皇权的）；沈丹森认为，认识并得到唐代统治者支持的玄奘可能有意编造此说。当然，我们须做出判断，看以记载准确真实而享有盛誉的中国学者玄奘是否更有可能只是误听（而非杜撰谎言），抑或印度皇帝仅由于与唐太宗关山阻隔而对这位君主的真实情况缺乏了解。

12. 参见 Bagchi, India and China, p.250.

13. 由于魏礼（Arthur Waley）的英文译本（*Monkey*, London：Allen & Unwin, 1942），这一故事在欧美相当闻名。然而，魏礼的译本并不完整。全译本系余国藩（Anthony Yu）的 *The Journey to the West*, 4 vols.（Chicago：Chicago University Press, 1977-83）。

14. Charles O. Hucker, *China's Imperial Past: An Introduction to Chinese History and Culture* (Stanford: Stanford University Press, 1975), p. 216.

15. Leon Hurvitz and Tsai Heng-Ting, "The Introduction of Buddhism", in Wm. Theodore de Bary and Irene Bloom (eds.), *Sources of Chinese Tradition*, vol. i (New York: Columbia University Press, 2nd edn., 1999), pp. 425-6.

16. 同上书，第 425 页。英文译者无从断定在本节之始援引的"传曰"出于何处。

17. 然而，中国佛教学者最终成功地（约在 8 世纪）使中国成为佛教的第二"故乡"，以中国本土为背景的佛本生故事，以及赫然安厝从印度携回的佛舍利，使之达到圆满。关于这一点，参见沈丹森的《佛教、外交与贸易》一书。

18. *The Descriptive Catalogue of the Imperial Library* (1795) 在记录法显的《佛国记》(*Record of Buddhist Kingdoms*) 时指出了这一显著特色。谙熟中国人想法的论者从中只是看到了一种美化佛教的企图："在本书中，我们发现印度被视为中央王国，而中国倒成为边缘国家。所以然者，徒以僧人企望尊崇其教，不惜信口雌黄也，何足道哉。"

19. *Alberuni's India*, trans. E. C. Sachau, ed. A. T. Embree (New York: Norton, 1971), p. 19.

20. 引文出自莱格的英文译本 (1965)，第 58 页。

21. 英语引文转引自 Joseph Nedham, *Science and Civilization in China* (Cambridge: Cambridge University Press, 1956), vol. i, pp. 209-10。

22. Jean-Claude Martzloff, *A History of Chinese Mathematics*, with a foreword by Jacques Gernet and Jean Dhrombres (Berlin and London: Spring-

er, 1997), p. 90

23. Needham, *Science and Civilization in China*, vol. iii (1959), pp. 146-8.

24. Martzloff, *A History of Chinese Mathematics*, p. 91.

25. John Kieschnick, *The Impact of Buddhism on Chinese Material Culture* (Princeton: Princeton University Press, 2003), p. 166.

26. Needham, *Science and Civilization in China*, vol. ii, p. 427.

27. 李约瑟还指出，一些似乎受到印度佛教影响的中国思想，其实可能是"真正的道教"思想（vol. iii, p. 427）。

28. 参见 Bagchi, *India and China*, pp. 249-51.

29. 参见 Howard Eves, *An Introduction to the History of Mathematics* (New York: College Publishing House, 1990), p. 237; and Martzloff, *A History of Chinese Mathematics*, p. 100.

30. 汉语拼音为 *Kaiyuan Zhanjing*（《开元占经》），早期常被拼写为 *Khai-Yuan Chan Ching*。

31. 参见 Needham, *Science and Civilization in China*, vol. iii, p. 202. 请注意李约瑟对乔答摩的与汉语拼音 Qutan 相应的中文名字"瞿昙"的拼写 (Chhütan)，他在早期曾被提到的名字按照汉语拼音亦可拼写为 Qutan Xida（瞿昙悉达）。在李约瑟的行文中，杨景风被拼写为 Ching-Feng。对印度历法体系的总的解说可见于笔者的 "India through Its Calendars", *Little Magazine*, 1 (2000); 以及本书后面的第十五篇文章。

32. Kieschnick, *The Impact of Buddhism on Chinese Material Culture*, pp. 199-214.

33. Yi Jing, A Record of the Buddhist Religions as Practised in India and Malay Archipelago, trans. Takakusu, p. 169.

34. Kieschnick, *The Impact of Buddhism on Chinese Material Culture*, p. 164.

35. Wm. Theodore de Bary, "Neo-Confucian Education", in de Bary and Bloom (eds.), *Sources of Chinese Tradition*, vol. 1, p. 820.

36. 引文出自莱格的《佛国记》英文译本：Legge, *The Travel of Fa-Hien or Record of Buddhist Kingdoms* (1993), p. 79.

37. Trans. Bagchi, India and China, p. 134.

九　与命运之神的幽会

1. 我在 "Democracy and Secularism in India", in Kaushik Basu, *India's Emerging Economy: Problems and Prospects in the 1990 s and Beyond* (Cambridge, Mass.: MIT Press, 2004) 中已论述了这一问题，该书收录了一些优秀论文，从不同的视角提供了有益的评估情况。

2. 参见 Ramachandra Guha 与 Jonathan P. Parry 合编的一部关于印度持续存在的诸多社会不平等现象以及由此提出的政策问题的内容广泛的调查报告集 *Institutions and Inequalities: Essays in Honour of André Béteille* (New Delhi and Oxford: Oxford University Press, 1999)。

3. 关于这些以及相关评估，参见 Jean Drèze and Amartya Sen, *India: Development and Participation* (Delhi and Oxford: Oxford University Press, 2002)。

4. 关于曼莫汉·辛格推行改革的经济案例，参见收录于 Isher Judge Ahluwalia and I. M. D. Little (eds.), *India's Economic Reforms and Development: Essays for Manmohan Singh* (New Delhi and Oxford: Oxford University Press, 1998) 一书中的论文。

5. 对于印度在全球经济之路上的成就和前景的敏锐而乐观的判断，参见 Gurcharan Das 的力作 *India Unbound* (London: Viking/Penguin Books, 2000)。亦请参见他后来的专著 *The Elephant Paradigm: India Wrestles with Change* (London: Penguin Books, 2002)。对印度等的经济改革进程抱不太乐观的态度的评估，可见于 Prem Shankar Jha, *The Perilous Road to the Market* (London: Pluto Press, 2002)。

6. 关于这一点，参见 Jean Drèze and Amartya Sen, *India: Development and Participation*。亦请参见 Angus Deaton and Jean Drèze, "Poverty and Inequality in India: A Reexamination", *Economic and Political Weekly*, 7 Sept. 2002. 再请参见这些论著中援引的大量有关印度贫困问题的文献。

十　印度的阶级

1. 本文基于笔者发表的一篇"尼赫鲁纪念讲座"演讲。我在该次演讲中不仅对现代印度的缔造者之一尼赫鲁表示景仰，而且赞颂了这位具有远见卓识的思想家对知识的贡献。例如，尼赫鲁力图在其两部不同凡响的著述（《印度的发现》和《世界历史掠影》）中重新透彻审视印度与世界的历史，既是激励人心的，也是具有创新精神的，而那些内在的见解应当得到比以往更为系统的重视。

2. 关于导致逆境的不同根源之间的相互依存，亦请参见 Stuart Corbridge and John Harriss, *Reinventing India* (Cambridge: Polity Press, 2000), and Jean Drèze and Amartya Sen, *India: Development and Participation* (Delhi and Oxford: Oxford University Press, 2002)。

3. 参见 Amartya Sen, *Inequality Reexamined* (Oxford: Clarendon Press, and Cambridge, Mass.: Harvard University Press, 1992); Amartya

Sen and Jean Drèze, *India: Economic Development and Social Opportunity* (Delhi and Oxford: Oxford University Press, 1996), and *India: Development and Participation*。

4. Jean Drèze and Amartya Sen, *Hunger and Public Action* (Oxford: Clarendon Press, 1989).

5. 参见 Peter Svedberg, *Poverty and Undernutrition: Theory, Measurement and Policy* (Oxford: Clarendon Press, 2000; Delhi: Oxford University Press, 2002)。亦请参见 S. R. Osmani, "Hunger in South Asia: A Study in Contradiction", and Peter Svedberg, "Hunger in India: Facts and Challenges", *Little Magazine*, Dec. 2001。

6. 参见 Nevin Scrimshaw, "The Lasting Damage of Early Malnutrition", World Food Programme, mimeographed, 31 May 1997。

7. 参见 Siddiq Osmani and Amartya Sen, "The Hidden Penalties of Gender Inequality: Fatal Origins of Ill-Health", *Economics and Human Biology*, 1 (2003)。

8. 我已与让·德勒泽联合论述过这一问题，参见 *India: Economic Development and Social Opportunity*，及其后续专著 *India: Development and Participation*。

9. 尤请参见 PROBE 报告: *Public Report on Basic Education in India* (Delhi: Oxford University Press, 1999)。

十一 女人与男人

1. 我已探讨过这一问题，参见 "Many Faces of Gender Inequality", *New Republic*, 17 Sept. 2001, 及 *Frontline*, Nov. 2001。

2. 我已论述过这一区别的性质与意义，参见"Well-being, Agency and Freedom: The Dewey Lecture 1984", *Journal of Philosophy*, 83 (Apr. 1985), and *Inequality Reexamined* (Oxford: Clarendon Press, and Cambridge, Mass.: Harvard University Press, 1992)。我还论述了一些根据实际观察提出的有关问题，参见 Amartya Sen, *Development as Freedom* (New York: Knopf, and Oxford: Oxford University Press, 1999)。

3. 随后的论述利用了笔者先前的文章"Many Faces of Gender Inequality"。

4. "India and Africa: What Do We Have to Learn from Each Other?", in Kenneth Arrow (ed.), *The Balance between Industry and Agriculture in Economic Development* (London: Macmillan, 1988).

5. 笔者提出了"失踪妇女"的数量及往往导致这一问题产生的影响因素，参见"More Than a Hundred Million Women Are Missing", *New York Review of Books*, Christmas Number 1990, and in "Missing Women", *British Medical Journal*, 304 (Mar. 1992)。在随后发生的辩论中，一些评论家没有看到我以撒哈拉沙漠以南非洲地区的比率而不是以欧洲或北美高得多的比率（按照这一比率，"失踪妇女"的估计数字会更大）作为标准这一事实。这种误解导致了一种错误的说法，即我在将印度这类发展中国家与（在欧洲和北美的）享有长寿并有一部不同的人口史的西方发达国家进行比较。例如，可参见 Ansley Coale, "Excess Female Mortality and the Balances of the Sexes in the Population: An Estimate of the Number of the 'Missing Females'", *Population and Development Review*, 17 (1991)。然而，事实上，我对"失踪妇女"的估计数字是以所谓第三世界内部的对比为依据的，特别采用了撒哈拉沙漠以南非洲地区的比率作为估计亚洲和北非失踪妇女人数的基准。

6. 参见 Stephan Klasen, "'Missing Women' Reconsidered", *World Deve-

lopment, 22（1994）, and Stephan Klasen and Claudia Wink,"Missing Women: Revisiting the Debate", *Journal of Feminist Economics*, 9 (July/Nov. 2003)。

7. 然而，请注意，韩国的数字涉及 0~4 岁的儿童，而印度的数字则与 0~6 岁的儿童有关。但是，即使在调整年龄覆盖范围之后，相对位置依然大体相同。

8. 在印度西北部的一个小例外是达德拉（Dadra）和纳加尔哈维利（Nagar Haveli）的小片领土，两地人口加起来尚不足 25 万。

9. 关于这一点，参见 Jean Drèze and Amartya Sen, *India: Development and Participation*（Delhi and Oxford: Oxford University Press, 2002）, ch. 7, esp. pp. 232-5 and 257-66。

10. 如在注释 8 中所确认的，在达德拉和纳加尔哈维利的小片领土上存在例外。

11. 还存在可能的政治联系，即总的说来，在印度的那些受到以宗教为基础的政治强力控制的地区，以性别为取向的堕胎的发生率就相当高（例如，拉贾斯坦、古吉拉特或查谟和克什米尔，与如阿萨姆或西孟加拉或喀拉拉等地区形成对照）。有关数字方面的关联，参见 Drèze and Sen, *India: Development and Participation*, sect. 7.5, pp. 257-62, 以及笔者的文章"'Missing Women' Revisited", *British Medical Journal*, 327（6 Dec. 2003）。需要非常深入地审视这种关联才能得出如下结论：这两种现象在原因方面确实存在直接的联系，也可能由于某种第三方面的可变因素的影响而存在间接联系。

12. 例如，可参见 Irawati Karve, *Kinship Organization in India*（Bombay: Asia Publishing House, 1965）; Pranab Bardhan, "On Life and Death Questions", *Economic and Political Weekly*, Special Number, 9（1974）; David Sopher (ed.), *An Exploration of India: Geographical Perspectives on Soci-*

ety and Culture (Ithaca, NY: Cornell University Press, 1980); Barbara Miller, *The Endangered Sex* (Ithaca, NY: Cornell University Press, 1981); Tim Dyson and Mick Moore, "On Kinship Structure, Female Autonomy, and Demographic Behavior in India", *Population and Development Review*, 9 (1983); Alaka M. Basu, *Culture, the Status of Women and Demographic Behavior* (Oxford: Clarendon Press, 1992); and Satish Balram Agnihotri, *Sex Ratio Patterns in the Indian Population* (New Delhi: Sage, 2000)。

13. 参见 William St Clair, *The Godwins and the Shelleys* (New York: Norton, 1989), pp. 504-8.

14. 参见 Bina Agarwal, *A Field of One's Own* (Cambridge: Cambridge University Press, 1994).

15. *Handbook of Human Nutrition Requirement*, Geneva: WHO, 1974.

16. 参见笔者的《以自由看待发展》中援引的基于实际观察经验的文献。在后来的著述中,尤请参见 Gita Sen, Asha George and Pireskaöstlin (eds.), *Engendering International Health: The Challenge of Equity* (Cambridge, Mass.: MIT Press, 2002)。

17. 我曾在为自己的《理性与自由》(*Rationality and Freedom*, Cambridge, Mass.: Harvard University Press, 2002) 一书撰写的导论中尝试论述一般自由和思想自由对于理性的重要性。

18. 家庭之内的性别界限有时被作为"博弈问题"予以正式研究,虽然依从纳什的经典体系,但在对其进行确切阐述时却有一些极其重要的变动。最重要的文献包括 Marilyn Manser and Murray Brown, "Marriage and Household Decision Making: A Bargaining Analysis", *International Economic Review*, 21 (1980); M. B. McElroy and M. J. Horney, "Nash Bargained Household Decisions: Toward a Generalization of Theory of Demand", *International Eco-*

nomic Review, 22 (1981); Shelley Lundberg and Robert Pollak, "Noncooperative Bargaining Models of Marriage", American Economic Review, 84 (1994)。

19. 笔者力图论述导致家庭内部合作性冲突的影响因素及其处理方法中所包含的内隐伦理，可参见拙著 Resources, Values and Development (Cambridge, Mass.: Harvard University Press, 1984), Chs. 5 and 16, and "Gender and Cooperative Conflict", in Irene Tinker (ed.), Persistent Inequalities (New York: Oxford University Press, 1990)。亦请参见 Nancy Folbre, "Hearts and Spades: Paradigms of the Household Economics", World Development, 14 (1986); J. Brannen and G. Wilson (eds.), Give and Take in Families (London: Allen & Unwin, 1987); and Marianne A. Ferber and Julie A. Nelson (eds.), Beyond Economic Man (Chicago: Chicago University Press, 1993); 如此等等。

20. 参见 Amartya Sen and Jean Drèze, India: Economic Development and Social Opportunity (Delhi and Oxford: Oxford University Press, 1996) 及 India: Development and Participation 两书中的论述及援引的大量文献。

21. Mamta Murthi, Anne-Catherine Guio and Jean Drèze, "Morality, Fertility and Gender Bias in India: A District Level Analysis", Population and Development Review, 21 (1995), 亦请参见 Jean Drèze and Amartya Sen, Indian Development: Selected Regional Perspectives (Delhi and Oxford: Oxford University Press, 1996)。再请参见 Jean Drèze and Mamta Murthi, "Fertility, Education and Development: Evidence from India", Population and Development Review, 27 (2001)。

22. 在诸多重要文献中，尤请参见 J. C. Caldwell, "Routes to Low Mortality in Poor Countries", Population and Development Review, 12 (1986);

J. R. Behrman and B. L. Wolfe, "How Does Mother's Schooling Affect Family Health, Nutrition, Medical Care Usage, and Household Sanitation?", *Journal of Econometrics*, 36 (1987)。

23. 参见前面援引的 Mamta Murthi 和 Jean Drèze 的诸论文，亦请参见 Drèze and Sen, *India: Development and Participation*。

24. 这项开拓性研究系由南安普顿大学戴维·巴克教授领衔。参见 D. J. P. Barker, "Intrauterine Growth Retardation and Adult Disease", *Current Obstetrics and Gynaecology*, 3 (1993); "Fetal Origins of Coronary Heart Disease", *British Medical Journal*, 311 (1995); *Mothers, Babies and Diseases in Later Life* (London: Churchill Livingstone, 1998)。亦请参见 P. D. Gluckman, K. M. Godfrey, J. E. Harding, J. A. Owens, and J. S. Robinson,"Fatal Nutrition and Cardiovascular Disease in Adult Life", *Lancet*, 341 (1995)。

25. 关于这一点，参见 Siddiq Osmani and Amartya Sen, "The Hidden Penalties of Gender Inequality: Fatal Origins of Ill-Health", *Economics and Human Biology*, 1 (2003)。

十二 印度与原子弹

1. *Times of India*, 28 June 1998.

2. 关于这一点，参见 George Perkovich, *India's Nuclear Bomb: The Impact on Global Proliferation* (Berkeley: University of California Press, 1999)。亦请参见 T. Jayaraman, "Science, Politics and the Indian Bomb: Some Preliminary Considerations", mimeographed, Institute of Mathematical Science, CIT Campus, Chennai, 2000。

3. Praful Bidwai and Achin Vanaik, *New Nukes: India, Pakistan and Global Nuclear Disarmament* (Oxford: Signal Books, 2000), p. 1.

4. 关于这一插曲及与之相关的系列事件的生动报道，参见 Robert Jungk, *Brighter Than a Thousand Suns: A Personal History of Atomic Scientists* (New York: Penguin Books, 1960)。

5. Kenzaburo Oe, *Hiroshima Notes*, trans. David L. Swain and Toshi Yonezawa (New York: Grove Press, 1996), p. 182.

6. Pankaj Mishra, "A New, Nuclear India?", in Robert B. Silvers and Barbara Epstein (eds.), *India: A Mosaic* (New York: New York Review of Books, 2000), p. 230. 该文标注日期为 1998 年 5 月 28 日。

7. Amitav Ghosh, "Countdown: Why Can't Every Country Have the Bomb?", *New Yorker*, 1998 年 10 月 26 日和 11 月 2 日。亦请参见他后来的书 *Countdown* (Delhi: Ravi Dayal, 1999), 该书进一步展开了他的一些论点。

8. N. Ram, *Riding the Nuclear Tiger* (New Delhi: LeftWord Books, 1999), p. 106. 亦请参见他为 Silvers and Epstein (eds.), *India: A Mosaic* 一书所写的序。

9. 参见 Ghosh, *Countdown*。

10. Arundhati Roy, "The End of Imagination", *Frontline*, 27 July 1998; repr. in *The Cost of Living* (New York: Modern Library, 1999)。亦请参见她为 Silvers and Epstein (eds.), *India: A Mosaic* 一书所写的导论。

11. Arundhati Roy, "Introduction: The End of Imagination", in Bidwai and Vanaik, *New Nukes*, p. xx.

12. Ghosh, *Countdown*, p. 190 and 197.

13. C. Rammanohar Reddy, "Estimating the Cost of Nuclear Weaponization in India", mimeographed, *Hindu*, Chennai, 1999.

14. Bidwai and Vanaik, *New Nukes*, pp. xiii, xv.

15. Eric Arnett, "Nuclear Tests by India and Pakistan", in *SIPRI Yearbook 1999* (Oxford: Oxford University Press, 1999), p. 377.

16. 尽管不清楚费尔南德斯是否知道迫在眉睫的核试验日期，但他却肯定明白——并在一定程度上负责——印度的防卫姿态与其在国际上的声明之间的联系。

17. "Nuclear Anxiety: India's Letter to Clinton on the Nuclear Testing", *New York Times*, 13 May 1998, p. 4.

18. Mark W. Frazier, "China-India Relations since Pokhran II: Assessing Sources of Conflict and Cooperation", *Access Asia Review*, National Bureau of Asian Research, 3 (July 2000), p. 10.

19. UNDP, *Human Development Report 1994* (New York: United Nations, 1994), pp. 54-5, and table 3.6.

十三 理性的范畴

1. Jonathan Glover, *Humanity: A Moral History of the Twentieth Century* (London: Jonathan Cape, 1999; New Haven: Yale University Press, 2000), p. 7. 作为数十年来一直是牛津哲学界最有影响力的名家之一的格洛弗，也是一批名著的作者，其作品主要有 *Responsibility* (London: Routledge, and New York: Humanities Press, 1970) 和 *Causing Death and Saving Lives* (Harmondsworth: Penguin, 1977)。他现任伦敦国王学院医疗法学和医疗伦理学主任。

2. 译文出自 Vincent A. Smith, *Akbar: The Great Mogul* (Oxford: Clarendon Press, 1917), p. 257。

3. 参见 Irfan Habib (ed.), *Akbar and His India* (Delhi and New York: Oxford University Press, 1997), 其中一系列优秀论文考察了阿克巴的信仰与政策以及导致其异端立场的知识影响因素。

4. 然而, 在上一世纪和千纪终结之前数年, 埃里克·霍布斯鲍姆敏锐地审视了该世纪, 参见其 *The Age of Extremes: A History of the World, 1916—1991* (London: M. Joseph, and New York: Vintage, 1994)。亦请参见 Garry Wills, "A Reader's Guide to the Century", *New York Review of Books*, 15 July 1999。

5. John Gray, *Enlightenment's Wake: Politics and Culture at the Close of the Modern Age* (London: Routledge, 1995) 一书即是这方面的一个突出例证。亦请参见 Charles Griswold, *Political Theory*, 27 (1999), pp. 274-81 对这部著作的犀利评论。

6. Kenzaburo Oe, *Japan, the Ambiguous, and Myself* (Tokyo and New York: Kodansha, 1995), pp. 118-19。

7. 在这一方面, Rajaram Krishnan, Jonathan M. Harris 和 Neva R. Goodwin 合编的 *A Survey of Ecological Economics* (Washington, DC: Island Press, 1995) 提出了一组重要的观点。在 Andreas Papandreou, *Externality and Institutions* (Oxford: Oxford University Press, 1994) 一书中, 可以找到对制度与合理行为之间关系的意义深远的评论。

8. 我已论述过这一问题, 参见拙著 *On Ethics and Economics* (Oxford: Blackwell, 1987), ch. 1。

9. 关于这一点, 参见 Emma Rothschild, *Economic Sentiments* (Cambridge, Mass.: Harvard University Press, 2001)。

10. David Hume, *Enquiries concerning Human Understanding and concerning the Principles of Morals*, ed. L. E. Selby-Bigge (Oxford: Oxford Uni-

versity Press, 1962), p. 172.

11. Thomas Nagel, *The Last Word* (Oxford: Oxford University Press, 1997), p. 102.

12. 关于推理在态度与情感发展方面的作用, 尤请参见 T. M. Scan-lon, *What We Owe to Each Other* (Cambridge, Mass.: Harvard University Press, 1999)。

13. Adam Smith, *The Theory of Moral Sentiments* (London: T. Cadell, 1790; repr. Oxford: Oxford University Press, 1976), pp. 319-20.

14. Samuel P. Huntington, *The Clash of Civilizations and the Remaking of World Order* (New York: Simon and Schuster, 1996), p. 318.

15. Clifford Geertz, "Culture War", *New York Review of Books*, 30 Nov. 1995. 这是一篇书评, 针对的是 Marshall Sahlins, *How "Natives" Think About Captain Cook, for Example* (Chicago: University of Chicago Press, 1995), 以及 Gananath Obeyesekere, *The Apotheosis of Captain Cook: European Mythmaking in the Pacific* (Princeton: Princeton University, 1992)。

16. Gertrude Himmelfarb, "The Illusions of Cosmopolitanism", in Martha Nussbaum with Respondents, *For Love of Country* (Boston: Beacon Press, 1996), pp. 74-5.

17. See Huntington, *The Clash of Civilizations*, p. 69.

18. 关于这一点及相关问题, 参见笔者的《以自由看待发展》(*Development as Freedom*, New York: Knopf, and Oxford: Oxford University Press, 1999) 第十章及其中援引的资料。

19. 参见笔者的 *Human Rights and Asian Values* (New York: Carnegie Council on Ethics and International Affairs, 1997); 其删节本刊发于

New Republic, 14 and 21 July 1997。

20. 参见 M. Basil Davidson, F. K. Buah and J. F. Ade Ajayi, *A History of West Africa 1000—1800*（Harlow: Longman, new rev. edn., 1977）, pp. 286-7。

21. 参见 M. Athar Ali, "The Perception of India in Akbar and Abu'l Fazl", in Habib, *Akbar and His India*, p. 220。

22. 参见 Pushpa Prasad, "Akbar and the Jains", in Habib, *Akbar and His India*, pp. 97-8。这一失踪群体似为佛教教徒（虽然早期译本之一由于将一个耆那教教派的名字错译为佛教僧人的名字而将他们纳入有关记载之中）。到那时，在德里或阿格拉周围或许已难以找到佛教教徒。

23. 参见 Iqtidar Alam Khan, "Akbar's Personality Traits and World Outlook: A Critical Reappraisal", in Habib, *Akbar and His India*, p. 96。

24. 亦请参见 Martha Nussbaum, *Cultivating Humanity: A Classical Defense of Reform in Liberal Education* (Cambridge, Mass.: Harvard University Press, 1997)。

25. Michael Sandel, *Liberalism and the Limits of Justice* (Cambridge University Press, 2nd edn., 1998), p. 150。

26. 我已论述过这一问题，参见拙著 *Reason before Identity: The Romanes Lecture for 1998* (Oxford: Oxford University Press, 1999)。

27. New Delhi: National Book Trust, 1994。

28. *Alberuni's India*, trans. E. C. Sachau, ed. A. T. Embree (New York: Norton, 1971), p. 20。亦请参见本书第七篇文章。

十四　世俗主义与不满因素

1. 例如，可以参见 T. N. Madan, "Coping with Ethnic Diversity: A South

Asian Perspective", in Stuart Plattner, (ed.), *Prospects for Plural Societies* (Washington, DC: American Ethnological Society, 1984), and "Secularism in Its Place", *Journal of Asian Studies*, 46 (1987); and Ashis Nandy, "An Anti-Secular Manifesto", *Seminar*, 314 (1985), and "The Politics of Secularism and the Recovery of Religious Tolerance", *Alternatives*, 13 (1988)。

2. 参见 Ashutosh Varshney 对于"印度教民族主义"有关的不同主张有益的特点归纳,其文为"Contested Meanings: Indian National Unity, Hindu Nationalism, and the Politics of Anxiety", *Daedalus*, 122 (1993), pp. 230-1; 亦请参见 Ashis Nandy, "The Ramjanmabhumi Movement and the Fear of Self", mimeographed paper, presented at the Harvard Center for International Affairs, April 1992。

3. Nandy, "The Politics of Secularism and the Recovery of Religious Tolerance", pp. 188, 192. 亦请参见 Madan, "Secularism in Its Place"。

4. 有关这一方面印度法律的历史,参见 John H. Mansfield, "The Personal Laws or a Uniform Civil Code?", in Robert Baird, (ed.), *Religion and Law in Independent India* (Delhi: Manohar, 1993), 该书还对以"统一民法"湮灭印度不同的属人法这一问题中的利弊提出了不偏不倚的评论。亦请参见 Tahir Mahmood, *Muslim Personal Law, Role of the State in the Indian Subcontinent* (New Delhi: Vikas Pub. House, 1977; 2nd edn., Nagpur, 1983)。

5. *Constitution of India*, Article 37.

6. 最高法院是通过赋予"刑事诉讼法第 125 款"优先地位——超越伊斯兰法关于离婚问题的规定——而做到这一点的,"刑事诉讼法第 125 款"要求拥有足够财富的个人保护自己的亲属(包括配偶、年幼子女、残疾成年子女和年迈父母),使其免予遭受匮乏和流浪之苦。对于沙阿·巴诺案例中涉及的相当复杂的考虑的评析，参见 Asghar Ali Engineer, *The Shah Bano Controversy* (Delhi: Ajanta Publishers, 1987), 以及 Veena Das, *Critical Events* (Delhi: Oxford University Press, 1992), ch. IV. 亦请参见 Mansfield 收录于 Baird 所编的 *Religion and Law in Independent India* 一书中的文章。

7. Mansfield in Baird (ed.), p. 140.

8. 最高法院还利用这一机会就印度妇女的弱势地位（不仅存在于穆斯林之中，也存在于印度教教徒之中）发表评论，并呼吁在这一领域实现更多公正。事实上，沙阿·巴诺案例也确实受到妇女政治群体的重视。

9. 事实上，阿扎德属于与（如来自阿利格尔派的）"改革派"相对立的"传统派"穆斯林。关于阿扎德的宗教和政治态度的复杂情况，参见 Ayesha Jalal, "Exploding Communalism: The Politics of Muslim Identity in South Asia", in Sugata Bose and Ayesha Jalal (eds.), *Nationalism, Democracy and Development: Reappraising South Asian States and Politics in India* (Delhi: Oxford University Press, 1997). 贾拉勒还论述了一个涉及面宽泛得多的令人普遍无所适从的问题，即（1）分治前印度穆斯林中改良主义与传统主义的分裂，以及（2）赞成维系一个完整的印度的穆斯林与主张巴基斯坦单独建国的穆斯林之间的分裂。尤其是，穆斯林传统主义者往往选择继续留在印度（阿扎德本人就是这么做的），特别是在基拉发运动（Khilafat Movement）之后。

10. 费萨尔·德夫吉在其笔锋犀利的论文"Hindu/Muslim/Indian"(*Public Culture*, 5 (1), Fall 1992) 中，开始就援引了安贝卡的这一段（及另外一段）话，进而缜密地审视了不同身份之间的关系（提出的问题比本文论及的问题在内容上要宽泛得多）。

11. 亦请参见 Nur Yalman, "On Secularism and Its Critics: Notes on Turkey, India and Iran", *Contributions to Indian Sociology*, 25 (1991). 还请参见 Gary Jeffrey Jacobsohn, "Three Models of the Secular Constitution",

mimeographed, Williams College, 1995, 以及其中援引的文献。

12. 无论印度是否有人数可观的穆斯林这样做, 我都应当承认, 作为一名非穆斯林作者, 我就经常那么做, 在巴基斯坦队如其素常那样打得好时是如此, 在巴基斯坦获胜使得系列比赛 (或一天之内举行的系列比赛) 妙趣横生之时亦复如此。

13. *Alberuni's India*, trans. E. C. Sachau, ed. A. T. Embree (New York: Norton, 1971), p. 22.

14. 同上书, 第 20 页。

15. 参见 *One Hundred Poems of Kabir*, trans. Rabindranath Tagore (London: Macmillan, 1915), verse LIX。亦请参见 Kshiti Mohan Sen, *Hinduism* (Harmondsworth: Penguin Books, 1961, 2005) 第十八和十九两章, 以及他在 *Kabir* (Calcutta: Visva-Bharati, 1910, 1911) 一书中收集的伽比尔的诗歌和他用孟加拉文撰写的评论, 该书后来得以再度印行 (Calcutta: Ananda Publishers, 1995), 并增加了 Sabyasachi Bhattacharya 撰写的一篇导论。

十五 透过历法看印度

1. 参见 *The Oxford Companion to the Year*, ed. Bonnie Blackburn and Leofranc Holford-Strevens (Oxford: Oxford University Press, 1999), p. 664。

2. 参见 M. N. Saha and N. C. Lahiri, *History of the Calendar* (New Delhi: Council of Scientific and Industrial Research, 1992)。

3. 同上书, 第 252-253 页; 亦请参见 S. N. Sen and K. S. Shukla, *History of Astronomy in India* (New Delhi: Indian National Science Academy,

1985），p. 298。

4. Marquis Pierre-Simon de Laplace，转引自 W. Brennand，*Hindu Astronomy*（London，1896），p. 31。

5. 关于这一点，参见 O. P. Jaggi，*Indian Astronomy and Mathematics*（Delhi：Atma Ram，1986），ch. 1。

6. E. M. Forster，"Nine Gems of Ujjain"，in *Abinger Harvest*（Harmondsworth：Penguin Books，1936，1974），pp. 324-7.

7. 参见 Irfan Habib（ed.），*Akbar and His India*（Delhi and New York：Oxford University Press，1997）。

十六　印度认同

1. 转引自 Lady Betty Balfour，*The History of Lord Lytton's Indian Administration 1876 to 1880*（London，1899），p. 477。

2. F. R. Harris，*Jamsetji Nusserwanji Tata：A Chronicle of His Life*（London：Blackie，2nd edn.，1958），p. vii.

3. R. M. Lala，*The Creation of Wealth*（Bombay：IBH，1981），p. 6.

4. 同上书，第 47 页。

5. Lovat Fraser，*Iron and Steel in India：A Chapter from the Life of Jamsetji N. Tata*（Bombay：The Times Press，1919），p. 3.

6. 参见 S. B. Saul，*Studies in British Overseas Trade 1870—1914*（Liverpool：Liverpool University Press，1960），p. 199。1895 年张伯伦调查委员会对正在转换的贸易模式及其意义进行了考察，参见 *Trade of the British Empire and Foreign Competition*，C. 8449 of 1897。

7. Fraser，*Iron and Steel in India*，pp. 52-3.

8. 笔者论述了与别样成因解释的比较，参见拙文 "The Commodity Pattern of British Enterprise in Early Indian Industrialization 1854—1914", in the *Proceedings of the Second International Conference of Economic History* (Paris, 1965)。我还考察了价值观和承诺在行为选择方面的普遍重要意义，参见拙著 *On Ethics and Economics* (Oxford: Blackwell, 1987)，以及更具专门性的 "Maximization and the Act of Choice", *Econometrica*, 65 (1997)，后者已收入笔者的 *Rationality and Freedom* (Cambridge, Mass.: Harvard University Press, 2002) 一书中。

9. Fraser, *Iron and Steel in India*, pp. 52-3.

10. 佩林写道，在贾姆塞特吉前来与他晤面之时，这位"身着异乡服装的异客"发问："您愿意和我一道去印度吗？""'嗯，'我答道，'愿意，我想去。'于是我去了印度。"(转引自 Lala, *The Creation of Wealth*, p. 20)

11. 此外，进口替代与内向拓展之间还有重大区别。在与 K. N. Raj 合写的论文 "Alternative Patterns of Growth under Conditions of Stagnant Export Earnings" (*Oxford Economic Papers*, 13, 1961) 中，我关注的是后者，而这有时被十分错误地诠释成为进口替代辩护而反对出口促进——该文甚至没有涉及这一问题。所谓拉杰-森模型 (Raj-Sen model) 既没有考虑进口替代，也没有考虑出口促进，相反却专注于内向发展的可替代模式，尤其聚焦于增长理论问题及资本—流动关系的意义。

12. Harris, *Jamsetji Nusserwanji Tata*, p. 118.

13. 引自泰戈尔 1921 年 3 月 13 日致 C. F. 安德鲁斯的一封信，后来这些信件放在 *Letters to a Friend* (London: Allen & Unwin, 1928) 一书中出版，该书中还收录了安德鲁斯的一些文章。

14. 参见 Michael Sandel, *Liberalism and the Limits of Justice* (Cambridge: Cambridge University Press, 2nd edn., 1998), pp. 150-2。

15. Rabindranath Tagore, *The Religion of Man* (London: Unwin, 1931; 2nd edn., 1961), p. 105.

16. 这就是其著名的主席帕雷克勋爵提出这一问题的方式，参见"A Britain We All Belong To", *Guardian*, 11 Oct. 2000。然而，比库·帕雷克本人提出的对社会身份的内容丰富得多的分析，却见于其 *Re-thinking Multiculturalism: Cultural Diversity and Political Theory* (Basingstoke: Palgrave, 2000)。

再版后记

阿马蒂亚·森在1998年荣膺诺贝尔经济学奖之后,在世界上声名鹊起,在中国同样引起了广泛关注。迄今为止,他的主要著作均已被译成中文,在中国学术界产生了深远影响。森不但是经济学家,而且是人文学者。他虽倾力于学术,但也分外关注现实。英国资深专栏作家乔纳森·斯蒂尔于2001年3月7日在《卫报》发表长文《精神食粮》,认为森属于"严肃思想家阵营中的翘楚",指出他的思想"已经产生了全球性的影响"。他还说:"森是一个对政治具有重大影响的知识分子,是一个罕见的榜样……在学术界,森的声誉几乎无与伦比。"森曾担任联合国开发计划署经济发展顾问,帮助制定了联合国"人类发展指数"的框架和细节。时任联合国秘书长科菲·安南高度评价了他对发展理论的巨大贡献:"世界上的穷人和被剥夺者,在经济学家之中不可能找到比阿马蒂亚·森更旗帜鲜明也更有见地的斗士。通过表明我们的生活质量不应以我们的财富而应以我们的自由为标准来衡量,他的著述已使发展理论及实践发生了革命性剧变。"所有这些评价都是真诚的和客观的,也都是恰如其分的。阿马蒂亚·森的著作目前已被译成三十余种文字。他的学说和思想因为充满理性和济世价值而受到全世界的高度重视。他的人文精神受到了国际社会的由衷赞誉和高度评价。

2005年,阿马蒂亚·森的《爱争鸣的印度人》由世界知名出版社企鹅书局推出，英国《卫报》、美国《华盛顿邮报》等世界大报发表了多篇书评。潘卡吉·米什拉为《卫报》撰文，称森的这部新书高屋建瓴，从世界的角度对印度文化史和政治史进行了观照。苏穆亚·巴塔查里亚在《观察家报》发文说："阿马蒂亚·森是我们这个时代最有影响力的公共思想家之一……这是一部令人期盼已久的书。"尼兰加纳·S. 罗伊刊发于《商务旗报》的文章对森的历史造诣和洞见表示赞叹："人们可能业已发现，印度最容易理解也最发人深思的历史学家，竟是荣膺诺贝尔奖的经济学家。"苏尼尔·基尔纳尼则在《金融时报》说，森是"一位全球性知识分子"。钱德拉哈斯·乔杜里在《苏格兰星期日报》刊文，称此书是"一部无与伦比的印度学问题入门书"。所有这些引文均出现在此书重印本的卷首和封底，故不再一一罗列。一言以蔽之，此书是一部了解印度文化、历史和政治的重量级作品。

《爱争鸣的印度人》的中文译本初版问世于 2007 年 11 月。2005 年 10 月 10 日，上海学者和译家徐志跃先生（1961 年 5 月 19 日—2014 年 11 月 2 日）给笔者发来一封电子信件，称上海三联书店业已购买阿马蒂亚·森关于印度文化和历史的新著《爱争鸣的印度人》的中文版权，希望由我承担该书翻译事宜。11 月 10 日访问东南亚归来，我答应接受此书翻译任务。翌日，我接到徐志跃先生回信。他满腔热情地向我详细介绍了该书的内容。他认为，了解印度等重要的发展中国家，会有助于拓宽我们观察外部世界的眼界。令人感佩的是，《爱争鸣的印度人》原著甫一面世，上海三联书店的出版人就看中并购得中文版权。这种敏锐的目光和迅捷的作风，体现的是一种高度敬业的精神。电邮往还之余，徐志跃先生亲来北京与我晤面，相谈甚欢。我深知译事之难，尤其是学术著作翻译的艰难和耗时，但还是决心不负重托，承诺将此书译成中文。

2006年年初，我开始翻看和熟悉收录在阿马蒂亚·森这部新著中的各篇文章，以寻觅翻译难点和准备所需图书资料，也陆续试译了部分文字。既要忠于原文，又要让一般读者能够读懂，我觉得语言转换难度不小。真正集中时间和精力翻译此书则主要在2006年秋冬和翌年春季。每天工作十数小时，字斟句酌，译得很苦，但进度并不算快。原因之一在于，阿马蒂亚·森的学识涉及领域异常宽泛，英文造诣亦非同寻常。须知，他出身书香世家，在少时曾亲蒙泰戈尔教泽，后又长期身处剑桥和哈佛这样的世界顶级学术殿堂，曾与1972年诺贝尔经济学奖得主肯尼思·阿罗和20世纪杰出的政治哲学家约翰·罗尔斯在哈佛大学联袂授课。我甚至觉得，他的英文词汇量不下于十分疼爱他的泰戈尔。森是经济学家，也是哲学家，深通辩证法和认识论，因此文章具有突出的理论性和哲学性，不少句子较为复杂而又偏长，他的语言和用词也有一定的抽象性，典故事例看似信手拈来，实则涉及诸多杂识。我感到，翻译他的著作，远难于翻译文学作品。例如，《中国与印度》一文，涉及中印文化交流史与中国古代文献。为了找到他所征引的中国古籍原文，有时竟终日查找而不著一字。众所周知，中国古文在译成英文之后，往往变化很大，甚至面目全非，因此倒译绝非易事。不过，我认为，从外文倒译汉语引文，译者应尽可能找到中文原文，无论引文出于古籍还是现代著作，否则无异于自欺欺人。

2006年12月12日，我收到上海三联书店副总编辑、本书责任编辑黄韬先生来信，询问翻译进度。他此后一再来信，告我不必着急，使我甚感宽慰。2007年5月中旬，我将译稿寄交上海三联书店复命。对于尾注，本想依照近年来一些译者的惯常做法将原文照录于书后，但在发现其中解释性文字并不算少之时，我还是决定将其译出，以示不欺读者，至于其中人名和书名，则大多照录，目的在于让有心人按图索骥，查找自己感兴趣的原始资料或相关书籍。鉴于原著的脚注和尾注已经不少，我只是在一般读者可能难于理解之处加了为数不多的译者注。6月18日，黄韬先生来信告我，《爱争鸣的印度人》准备发稿。我在7月份看到清样时，发现黄韬先生处理原稿十分认真，纠正了笔者由于不慎而造成的错讹之处，为保证本书的质量付出了巨大劳动。2007年夏季上海盛暑，高温连续不断，因此不难想见出版人的辛苦。这使我深受感动。

20世纪90年代以来，印度实行大刀阔斧的经济改革，现已成为全球发展最快的新兴经济体之一。古老的印度文明之所以一直具有非凡的生命力，能够历经劫难，踣而复起，一个重要的秘密或许就在于其文脉的绵延不绝。通读《爱争鸣的印度人》不难发现，阿马蒂亚·森在梳理和研究印度古代丰厚的文化遗产之后深得其精髓，提出印度社会是一个多元社会，印度文化是一种多元文化，而兼容并包与宽容异说的精神则是印度文化得以长盛不衰的最主要原因。

近数十年来，印度不断涌现在世界上产生广泛影响的作家和学者，而阿马蒂亚·森则是其中的佼佼者。国内报刊已大量介绍了这位大师的经济学思想。随着他的学说对当代社会的价值日益为人们所认知，他的多部经济学名著的中文译本陆续问世。然而，森不但是一位出类拔萃的经济学家，而且是一位对文化和历史乃至政治具有真知灼见的思想家。他的经济学思想就体现了强烈的人文关怀精神，体现了智慧和良知。也许，他能在经济学领域取得重大成就，是与他深厚的人文素养分不开的。

阿马蒂亚·森的文化视野是广阔的。他不仅反对印度教激进主义者的狭隘，而且对亚洲乃至世界文化的发展提出了一些独到而深刻的看法。他指出，自由、宽容与民主等价值观，在亚洲尤其是印度本来就有自己的传统，而并非西方的专利。他认为，随着全球化的发展，东方与西方的界限正在变得模糊，人为区分"我们的文化"和"他们的文化"是不足取的。大量事实业已证明，文化上的狭隘心态，无助于任何文化的繁荣，也无助于国家的认同。奉行拿来主义，增进文化交流，才有利于各国文化的发展，有益于不同文明的相互理解。在人员、思想、观念流动和传播无比迅捷的今天，各种文化已是你中有我，我中有你。他在《我们的文化，他们的文化》一文末尾指出："在我们的多样性和我们的开放性之中，体现着我们的自豪，而不是我们的耻辱。"

阿马蒂亚·森被誉为"经济学良心的肩负者"和"穷人的经济学家"。他的社会选择论和福利经济学，他对贫困问题和饥荒问题的研究，都体现了强烈的人文关怀精神。这种精神正在触动着无数阅读他的书籍的人们。他的文化研究论文洋溢着同样的精神。他研究社会公正理论，勇于追求社会公正，从而成为当今之世正义的代言人和良知的化身。

阿马蒂亚·森也能将学术论文写得深入浅出，甚至妙趣横生，引人入胜。他在《女人与男人》一文的最后，转向性别不平等问题所导致的一个出人意表的"外在"后果。根据英国资料，戴维·巴克等医务工作者业已发现，婴儿的低出生体重往往与高血压、糖尿病及其他心血管障碍等成人疾病在数十年后较高的发病率密切相关。森将"巴克命题"与在南亚地区业已观察到多种显著的与健康有关的规律性现象联系起来，从而得出一个因果模式："对妇女营养的漠视导致孕妇营养不足，由此导致胎儿发育迟缓和婴儿体重不足，随后出现更严重的儿童营养不足现象，而由于巴克提出的因果关系，在成人生活的后期导致心血管疾病较高的发生率。以忽视妇女利益为始的问题，以造成所有人——甚至在高龄之时——在健康和生存方面的苦难告终。"对妇女的歧视主要来自男性。然而，这样做的结果不独使妇女本身受到伤害，而且到头来使歧视者也间接得到报应。森指出："十分耐人寻味的是，由于男人罹患心血管疾病的比例远高于妇女，妇女的苦难（尤其是以孕妇营养不足为形式的苦难）最终对男人的打击（通过心脏病和过早死亡）甚至比对妇女的打击还要重。忽视妇女利益引发的广泛惩罚，似乎以一种报复的形式让男人自食其果。"这样的论证似乎足以说服所有歧视妇女的人，使他们迷途知返，尽心保护妇女，因为保护妇女其实就是保护男人自己，也是在保护人类自身。

阿马蒂亚·森在进行学术研究之时，能将理论探索与社会考察结合起来。此外，他也不是一个回避现实的学者，而是抱着经世致用的思想，不断以自己的学术和思想干预现实。他对印度政府忽视基础教育、印度人民党爆炸原子弹的决策等不少问题都直言不讳地提出了批评，显示了忧国忧民的赤忱情怀。他将学术当作兼济天下的利器，而不是谋取个人名利的工具。他坚持为生民立命，坚持用心灵写作。此外，他长期以来撰写的大量论文和专著还说明，他是一位异常执着而且十分勤奋的人。

在数千年的文明历程中，印度与中国经历了许多类似的发展阶段。释迦牟尼在印度创立佛教，孔子在中国创立儒家学说。中国在春秋战国时期出现百家争鸣的局面，印度在佛教诞生之时异说纷呈。阿育王统一印度不久之后，秦始皇开始统一中国。印度的笈多王朝与中国的唐朝先后成为两国政治、经济、文学、艺术、科学、技术等全面发展和繁荣的黄金时代。印度的莫卧儿帝国与中国的清王朝在全盛时期占世界经济总量的一半。印度于1947年获得独立，中华人民共和国在1949年成立。在20世纪晚期，中印两国先后推行经济改革。中印两国在人口规模、发展程度等基本国情方面也存在巨大的相似之处。中国与印度过去同属文明古国，而今又一道跻身金砖国家之列。一个明显的趋势是，两国都已迎来全面复兴的历史新时期。历史上曾经长期频繁互动的两个国家，显然会一如既往地保持密切交流与友好合作。

同泰戈尔一样，阿马蒂亚·森具有浓厚的中国情结。他对中国的观察和研究至少已有 50 年以上的历史。他在《中国与印度》一文中,高度评价了中国文明在历史上的成就和对古代世界的贡献,深入细致地研究了中印在历史上的文化交流,提出了一些颇为客观的深刻见解,也对当代中国的社会与经济成就表示赞赏。他在《印度认同》一文中指出,中国在公元 1000 年之时,在当时的许多高技术领域处于世界领先地位,并且不吝笔墨一一列举了中国在当时世界独领风骚的各项辉煌成就。他说,当时"科学、技术和数学的全球化正在改变着旧世界的实质,尽管那时主要的知识传播潮流的方向,通常恰与我们今天所看到的情况截然相反"。当然,作为一名睿智的朋友和真诚的学者,他也看到并坦率指出了我们存在的一些问题,如选择性堕胎和性别失衡问题等。

在本书初版翻译过程中,我曾就译文中的一些生僻梵文书名、术语向我国梵文和印度历史专家葛维钧先生请益,就中文原典查找中的疑难问题向中印文化关系史专家薛克翘先生求教。此外,我还就原著中的一些翻译难点就教于印度哲学专家 M. V. 克里希纳亚教授等。在翻译工作结束之后,我将拙译送呈葛维钧先生过目,并向他索序。他慨然应允并在博览大量文献和通读拙译的基础上,写出一篇颇有见地和分量的序文。我在此谨向以上所有专家学者表示衷心感谢。

2010 年 12 月,我应邀参加在加尔各答举行的纪念泰戈尔 150 周年诞辰国际学术研讨会。我在到达加尔各答的当天即前往圣蒂尼克坦参观诗人创办的国际大学。这是倾注了他后半生心血的地方,是他为自己的教育理想树立的一座丰碑。

我们一行到达圣蒂尼克坦后，如约前往阿马蒂亚·森家中拜访。他出生在这里，现在依然每年都会抽一定时间返回自己的乡居。他的房子面临公路，却无车马的喧嚣。前面花园门口的水泥门柱上并不耀目的"A. T. SEN"字样，告诉我们这里生活着一个名震天下的非凡学者和思想家。他是泰戈尔之后印度向世界奉献的又一位思想巨子。

穿过门廊和花园，我们进入阿马蒂亚·森家的大厅。主人在这里等候客人。他虽已年近八旬，却精神矍铄，微笑着与大家一一握手。我们随主人穿堂而过，到后花园就座。椅子在浓荫覆盖的草坪上围成一圈。主人谈笑风生，兴致很高。我在2007年翻译了他的《爱争鸣的印度人》，但我们作为作者和译者却是首次晤面。由于客人不少，我不想过多占用他的时间，只是简略向他介绍了他的著作在中国的翻译情况，特别是《爱争鸣的印度人》在中国的接受和反响。我告诉他，有位30多岁的青年，由于对生活失望已多年不再读书，但在偶然读过此书之后，重新燃起了对生活的希望。阿马蒂亚·森为此感到欣慰。我向他赠送了我的中文译本，也请他为我个人收藏的中文译本签名留念。

阿马蒂亚·森的房子是一座二层乳白色楼房，约有几十个房间。后花园大于前花园。后花园草坪尽处是一片茂密的树林。主人散步踏出的小径一直通到林子深处，看不到边缘。我不能造次，也不愿离开和蔼可亲的主人径自探寻林子的尽头。目测之下，他的宅邸占地约有数十亩，是一处具有田园风情的清静住所。一代大家就是在这样的环境里度过自己的童年和少年时代的。

泰戈尔在功成名就之后，在长期资金短缺的情况下，坚持创办和发展国际大学，体现了他伟大的实践精神和崇高的公益精神。他没有将自己关在象牙之塔，而是胸怀天下；他没有独善其身，而是力图为印度民族启蒙。他不断外出，为自己的学校募集经费。他将自己的诺贝尔奖奖金和在各国讲演所得的报酬全部投入学校的运营之中。印度大导演萨特亚吉特·拉伊和两度出任印度总理的英迪拉·甘地，都曾是国际大学的学生。阿马蒂亚·森幼年时亦曾在随家人与泰戈尔的交往过程中耳濡目染。他的名字就是泰戈尔亲自给他取的。

12月20日上午10时，纪念泰戈尔150周年诞辰国际系列研讨会加尔各答会议开幕。大会特邀阿马蒂亚·森致开幕词。会场人头攒动，他尚未开口，台下已是掌声一片。他在发言之初告诉听众，他的《爱争鸣的印度人》一书的中国译者就在台前就座。只见过一面，就能记住一个人，不容易。他的讲话内容涉及泰戈尔与甘地，以及泰戈尔思想的普世价值和现实意义。他认为，泰戈尔之所以对世界事务具有真知灼见，是由于他能够不断诉诸理性。正是由于这种内在的合理性，泰戈尔的世界主义至今依然具有巨大的吸引力。他娓娓而谈，妙语如同一条明澈的小溪在不断流淌。后来，我又曾在北京大学和圣蒂尼克坦国际大学举行的会议上两度见到阿马蒂亚·森，聆听他精彩的演说。

《爱争鸣的印度人》中文译本第一版早已售罄。从包括书评在内的媒体以及网上读者的反应判断，此书显然引起了读者的广泛关注。近一两年来，有不止一家出版社与我联系，希望能出新版，以满足读者需求。十年过去了，我也陆续发现第一版中存在的一些问题，除错译之外，一些涉及理论的句子虽然严谨，也符合学术规范，却有偏长拗口的毛病，不利于读者的阅读和理解。我当然愿意借机修订旧版，以不负作者和读者。

2017年春节前，中国人民大学出版社编辑王晗霞女士给我打来电话，告诉我该社已买断《爱争鸣的印度人》一书再版版权，问我是否愿让该社出版我的译本的一个新版。我知道，中国人民大学出版社素以推出优秀学术著作而名动天下，而且是阿马蒂亚·森著作中文译本最主要的出版者，迄今已出版他的著作多种，可谓引人注目。我当即应允下来，并表示要通读通校，争取不留任何错误和缺憾。我直到6月份才有时机着手逐字逐句修订旧译，经过一个暑期的连续工作，新版译本终于得以杀青。此时此刻，我感到一阵轻松。不过，在撰写这篇后记之时，念及当年邀我翻译此书的故人徐志跃先生，深为他的早逝而痛惜，不禁悲从中来。

2018年5月7日，中国人民大学出版社编辑秦丹萍女士与我建立微信联系，我由是知道本书开始正式进入编辑程序，而她正是本书责任编辑。秦丹萍女士不时发来她在编辑拙译时发现的问题，非常谦和地与我商量如何解决这些问题。我很快发现，她是一位十分认真也十分细心的优秀编辑，具有扎实的中英文双语学养和功力，对语言有敏锐的感知，而且能根据原著提出修订建议。我为本书遇到这样一位敬业的编辑而感到庆幸。我虽然在翻译第一版和进行本次修订工作时付出了巨大努力，但还是投入时间不够，一些语句推敲不足，留下一些瑕疵、笔误乃至错译之处，一些词语未能做到前后统一。秦丹萍女士独具慧眼，将这些漏网之鱼一一打尽，提出了一些细致的改进意见，保证和提高了本书的出版质量。我也从而得以窥见中国人民大学出版社的严谨社风和专业水准。我谨在此对秦丹萍女士以及中国人民大学出版社所有为本书的出版付出辛勤劳动的工作人员表达谢忱和敬意。

我还就本书中一两处翻译难点请益于陶志健博士。他曾是我的学生，后到麦吉尔大学深造，专业英语水平早已青胜于蓝。他旅居加拿大三十余载，我们的联系和情谊一直不曾中断，时或探讨翻译问题。他的严谨和博学，使有关段落的译文达到了准确、明晰的境地。我亦谨在此向他遥致谢意。

本书涉及诸多学科、历史事件以及数以百计的古今人物，也涉及多种语言，因而翻译难度较大。译无止境。此次新版虽比旧译有所提高，但依然可能存在不妥乃至错误之处。我竭诚希望各路方家和广大读者不吝赐教。

中国社会科学院亚太与全球战略研究院研究员　刘　建

The Argumentative Indian: Writings on Indian History, Culture and Identity

Copyright © Amartya Sen 2005

First published as The Argumentative Indian in 2005 by Allen Lane, an imprint of Penguin Press. Penguin Press is part of the Penguin Random House group of companies.

Simplified Chinese edition © 2024 by China Renmin University Press.

Copies of this translated edition sold without a Penguin sticker on the cover are unauthorized and illegal.

封底凡无企鹅防伪标识者均属未经授权之非法版本。

All Rights Reserved.

图书在版编目（CIP）数据

爱争鸣的印度人：印度人的历史、文化与身份 / （印）阿马蒂亚·森著；刘建译. --北京：中国人民大学出版社，2024.2
书名原文：The Argumentative Indian：Writings on Indian History, Culture and Identity
ISBN 978-7-300-32299-5

Ⅰ.①爱… Ⅱ.①阿… ②刘… Ⅲ.①印度人—民族性—研究 Ⅳ.①C955.351

中国国家版本馆 CIP 数据核字（2023）第 212312 号

爱争鸣的印度人
——印度人的历史、文化与身份
阿马蒂亚·森（Amartya Sen） 著
刘 建 译
Ai Zhengming de Yinduren

出版发行	中国人民大学出版社		
社　　址	北京中关村大街 31 号	邮政编码	100080
电　　话	010-62511242（总编室）	010-62511770（质管部）	
	010-82501766（邮购部）	010-62514148（门市部）	
	010-62515195（发行公司）	010-62515275（盗版举报）	
网　　址	http://www.crup.com.cn		
经　　销	新华书店		
印　　刷	北京联兴盛业印刷股份有限公司		
开　　本	890 mm×1240 mm　1/32	版　次	2024 年 2 月第 1 版
印　　张	16.875 插页 3	印　次	2024 年 2 月第 1 次印刷
字　　数	339 000	定　价	118.00 元

版权所有　　侵权必究　　印装差错　　负责调换